21世纪高等院校创新课程规划教材
浙江省"十一五"重点教材建设项目

U0791552

市场研究

——理论与基于项目的实训

郑长娟　主编

中国财经出版传媒集团
经济科学出版社
Economic Science Press

图书在版编目（CIP）数据

市场研究：理论与基于项目的实训/郑长娟主编．—北京：经济科学出版社，2010.2（2020.1 重印）

浙江省“十一五”重点教材建设项目．21 世纪高等院校创新课程规划教材

ISBN 978－7－5058－9064－0

Ⅰ.①市… Ⅱ.①郑… Ⅲ.①市场学—高等学校—教材 Ⅳ.①F713.5

中国版本图书馆 CIP 数据核字（2010）第 019377 号

责任编辑：周胜婷
责任校对：王苗苗
责任印制：邱　天

市场研究
——理论与基于项目的实训
郑长娟　主编
经济科学出版社出版、发行　新华书店经销
社址：北京市海淀区阜成路甲 28 号　邮编：100142
总编部电话：010－88191217　发行电话：010－88191522
网址：www.esp.com.cn
电子邮件：esp@esp.com.cn
天猫网店：经济科学出版社旗舰店
网址：http://jjkxcbs.tmall.com
北京文昌阁彩色印刷有限责任公司
710×1000　16 开　22.25 印张　420000 字
2011 年 8 月修订　2020 年 1 月第 7 次印刷
ISBN 978－7－5058－9064－0　定价：55.00 元
（图书出现印装问题，本社负责调换。电话：010－88191510）
（版权所有　侵权必究　打击盗版　举报热线：010－88191661
QQ：2242791300　营销中心电话：010－88191537
电子邮箱：dbts@esp.com.cn）

教材编写委员会

主　编： 郑长娟

副主编： 王新刚　杨佐飞　吴丽娟
谢子远　彭新敏　乔朋华

主　审： 鞠芳辉

“满足消费者需求”是企业生存的支点，而“市场研究”则是企业用以“测心”的手段。

前 言

市场研究（Marketing Research），也称为市场调研、营销调研、市场调查。市场研究的实践源于美国1824年进行的选举前民意调查，而学术研究者大约在1895年进入市场研究领域。20世纪30年末，市场调研作为正式的课程开始在大学校园得到普及，现如今，市场研究在经济发达国家已经成为非常成熟的服务行业。中国的市场调研业兴起于20世纪80年代初，随着我国从计划经济向市场经济转型，国内企业的经营观念已经发生了巨大的变化，众多工商企业、广告经营企业已越来越重视市场研究。随着90年代以来西方市场调研的理论和方法不断引入，高校的市场研究课程建设也日益受到重视和发展。

《市场研究》是一门实践操作性和知识综合性都比较强的课程，要让学生掌握市场研究的理论和实践，教师就不仅要传授给学生市场调研的基础理论和方法，更要教会他们如何应用。解决这一问题的思路有两点：

第一，要让学生亲自去用、亲自去体会、去操作市场研究这一工具，要随着市场研究理论的讲解，保证学生参与和实践整个市场研究的流程。

第二，要创造一种充分交流、互动学习的氛围，包括师生之间、学生之间，也包括项目小组之间的互动交流与合作，从而激发学生的学习热情、思维灵感和竞争意识，提高学生的学习效率，实现本课程培养“市场调研操作者”的目标。

因此，开展“基于项目的合作性学习”是市场研究课程教学改革的重要方向。适应该课程教学改革的需要，我们在借鉴国内外优秀教研成果和探索合作性学习实践的基础上，编写了这本教材。与同类教材相比，本书主要有以下特点：

1. 理论内容与项目化实训有机结合，强调对学生调研实操能力的培养

本书以市场研究的流程为主线设计教学内容，理论部分力求内容简练、论述透彻；项目化实训是应用型人才培养的重要手段，在理论章节之后本书设计了相应的调研实训任务。随着理论教学内容的展开，要求学生建立正式的学习小组、选择具体调研项目、进行团队合作学习，实际演练调研的每一个步骤。在教学安排上采用“大班理论讲授+小班项目研讨”的组织形式，将调研实训有机地融入了日常教学过程中。

2. 借鉴国外原版教材的体例和写作风格，力求国际化与本土化有机结合

学习和借鉴国际流行的经济管理类教材的编写体例，以引导案例、正文及插入式窗口、思考与练习、教学案例等作为每一章的体例安排；在行文风格上，强调以浅显易懂的语言娓娓道来，结合大量的案例使读者身临其境，提高阅读的兴趣。参考国际上该领域最具代表性的、最新版的教科书，吸收国外先进的市场调研理论、方法和技术，结合我国市场经济发展对经济管理类本科应用人才培养的客观要求，努力做到国际化与本土化有机结合。

3. 将 SPSS 统计软件操作与理论内容有机结合，强调教材的实用性

计算机统计软件的发展为市场研究提供了强有力的手段，它可以帮助人们更快、更有效地收集经济、社会和市场信息，并对其进行去粗取精、由表及里的分析工作，使研究者能够准确地找出带有普遍性的市场规律。本教材将统计分析方法与计算机统计软件 SPSS 有机结合在一起，致力于培养学生作为市场研究“操作者”的技能，增强教材的实用性。

全书内容分为理论教学和项目化实训两大部分。理论教学内容共分十章，包括：市场研究概述、市场研究流程和方案设计、资料收集方法、问卷设计、测量与量表、样本设计、调研项目实施、数据整理与描述性统计、数据的深度分析、研究报告。项目化实训分为六个环节，包括：(1) 文献综述汇报；(2) 访谈模拟；(3) 问卷设计实践；(4) 量表应用及抽样方案设计；(5) 数据的整理与分析；(6) 调研报告的口头汇报。

本书由郑长娟教授任主编，王新刚、杨佐飞、吴丽娟、谢子远、彭新敏、乔朋华任副主编，分别编写了相应的章节，鞠芳辉教授对教材结构和编写细节进行审校并予以指导。本教材 2009 年被评为浙江省重点建设教材和浙江万里学院重点建设教材，得到了省教育厅和学校市场营销教学改革创新实验区的大力支持，在此一并表示感谢。

在本书的编写过程中，参考了大量国内外同行的著作和文献，引用的案例和对其他同类书刊、互联网资料的参考在页下或参考文献中做了相应的注释，在此向诸位作者表示敬意和感谢。由于时间仓促，对本书的疏漏和不当之处，希望业内专家、专业教师和广大读者不吝赐教，我们将不胜感激，并在以后的重印和修订中予以更正。

编　者

2009 年 12 月于宁波

教材使用说明

《市场研究》课程是一门实践操作性和知识综合性都比较强的课程，在单纯依靠理论讲授的模式下，学生即使系统学习了该课程的理论知识，仍然很难具备市场调研的实操能力。适应本科应用型人才培养的需要，从2007~2008学年开始，我们对市场研究课程设计了“基于项目的合作性学习模式”，通过构建基于项目的合作性学习环境，引导学生进行团队合作、“从干中学”，培养学生的市场调研实操能力。本教材的编写体现了基于项目的合作性学习思想，是适应市场研究课程合作性学习开展的重要载体。

“基于项目的合作性学习模式”在实践层面整合了“基于问题的学习”和“合作性学习”理论，通过引入调研项目，将学习设置于复杂的、真实的问题情境中，运用理论授课和讨论课穿插进行的教学组织方式，以项目带动学生团队合作、自主学习。具体而言，在整个课程教学中，要求学生建立正式的学习小组，选择具体的研究项目，随着项目阶段性任务的展开，教师进行理论精讲，指导学生小组进行方案设计和项目实施，除了课堂教学，学生需要进行大量的自主学习，小组合作逐步完成每一阶段的调研任务。

以下具体描述该课程“基于项目的合作性学习”开展的程序和方法，仅供同行参考。

1. 整合课程教学内容，明确理论讲授和研讨训练章节

表0-1　市场研究课程的教学内容安排

周次	课节/课型	讲授/讨论及实训内容	小时
1	第一讲（大班课）	市场研究概述	3
2	第二讲（大班课）	数据资料收集方法（part1）：二手资料的收集	3
3	小班讨论（1）	学生分组选择调研项目，查阅二手资料，研究国内外相关文献，进行文献阅读汇报，最后编写调研项目计划书	3
4	第三讲（大班课）	数据资料收集方法（Part2）：原始资料的收集	3

续表

周次	课节/课型	讲授/讨论及实训内容	小时
5	小班讨论（2）	小组针对调研项目讨论二手资料收集的途径和方法：组织访谈模拟，练习掌握原始资料的收集方法	3
6	第四讲（大班课）	问卷设计	3
7	第五讲（大班课）	态度测量技术	3
8	小班讨论（3）	问卷设计实践，各组针对选定的调研项目，设计调查问卷。要求将调研目的、概念具体化，设计调查参数和问题项	3
9	第六讲（大班课）	样本设计	3
10	小班讨论（4）	小组结合调研选题，讨论各种量表的运用，确定最终的问卷；讨论如何定义总体、确定抽样框及抽样方法的采用和实施	3
11	第七讲（大班课）	资料的基础分析——描述统计	3
12	第八讲（大班课）	假设检验与多元统计分析	3
13	第九讲（实验室）	SPSS 在市场调研中的应用	3
14	小班讨论（5）	小组结合调研选题，讨论如何对收集到的数据进行整理、分析和深度研究	3
15	第十讲（大班课）	市场研究报告的撰写	3
16	调研报告汇报（小班课）	小组口头汇报市场调研结果，教师对各组情况进行综合评价，课后各组提交市场研究书面报告	3
合计	48		

2. 采用“大班理论授课、小班项目研讨”的教学组织方式

本课程改变以往单纯由教师进行理论讲授的教学方式，通过组建教师团队，集体备课，采用“大班理论授课、小班项目研讨”的教学组织方式。主讲教师一般负责 1～2 个大班的授课任务，讨论课时一个大班分成 n 个小班，这时团队的其他教师加入，负责其他（n－1 个）小班的讨论课组织，教师进行团队合作教学。大班课一般学生在 120 人左右，小班课学生在 30 人左右（见图 0－1）。

3. 通过“理论讲授＋项目研讨＋自主学习”，实现理论与实践教学有机统一

对教学组织方式进行重新设计，实施“理论讲授＋项目研讨＋自主学习”的教学组织方式，将项目实训纳入到日常的教学过程中，真正实现理论教学与实践教学的有机统一。在教学过程中，理论授课以教师的精讲为主，教师扮演“导学、督学”的角色；强调学生在学习中的主体地位；学生按项目结成正式的合作性学习小组，结合市场调研的理论与案例，开展课后自主学习、讨论课学术辩论，团队合作完成调研项目各阶段的任务（见图 0－2）。

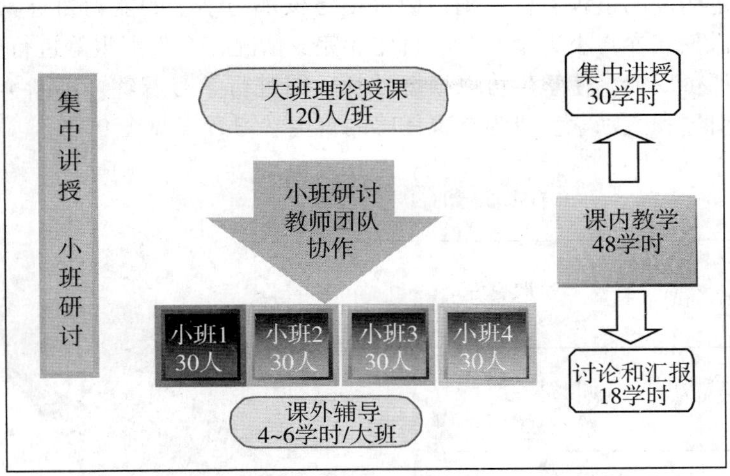

图 0 – 1　“大班理论授课、小班项目研讨”的教学组织方式

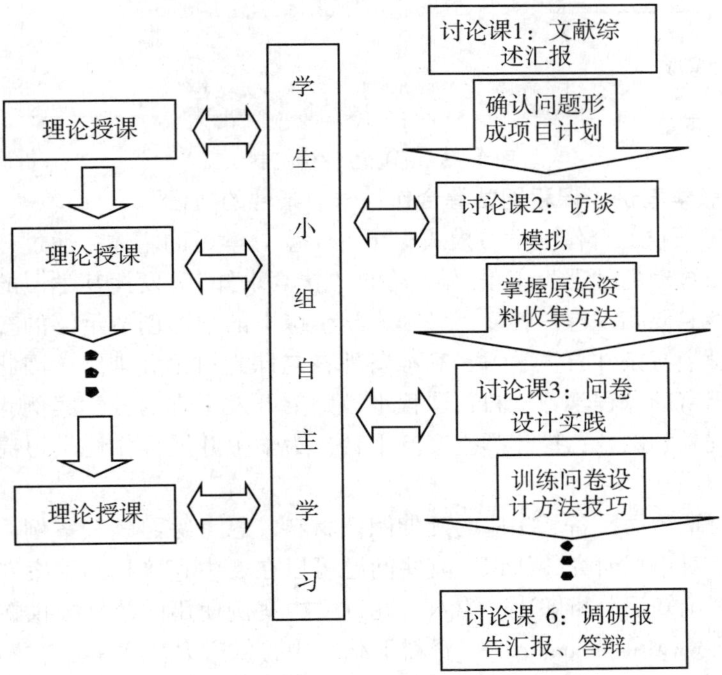

图 0 – 2　“基于项目的合作性学习”教学流程

4. 实施形成性评价机制，激励学生成为“有责任感的自主学习者”

本课程实施形成性评价机制（formative assessment），强调对学生学习过程的考核。通过制定明确的过程考核细则，使每项考核都与学生的能力目标紧密联系，对学生的课堂讨论、参与小组学习、项目作业完成情况、个人汇报等进行全方位考核，并及时给予评价反馈，使学生可以根据教师反馈进行学习调整，不断努力追求更理想的评价，引导和激励学生成为有责任感的自主学习者（见图0－3）。

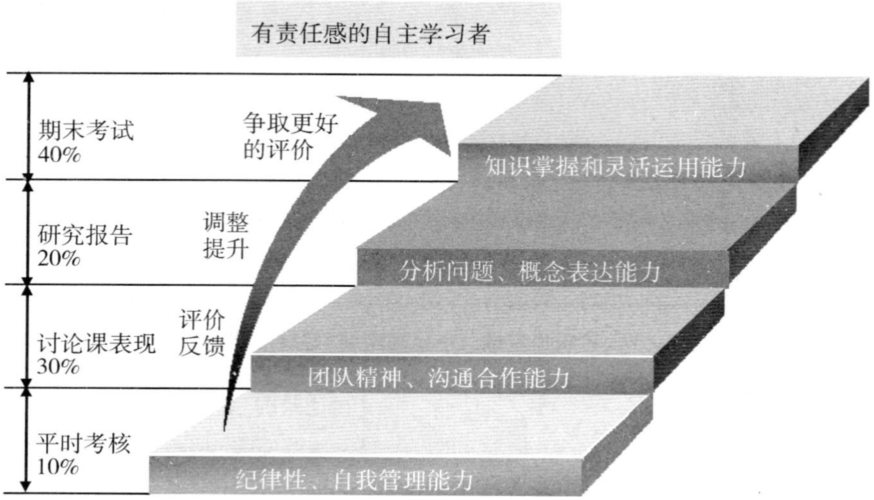

图0－3 形成性评价机制示意

5. 加强教学案例、课程网站等合作性学习条件的建设

在“基于项目的合作性学习模式”下，学生是学习的主体，通过开展合作性学习，使学生从被动的“受”转化为主动的“接真求知”，发挥其学习的主动性、积极性和创造性。要实现这一转变，必须为学生课下的学习创造足够的教学辅助设施和条件，使学生有条件自主学习、有准备地参与课堂讨论和训练。因此，需要学校图书馆配备丰富的课程学习资料，课程组教师要开发适宜的教学案例、讨论课指导书，建设课程教学网站，搭建师生交流平台，为学生开展合作性学习提供重要的条件保证。

本书在每章后面配备了相应的延伸阅读材料、思考练习题和案例，这些材料有助于丰富学生对市场研究的认识。有些问题可以在文中直接找到答案，有些则需要结合相关的理论知识分析解决。第八、九章文中案例使用的数据提供在经济科学出版社的网站（www. esp. com. cn）“资料下载”中，供广大教师在教学中使用。

编　者

2009年12月于宁波

目　录

第一章　市场研究概述

【本章学习内容】

- 市场研究缘何重要
- 什么是市场研究
- 市场研究的功能
- 市场研究的特点和分类
- 市场研究的历史、行业结构与组织

［引导案例］

消费者调查助百事可乐赢得未来①

在美国软性饮料市场，可口可乐那突出的更漏型瓶子一度成为可口可乐最重要的竞争优势。瓶子独特的粗壮外形使人们握起来更舒适，也更适于自动贩卖机贩卖，它是可口可乐握在消费者手中还能让人辨认出来的唯一标志，可口可乐成为美国民众生活中不可或缺的一部分。

为了应对与可口可乐的竞争，百事可乐花费了数百万美元来研究设计新的瓶子。从1958年起的20年间，百事可乐推出了“漩涡型”瓶子的标准包装与之对抗，不仅未能给公司带来像可口可乐那样的消费者认同，却被贴上了“仿冒者”的标签。

20世纪70年代，时任百事可乐行销副总经理的钟·史考利意识到，必须消除可口可乐瓶子“那股无形的特殊力量”。钟·史考特再三思考：“问题的症结究竟在哪里?”史考利认为，百事可乐对他们的顾客认识不足，搞不清顾客真正需要的是什么？公司应该设法追根溯源，看看顾客们真正的需要是什么。随后，他发起一项大规模的消费者调查，以研究各家庭在家中饮用百事可乐和其他软性饮料的实际情形。公司慎重选择了350个家庭作了长期的产品饮用测试，以折扣优惠价每周订购任何所需数量的百事可乐及其他竞争品牌的软性饮料。

史考特回忆说：“让我们大吃一惊的是，发现不管他们订购多少数量的百事可乐，总有办法把它喝光”。“这让我恍然大悟”，他说，“我们要做的就是包装设计，

---

① 根据陈辉吉原作，中国营销传播网，http：//www. emkt. com. cn，2001－12－04整理。

使人们更容易携带更多软性饮料回家的包装设计。”“情况已很明白”，他继续说：“我们该将竞争的规则全面变更。我们该着手上市新的、较大且更多变化的包装设计”。于是，百事可乐把容量加大、让包装更有变化。

最终，戏剧化的结果发生了。由于可口可乐未将其著名的更漏造型瓶子转换为更大的容器，百事可乐已逼使长久以来雄踞市场的“可口可乐瓶子”——一个已经让三代以上美国人熟悉的可口可乐标志物在美国市场上逐渐消失；与此同时，百事可乐的市场占有率则呈戏剧化扩张。史考特也由此发现了在点心类食品消费上的一个关键事实，即目前市场人员所认同的——“你能说服人们买多少，他们就吃多少”。史考特所使用的市场调查法就是：行为科学的市场调查加上产品试销法。

第一节　市场研究的职能

一、企业缘何需要市场研究

当你在琳琅满目的商品集市闲逛的时候，你会发现摊主们会用最佳的方式摆放他们的商品，价格标签上清楚地标出每件商品的价格，有些还大声吆喝着引起你的注意。摊主中可能根本没有哪一位读过市场调查的书籍、设计过问卷或开展过调研，但他们对市场信息的把握却如此精准。其实，他们在用最直接的方式随时进行着市场调查。因为顾客对产品的评价摊主都听在耳中，他们以此来调整明天或下周的存货。摊主之间相互观察彼此的定价，很快就能知道他们的价格是否太出格了。如果价格不统一，便会立即作出调整。他们相互观察，看看别人如何有效地吸引人群的注意力。如果有人有了好主意，其他人便争相效仿，摊主们及时根据市场作调整，因为不然的话，他们就会马上被淘汰。

然而，现代企业在经营规模、市场范围上的扩大以及营销环境变化的影响，使得没有人能像集市的摊主那样对市场行情有着清楚的了解，与此同时，以下几方面的发展趋势却使企业对市场信息的需要比以往任何时候都强烈：一是从区域营销发展到全国乃至国际营销。当公司扩大它们市场覆盖的地域范围时，经理们就需要比以前更多的和远距离的市场信息。二是从满足购买者的需要到满足购买者的欲望。随着收入的增加，人们在选购商品时会变得越来越挑剔。公司发现准确地预测购买者对不同特点、式样和其他产品属性方面的反应更难了，他们需要建立正式的市场调研系统。三是从价格竞争发展到非价格竞争。企业需要加强对品牌、产品差别化、广告和促销等竞争策略的运用以应对竞争，而要有效地应用这些策略就需要获得信息。

俗话说，“水能载舟，亦能覆舟”。如果把企业比做一艘航船，市场就好比波涛汹涌的大海，企业只有熟知“水性”，方能乘风破浪。面对复杂且不断变化的市场营销环境，企业必须开发有效的营销信息系统（marketing information system，MIS），能够在正确的时间、以正确的形式给管理者提供正确的信息，以帮助他们作出正确的营销决策。一个设计优良的营销信息系统由两个子系统组成：一是内部报告系统，它提供关于销售、成本、投资、现金流量、应收和应付账款以及外部营销环境的最新信息；二是市场研究系统，它主要是收集与公司面临的特定营销问题有关的信息，营销人员往往没有技能或时间去获得这一信息，他们需要委托专门调研机构来进行正式的市场研究。企业需要敏锐地意识到环境的变化，它们需要深入地了解消费者、竞争者并了解自己，而市场研究正是开发和获得这些信息的有效途径。

二、市场研究的定义

市场研究（Marketing Research），亦译做营销调研、市场调研等。收集与营销决策相关的任何事实的活动都可被看做市场研究，然而，本书中我们所关注的并非只是偶然和随意的行为。

尽管许多组织和个人对市场研究有不同的定义，但内涵是基本一致的。为了帮助我们理解什么是市场研究，下面列出了世界著名营销学家菲利普·科特勒（Philip Kotler）和美国市场营销协会（AMA）关于市场研究的定义。

> 市场研究是系统地设计、收集、分析和解释数据资料，以及提出跟公司所面临的特定的营销状况有关的调查研究结果。
>
> ——菲利普·科特勒

> 市场研究起到了一种通过信息将消费者、顾客、公众和营销人员联结起来的职能，该信息用于识别和确定营销机会及问题，产生、提炼和评估营销活动；监督营销绩效，改进人们对营销过程的理解。市场研究明确了解决这些问题所需的信息；设计收集信息的方法，管理并实施信息搜集的过程，分析结果，最后要探讨所得出的结论以及该结论具有的意义。
>
> ——美国市场营销协会

我们认为，市场研究是与决策相关的信息的系统收集、分析和解释。换言之，市场研究是指对与营销决策相关的数据进行计划、收集和分析并把分析结果向管理者沟通的过程。该过程包括：

- 明确所需要的资料；

- 策划搜集资料的方法；
- 执行数据的搜集工作；
- 分析所得到的结果；
- 传达研究发现及其所暗含的信息。

为了更好地理解上述定义，需要把握以下几个要点：

首先，市场研究的定义已经表明，调研资料不是凭直觉得来的，也不是随意收集的。从英文字面来看，Research（Re-search）意思是“to search again”（再次调查）。该术语暗含着耐心研究和科学调查的意思，调研人员必须认真观察数据，由此来发现与该主题有关的所有资料。

其次，该定义还表明，要确保收集的资料或者数据是准确的，营销调研人员的态度就必须是客观的。调研人员不能凭空支持某种预想的观点，不能对问题的看法带有任何个人偏见，否则其调研结果的价值会大打折扣。比如，某开发商拥有一大片土地，并打算建立一个高级商业中心。他希望得到一份调研报告，向有关零售商证明该中心具有很大的市场潜力，但他只是在其附近的邻居中间进行调查。不出所料，结果显示大部分被调查者希望建立一个高级商业中心。然而，这种结果显然具有误导性，应该弃之不用。

再其次，市场研究主要是提供便于制定决策的信息。通过提供制定决策所必需的资料，市场研究可以帮助减少决策的不确定性，由此降低作出错误决策的风险。然而，市场研究只是管理决策的工具，它不能完全代替管理职能。也就是说，解读和利用市场调研数据是每一位营销管理者必须具备的技能，调研人员只是提供市场调研的数据，决策制定者要能够解读和利用这些数据为决策服务。

最后，并非只有营利部门才需要市场调研，市场研究也广泛应用在各种非营利性组织中。非营利性组织也是为了满足社会的需要而存在的，它们同样需要一些营销手段来推广产品和服务。比如，在一国大选期间，各党派要通过民意调查及时了解选民的意愿，以制定策略争得更多选民的支持。又如，某专业学生对大学毕业的英语水平要求很不满意，并想有所改变。那么，他们就需要了解这种要求的历史发展，可以通过访问学校的行政人员，了解学校采用该标准的缘由；还可以和一些学生谈一谈，了解学生方面对该问题的看法，……这些活动本身就是一项探索性研究。

三、市场研究的基本功能

市场研究是以市场为对象，收集、记录、整理和分析与企业经营有关的数据资料的活动。市场研究是企业选择目标市场的重要前提，也是进行市场预测和经营决策的主要依据。

市场研究的重要性，已经越来越引起企业经营决策层的关注，这一点在跨国公司表现得更为突出。设想一下，一家在全球30多个国家设有工厂，雇用了30000多名员工、向5000名客户直销并通过500家分销商为数十万计客户服务的跨国公司，公司老板怎样才能与市场步调保持一致呢？员工会有不同的意见，世界各地的文化差异也容易让人产生误解，分销商让客户变得遥不可及，他们几乎没有机会表达自己的看法。显然，公司中不再有人能像货摊摊主那样对行情有着清晰的把握，公司不能依赖“触角”来了解行情，它们需要建立完善的营销信息系统。

现如今，许多大公司已经建立了先进的营销信息系统，向管理当局提供有关消费者需求、偏好、行为习惯的快速可靠的详细信息。比如，可口可乐公司发现，人们通常在一杯水中放入3.2块冰块，每年观看他们公司的69则商业广告，在35摄氏度的温度下更喜欢从自动售货机中弹出的易拉罐。然而，许多企业的信息处理还不够精细，经理们对可利用的信息感到不满意。他们抱怨不能利用的信息太多而真正需要的信息太少，重要的信息来得太迟，以及很难估计他们收到信息的准确性等。很多时候，仅有企业内部报告系统所提供的销售及预测信息是不够的，还需要公司的营销研究部门进行非经常性的研究或委托他人进行专项调研。据悉，可口可乐公司的总裁在中国参加经济高峰会议期间，就亲自跑到上海的大街小巷进行市场调研，他非常想知道可口可乐放在商店的什么位置才可以方便消费者的购买。他经过调查后认为，在中国，如果能把可口可乐放在与西瓜同样的、起码是仅次于西瓜的位置，销售量一定可以增加。同样，美国福特汽车公司的首席执行官在谈到对中国市场的开拓时反复强调，“要调查了解中国的消费者有什么要求，要了解他们需要哪些服务!”

营销管理人员可以通过内部数据库、营销情报、市场研究获得需要的信息。市场研究作为营销信息系统的一个子系统，具有其独特的角色。通常，能够通过内部报告系统解决的问题就不需要作市场研究，但有许多问题是内部报告系统无法解决的，必须进行市场调研。市场研究活动具有三种基本功能：描述、诊断和预测。

1. 描述功能

这是市场研究最常见的功能，当企业对市场不甚了解的时候，可以通过市场研究来收集并陈述事实。比如，它可以反映一个行业的历史销售趋势，可以反映消费者对某产品及其广告的态度，可以知道目标消费群在性别、年龄、职业、生活方式等方面有没有变化？可以发现花了大笔资金做的促销活动究竟有没有效果？通过市场调研，可以获得市场信息的反馈，向决策者提供当前的市场信息和开展营销活动的线索。

2. 诊断功能

企业经常会遇到一些“怪现象”，比如某公司采取了降价促销的措施，但降价以后销售非但没有上去，反而比较降价前差了。该公司百思不得其解：消费者究竟是怎么想的？又比如，某品牌的化妆品做了大量广告，但业绩欠佳；而其主要竞争对手鲜见广告却销售喜人，问题究竟出在哪里？当企业对一些现象不理解的时候，通过市场研究可以进行解释和诊断，帮助企业了解当前市场状况形成的原因和一些影响因素。

3. 预测功能

当企业对某项决策判断犹豫不决的时候，可以通过市场研究收集企业过去的信息来推测未来可能的变化，从而发现未来可能出现的机会和风险。例如，新产品开发是一种投资行为，其投资回报率如何必须事先弄清楚，即进行可行性研究，预测谁会购买我们的产品？有多少人会购买？他们对该品牌是否接受？为什么接受或不接受？产品的价格应该定在哪个范围？通常，企业的每一项决策都意味着巨额的投入，市场研究可以使企业的决策理性化、科学化，从而降低决策失败的风险，更好地利用持续变化的市场中出现的机会。

四、市场研究在营销战略制定中的作用

市场研究的主要作用是提供明确的资料，以此来减少决策制定时的不确定因素，帮助管理人员作出营销战略及策略方面的正确决定。这种作用怎么强调都不过分，这正是市场研究存在的理由。一项营销战略的制定包括四个步骤：

- 确认及评估市场机会；
- 进行市场细分并选择目标市场；
- 设计并执行营销计划；
- 分析营销绩效。

在营销战略制定的每个阶段，都需要以深入的市场调研为前提。如果没有市场调研的信息，管理者很难制定完善的营销决策，结果也许会造成代价高昂的失败。需要注意的是，市场研究的结果为企业决策提供了非常重要的依据，但绝不意味着市场研究可以准确地得出决策方案。下面让我们来认识一下市场研究在营销战略制定的每个阶段中的作用。

1. 确认及评估市场机会

企业在提出一项营销战略之前，必须明确经营目标，以及确定实现目标的方式。这就需要通过市场调研认清潜在的商业机会，从而确定公司发展的正确方向。

市场机会与市场环境的变化密切相关，通过市场调查，可以使企业随时掌握市场营销环境的变化，并从中发现企业的营销机会（如潜在的市场、新产品等），而为企业的经营发展带来新的机遇。请看下面的例子：

据说在20世纪60年代中期，曾经有两个鞋厂的推销员先后到达南太平洋的一个岛屿上，目的都是推销皮鞋。这两位推销员发现了一个共同的事实：这个岛屿上人人光着脚，都不穿鞋子。在这样的事实面前，一个人沮丧不已，他给公司总部发回的电报是："本岛无人穿鞋，我决定明天返回。"而另一个人却大喜过望，他给公司总部发回的电报是："好极了，该岛无人穿鞋，是个很好的市场。我将驻在此地，开展促销活动。"可见，面对调查得到的同样的事实，两个人有不同的分析判断。市场调查有助于发现事实，而如何利用调研所收集到的信息来评估市场机会，则是营销决策者的事。

同样是一个关于鞋子的调研，美国一家生产跑鞋的公司希望通过调查来发现："人们在什么时候穿跑鞋"、"是否真的像公司所想象的，人们在进行跑步运动的时候穿跑鞋"，以便发现与该产品使用相关的一些情形和影响因素，并予以改进。经过调研发现，大部分人并不是在跑步的时候穿跑鞋，而是在走路的时候穿跑鞋；而且大多是在日常活动的时候穿，例如上街购物、上下班的路上等。大部分穿跑鞋进行日常活动的人认为，跑鞋可以代替其他休闲鞋类。经过这项调研，厂家开始调整目标定位，从生产"跑鞋"转向设计并生产"舒适的走路用鞋"，从而更好地适应和满足了市场需求。

2. 进行市场细分并选择目标市场

制定营销战略的第二步是进行市场细分和选择目标市场。没有哪家企业可以满足每个人的需要，企业首先要选择一个自己感兴趣的广泛的产品市场，然后通过市场细分，把营销的焦点缩小到企业可能有竞争优势、甚至能发现突破性机遇的产品市场区域上。市场调研正是发现细分市场的一些特性和走势，并把它从整个市场中分隔出来的手段。

一般来说，任何一个大范围的产品（或同类品）市场都由许多次级市场构成。例如，"骑自行车的人"是一个大的产品市场，它可以细分为"把自行车当做交通工具的人们"、"锻炼者"、"社会交际者"、"飞车冒险者"和"环境主义者"等多个次级市场。那么，自行车厂家可以根据自身的优势选择一个或几个次级市场作为目标市场，并开发相应的营销组合策略。

一份调查显示，有41%的人喝啤酒，但是其中大量饮用者占87%——是少量使用者（占13%）的7倍以上。通常，一种产品的大量使用者会有共同的人文统计和心理方面的特点，以及相类似的接收某种传播媒体的习惯。对大量啤酒饮用者的调查表明，他们的形象显示了如下特征：与少量啤酒饮用者相比较，他们更多地来自劳动阶级；他们的年龄在25～50岁之间；他们每天较长时间看电视；他们喜欢观赏体育节目；等等。得知了饮用者的这些特点，对营销人员在进行定价、撰写广告信息以及传播媒体选择等策略制定上都大有裨益。显然，大多数啤酒公司都会把目标定在大量啤酒饮用者身上，并使用各种广告口号进行促销。

3. 设计并执行营销计划

利用上述两个步骤得到的资料，管理人员就可以设计并执行营销战略。这个时候，管理人员面对的是制定各个方面的营销策略，包括产品策略、定价策略、分销策略和促销策略等，而且每一方面的具体决策都离不开市场调研。

（1）产品调研。产品调研有很多形式，主要用来评估和推出新产品，测评商品和服务的质量，以及学会如何将新产品融入已有的生产线。观念测试就是让顾客对新产品提出建议，由此得出该产品的可接受程度和可行性。产品测试会得出产品模型的优势和弱点，决定制成品能否与其他品牌竞争，或者能否达到预期的效果。品牌评估研究主要是调查该牌子是否适合这个产品。包装测评主要评估大小、颜色、形状、方便性及其包装的其他功能，全面质量研究则是邀请顾客比较本企业产品和竞争产品的优劣。

惠而浦（whirlpool）公司利用市场调研改进产品设计的做法堪称典范。惠而浦的营销经理进行了大量的调研试图找出满意的顾客特征。每年，惠而浦向 18 万个家庭邮寄用具满意调查表，让被访者从各个维度对惠而浦的产品进行评价。惠而浦最热销的一款微波炉的设计就得益于这种方法。一项调查显示，消费者希望微波炉的按钮易于清洗。这看上去与以往的销售记录不符，因为公司的营销信息系统显示，一种有把手的型号比具有易于清洗按钮的型号销售得更好。但是，惠而浦并没有忽视这个调查结果，而是听从消费者的建议，设计了一种触摸键，并使用计算机模拟触摸键对顾客进行了试验，询问他们喜欢什么，不喜欢什么。而且，通过店铺内访谈老型号的顾客，获得了一些进一步改进的建议。最终，惠而浦设计了易于清理和使用的触摸键，使消费者甚至不需阅读说明书就会使用，结果这种微波炉广受欢迎。

无独有偶，位居世界品牌500强的中国海尔公司在家电设计方面的精益求精也离不开市场研究。比如，在海尔的冰箱设计中，产品开发部的人员会定期走访顾客，看他们是如何使用海尔冰箱的，还有哪些问题？研究人员会买来各种造型的碗、盘等用具进行摆放试验，以求最合理的产品设计。1996 年秋天，海尔在四川的维修服务人员发现，许多农民用洗衣机洗地瓜从而导致洗衣机损坏。针对这一情况，有人认为应该加大宣传力度，避免农民用洗衣机洗地瓜，否则后果自负。然而，海尔的总裁张瑞敏却认为，既然消费者用洗衣机来洗地瓜，说明这种需求的存在，我们应该想办法从技术上进行突破，看看有没有办法研发一种既能洗衣服、又能满足洗地瓜要求的洗衣机。结果，通过对产品的部分改造，海尔研制出的“洗地瓜洗衣机”受到了广大农民的欢迎。海尔敏锐地从市场信息中发现和唤醒了消费者的潜在需求，不仅赢得了更大的市场，也赢得了消费者的口碑。

（2）定价调研。大部分企业会进行定价调研，研究竞争对手的价格是市场研究的重要组成部分。企业不仅要发现产品的合理价格，或者确定消费者是否会付出高于成本的价格，还需要研究什么时候该打折或赠优惠券，以及降低价格会对消费者带来怎样的影响；定价调研还需要回答一个产品系列是否在国内品牌、地区品牌中存在价格差距，以及消费者对价格的敏感程度如何；等等。

对于营销者而言，他们始终关心什么样的价格定位可以使企业的获利最多？以及价格促销能够带来什么好处？一些品牌通常进行盲目的价格促销，而忽视了长期的品牌忠诚度、品牌资产分类等问题，这未必能带来好的结果。面对不断变化的广阔市场，要想取得营销的成功，就必须持续评估目标市场的特点和变化。

全球最著名的瑞士手表品牌斯沃琪（SWATCH）创始于1983年，该品牌正是通过调研确定了有吸引力的价格而取得成功的。斯沃琪对手表市场进行了详尽的调查，发现有一个细分市场被忽视了。这个细分市场的消费者想要的是“一个计时精确、廉价时尚的装饰品”。斯沃琪决定低价推出这些消费者心仪的手表，为此，斯沃琪采用了“目标成本定价”。一般的定价方法是开发出新产品，估算出成本，然后再问“这东西能卖多少钱”。斯沃琪则相反，它不是从公司的成本出发来制定价格，而是从顾客角度，先给产品制定一个合适的价格，然后确定成本，再确定实现这个合适价格的手段和方式，接下来，公司对成本实行了严格的管理。为了降低成本，斯沃其设计了一种简单时尚的手表。这种手表的组成零件少，科技含量高，价格低廉。随后，斯沃琪开发了新型自动化生产线，批量生产这种手表，严格控制制造成本。由此，斯沃琪开创了时尚和功用完美结合的手表的先河，消费者也很乐意为这种产品买单。结果，斯沃琪在创办的头两年就卖出了200多万只这样的手表。斯沃琪的开局大功告成，消费者对斯沃琪手表的价值也越来越认可，于是公司得以逐步引入高价产品系列。

调研快照1－1

A. C. 尼尔森公司最近的调查就揭示了亚洲不同国家和地区的消费者对价格变动的反应，这些信息对于在亚洲经营的公司制定价格策略至关重要。

A. C. 尼尔森公司的调查显示：亚洲不同地区的消费者对价格波动的反应差别较大。其中，马来西亚和中国香港的消费者对价格波动最为敏感，在所调查的450个品种中，这两个地区的平均价格弹性均为3.8，这意味着价格如果下降1%，需求就会上升3.8%。接下来是中国台湾地区和新加坡，其价格弹性分别为3.1和3.0。泰国的平均弹性为2.3，而菲律宾、韩国和印度尼西亚的弹性分别为1.3、1.2和1.2，这表明这些国家的消费者对价格变动不太敏感。A. C. 尼尔森认为，价格弹性的差异是因为每个地区市场零售结构的性质不一样，这与消费者的可支配收入和购买习惯相关。在很多乡村或城市近郊的地方，消费者没有能力同时购买很多有吸引力的产品，他们只能在需要时进行购买；相反，在发达的零售市场上，现代超市和高级百货连锁商店占主导地位，它们更加强调价格促销。在这些地区，很多消费者在作出购买决策时把定价和便利性作为首要的考虑因素。

资料来源：［美］菲利普·科特勒、加里·阿姆斯特朗等著，何志毅等译：《市场营销原理》（亚洲版），机械工业出版社2008年版，第244页。

（3）分销调研。分销领域的研究主要包括选择零售点、仓库地址，调查零售商、批发商的运作情况，以及他们对生产厂商的营销策略的态度和反应程度等，以便厂商及时把握营销渠道中各个环节的变化，建立长期有效的贸易关系。

下面是一个生产微型冰箱的微冰箱公司开展分销调研的例子。微冰箱公司的总负责人鲍勃·贝内特在开展业务时，决定通过独立的大电器分销商销售他的产品。他从17家独立的分销商中组织了170名销售代表来执行他的新产品计划。贝内特计算出公司用这种方法可覆盖全国3/4的地区，所以，他坐下来等待销售额出现。但是，5个月过去了，3500台微型冰箱还是在大众化产品分销商手中等待推销。该微型冰箱是为大学宿舍设计的，但调查发现，贝内特的分销商与大学校园和军营（那里也是宿舍集中的区域）基本没有任何接触。这些分销商把电器塞进大众化市场，但对怎样做却毫无主意。在万般无奈的情况下，贝内特不得不寻找全新的分销渠道。他任命了4个全职的销售代表到大学和军营作深度访问，通过访问调查，这些潜在的顾客很快被微型冰箱的优点所吸引，在1990年，该公司售出1100台微型冰箱，其收益达到了370万美元。

（4）促销调研。这主要包括对有奖销售、优惠券、样品交易及其他促销问题的研究，当然也包括对买方动机的研究、对媒体及广告效率的研究等。其中，广告方面的调研最为普遍。

广告预试调研一般有三种方法：直接评分、组合测试和实验室测试。直接评分，就是要求顾客对广告依次打分。其评分表用来估计广告在注意力、可读性、认知力、影响力和行为等方面的强度。虽然这种测量广告效果的方法不够完善，但一个广告如获高分也可以说明其具有潜在的有效性。组合测试是请消费者观看一组广告，而且它们愿看多久就看多久。然后请他们回忆所看过的广告，能记住多少广告内容就回顾多少内容，问者可以提示，也可以不提示。其结果就表明一个广告突出的地方以及这些信息是易懂易记的。实验室测试是研究人员利用仪器来测量消费者对于广告的心理反应情况，如心跳、血压、瞳孔放大以及流汗的情景。这类试验只能测量广告的吸引力，而无法测量消费者的信任、态度或者意图。

很多公司对广告有效性作了很多调研，得出了对营销者有用的一些结论。有调研得出，消费者对负面信息产生的反应甚于正面反应。例如，一个信用卡公司调查已有 3 个月没有使用信用卡的用户。对一组用户发出讲信用卡益处的信息，另一组是解释不用卡的损失。结果，损失导向的信息反应比益处导向的信息反应要强烈得多，开始使用信用卡的比例比前者明显提高。

4. **分析营销绩效**

在营销战略执行以后，市场研究将帮助管理人员了解营销活动是否运行正常，能否实现预定的目标。换句话说，营销调研主要用于获得评估反馈，随时监测顾客需求和市场环境方面的动态变化，以便公司对现有战略和策略进行修订及调整。为了获得营销的成功，管理人员必须了解持续变化的市场。

营销经理大多数自行收集情报，他们经常通过阅读书籍、报刊和同业协会的出版物，与顾客、供应商、分销商或其他外界人士交谈，同公司内部的其他经理和人员谈话等来收集信息。一些经营灵活的公司会采取进一步的行动来改进其营销情报的质量和数量。一种是训练和鼓励销售人员去发现和报告新出现的情况；一种是鼓励分销商、零售商和其他中间商把重要的情报报告给公司。当然，有些公司也会安排专业调研人员收集情报。例如，零售商可以派出“佯装购物者”在自己的商店为难营业员，挑选商品和购买商品——用这种方式来评估员工对待顾客的态度。尼门·马科斯公司雇用了费德贝克·普拉斯公司（一家专业商店代理商）调查在美国的 26 家商店。该公司的副总裁说：“这些商店坚持一流的服务，但没有与一流的销售相匹配。”在派出佯装购物者调查之后，商店告诉销售员应该怎样“推销”，并向他们提供了佯装购物者的报告复印件。这类报告常用的问题有：营业员有多长时间才接待你？假如他（她）想要你购买，他（她）是怎样做说服工作的？营业员关于商店产品的知识多不多？等等。

五、市场研究的主要领域

由企业发起的市场研究活动覆盖了市场营销管理的整个过程，主要的研究领域包括营销环境研究、消费者行为研究、产品研究、定价研究、分销调查、促销研究等方面。

1. **营销环境研究**

企业的营销环境包括微观环境和宏观环境，它们通过直接和间接的方式给企业的营销活动带来影响和制约。微观环境包括企业内部因素、营销渠道成员、顾客、竞争者和社会公众等；宏观环境主要包括人口、经济、自然、技术、政治法律以及社会文化环境等。营销环境研究就是对上述因素的评估和考察。

2. **消费者行为研究**

消费者行为研究是运用各种市场调查的技术和方法，对消费群体的认知、态度、动机、选择、决策、购买、使用等阶段进行系统的研究，为企业测定市场潜力、界定目标市场、确定产品研发方向和制定适宜的营销策略提供依据。

3. 产品研究

产品或服务是一个企业向市场提供和传递价值的最基本的载体和关键要素。产品研究包括产品概念测试、新产品开发调查、产品包装调查、产品生命周期调查以及产品的售后服务调查等。

4. 定价研究

定价对产品的销售量和企业利润都有着重要的影响。定价研究主要包括调查影响产品价格的因素、测定产品的价格策略是否合理，研究价格变动对消费者及竞争者带来的反应，以及测定需求的价格弹性等。

5. 分销调查

分销调查是对商品在流通过程中所经过的流通环节或中间层次进行的调查。企业销售渠道的形式决定了分销调查的内容，一般包括对批发商、零售商的经营条件、网点布局和市场占有率的调查，对现有销售渠道长度及其合理性的研究，以及对企业销售人员工作绩效的研究等。

6. 促销研究

促销的主要任务是向消费者传递商品和服务信息，以扩大销售量。促销的活动方式很多，既有人员推销，也有广告、营业推广和公共关系等非人员推销形式。所以，促销研究包括对各种促销手段和效果的研究，如广告效果测试、文案研究、媒体接触率研究、媒体收视率分析等。

表 1－1 是美国 587 家公司所从事的市场调查活动类型，以及从事各项调查活动的公司的比例。从表中可以看出，在美国的企业中，八种最普遍的市场调查活动分别是：行业/市场特征与趋势分析、市场占有率分析、销售潜量分析、观念开发与测试、销售预测、广告效果研究、竞争性定价分析和采购行为分析。

表 1－1　　美国 587 家公司的调查活动类型及从事调查活动的公司比例①

调查活动类型		从事的公司的比例（%）
◆业务/经济与公司研究	——行业/市场特征与趋势分析	83
	——购并/多元化研究	53
	——市场占有率分析	79
	——内部员工研究（士气、沟通等）	54

① 曾振华等著：《市场调查——基本方法与应用》，暨南大学出版社 2006 年版，第 15 页。

续表

调查活动类型		从事的公司的比例（%）
◆定价调研	——成本分析	60
	——利润分析	59
	——价格弹性	45
	——需求分析	—
	• 市场潜量	74
	• 销售潜量	69
	• 销售预测	67
	——竞争性定价分析	63
◆产品调查	——观念开发与测试	68
	——品牌取名与测试	38
	——市场试销	45
	——现行产品测试	47
	——包装设计研究	31
	——竞争性产品研究	58
◆分销调研	——工厂/仓库地址研究	23
	——渠道行为研究	29
	——渠道覆盖研究	26
	——出口与国际市场研究	19
◆促销调研	——动机研究	37
	——媒体研究	57
	——文案研究	50
	——广告效果研究	65
	——竞争广告研究	47
	——公众形象研究	60
	——销售员报酬研究	30
	——销售员定额研究	26
	——销售员地区分布研究	31
	——赠券、折价券、优惠促销研究	36

续表

调查活动类型		从事的公司的比例（%）
◆购买行为分析	——品牌偏好	54
	——品牌态度	53
	——产品满意度	68
	——采购行为	61
	——采购意图	60
	——品牌知晓度	59
	——市场细分研究	60

六、杰出市场调研的特点

一项杰出的市场调研应该有以下特征。

1. **运用科学的方法**

有效的市场调研要运用科学的方法：仔细观察、建立假设、预测和试验。例如，一家邮寄商行正遭遇高达30%的商品退货率。管理当局要求营销经理调查高退货率的原因。营销经理分析回顾了退货订单的特性，比如顾客的地理位置分布，退回订单的金额和商品种类。然后，他作了一个假设：顾客等候一定商品的时间越长，则退货的可能性越大。统计分析证实了这个假设。于是，他估计如果对这项服务制订一个加快送货速度的方案，那么将会使退货率下降到某一水平。公司采纳了他的建议，果真退货率下降了。

2. **调研富有创造性**

调研的创造性实际上是市场调研诸多性质中最有价值的特性，是调研人员的营销知识、调研技术和思维能力的综合体现。因为市场调研是一个动态的过程，虽然有科学的、程式化的步骤，但任何环节都需要创意的帮助。例如，经验表明，许多公司想用传统的小组深度访问法了解10～20岁的年青人的一些想法，结果都失败了。这些愤世嫉俗的年轻人坐在有双面镜的会议室，感到被销售者当陈列品使唤，于是很少开口说话。然而，波格尔男孩服装公司在奇德研究公司的安排下，用另一种途径调查这一群体，取得了意想不到的效果。研究人员从不引人注意的人群中挑选出4位男孩，给他们每人一架8毫米的摄像机，请他们用摄像机记录下他们的日常生活。这些年轻的“导演”广泛地摄下了他们的生活场景：学校、家庭、房间以及购物情形等。波格尔男孩服装公司借用这些题材，在非正式的场合，如餐馆，讨论产品和生活。该公司的一位广告经理说：“我认为，这种方法帮助我们了解了许多事情——这些孩子是怎样生活的，他们对波格尔男孩品牌的态度和他们是怎样认知品牌的。”

3. **采用多种方法**

杰出的市场研究人员避免过分依赖一种方法，强调方法要适应问题，而不是问题适应方法，他们还认识到需要从多种渠道收集合乎要求的信息。

4. **模型和数据的互依性**

杰出的市场研究人员懂得从问题的模型中能导出事实的意义，这些模型对要收集的信息类型起指导作用，因此，模型的设计应该尽可能清晰明了。

5. **信息的成本和价值**

杰出的市场研究人员应该关心衡量信息的价值与成本之比。价值/成本能帮助市场研究部门确定哪一个调研项目应该进行，什么样的调研设计应加以应用，以及在初期的调研结果出来以后是否应该收集更多的信息。研究成本容易计算，而价值却很难预料。价值由研究结果的可靠性、有效性以及管理当局对调研结果的接受和行动的程度而定。

6. **有益的质疑**

杰出的市场调研者对经理所用的市场词语以及一些传统的假设应该表现出质疑的态度，这对有效地研究问题是有益的。例如，经理们普遍认为，“最好的客户是该产品的大量购买者”，虽然大多数公司追求大客户，但他们未必就是最好的目标市场。当竞争者给予优惠时，许多大客户往往会倒向这些特定的竞争者。既然公司今天拥有他们，一旦竞争者提供更优惠的条件，公司明天也会失去他们。再比如，许多人都认为“广告的有效性在于其记忆的程度和说服力”，实际上，测试结果表明，能回忆得起的和有说服力的广告并非是最有效的广告，特别是在用户判别其广告是否对他有用和喜欢时更是如此。

第二节 市场研究行业：发展历程和结构

一、市场研究的发展历程

市场研究源自于美国1824年进行的选举前民意调查，而学术研究者大约在1895年进入市场研究领域。进入20世纪后，激增的消费需求和大规模生产的发展导致更大、更远市场的出现，了解消费者的购买习惯和对厂商态度的需求应运而生，第一家正式的调研机构于1911年建立。如今，随着现代营销观念深入人心，市场研究已经成为企业了解目标市场和进行营销决策的重要手段，并在全球范围内得到了广泛的重视。在世界经济发达国家，市场研究已经成为非常成熟的服务行业。市场研究的发展在国外经历了以下六个阶段。

1. **萌芽时期**

从殖民时代到工业革命期间，称为市场调研的萌芽时期。这时企业和商人的规模都很小，产品的辐射面有限，客户的数量不多，市场关系相对简单。每个商人和经营者都清楚地了解自己顾客的特点，能够轻而易举地卖出自己的产品，很少需要进行市场调研。

2. **早期发展阶段**

从工业革命到1920年，称为早期发展阶段。这一阶段有很多特点：首先，工业革命给人类带来了巨大的影响，人类第一次有能力大规模生产产品；其次，运输行业迅猛发展，铁路、水运和海运的产生和发展为大规模产品的销售提供了空间转移的保证；最后，电报和无线电的发明和运用，为产品的远距离推广提供了可能。在这种背景下，企业要获得成功就不能满足于只销售给就近的熟悉的顾客，他们必须通过市场调研来得知远距离市场的情况，并且比竞争对手更有效地传送目标市场所期望满足的东西。

1879年，广告代理商艾尔（N. W. Ayer）受美国机械生产商委托，向全美的农业官员发信征询各地区的农作物生产信息以及相关的天气、土壤信息，以用来估计对农业设备的需求。这是正式记载的首次为制定营销决策而系统开展的市场调研。

1895年，学术研究开始进入市场调研领域，当时美国明尼苏达大学的哈洛·盖尔教授首次使用了邮寄问卷调查法对广告效果进行了研究。之后不久，西北大学的沃尔特·迪尔·斯科特也做了一些开创性的工作，斯克特采用实验和心理学方法开始了关于广告实践的研究。

1911年，美国柯蒂斯出版公司（Curtis Publishing Company）率先在企业内部设立了独立的市场调查部门，系统地收集、分析读者的习惯、爱好以及人口统计方面的资料，该部门也是历史上第一家正式的调研机构。

3. **问卷调查阶段**

1920～1940年，称为问卷调查阶段。在20世纪20年代以前，问卷调查的使用还极其有限。在第一次世界大战期间，军队使用问卷进行个人审查。随着经济形势的不断变化，问卷调查逐步得到了应用和发展，一些期刊出版商用这种逐渐熟悉起来的调研工具统计读者的意见。特别是20世纪30年代经济大危机的到来，使人们对运用问卷调查这种工具的兴趣越来越浓。1936年，美国新闻学博士乔治·盖洛普采用抽样的方法，在全美抽选了1000个样本进行问卷调查，成功预测了美国总统的选举结果（罗斯福将胜出）。这一事件之后，问卷调查法在西方得到了广泛的使用。

1922 年，A. C. 尼尔森公司（AC Nielsen）进入调研服务行业。该公司在前人工作的基础上提出了“市场份额”的概念，并开展了其他很多商业服务，从而为其后来成为美国乃至全球最大的市场调研机构奠定了基础。20 世纪 30 年末，市场调研作为正式的课程开始在大学校园得到普及，课程里汇集了实践和学术领域里共同开发的知识。随着调研实践活动的深入开展，有关市场调研的理论和方法也在不断地完善。比如，人们不再满足于对问卷应答情况的简单分析，开始根据收入、性别和家庭地位等方面的差异对被调查者进行分类和比较，并采用简单相关分析等方法。

调研快照 1－2

1936 年，在市场调研的发展历史上发生了一个典型事件。当时，正值美国第 33 届总统大选，总统候选人为兰登和罗斯福。为了预测谁将获胜，《文学文摘》杂志和乔治·盖洛普分别进行了调查工作。《文学文摘》杂志社随杂志发了 1000 万张预选票，最后收回了 237 万张，统计结果显示兰登将获胜。乔治·盖洛普采用了抽样的方法，在全美抽选了 1000 个样本进行问卷调查，他的分析结果是罗斯福将获胜。大选的结果是，罗斯福获得选票 1800 万张，而兰登只获得选票 700 万张。这一事件使得盖洛普所采用的调查方法在全球引起了轰动，从此抽样调查法在西方得到了普遍的认可。

4. 计量调查阶段

1940～1960 年，称为计量调查阶段。在这一阶段，数据普查，特别是商业普查的开展使得人们开始强调统计分析的方法和技术。在营销调研中，人们不仅依据会计分析的方法来预测销售额和确定合适的销售区域，同时也开始使用社会科学中的一些方法，如取样理论、假设测试和运用统计原理来假定消费者的行为。随着第二次世界大战爆发，许多社会学家被迫到军队服务，将新的技术运用于研究士兵和家庭的消费行为。20 世纪 40 年代，小组访谈在罗伯特－默顿的领导下发展起来。到 40 年代末，随机抽样的重要性得到了广泛的认识，在抽样方法和调查过程等方面取得了很大的进步。50 年代中期，依据人口统计特征进行的市场细分研究和消费者动机研究开始出现，市场细分、动机研究和先进的调查技术相结合，在市场调研的理论和方法上有了许多重要的创新。在这一阶段，一项新的工具——计算机开始被调研人员采用。

5. 被社会认可的阶段

直到 20 世纪 60 年代，市场调研才得到商业组织的真正认可。随着营销观念的逐步成熟和不断发展，催生了许多专门的市场调研机构。同时，拥有自己独立的市场研究部门的企业数量急速增长。在这一时期，许多西方发达国家的企业开始涉足国际市场，市场调研越来越成为企业了解远距离飞速变化的市场的重要工具。60 年代以后，许多描述性和预测性的数学模型开始应用于市场调研，特别是计算机技术的发展和应用，使调研人员分析、储存、检索和提取信息的能力大大提高。

6. 技术进步阶段

1980 年以后，可以称为技术进步阶段。各种技术不断影响着市场调研行业的发展。最重要的因素莫过于个人计算机科学的飞速发展。计算机辅助问卷程序的开发，使市场调研人员能够设计由计算机管理的调研；触摸式屏幕可以在调研过程中自动统计数据；各种复杂的对用户友好的专用软件（如 SPSS）的出现，使市场调研变得更为直接和方便。与此同时，基于扫描仪的调研、数据库营销和顾客满意度调研得到了越来越多的重视。直到现在，各种应用于市场调研的技术还在不断地变革和发展。

20 世纪 90 年代以来，网络经济的兴起给市场调研带来新的冲击，互联网快速发展并逐步成为市场调研者的有力工具，它作用的领域包括：替代图书馆和多种印刷资料成为二手资料的重要来源；运用互联网的电子邮件功能，使之成为调研提供者与客户沟通的渠道和项目管理的工具；调研公司通过互联网可以将报告提供给世界各地需要它的管理者；实现了营销调研团队之间以及与客户之间随时、有效的沟通；随着越来越多的消费者与网络联系的紧密，营销人员把更多的调研搬到了网络上进行。网络调研最显著的优势在于高效率和低成本，尽管大多数调查人员都认为网络调查将永远不能完全替代传统的调查方式，但另有一些人对它的前景非常乐观。有人预测，在短短的 5 年内，网络调研费用将从目前的占整个调研费用不到 5% 提高到 50%。为此，调研企业需要思考网络经济下新的经营模式。

二、市场研究的行业结构

市场研究行业由许许多多从事市场调研的机构组成。一般来说，市场研究的主体可以分为内部提供者和外部提供者两类。内部提供者是指企业内部负责市场调研任务的机构和人员；外部提供者是指企业外部独立从事市场调研任务的组织或机构。根据服务内容的性质，外部调研机构又分为完全服务公司和有限服务公司两类，它们可以进一步细分为提供不同服务的公司。以上不同类型的调研提供者各具特点，市场调研行业的构成大致如图 1－1 所示。

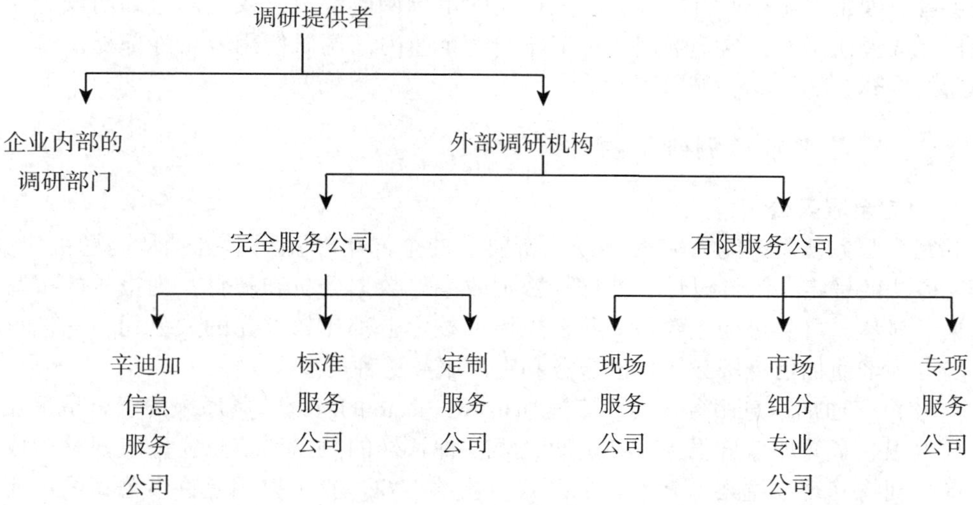

图1-1 市场调研行业的构成

（一）企业内部的调研部门

企业是大多数市场调研的最终消费者和发起者。从国际范围来看，多数大公司都有自己的调研部门，尤其包装消费品制造商几乎都设有自己的营销调研部门。这些调研部门的经理通常由公司的营销副总经理担任，他起到了研究指挥者、管理者、咨询顾问和倡议者的作用。

例如，宝洁公司将市场调研人员安排到每一个产品部门，从事现行品牌的调研。它有两个独立的公司内部调研小组，一个负责整个公司的广告调研，另一个负责市场测试。每组成员包括市场调研经理、其他专家（调查设计者、统计学家、行为科学家）和负责执行与管理访问工作的内部现场代表。每年宝洁公司电话与上门访问超过100万次，访问的内容涉及大约1000个调研项目。在惠普公司总部，设立了市场研究与信息中心（MRIC）专门处理营销信息。该中心分享全世界的惠普信息资源，分为3个组，分别提供行业、市场和竞争者的背景资料。它应用报业辛迪加和其他信息服务，决策支持小组提供研究结论服务，中心通过建立地区卫星系统，使世界各地的惠普分公司都能得到有创见的信息服务。

一般而言，企业内部的营销调研部门规模都比较小。美国的一项研究表明，在联邦快递公司（Federal Express）和三角洲航空公司（Delta Airline）等服务企业中，拥有10人以上的营销调研部门的企业占15%。在制造企业中，拥有10人以上的调研部门的企业占23%。总体上，企业营销调研部门的规模在缩小，而用于营销调研的预算却呈现出增长的趋势，这说明越来越多的企业调研的任务流向了外部的调研提供者。通常，小企业可能没有一个独立的市场调研部门，或其调研部门没有能力独自完成调研工作，这个部门的员工充当着企业内部调研使用者与外部提供者之间沟通的中介。

（二）外部市场调研机构

1. 完全服务公司

完全服务公司有能力完成委托人所要求的全部市场调研服务，从问题的定义、研究方法的确定、问卷设计、抽样、数据收集、数据分析和解释，到报告的撰写和汇报。显然，这类机构主要是一些在规模和技术上都比较领先的大公司，它们可进一步分为辛迪加信息服务、标准服务和定制服务三种类型。

（1）辛迪加信息服务公司。辛迪加是 Syndicate 的音译，其原来的意思是报业的联合组织。辛迪加信息服务就是定期收集各种各样的数据和信息，一般都整理成数据集以刊物（现在主要是软盘）的形式提供给订户。它可以满足许多公司的需要而不是某个特定公司的需要，所以称为联合服务。他们收集的资料主要是关于大众媒体观众以及零售产品方面的数据。大量愿意订购这种服务的客户共同承担了数据收集的成本，所以辛迪加信息服务公司能够以相对较低的价格向每个客户提供市场调研信息。

从整个调研行业来看，这类公司的数量相对较少，与定制调研公司相比，公司的规模相对较大。美国营业额位居前列的大公司，如 A. C. 尼尔森公司、Cognizant 公司、Arbitron 公司和信息资源公司（Information Resources Inc.）等几乎都提供辛迪加服务，例如国内的央视—索瑞福媒体研究公司就属于辛迪加信息服务公司。A. C. 尼尔森媒体调研公司提供的核心服务是尼尔森全国电视指数（NTI），它是根据装配有测试仪并能够及时反映电视、有线电视及家庭录像收视情况的 5000 个家庭样本得到的数据计算出来的。美国的电视台、电台、广告公司以及许多企业都是尼尔森数据的固定订户，他们根据这些信息设定广告的播出时段，电视台则购买这些信息来决定节目的编排。

（2）标准服务公司。标准服务公司向每个客户提供不同的信息，但它收集数据的过程是完全一样的。例如，美国奥迪斯（Audits & Surveys）公司利用已经建立起的各种业务联系，为各种公司提供标准化的营销测试服务。同样，美国家庭意见调研公司依托所联系的家庭，根据客户的不同要求提供各种信息。与辛迪加服务不同的是，标准服务公司的一份数据只提供给唯一的顾客，但提供服务的方式是标准化的。

（3）定制调研公司。定制调研公司的主要业务是为企业客户开展定制的、非重复性的营销调研项目。如果一家公司产生了新产品或服务的想法、想改变包装、寻求新的广告创意、改变定价策略或产品配方以及其他有关营销的问题或机会，这时定制调研公司就可为其提供调研帮助。

从整个调研行业来看，定制调研公司数量众多，但绝大多数企业的规模较小。例如，美国有成千上万家定制调研公司，但绝大多数营业额不到100万美元，员工不到10人。他们可能只为当地的客户服务，许多专门从事某一行业或某一类型的市场调研。

2. **有限服务公司**

有限服务公司专门从事市场调查项目中某一方面或某几方面的调研工作。根据它们从事的不同领域可以进一步分为现场服务、市场细分专业服务以及数据输入、样本设计和数据分析等专项服务的公司。

（1）现场服务公司。现场服务公司是数据收集专家，它按照转包合同为企业的市场调研部门、定制调研公司、广告代理商的调研部门等收集数据。一家纯粹的现场服务公司既不进行调研设计也不进行数据分析，只从事数据的收集工作。现场服务公司一般拥有专门的开展实地调查工作的人才，在数据收集方法和现场质量控制方面拥有丰富的经验，可以为客户提供诸如拦截访问、电话访问、小组访谈、邮寄调查、入户调查以及神秘顾客实地访问等多种形式的调查。许多市场调查机构由于规模较小，考虑到自己进行现场工作经济上不划算，就会将这一块业务委托给现场服务公司去完成。

（2）市场细分专业公司。市场细分专业公司是针对某一细分市场开展市场调研服务的机构。这些公司对所从事的行业都有比较深入的了解，主要业务是对特定的调查对象进行数据的收集。如美国的阿博特·伍尔（Abbott Wool）公司专门对从拉丁美洲和亚洲移居到美国的移民进行调查，以获得这些特定人群的相关信息；也有的公司专门从事对不同年龄的儿童进行调查。有些营销调研公司针对某个特定的行业人员进行调研，如专门对在政府工作的人员进行调查等。

（3）专项服务公司。专业服务公司是指为市场调研行业提供专门化的辅助服务的机构，这些服务主要包括数据输入、样本设计和提供、数据分析以及其他专门化的研究技术等。例如，美国康涅狄格州的调查抽样公司（Survey Sampling，Inc.）拥有包含数以百万计的家庭和企业信息的数据库，它可以从中为客户提供所需的家庭和企业样本。有些公司提供各种专业分析软件的开发和制作，如亚特兰大的SDR公司专门提供先进的定量分析服务。

除了上述市场调研的提供者，还有其他一些提供研究调查信息的实体，诸如大学、政府机构、研究机构等，它们作为市场调研行业的补充，也从事着一些调查研究的工作，其研究结果通常以专题论文的形式在一些专业刊物上发表。

三、中国市场研究行业的发展

中国历史上很早就有关于市场研究的记载。早在2000多年前，司马迁在《史记·货殖列传》中就记载了孔子的学生子贡和越国大夫范蠡进行市场调研与预测的事例。但是，相比美国等西方发达国家，市场研究作为一个行业在中国的发展还只有很短的时间。

市场研究是服务性的行业，它的顾客有企业、政府、事业单位、非营利性组织等，而企业是大多数市场调研的最终消费者和发起者。在中国改革开放以前，由于实行高度集中的计划经济体制，企业无须了解市场，因而也不构成对商业性市场调研的需求。当时对市场的调查更多地表现为行政指令下带有统计特征的资料收集和分析工作，主要是为政府提供相关的信息。中共十一届三中全会以后，随着中国经济体制改革的深化，企业作为独立的商品经营者的地位得到了确认，特别是1992年召开的党的十四大，明确提出了我国经济体制改革的目标是建立社会主义市场经济体制，使企业逐步树立了以市场为导向的经营理念。面对国内、国际市场的激烈竞争，企业需要了解目标市场需求和竞争对手的行动，开始越来越重视市场信息，这些都为中国市场调研业的发展提供了基础。

（一）中国市场研究行业的发展历程

中国的市场调研业产生于20世纪80年代初期，是伴随着市场经济的确立而逐步成长起来的。业界普遍认为，1988年宝洁公司进入中国后才带来了市场研究整个行业的萌芽。20世纪80年代到90年代初期，我国全国性、专业化的市场研究公司寥寥无几，大多由广告公司内部设立的市场调研部门执行一些跨国公司的调研课题。80年代中期，市场研究开始在中国受到重视。1984年年底，国家统计局成立了“中国统计信息咨询服务中心”。同年，民办的北京社会与经济发展研究所在内部成立了社会调查中心，这是较早的有案可查的民办调研机构的开始。1986年产生了北京社会调查所（后改称中国社会调查所、中国市场调查所）和北京社会调查事务所（后改称中国社会调查事务所），最早将民意调查结果推向媒体。1987年7月，广州市场研究公司正式注册成立，这是中国第一家有偿服务的以“公司”命名的专业市场调研机构。

20世纪90年代以来，随着中国市场经济改革的深入，国内不断引进和应用西方市场调研的理论和方法，以数据收集为基础的市场调研业快速发展。1992~1993年，专业化的市场研究公司相继成立，香港地区和国外的一些著名的市场研究公司也开始进入中国市场。1993年盖洛普（Gallup）与中方成立联营的调查机构从事市场调查业务。1994 年，A. C. 尼尔森公司主动寻求与中国中央电视台和几个省级电视台合作进行电视收视率调查；亚太地区最大的调查公司 SRG 集团在北京、上海、广州成立自己的分公司，并在全国范围内建立了一个规模较大的媒介监测网，向客户提供媒介研究、消费者研究、个案研究以及零售研究等市场调查服务。这些中外合资调查公司凭借雄厚的资金、先进的技术、高素质的从业人员、便利的世界性或地区性的调查网络，特别是其在专业领域从母公司那里一脉相承的先进技术和质量管理体系，更加上多年来与客户同舟共济建立起来的关系以及自身的知名度、行业信誉等，使其在竞争中拥有本土调研公司无法比拟的优势。1998 年 9 月，设立在中国信息协会之下的市场调查分会筹备委员会成立，标志着我国市场研究行业正式迈入起步阶段。据《中国经营报》报道，到 1998 年，中国执业的市场调研机构已达 800 余家，1998 年全国调研业营业额已高达 6 亿 ~ 8 亿元人民币，与 1990 年的 1000 万元相比，已有 60 ~ 80 倍的增长。

2001 年中国加入 WTO 后，中国市场研究业迎来了前所未有的发展机遇。一方面，市场调研公司的数量大幅增加，外资迅速扩张，国际性公司和香港地区的公司纷纷落地生根；另一方面，国内调研公司开始呈现出服务专业化的趋势，逐步形成了提供全面市场研究的完全服务公司和数据采集代理两大阵营，市场调查和运作技术快速发展和普及。2001 年 4 月，全国市场研究行业协会在广州正式成立，业内公司已达千余家。经过 20 多年的发展，中国的市场调研业从最初的仅仅集中于北京、上海、广州等一类城市，逐步向各省会和二类城市扩展，区域性的代理公司如雨后春笋般成长起来，发展形成了比较完备的覆盖研究中国城乡各个区域的全国性的调查执行网络。据有关资料显示，目前我国提供市场信息服务的各种机构达到 3 万多家，以市场调研为主业的机构约 3000 家，具备一定规模的有 400 ~ 500 家，但是业内公认的规模较大的调查机构不足 100 家，主要集中在北京、上海和广州三个城市。2006 年，市场调研行业的营业额达 30 多亿元人民币。

目前，中国的市场研究行业还处于发展阶段，面对市场调研业全球化的日益加深和调研技术的飞速发展，中国市场研究行业的发展也正逐步迈入成熟期。

（二）中国市场研究公司的分类

1. 从公司性质划分

从公司性质来看，国内市场研究公司分为：外资公司、国有公司、民营公司、合资公司。

（1）外资公司。如盖洛普、麦肯锡、A. C. 尼尔森等，它们一般在 20 世纪 90 年代初进驻中国。这些外资市场研究公司不仅在规模及办公环境方面优于其他类型的调研公司，而且在以下方面具有突出的优势，调研项目质量的控制水平较高，项目操作的规范性较强，公司各部门分工明确；其质量控制标准与国际一致，项目可管理性强；客户较为稳定，其主要客户多是海外总部直接委托，主要是一些跨国的大企业；研究人员素质较高，公司在调研方面的培训能力很强；知名度较高。当然，这些外资公司的服务价格也比较高，往往超出一般客户的心理承受能力。外资市场研究公司在中国的发展一方面取决于其总部的发展计划，另一方面还要看国内企业对市场研究的认知及需求状况。

（2）国有公司。主要指国务院各部委、局及地方政府部门和国有企业创办的市场调研公司，如全国各级统计部门创办的各类信息咨询中心、调研中心等。这类国有市场研究公司能够发挥城市调研队伍的网络优势；收费相对较低，信息资源稳定，能够获得多行业的背景资料及相关数据，但由于管理体制的弊端，在项目的质量监控方面与国际水平有一定的差距，往往数据误差较大。

（3）民营公司。它是由个人独资或多人合资创办的私营或股份制市场调查机构，早期主要分布在北京、上海、广州三地，如“零点”、“大正”等。目前在各省会和二类城市，市场研究公司如雨后春笋般出现，其数量明显多于前两类市场研究公司。民营市场研究公司在服务提供和操作方式上不断向外资公司看齐，具有较强的市场营销能力，常在传媒上发布调研结果，提高了知名度；对客户的反应迅速，有很强的服务意识；采用项目经理负责制，有效保证了调研项目的质量。同时，服务价格相对外资公司较低，因此具有较强的竞争优势。民营调研企业的规模往往不及上述两类公司。

（4）合资公司。主要指中外合资、中外合作等联合创办的市场调研机构。近年来，一些国内市场研究公司陆续同跨国公司合作，成立了合资公司。如 1997 年，由国有的央视市场研究公司与世界著名市场研究集团 TNS 合作的央视—索福瑞媒介研究有限公司（CSM）在北京成立。CSM 拥有世界上最大的电视观众收视调查网络，样本总规模达到 3 万户，覆盖全国近 800 个主要电视频道。主要致力于专业的电视收视市场调研，为中国传媒行业提供不间断的电视观众调查服务，已成为中国规模最大、最具权威的收视率调查专业公司。华南国际市场研究有限公司（RIChina）是由当时中国最大的民营市场研究公司 RI（华南市场研究有限公司）与 SCMR（国际市场研究集团）成立的合资公司。这些合资机构将外资的管理、技术与本土企业的优势、数据资源相结合，在细分市场上很容易形成竞争优势。

另外，还有一些其他机构和人员提供相关的市场研究服务，如大学的研究机构，广告公司的调研部门、新闻单位下设的调研中心等。

2. 从操作方式划分

从操作方式和提供的服务来看，国内市场研究公司分为：产品性公司、个案研究公司、现场服务公司。

（1）产品性公司（辛迪加服务公司）。这类公司为很多企业收集并提供相同的市场调研数据；每个企业都可以购买由这些公司收集、整理、提供的数据；一般集中在媒体受众和零售数据；由于规模效应和前期巨额的投入，已经形成相当大型的公司规模，如 A. C. 尼尔森公司。

（2）个案研究公司（定制服务公司）。这类公司针对客户的具体问题展开特定的市场调研；项目一般为量身定做，具有非重复性的特点；当企业产生了新产品或服务的想法、包装或广告创意、新的价格策略或其他有关营销问题和机会，则由个案研究公司提供有针对性的专业服务；与产品性公司相比，这类公司大多规模较小。

（3）现场服务公司（数据采集代理）。这类公司仅收集数据，一般不提供方案设计和数据分析，通常为一些大的调研公司从事区域代理服务。

第三节 市场研究中的道德规范

道德规范（ethics）是指导人们的行为和调整人与人之间关系的行为标准。市场研究和其他的商业活动一样，也要求其参与各方的行为符合道德规范。因为市场研究作为一种社会经济活动，必然存在和产生各种各样的关系，特别是在主办方、调研提供者和被调查者之间更存在着直接的、涉及各方利益的相互关系。因此，正确规范市场调研参与各方的行为，确保没有人受到伤害或受到负面的影响，是保证市场研究活动正常开展并取得良好效果的基本条件。

规范市场研究各参与方的行为，协调它们之间的关系，应该而且可以采用法律、法规的手段和途径，但是，因为市场研究中的一些不可预见的因素和限制，没有一种单一的办法可以解决诸如违反保密协议、泄露应答者的秘密、欺骗他人、错误地表述调研结果等所有问题。一些发达国家在实践中早就认识到伦理道德在规范行为和协调关系方面重要的、不可替代的作用，不断加以总结、归纳并由市场营销调研协会以准则的形式颁布，如《美国市场调查协会道德准则》、《欧洲民意和市场研究协会关于市场和社会研究的国际准则》等，中国也颁布了《中国信息协会市场研究业分会管理办法（章程）》。这些准则或章程在一定程度上规范了市场研究参与各方的行为，成为市场调查的道德标准。

一、调研提供者与被调查者之间的道德问题

当在研究设计中讨论道德规范时，我们往往首先想到的是保护被调查者的权利。无论数据是从实验、面试、观察还是从调查中获得的，被调查者都有充足的权利受

到保护，如被调查者接受调查的自主权、隐私权、所花费的时间和精力的补偿权等必须得到尊重。总的来说，所设计的研究方案必须做到不使被调查者受到身体上的伤害、不适、痛苦、尴尬或是被侵犯隐私。为了确保这一点，研究者必须遵循以下三条原则：

（1）在与被调查者进行直接接触时，研究者应该向其说明研究的益处，注意既不要夸大也不要低估利益。

（2）说明被调查者的权利和保护措施。虽然市场研究中经常允许“隐匿真名”的做法，如不告诉被调查者项目委托方的真实身份，以免使被调查者的应答产生偏差，或出于对第三方（主办方）保密的目的，但是，如果为了提高应答率而采取欺骗的行为则是不可取的。另外，少数公司打着调研的幌子向消费者兜售产品，或者擅自使用被调查者的名字，如开发营销潜在客户一览表等，这些都是有悖于市场研究道德规范的行为。

（3）必须取得被调查者的知情同意。在邀请被调查者参与调查之前，必须告知调查的有关方面，包括访谈者的自我介绍、简单描述调研的主题和调研的目的、真实地告知调查所需的大概时间、告诉应答者可以自愿参加以及不回答某些问题是可以的，等等，在争得被调查者同意的情况下方可开展调查。如果是调查儿童，需要征得他们的家长（或其他人）的同意。如果数据有可能损害应答者的利益，或是研究者只能提供有限的保密措施，则一般要求被调查者填写一份同意参加的署名表格，并仔细列出各种局限条款。

二、调研提供者与主办方之间的道德问题

当调研提供者与主办方打交道的时候，也要注意道德的问题。这包括两个方面，一是调研提供者要遵循相应的道德规范，如保证调研的真实性、为客户保密、公平交易等。同时，主办方作为调研发起人和调研的最终使用者，也要遵守相应的道德准则，如不能以市场调研为由误导公众、不能为达到想要的目的而更改数据或编造虚假数据等。

（一）调研提供者的道德规范

1. 保证调研的真实性

市场调研信息经常被用于做出重大决策，决策的结果可能会影响公司未来的战略、预算、工作安排和组织结构等等，因此调研的结果至关重要。调研提供者要严格控制信息搜集的过程，避免带着某种预设的目标去确定调查范围，或者为了迎合使用者的意愿而更改研究结果或扣留某些资料；研究者更不能为了省事或节省开支

而随意减少调查样本的数量或人为修改、编造数据资料等。

维护调研的真实性已经成为调研行业中最重要的道德问题，在这一方面，调研提供者和主办方都有义不容辞的责任。比如，营销经理必须注意不要暗示只有支持他们已有观点的调研结果才能被接受。事实上，在某些情况下，调研明显是被策划的，只为了达到某种预期的结果。例如，一项由克莱斯勒发起的研究声称，美国人一定会选择克莱斯勒而非丰田，不管是在试车还是购买时。然而，该项研究总共只包括了两个测试，每个测试只包括 100 人，更重要的是，参加测试的人都没有拥有一部外国车，所以，他们似乎更加偏爱事先确定的美国车。可见，对于研究样本或是选项及问题用词的隐蔽操纵，可以极大地影响结论。

2. 公平交易

调研提供者应该公平地对待调研购买者，也就是应该按照等价交换的原则，双方平等协商调研的费用水平。这也是经常被提及的关于调研提供者的道德问题。调研提供者在报价时，应该使购买者了解调研项目的难度，并对调查项目的内容进行合适的界定，避免为了提高价格而夸大项目的难度和扩大项目的研究范围；调研提供者不得要求购买者支付隐匿的费用，不得推销不需要的研究或是以更为昂贵的研究设计来诱导购买者接受过多的调研服务。

3. 为客户保密

研究者除非是提供标准化的服务，否则不允许同时为处于竞争状态的使用者和有利害关系的使用者提供同种类型的调查服务，更不能将一个项目上的数据用于另一个与之竞争的公司的项目研究中。比如，一个调研公司为买方公司 A 进行了许多市场调查。调查中收集的信息揭示了消费者对 B 公司（A 公司的主要竞争对手之一）的印象。在为 A 公司完成了项目之后，调研公司意识到已经获得的 B 公司信息一定能够满足 B 公司管理部门的需要，于是向 B 公司卖出一份保证能鉴别出消费者对其公司印象的调研。这种做法道德吗？显然，它侵犯了调研购买者的利益，破坏了调研提供者与主办方之间的信任关系。另外，调研提供者必须为主办方的研究目的或其详情保密，在保密期限内，未经同意不得向任何第三方泄露相关的研究结果。

4. 提供高质量的研究

主办方有获得高质量研究的权利，这是调研提供者应该考虑的一个重要的道德问题。调研提供者必须做到：（1）提供一种适合调研问题的研究设计；（2）使主办方能够从付出的花费当中获得最大的价值；（3）提供适合所收集数据的处理和分析方法。从研究建议、研究设计到数据分析直至最终报告，研究者都应该给予主办方恰当和必要的指导，应该建议最适合解决问题的研究设计，不应该片面追求方法的复杂性而不考虑研究对象的特点；也不应该建议那些旨在最大化研究者收益或最小化研究者付出而有损主办方利益的活动。

（二）主办方的道德规范

（1）主办方作为调研的最终需求者，应该恰当地使用市场调查所提供的信息，不应对市场调查提供的信息进行夸大、断章取义、篡改或曲解，更不能以不完整的报道或不真实的研究内容误导公众以实现不正当的目的。

（2）主办方不应该要求研究者参与一些不道德的行为，如要求研究者收集竞争对手的商业秘密或政府及相关组织尚未公开的情报信息，以及违反对应答者保密的原则，要求研究者提供一份所有可能购买其产品的受访者名字的清单等，诸如此类的行为都是错误的。

（3）主办方应该尊重调研提供者的劳动，不能以委托市场调查为借口，诱使调研提供者为其提供免费的信息资料或调查方案，或达到获得免费咨询的目的。

（4）研究者的任务是发现事实，而主办方的任务是决策。调研提供者所提供的信息资料、调查报告和有关建议仅作为决策的参考，决策的后果完全由调研的使用者（主办方）承担，不能要求调研提供者承担决策的责任。

三、调研提供者与小组成员之间的道德问题

（一）调研提供者的道德规范

设计一个能够保护所有访谈者、调查者、实验者或者观察者的安全项目是研究人员的责任。为了确保研究小组成员的安全，调研提供者需要注意这样一些问题：如果研究人员需要在一个高犯罪率的地区进行亲自采访，那么最好派一名研究人员来保护他；如果需要入户访问，对女性访问员最好派两人结伴前往等。调研提供者要求其小组成员到一个他们认为人身受到威胁的地方进行采访是不道德的行为，保护研究小组成员和自己的安全，是研究者的另一个重要的道德责任。

（二）研究小组成员的道德规范

调研提供者必须要求小组成员遵守道德规范，包括严格执行抽样计划，没有偏见地采访或者观察应答者，正确地记录所有必要的数据等。绝对不允许访问员没有询问应答者问题便自己填写采访表格的欺骗行为。同时，研究者及其小组成员都要为主办方的信息保密，也要保护调查对象的身份不被泄漏。如果小组成员在研究过程中有不适当的行为或没有履行保密协议，都是研究方的责任。因此，调研提供者要对所有的小组成员进行严格的训练和监督。

【本章小结】

市场研究是指对与营销决策相关的数据进行计划、收集和分析并把分析结果向管理者沟通的过程。市场研究是以市场为对象，收集、记录、整理和分析与企业经营有关的数据资料的活动，它是企业选择目标市场的重要前提，也是进行市场预测和经营决策的主要依据。市场研究的主要作用是提供明确的资料，以此来减少决策制定时的不确定因素，帮助管理人员作出营销战略及策略方面的正确决定。

由企业发起的市场研究活动覆盖了市场营销管理的整个过程，主要的研究领域包括营销环境研究、消费者行为研究、产品研究、定价研究、分销调查、促销研究等方面。

市场研究行业由许许多多从事市场调研的机构组成。一般来说，市场研究的主体可以分为内部提供者和外部提供者两类。内部提供者是指企业内部负责市场调研任务的机构和人员；外部提供者是指企业外部独立从事市场调研任务的组织或机构。根据服务内容的性质，外部调研机构又分为完全服务公司和有限服务公司两类，它们可以进一步细分为提供不同服务的公司。目前，中国的市场研究行业还处于发展阶段，面对市场调研业全球化的日益加深和调研技术的飞速发展，中国市场研究行业的发展也正逐步迈入成熟期。

【延伸阅读】

美国市场营销调研协会道德准则

一、对受访者的责任

数据收集公司……

1. 作出正确的声明来保证合作，将对受访者作出承诺，无论是口头的还是书面的。

2. 承诺除了那些检查数据和处理数据的人以外，在未取得受访者允许的情况下，不用资料鉴定受访者。如果作出那样的允诺，那么在担保它的时候，采访者必须及时记录下它的内容。

3. 尊重受访者，他们有权利在调查研究的任何阶段退出或拒绝合作。不用任何手段或技术强制或暗示，合作是义务的。

4. 当因法律上或其他目的要将受访者的姓名、地址、身份告诉另一个同行时，必须征得受访者的同意。

5. 在访问 12 岁或年龄更小的孩子之前，将征得孩子的父母、合法的监护人或可靠的监护人的同意。

6. 如果有可能使受访者在没有使用他们的名字和地址的情况下被认出的话，就应给受访者拒绝参加调研的机会。

调查者……

1. 尊敬地对待受访者，不通过直接或间接的企图（包括问题的设计和/或受访者对任何论点的观点或态度）影响他们。

2. 在访问12岁或年龄更小的孩子之前，将征得孩子的父母、合法的监护人或可靠的监护人的同意。获得允许之前，采访者应该公布主要事件、访问的长度和所要求的特殊工作。

二、对客户的责任

数据收集公司……

1. 保证每一份研究按照顾客确切的详细说明进行。

2. 将用机密的或专业的资料和所有研究技术或方法论提及的方法保守秘密。未经适当认可，不公开可能导致认出顾客或受访者的资料。

3. 保证参与数据收集的公司、雇员、子公司，采取所有合理的预防措施使在未取得主办公司明确允许的情况下，采访中不进行任何调研。

4. 精确、诚实地报告调研结果。

5. 把自己定位在所拥有的资格、经验、技术、能力上。

6. 避免把成为营销调研协会的成员作为能力资格的证明，因为协会不想鉴定任何人或任何机关的能力资格或技术水平。

三、对数据收集者的责任

客户……

1. 有责任提供安全的、适宜他们预期用途的产品和服务。揭示/标上所有产品内容。

2. 提供口头或书面的指导。

3. 不会要求从事研究的成员参与任何违背准则的活动和州、地方法律、法规和/或法令禁止的活动。

四、对大多数公众和商业团体的责任

数据收集公司……

1. 不蓄意地在商品销售和观点调查中滥用公众的信任。

2. 不会主张一个非研究性质的活动进行销售和观点研究，例如：

（1）不论是为了法律的、政治的、私人的或是其他的企图，以获得受访者个人资料为唯一目的的问题。

（2）不是为了研究目的而进行名单、记录员或名字和地址的数据库的汇编。

（3）行业的、商业的或其他任何形式的间谍活动。

（4）信誉等级调查服务机构或其他类似的机构使用的信息。

（5）利用机会向访问者出售或促销商品。

（6）债务的收集。

3. 让采访者知晓对任何未成年人（18 岁或年龄更小）适用的任何特殊的条件。

【思考与练习】

新可口可乐：调研失误①

一、案例介绍

1. 决策的背景

20 世纪 70 年代中期以前，可口可乐公司是美国饮料市场上的“No. 1”，可口可乐占据了全美 80% 的市场份额，年销量增长速度高达 10%。

然而好景不长，20 世纪 70 年代中后期，百事可乐的迅速崛起令可口可乐公司不得不着手应付这个饮料业“后起之秀”的挑战。

1975 年全美饮料业市场份额中，可口可乐领先百事可乐 7 个百分点；1984 年，市场份额中可口可乐领先百事可乐 3 个百分点，市场地位的逐渐势均力敌让可口可乐胆战心惊起来。

百事可乐公司的战略意图十分明显，通过大量动感而时尚的广告冲击可口可乐市场。

首先，百事可乐公司推出以饮料市场最大的消费群体（年轻人）为目标消费者群的“百事新一代”广告系列。由于该广告系列适宜青少年口味，以心理的冒险、青春、理想、激情、紧张等为题材，于是赢得了青少年的钟爱；同时，百事可乐也使自身拥有了“年轻人的饮料”的品牌形象。

随后，百事可乐又推出一款非常大胆而富创意的“口味测试”广告。在被测试者毫不知情的情形下，请他们对两种不带任何标志的可乐口味进行品尝。由于百事可乐口感稍甜、柔和，因此，百事可乐公司此番现场直播的广告中的结果令百事可乐公司非常满意：80% 以上的人回答是百事可乐的口感优于可口可乐。这个名为“百事挑战”的直播广告令可口可乐一下子无力应付，市场上百事可乐的销量再一

---

① 杨凤荣主编：《市场调查方法与实务》，科学出版社 2007 年版，第 23～26 页。

次激增。

2. **市场营销调研**

为了着手应战并且得出为什么可口可乐发展不如百事可乐的原因，可口可乐公司推出了一项代号为“堪萨斯工程”的市场调研活动。

1982 年，可口可乐广泛地深入到 10 个主要城市中，进行了大约 2000 次的访问，通过调查，看口味因素是否是可口可乐市场份额下降的重要原因，同时征询顾客对新口味可口可乐的意见。于是，在问卷设计中，询问了例如“你想试一试新饮料吗？”“可口可乐味变得更柔和一些，您是否满意？”等问题。

调研最后结果表明，顾客愿意品尝新口味的可口可乐。这一结果更加坚定了可口可乐公司的决策者们的想法——密不宣人，长达 99 年的可口可乐配方已不再适合今天消费者的需要了。于是，满怀信心的可口可乐开始着手开发新口味的可口可乐。

可口可乐公司向世人展示了比老可口可乐口感更柔和、口味更甜、泡沫更少的新可口可乐样品。在新可口可乐推向市场之初，可口可乐不惜血本进行了又一轮的口味测试。可口可乐公司斥资 400 万美元，在 13 个城市中，约 19.1 万人被邀请参加了对无标签的新、老可口可乐进行口味测试的活动。结果 60% 的消费者认为新可口可乐比原来的好，52% 的人认为新可口可乐比百事可乐好。新可口可乐的受欢迎程度一下打消了可口可乐领导者原有的顾虑。于是，新可口可乐推向市场只是个时间问题。

在推向生产线时，因为新的生产线必然要以不同瓶装的变化而进行调整，于是，可口可乐各地的瓶装商因为加大成本而拒绝新可口可乐。然而可口可乐公司为了争取市场，不惜又一次投入巨资帮助瓶装商们重新改装生产线。

在新可口可乐上市之初，可口可乐又大造了一番广告声势。1985 年 4 月 23 日，在纽约城的林肯中心举办了盛大的记者招待会，共有 200 多家报纸、杂志和电视台记者出席，依靠传媒的巨大力量，可口可乐公司的这一举措引起了轰动效应，终于使可口可乐公司进入了变革“时代”。

3. **灾难性后果**

起初，新可口可乐销路不错，有 1.5 亿人试用了新可口可乐。然而，新可口可乐配方并不是每个人都能接受的，不接受的原因往往并非因为口味原因，而这种“变化”受到了原可口可乐消费者的排挤。

开始，可口可乐公司已为可能的抵制活动做好了应付准备，但不料顾客的愤怒情绪犹如火山爆发般难以驾驭。

顾客之所以愤怒是认为九十九年秘不示人的可口可乐配方代表了一种传统的美国精神，而热爱传统配方的可口可乐就是美国精神的体现，放弃传统配方的可口可乐意味着一种背叛。在西雅图，一群忠诚于传统可乐的人组成“美国老可口可乐饮者”组织，准备发起全国范围内的“抵制新可口可乐运动”。在洛杉矶，有的顾客威胁说：“如果推出新可口可乐，将再也不买可口可乐。”即使是新可口可乐推广策划经理的父亲，也开始批评起这项活动。

当时，老口味的传统可口可乐则由于人们的预期会减少，而居为奇货，价格竟在不断上涨。每天，可口可乐公司都会收集到来自愤怒的消费者的成袋信件和1500多个电话。

为数众多的批评，使可口可乐公司不得不开通83部热线电话，雇请大批公关人员来温言安抚愤怒的顾客。

面临如此巨大的批评压力，公司决策者们不得不稍作动摇。在事后又一次推出的顾客意向调查中，30%的人说喜欢新口味可口可乐，而60%的人却明确拒绝新口味可口可乐。故此，可口可乐公司又一次恢复了传统配方可口可乐的生产，同时也保留了新可口可乐的生产线和生产能力。

在不到3个月的时间内，即1985年4~7月，尽管公司曾花费了400万美元，进行了长达两年的调查，但最终还是彻底失算了！百事可乐公司美国业务部总裁罗杰·恩里科说：“推出‘新可口可乐’是个灾难性的错误，是80年代的‘爱迪塞尔’。”

二、案例分析提示

制定企业的营销策略，必须充分考虑企业内外部条件，而且更多的是考虑企业外部条件。而对企业外部条件的了解和掌握必须依赖市场调研所取得的市场情报资料和对这些信息资料的分析及对未来的预测。

可口可乐公司在推出新可口可乐时造成巨大决策失误的主要原因，就是在做市场调研时没有充分考虑到消费者的不同需求，并且忽视了可口可乐品牌自身内在的文化价值因素。

(1) 可口可乐公司没有意识到，事实上，口味对于饮料销售并无完全的决定力，而心理感受并非是一种十分准确的评估手段。因为不是每个人在味觉方面都是十分敏感的，而且，在产品差异不大的前提下，味觉口感往往很难成为决定性的因素。而更多的是，对食品饮料的选择决策常常基于习惯和对品牌的认可等感性化因素。尤其是可口可乐公司原有可乐的秘方经历了九十九年的传统文化熏陶，已经成为了可口可乐品牌中最让人接受的价值部分。所以，可口可乐公司无视顾客对品牌文化的认可，而一相情愿地更改了原有的品牌印象，满以为大家会有所认同，没想到结果令人大跌眼镜。

(2) 美国社会大环境的变化以及消费群本身的成长变化，都使新口味可口可乐遭到了原消费群的拒绝，同时也难以激起新的消费群的介入。在20世纪70年代末、80

年代初，可口可乐的主要消费群是青少年，而他们最大的口味偏好就是喜欢偏甜口味的饮料。而到了80年代中期，这些青少年顾客成长为中老年顾客群，过多的糖分已经被这个年龄层的消费群体所忌讳，因此，口味更甜的可口可乐就已不合时宜了。

三、问题

（1）如果你是一名可口可乐公司的营销人员，你可以在新可口可乐遭受失败之际，给公司提出什么样的解决方案？

（2）从新可口可乐决策失误的教训中我们可得到哪些启示？

【项目化实训】

组建研究团队和确定调研选题

（一）学生组建研究团队的相关细则

在本课程的第一次课后，要求每个讨论班的学生以“自由组合为主，老师指定为辅”的原则搭建研究团队，形成6人左右的研究小组；小组组成要本着互补原则，尽可能做到男女生搭配，不同寝室、不同性格和不同能力取向的学生搭配。

选出小组组长，为组内成员分配角色，比如研究设计负责人、访问调查负责人、数据分析负责人、报告撰写负责人、图表及PPT制作负责人、小组汇报负责人等。

各小组长在第二次课前，按照主讲教师的具体要求，提供小组名称、小组成员的信息名单，包括学号、姓名、专业班级、个人电话、E-mail以及将在调研实践项目中担当的角色。

在今后的讨论课中，每一位同学都要在完成课前作业和预习任务的基础上，积极参与讨论和发言，小组要对讨论情况进行必要的记录和总结。研究小组内部要合理分工、团结协作，在组长的带领下，共同完成市场调研任务。

市场研究课程网站地址为：http：//scyj. js. zwu. edu. cn。课程作业提交和答疑可以网上进行，课程网站上的调研阅读资料和课件、习题、案例以及往届学生的优秀作业供大家参考，同学们可以进入并点击“合作性学习教室”、“师生交流”等栏目进行网上学习。

（二）市场调研选题说明

第一次课后各组学生要结合专业特点和兴趣确定调研项目选题。

调研选题由学生和教师共同商讨决定，任课教师可以根据自己的研究方向和兴趣专长以及学生的专业特点引导学生进行选题。

随着课程学习的不断深入，各组将按照教师的要求围绕选定的选题进行每一步骤的调研实践和讨论，期末各组要进行调研报告的撰写和调研结果的口头汇报。讨论过程表现、调研实施过程和研究报告都将作为本课程考核的依据。

选题的范围可以是消费性产品市场研究、工业性产品产业研究，也可以是媒体研究、社会民意调研等。无论选择怎样的调研题目，调研目的要具体，明确要通过市场调研获取哪些信息、要考察哪些影响因素以及将进行怎样的变量分析，最终通过数据资料的整理分析获得有意义的见解，为企业等相关组织机构制定管理决策提供支持和帮助。

以下列举了在美国专业的市场研究机构日常开展的一些市场调研活动，希望能对我们的选题提供有益的启发和帮助①。

1. 消费者情况调研——从人口统计学［一般包括以下重要的统计因素：年龄、性别、婚姻状况、种族、家庭规模及组成、住房方式（是租房还是自有房）、职业、教育程度以及其他由人口普查所包含的统计数据］、心理统计学（是构成一个人生活方式的那些心理特点，是指那些使人对生活感到快乐的方式，它与一个人的自我想象和他或她想让别人如何看待它有很大关系）和购物习惯方面对消费者进行统计描述，调研结果提供给那些面向消费者的零售商和服务公司。

2. 特定消费者分类调研——这类调研是为特定的市场公司或广告代理商的特定需要和目的而进行的，它们不供一般的市场营销使用。例如，对老年人市场细分的调研主要是供房地产开发商使用的。它调查了老年人对住房的不同要求、老年人的兴趣爱好、老年人的购房能力等方面，并按照心理学、人口统计学和健康因素以及他们如何打算度过退休生活对老年人进行分组，例如分为探索型、适应环境型、实用主义型、事业有成型、受疾病折磨型等。又如，那些打算影响女性的广告商需要理解女性对职业、婚姻和家庭的态度，并对女性的生活方式进行分组。而广告商的工作就是要找出哪一个小组是其广告的目标，并决定这些女性们需要些什么，只有这样，广告才能有效地作用于目标市场。

3. 市场潜力估计——根据消费者在商店里的花费作出零售潜力的估计，通常调研公司建立了以多家代表性商店为基础的“零售销售潜力数据库”，定期向相关的生产商、销售商和服务公司提供。

4. 场所调查——或称网点选择调查、商圈调查，一些大的零售连锁店往往需要调研周围地区顾客的人口统计信息、交通运输情况、竞争者的情况等，从而为公司

---

① 参见 A. B. 布兰肯西普、乔治·爱德华·伯恩、艾伦·达卡著，林文平、范海滨、梁聪译：《市场调研方案》（第二版），中国城市出版社 2002 年版，第 335 ~ 555 页。

新场所的选择和业种规划提供依据。

5. 神秘购物——在神秘购物调查中，一位现场工作人员假扮成消费者，按照一份预先订好的行动计划表，将调查情况记在心里，随后再与计划表格相核对，记下服务的内容，哪些做到了，哪些没有做到，记下服务的质量、档次，加上一些说明性的注解等，以考察公司雇员在服务质量和个人品格方面的情况。这种调查方法的主要用户是零售商，如快餐店、旅店、百货商店等。

6. 顾客满意度调查——消费者满意度调查是用来评价一家公司满足或超过购买期望方面所达到的程度。它可以找出那些与满意或不满意直接相关的关键因素。其统计数据是根据所获得的消费者对这些因素的看法而测量出来的。但是，消费者的满意程度并不一定就能保证会有重复购买。所以调研公司也将对消费者的满意程度扩大到对顾客忠诚程度的调查。

那些用来测量消费者满意程度的表现方面的因素应当由消费者，而不是由那些提供调查的公司来决定。因此，顾客满意度调查的初步调研通常是通过与用户公司进行深入的访谈，与用户公司的消费者进行座谈以及与消费者进行深入的电话采访进行的，借以找出与表现方面的因素有关的数量关系。在完成寻找这些关键因素的调研工作后，调研人员就可以开始测量消费者满意度了。

7. 汽车领域调研——在汽车行业中，不存在试销的问题，因为一个人不可能试买一辆小轿车。但也确实有可能来测量早期购买者的反应。这种“早期购买者调研”可以提供有关一种新款汽车的早期反馈信息，并给制造商和销售商提供一个机会去检查在促销方面值得改进的一些地方。这项调研包括了购买者的忠诚程度、销售的来源、价格定位、人口学统计方面的定位（如户主的性别和职业、户主平均完成的学校教育年数、是否拥有自有住房、估计的家庭收入、家庭成员的人数、家庭成员中成年人的人数、家庭中会开车的人数等）和购买过程等方面。

8. 广告媒体调研——广告商一方面可以利用座谈会和购物场所的随机调查对广告信息的新概念进行预先考察，另一方面也采用电话访问等方式测评电视以及印刷类商业广告的效果，还包括对网络电视、有线电视、广播和印刷媒体受众的测评。从 20 世纪 60 年代和 70 年代开始，在受众反应测评系统领域已经尝试应用了电流皮肤反应、脑电波数据测量、人工神经网络等一些具有创新精神的调研步骤和技术。

9. 医疗保健服务调研——医疗保健调查可以通过持续的电话访问，在所选定的、需要有保健服务的社区内，来测评消费者对医院及其他保健机构的意见。这一跟踪服务向其订购人提供消费者对特定性医院和多达 4 个竞争者的反应，包括对了解程度、服务态度的评级、对各种特定保健服务的要求、各种服务的选择和满意程度等——所有这些都伴有人口统计学方面的细致分析。

在医疗保健服务行业，对患者满意程度的测评也日益得到人们的关注。数据收集的方法可以是向出院后的每一位患者在三个星期内寄送一份调查问卷。在测评总的满意度的同时，还测评患者在医院所碰到的八个方面的态度：包括接待、医生、护理、清洁服务、饮食服务、与患者家属的关系、出院和账单。调查问卷上还留有地方供患者不受限制地评论，也包含有人口统计学方面的内容。

10. 新产品调研——新产品的调研考察工作由五个统一的步骤构成：创建新产品的概念、初步的概念考察、深入的概念考察、试销售和生命周期预测。

（1）新产品的概念来源于不同的方面，召开座谈会是产生新产品概念的行之有效的方法。通过座谈会的讨论可以了解消费者对新产品或改进现有产品的看法（主持人要引导被访者考虑“在给定的产品类型中顾客究竟需要什么”这一问题）。

（2）初步的概念考察工作通常在产品开发的早期阶段进行，目的是要从消费者的角度来构造出一种产品概念。一般采用管理人员面谈、座谈会、特定小组考察、电话采访和邮寄问卷调查等。询问的关键问题包括：

与现有的产品相比，新产品的优点和好处是什么？

- 在决定购买时，产品的哪些特点是最重要的？
- 与那些相竞争的产品相比，新产品的独一无二的特点是什么？
- 消费者对当前产品的满意程度如何？
- 那些最有可能购买新产品的消费者具有哪些特点？
- 该产品能满足目标市场的要求和愿望吗？
- 新产品的价格定在多少才是恰当的？
- 新产品对公司现有产品的销售构成侵害吗？

（3）在完成了初步概念考察之后，调查人员通常需要进行联合分析，找出能使新产品的推出获得成功的关键要素。例如，一位汽车购买者，必须在以下方面作出选择：乘坐人数、座位的舒适性、加速度、耗油量和价格。同样，一位选择工作的人，会对以下因素进考虑：工资、附加的福利、工作地点、提升的机会、外地出差的多少和潜在的雇主的声誉等。通过联合分析，调研人员可以决定在产品的几十种可能的特点组合中任何一种组合的适用性。

（4）试销调研是在实际的市场情况下，评价该产品的销售业绩。例如，调研小组可以通过电话采访，来获知试销所在地理区域内的购买者的组成特点。例如，试销跟踪采访大纲如下：

试销跟踪电话采访大纲

1. 对使用该产品的用户进行筛选（那些筛选下来的被访者的人数可能被用来从数量上确定市场的大小）
2. 确定未经提示的和经过提示以后的被访者对该产品的了解程度： （1）你能想出该产品的品牌是什么吗 （2）你曾听说过该产品吗 （3）你是在哪里听说过该产品的
3. 确定该类产品使用什么品牌（这一信息被用来进行市场份额估计）
4. 如果被访者知道该产品，确定被访者是否试用过该产品
5. 如果被访者没有试用过该产品，确定为什么不试用该产品的原因
6. 如果试用过该产品： （1）确定消费者的满意程度 （2）确定使用率 （3）确定是否重复购买过（或打算再购买）
7. 如果重复购买： （1）确定重复购买的数量 （2）确定是否还将继续重复购买
8. 得到人口统计学方面的信息

（5）生命周期预测调研是关于产品在产生、增长、成熟、衰落各个不同时期的销售预测方法。典型的生命周期模型有 S－型、改进指数型、逻辑型或高姆波茨曲线（Gompertz Curwes）。由于涉及的问题错综复杂，一些理论也对生命周期模型的适用性产生质疑。

第二章　市场研究流程和方案设计

【本章学习内容】

- 市场研究流程和步骤
- 市场研究方案的设计
- 调研计划书的撰写

第一节　市场研究流程

市场研究是系统地计划、收集、记录、分析和解释数据，并将结果用于特定的营销决策的一系列行为。市场研究的过程没有严格的规定，它会因调研问题本身的不同而不同。系统化的市场研究经常遵循一般化的模式，通常包括 7 个基本步骤，如图 2－1 所示。

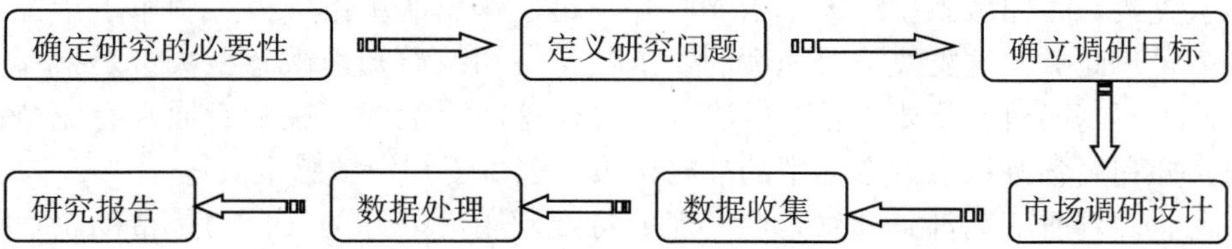

图 2－1　市场研究流程

在具体实践中，这些步骤按时间顺序相互交叠，并且相互关联。有时候后期阶段的任务完全在前期阶段之前进行，而有时候调研的前期阶段会影响后期阶段的设计。比如，在收集数据时，发现了一些新的信息，调研人员可能会因此而确立一个不同的调研目标。而且，一个特定的调研计划不一定包括上述所有 7 个步骤。

一、确定研究的必要性

管理层在作决定的时候，并不是每一次都需要事先进行市场调研。是否有必要进行市场调研取决于以下几个因素：①时间限制；②数据的可得性；③所作决策的性质；④调研信息的成本费用。图 2－2 概括了是否开展市场调研的决定因素。

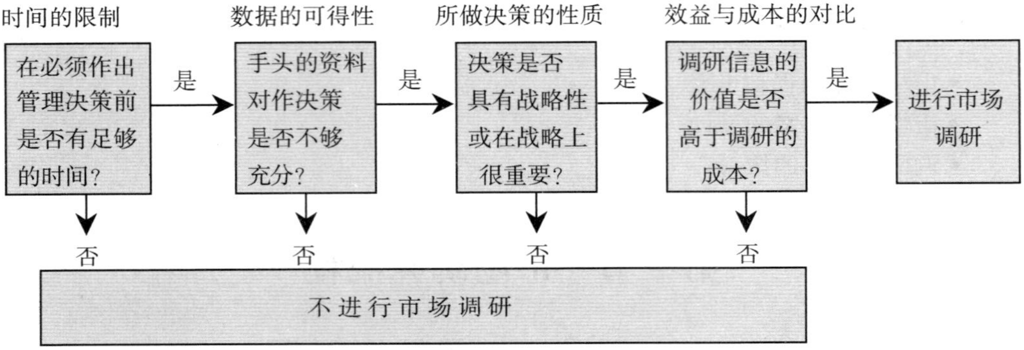

图 2－2　决定是否进行市场调研[①]

1. **时间的限制**

美国学者威廉·R·金和大卫·I·克里兰把决策划分为时间敏感型决策和知识敏感型决策。时间敏感型决策是指那些必须迅速作出的决策。战争中军事指挥官的决策多属于此类，这类决策对速度的要求甚于一切。而知识敏感型决策是指那些对时间要求不高而对质量要求较高的决策。在作这类决策时，决策者通常有宽裕的时间来充分利用各种信息。企业中的战略决策大多属于知识敏感型决策。

企业的调研活动都是针对企业出现的特定问题而展开的，目的是帮助企业提供决策所需要的信息。在很多情况下，问题的解决需要管理者立即作出决定，根本没有时间进行系统的调研，这时企业只好依据现有的信息以及决策者的判断等作出选择。既然决策已经作出，事后再进行调研也是不必要的，因为调研不是为了论证决策的有效性，而是为了指明决策的方向。

2. **数据的可得性**

由于计算机技术的发展，现在许多企业的管理者能对日常经营有关的信息进行记录、存储并随时调用，能够比较方便地得知有关销售和成本，以及产品、顾客、

① ［美］William G. Zikmund 著，吕晓娣、史锐译：《营销调研精要》（第 2 版），清华大学出版社 2004 年版，第 15 页。

地区以及销售人员收益率等方面的信息。如果管理者手头具备足够的资料来作出正确的决定，这种情况就不需要进行市场调研。事实上，制定决策所需的全部信息是否业已存在，这一点很难准确判断。另外，如果管理层还未就制定决策所需的信息达成一致，也不应该盲目开展调研。

3. 所作决策的性质

市场调研的价值取决于所作管理决策的性质。一般来讲，所作的决策越具有战略上的重要性，就越有必要进行调研。因为战略性决策事关企业的活动方向和内容，其实施效果将影响企业的效益和长远发展，因此，需要花费一定的时间和精力进行系统的调研。相反，常规性的决策是按照预先规定的程序、处理方法和标准来解决管理中经常出现的问题，如物资订货、日常生产技术管理等，这类决策总是可以通过规则和标准操作程序来简化决策工作，一般不需要进行大规模的调研。

4. 效益与成本的对比

市场调研不仅会为企业带来管理上的利益，它也需要花费成本，有时甚至是巨额的花费。因此，企业在决定是否要进行市场调研时，必须首先确定各种行动方案，然后权衡各方案的成本和可能带来的价值。多数情况下，企业要委托专业的咨询公司执行调研，如果企业缺乏足够的资源，比如无法提供调研所必需的资金，或者企业没有足够的实力去实施调研所产生的决策，显然这种情况下，进行市场调研是不必要的。如果企业花费了巨额的成本，得到信息的价值却非常有限，这时也不必做市场调研。

调研快照 2－1

麦当劳在中国的市场调研①

对跨国公司而言，在中国这个有着13亿人口、56个民族、讲着完全不同的语言和方言的国度里，完成一项好的市场调查是一个重大的挑战。由于缺乏从政府统计部门等机构得到可靠的数据，加之收集信息时在自然和文化上的障碍，即便在一个地区范围内，跨国公司要获得有关中国消费者的收入、花销等市场统计数据也是一项艰难的工作。

许多在中国取得成功的公司并不把中国看做一个巨大的市场，而是看做一个有着巨大数量的“小市场”的市场。麦当劳对中国市场的调研就说明了这一点。麦当劳1991年进入中国，当时只在深圳开设了一家餐厅。然后逐渐在17个主要的“人口聚集”城市建立起了超过700家的授权加盟店。麦当劳的市场团队甚至没有尝试在全国收集人口统计信息，对此，麦当劳公司负责全球市场的高级副

① 据“跨国公司中国市场营销特别报道（一）”编辑，载于《世界营销评论》。

总裁 Dean Barrett 解释说，“我们不可能努力在全部 13 亿中国人口中进行研究。不过我们把精力放在了店面所在的城市”。

麦当劳公司的首席市场官认为，连锁集团的初期市场推广策略必须集中在首家餐厅所在地区的消费人群身上；尽管一部分中国人对麦当劳的金黄色拱形字母标志有一定程度的熟悉，但是公司在中国还是从头开始打造自己的商标品牌。“我们给那些地区的消费者讲，我们是谁，我们的品牌标志是什么，以及我们如何融入他们的文化和生活方式”。Barrett 进一步解释说。公司邀请消费者参观餐厅的厨房，并且把店面经理派到学校和其他目标人群当中。麦当劳的管理层认为，为了确保全国市场推广取得成功，市场工作的起步必须建立在一个本地基础上。直到 1996 年——第一家麦当劳餐厅在深圳开业 5 年后，公司才在中国的电视台购买了自己的首个国内广告。

二、定义研究问题

市场研究的任务是为决策者提供信息，帮助他们发现并解决管理问题。但是，管理问题并不等于调研问题，将管理问题作为调研问题往往太宽泛了。比如，销售量下降是管理中经常遇到的问题，但导致销售量下降的原因有很多：消费者购买兴趣的改变、广告效果不佳、竞争产品的改进、竞争产品价格的调整等。都有可能引起销售量的下降，显然，将所有这些问题统统作为一次调研的问题是调研的能力所不及的。因此，在确定有必要实施调研后，紧接着就需要准确地定义调研问题，这是调研的出发点，任何偏离主题的调研都不可能成为有效的调研。

在定义问题的过程中，调研人员要通过与决策者沟通、访问行业的专家、收集并分析二手资料，以及小样本的定性调研来了解足够多的背景知识，确定需要收集哪些信息。

首先，决策者往往更注意营销中出现的问题和征兆，如企业的市场份额正在减少、新产品的需求却不能形成购买等，而对产生问题的内在原因往往无暇认真分析和注意，所以他们一般不会主动提及原因。调研人员在与决策者沟通时一定要注意，要尽量让决策者说出自己对问题原因的认识和分析，毕竟决策者更了解企业，他们的看法对准确地定义问题非常有价值。例如，针对企业市场份额减少这个问题，调研人员应该马上追问“竞争者有没有什么特别的销售推广活动呢?”或者“消费者的购买习惯有什么改变吗?”研究人员要通过对企业实施一次全面的问题稽查，针对具体的管理问题进行追溯，掌握所有可能导致管理问题的行为和因素，找准方向，以保证调研确实有效。

其次，调研人员需要了解行业知识，要与多个行业专家沟通，尤其要听到不同的见解和意见。专家可以来自企业内部，也可以来自企业外部。调研人员要预先拟订访问提纲，但所有问题都必须是开放的，因为凭借调研人员的行业知识，根本不知道专家会给出什么样的建议。

最后，二手资料的收集和分析是了解背景信息的快速有效而又经济实惠的办法，没有充分分析二手资料之前，一手资料收集工作不宜展开，否则很可能导致市场调研的无效。很多时候，为了大规模调研能够有效实施，调研人员要先对较小的样本进行定性研究。定性研究往往是非结构化的、探索性的，其目的是能确定较明确调研方向。

调研人员围绕调研项目认真完成上述工作后，就会对调研的目的、作用以及该收集的信息有充分的把握，能够清晰地界定问题以进行正确的市场调研。定义问题是市场研究过程中相当重要的一个步骤，也是市场研究成功的关键，正如一句格言所说“对一个问题的恰当的定义就等于解决了问题的一半”。

三、确立调研目标

在清晰地描述和界定了问题之后，调研项目的目标就可以从问题定义中被引申出来。调研目标基本上是对管理者制定决策所需信息的重新表述。经过精心分析生成的目标可以作为调研项目进展的蓝图，也可以作为管理者评价调研质量和价值的尺度。因此，一个好的调研目标的陈述应该是明确的、详细的、清楚的和可操作的。同时，调研目标的数量不应该太多，以保证每个目标都能够完全实现。举个例子来说，假如通用汽车公司通过探索性研究得出了一系列关于有孩子的中产阶级家庭（最基本的目标顾客）的报告，其中某个报告中描述了一套目前在日本一些汽车上使用的全球卫星定位系统。该系统利用录像地图引导司机从 A 点开车到 B 点。另外一个报告指出，驾车外出度假的家庭倾向于带“很多东西”，用于旅途中的娱乐和消费。这些信息对于车内贮存空间（或许还需热风或冷风）、车辆电子设备和插孔、食物储存柜等的设计具有指导意义。在调研人员明确了研究主题之后，确定了如下具体的调研目标①：

- 确定在驾车外出旅行中至少迷路一次的家庭的百分比。
- 确定小型面包车车主对卫星可视地图系统在不同价格水平下的接受程度。
- 确定对在小型面包车中安装食品加热器的需求。

---

①　阿尔文·C·伯恩斯、罗纳德·F·布什著，梅清豪等译：《营销调研》，中国人民大学出版社 2001 年版，第 37 页。

- 确定对在小型面包车中安装冰箱的需求。
- 确定对在小型面包车中安装内置放像机的需求。
- 确定在车内增设额外的食品/饮料托盘的需求。

四、市场调研设计

市场调研设计就是根据调查研究的目的和调查对象的性质，在进行实际调查之前，对调查工作总任务的各个方面和阶段进行通盘考虑和安排，提出相应的调查实施方案，制定出合理的工作程序，以使市场调研有目的、有计划、有组织地进行。

市场调研设计是关于资料收集、样本选择、资料分析、研究预算及时间安排等方面的计划方案，是研究过程中非常重要的指导性文件，通常表现为正式的市场调研计划书或合同书。

1. 确定信息的类型和来源

通常，市场研究人员能得到的信息有两类：一是文献资料，又称第二手资料，是以前为其他项目而不是为了当前手头上的项目收集并整理的资料。二是原始资料，又称第一手资料，是指研究者基于某个特定的研究项目而亲自收集的资料。在了解到与研究问题有关的信息来源之后，还要知道怎样从这些信息来源获得信息。相关的信息是现成的，譬如从某个政府机关的出版物中就能找到，或者从图书馆就能找到所需的资料；还是必须自己去收集？如果需要自己收集资料，那么如何收集？要进行大量的问卷调查，还是只需与少数人进行深度访谈？或者开几个座谈会就够了？

第二手资料可以来源于企业外部，也可以来源于企业内部。内部第二手资料可以从公司内部记录、销售人员、其他管理人员、市场信息系统及浏览系统获得；外部二手资料可从互联网、数据库、行业统计数据、统计公报等获得。有计划地收集已经存在的数据，并且进行处理、分析和开发利用可能是学术调研的第一步。例如，某银行需要决定再安装一台自动取款机的最佳地点。按照一般的逻辑，第一步就是要调查其他银行所认为重要的各种因素。通过查阅银行期刊，管理人员发现，最佳地点就是安放在居民区的超市里，光顾那里的人比较年轻，一般受过高等教育，而且收入为中上水平。这些数据可能引导银行进一步调查人口信息，以便在本市寻找这样的地点。可见，对大部分调研来讲，比较经济的起点就是查阅其他人已经获取和编辑的有关资料。

2. 确定资料收集的方法

第一手资料收集的方法有访问法、观察法和实验法三种。访问法是指调研人员通过与被访者的交互过程获得事实、观点、态度等方面的信息，如电话访问、邮寄访问、人员访问、电脑访问等。观察法是指在不直接干预的条件下监视被调查者的行为。例如，调查某特定地点通过的机动车的数量和类型，可以利用机械记录，也可以使用人工观察的方法，目标仅仅是记录观察到的资料。实验法是建立因果关系最具潜力的方法。在实验中，调研人员可以改变一个或多个变量，如价格、包装、设计、广告主题或广告费用，然后观测这些变化对另外一个变量（通常是销售额）的影响。

3. **准备信息搜集的工具**

在运用访问法或观察法收集信息的过程中，调查问卷或观察表是记录访问对象的口头回答或观察访问对象行为的必备工具。调查问卷提供了一种与被访者交流的方式，问卷必须不仅能说服被访者回答，而且需要正确和精确的回答。通常对于一些调研主题，被访者并不感兴趣或者希望有所保留；对于问卷中的一些表述，被访者可能无法清楚地理解。因此，问卷设计并不是一件很简单的任务，而是一门需要长期的经验积累才能掌握的技术。

一份问卷的设计是一项系统工程，它体现了研究人员对调查项目的总体思路，问卷设计得好坏直接决定了所获信息的质量和调研的有效性。有关问卷设计的理论和方法将在本书的第四章详细介绍。

4. **确定抽样方案**

抽样方案的设计是整个调研过程的一个重要阶段，它包括三个方面的问题：确定样本清单、选择抽样方法和确定样本容量。

研究总体就是我们必须从中得到结论的群体（通常都是由人组成）。不过，我们不可能对自己感兴趣的总体的所有成员进行研究，也不可能对所有成员进行各种观察。但是，我们可以从总体中抽取样本，从样本中收集资料。可见，样本是总体中的一个子集，抽样就是根据样本推断总体特点的过程。例如，一个综合性大学要调查学生对学费收缴制度的态度，其总体就是该大学的所有学生。然而，要抽出有代表性的样本，就要对总体进行更清楚的界定。譬如，是否包括所有的全日制学生和阶段性学习的函授生/夜校生？仅仅是毕业班的学生还是所有的学生？是否包括留学生？是调查本科生、研究生还是两者都包括？这类问题必须根据研究目的作出确切的回答。

我们一般假设存在包括总体中所有元素的清单，即样本清单（或称样本框），如上例中登记的学生名单就是一份样本清单。在很多情况下，要获得一份准确的、完整的样本清单并非易事。电话号码簿经常被用做样本清单，但是我们必须意识到，以此作为样本清单并非在真正的总体中抽取样本，而是从名字出现在电话簿上的人中抽样，这种清单的不完整性必将带来抽样误差。

确定了抽样清单以后，下一个需要回答的问题就是确定抽样方法和样本容量。抽样方法指样本形成的形式，根据每个元素是否以一定的概率被选入样本，可以分为概率抽样和非概率抽样。探索性研究常常采用非概率抽样，因为这类方法简便易行，有很好的经济性；描述性研究和因果性研究则经常采用概率抽样，以此提高样本的代表性并消除一些对调研有效性的影响。在具体的抽样方法确定之后，还需要根据调研所允许的人力、经费等资源状况，以及调研本身所要求的误差范围和变异值水平，确定样本容量。

第六章将详细讨论怎样从我们感兴趣的总体中抽选出确实能够反映总体特征的样本。

五、数据收集

调研设计完成后，就可实地进行数据的收集工作了，第一手资料的收集通常由专业调查公司中受过培训的访问员来完成。在数据收集过程中，会产生许多非抽样误差（由于抽样以外的因素而导致的误差）。比如，访问了错误的样本元素、访问对象拒访、访问对象故意给出错误的信息，或者是访问员表述问题不正确、记录被访对象的观点不够准确以及访问员的不诚实行为等，都会产生严重的数据收集错误。为此，专业的市场调查公司会对收集数据的过程进行严格的组织管理和质量控制，包括挑选访问员、培训访问员、监督调查过程、验收和评价访问员的工作等。

一项典型的调研项目往往需要在几个城市中搜集数据，调查公司需要同许多现场服务公司一起工作。为确保所有的分包商按照统一的方式工作，需要就每一件工作都制定详细的说明。每个细节都应该得到控制，分包商必须严格执行规定的程序。通常，调查公司会针对每一部分工作制定详细的工作手册或工作流程，比如访问员的基本条件、访问员培训手册、督导员工作手册、复查规则和访问员评价标准等，以此来减少数据收集过程中可能产生的误差。

收集数据的过程一般包括两个阶段：预先测试阶段和正式调研阶段。预先测试是通过对一个小规模样本的前测来帮助调研人员检验数据收集的形式，以便减少由于不恰当的设计所引起的误差，如措辞不当或问题的顺序不合理所导致的偏差。执行预先测试的最佳人选应该是问卷的设计者，因为只有他们才最了解每一个问题的特殊用意，也只有他们才能更准确地确认问题到底有没有被误解，误解的程度究竟有多大。从接受预先测试的被访者的回答中，设计者可以获得更准确的信息，如答案是否充分、衔接是否合理、内容是否完整等。如果发现收集到的数据或统计结果不能回答调研人员的问题，那么调研人员需要对问卷进行重新设计。如果第一轮预先测试结束后，调研人员认为有必要对现有的问卷作较大调整，那么，在实施正式调研之前还需对修正后的问卷进行第二轮预先测试，以确保活动能够收集到有高度利用价值的信息与数据。

六、数据处理

数据搜集后，调研过程的下一步就是进行数据处理。调查工作可以汇集大量的数据，如果不对这些数据作分析，不能解释现有的问题，数据本身就没有任何意义。数据处理包括数据整理、编码、制表和统计分析等步骤。数据整理是对数据的有效性进行判断，包括检查数据收集的形式，检查是否有纰漏、字迹是否清晰以及分类是否一致等。数据整理主要是在数据输入计算机以前，修改其中的错误，如答案记录在错误的地方，以及剔除不合要求的、不完整的问卷。编码是对每个可能的答案表明代码，以便计算机进行分析。制表则是将数据有序地置于表格或其他形式中，用来列示调查所获得的每一种可能答案出现的次数的统计方法。交叉表是常见的一种表格，它同时对两种或几种答案进行列示，可以提供比简单列表更多的信息。最后，在对数据进行统计分析时，可能会用到从描述简单的概率分布到复杂的多变量分析等多种统计分析的方法和技巧。需要强调的是，数据处理的方法和技巧取决于管理信息的要求、调研设计的特点以及所收集数据的属性。因此，在数据收集之前，应该选择好数据分析方法，以确保收集的数据及其分析满足特定问题的需要。

七、研究报告

数据分析完成后，调研人员还必须准备研究报告，并向管理层沟通结论和建议——这是整个市场研究过程中的关键环节。研究人员要对照最初的调研计划书，确保研究报告充分阐明了调研问题，实现了计划书中确立的目标，并且调研活动贯彻实施了最初一致同意的方案。调研人员必须使管理者相信，依据所搜集的数据得出的结论是可信和公正的。

研究报告是调查结果和结论的书面表达方式，它可以用于评价调研的水平和质量，因此报告必须清楚、措辞准确。研究设计、抽样计划或分析数据所用软件的复杂性可能有助于建立研究者的声誉。但是，管理者最终关心的是解决管理问题。因此，研究人员应该在整个研究过程中正确地估计管理者的需求，并把这种理解体现在最终的产品（研究报告）中。比如，汇报调研结果时要符合目标听众的性质，要用听众的语言来论述报告。报告人必须预先知道，像“多元回归”、“电脑辅助调查”这类术语将有助于还是会破坏主要信息的传递。针对听众、场合和研究目的的不同，研究人员可以使用不同的报告风格和形式，被广泛接受的研究报告的内容一般包括介绍、方法、结果等。在报告的开始，主要是对调研目标作清楚和简洁的说明，然后对采用的调研设计或方法进行全面而简洁的解释，之后概括性地介绍主要发现。报告的最后，应提出结论和对管理者的建议。

通常，要求调研人员就项目进行口头汇报，以告知客户调研的方法和调研发现。在进行口头汇报时需要运用幻灯片或计算机 PowerPoint 文件进行演示，在演示文件上要列示报告的摘要、重要的结果以及有关的数据表和图形等内容。我们将在本书第十章详细讨论研究报告的撰写和口头汇报。

第二节　市场研究方案设计

一、市场研究方案的类型

根据市场调研的目的和要求不同，市场研究方案可以分为：探索性研究、描述性研究、因果关系研究、预测性研究。

1. 探索性研究

探索性研究（exploratory research）是为了阐明并确定某个问题的特性而进行的初始调研。管理人员可能已经发现了某个一般性的问题，但仍需要进行调研来进一步了解问题的范围，以便作出正确的决策分析。探索性研究通常满足三类目的：(1) 满足研究者的好奇心和对某事物更加了解的欲望；(2) 探讨对某议题进行细致研究的可行性；(3) 探索后续研究中需要使用的方法。

探索性研究是为了使问题更明确而进行的小规模调查活动。这种调查特别有助于把一个大而模糊的问题表达为小而准确的子问题，并识别出需要进一步调研的信息。比如，某公司的市场份额去年下降了，公司无法一一查知原因，就可用探索性研究来发掘问题：是经济衰退的影响？是出现了新的竞争者？是销售渠道不顺畅？还是消费者的购买习惯发生了改变？等等。总之，探索性研究一般用于大规模的正式调研之前，可以采用比较灵活的方法，如专家咨询、焦点小组访谈、二手资料分析、实地观察等，以相对低的成本和比较便捷的渠道获得对研究议题的初步认识。对于我们知之甚少的问题，如果不进行探索性研究就盲目进行细节性调查，势必导致严重的后果。

探索性研究可能出现在研究过程的多个阶段。通常探索性研究是从搜集已公布的数据开始，从分析二手资料的过程中发现问题，也常常通过向行业内的专家咨询以发现问题，特别是那些在这个问题有争议的方面持明确立场的人，他们的观点往往对认识问题很有价值。

探索性研究最主要的缺点就是很少圆满地回答研究问题，它不是提供作出具体决策的总结性依据，但是可以为获得答案和确定相关的行动路线提供有用的线索。一般来讲，进行探索性研究时，就是期望接下来的调研能够提供帮助决策的总结性依据。下面来看一个例子。

通过探索性研究定义管理问题

在一个拥有大约50000人口的城市中，BankChoice银行是三大银行中历史最悠久、规模最大的一家，然而，近几年BankChoice银行的利润却停滞不前。假设一名研究人员要帮助BankChoice的新一届管理层改变银行利润率丧失的局面。银行总裁和咨询人员共同探讨了组织所面临的管理困境，并提出了这样的管理问题："我们怎样才能改善利润状况？"

管理问题的提出只是明晰了当前组织所面临的管理困境，它暗示着银行需要开发一种战略来提高利润。管理问题并没有指出需要开展什么样的研究，它涉及的问题可能非常广泛，它没有指出管理者是否需要通过增加存款、裁员或其他方式来增加利润。

为了细化上面宽泛陈述的管理问题，银行总裁与研究人员进一步讨论，找出造成管理困境的基础原因。存款增长缓慢的问题与竞争的外部环境有关，但低存款只是直接影响利润的一个原因；公司内部的消极因素是削弱利润的另一个原因，这些消极因素增加了公司的运营成本。因此，这位资深的研究人员在与银行的管理者进行讨论之后，把管理问题分解成以下两个更为具体的子问题：

- "我们怎样才能增加存款？"
- "我们怎样才能降低成本？"

BankChoice银行在过去没有做过任何正式的研究，它对竞争者和消费者的具体信息所知甚少，也没有分析过自己内部的经营状况。为了进一步认识和理解所面对的问题，以便在正式的调研之前帮助调研者将问题定义得更准确一些，研究人员必须就下列方面进行一些探索性研究。

- 什么因素造成该银行不能达到更高的存款增长率？
- 与行业标准相比，该银行的工作环境和经营效率如何？与行业标准和竞争对手相比，该银行的财务状况又如何？

研究人员在员工中开展了一次小型的焦点访谈，并且用交易协会的数据来比较公司年度报告和年终部门报告中的财务统计数据和营业统计数据。从这两个探索性活动的结果来看，很明显BankChoice的经营没有其竞争对手好，但是它的成本都很合理。据此，研究人员将管理问题修改为："应该采取什么样的措施使银行更具竞争力？"

2. 描述性研究

描述性研究（descriptive research）是为了描述一个总体或现象的属性而设计的

调研。营销管理者经常需要确定是谁在购买产品，需要准确描绘市场份额，需要确认竞争对手的行动，等等。描述性研究，正如其名，是寻求对“谁”、“什么”、“什么时候”、“什么地点”以及“怎么样”等这样一些问题的回答。

描述性研究是建立在对调研问题的一些预先理解基础之上的，尽管研究人员对形势有了一定的了解，但要回答决策制定的有关问题，他们还要搜集总结性的证据。与探索性研究相比，描述性研究的目的更加明确，研究的问题更加具体。在描述性研究中，可以发现其中的关联因素，但是此时并不能说明两个变量的因果关系。尽管描述性研究不能对“为什么”给出回答，但准确的描述性调研结果对管理人员进行市场细分和寻找目标市场、开发新产品和制订生产计划以及作出其他方面的决策无疑是重要和关键的。

描述性研究经常用于揭示不同消费者在需要、态度、行为等方面的差异，这些研究有助于进行市场细分和寻找目标市场。例如，在 20 世纪 50 年代，美国宝洁公司发现它的顾客由于洗涤衣物的性质不同，对肥皂的性能有不同的要求。于是改变了以往生产经营单一的肥皂产品的做法，推出三种不同性能、不同品牌的洗衣皂：一种是去污力特强的强碱性肥皂，一种是碱性较小的适用于洗涤软性织物的肥皂，一种是多用途的全能肥皂。由于这些肥皂满足了不同消费者的特殊需要，提高了竞争力，取得了很高的市场占有率，成果卓著。1956 年，美国学者温德尔·斯密（Wendell Smith）研究总结了这些实践经验，提出了“市场细分”的概念和原理。

再比如，美国哈雷机动车（Harley - Davisdson）的市场细分研究也提供了一个典型的例子。通过营销调研，发现某俱乐部摩托车的购买者可以被描述如下：“一位 46 岁的男性（80% 的可能），受过一定的高等教育（44% 的可能性），它很可能已婚（72% 的可能性），但是不会要孩子（55% 的可能性）。而且，哈雷用户的年收入一般在 78000 美元左右。”得知这些调研结果，哈雷公司主要针对具有上述特征的人群有效地开展促销活动。

3. 因果关系研究

因果关系研究（causal research）是调查一个因素的改变是否引起另一个因素改变的研究活动，目的是识别变量之间的因果关系，如预测价格、包装及广告以及其他因素对销售的影响。这项工作要求调研人员对所研究的项目有相当的了解，能够判断一种情况出现了，另一种情况会接着发生，并能说明其原因所在。

因果关系的确立需要满足三个主要标准：①变量之间必须相关；②原因必须先于结果发生；③不是假相关。

（1）变量之间必须相关。除非变量之间存在着实际的关系——相关，否则我们不能说存在因果关系。一个典型的因果关系研究是先观察一个变量，比如广告，然后分析该变量的变化对其他变量的影响，比如对销售量的作用。例如，JOHNSON 婴儿爽身粉在 20 世纪 70 年代的 U&A（使用习惯和态度）调查中发现，30% 的成年人不但给小孩用，而且自己也用它。于是发动“新使用者”的促销活动，其广告口号为“如果它非常适合你的小孩，同样它也非常适合你！”从而使它的销量增加了 80%。当两个事件或现象一起变化时，我们称之为发生了伴随变异。由上例可以看出，广告和 JOHNSON 婴儿爽身粉的销售量之间存在着伴随变异关系，说明两者之间是相互关联的。如果不符合伴随变异的判断标准，就是说如果变量之间不存在任何关联，也就不存在因果关系了。但是，要注意，伴随变异本身不能证明存在因果关系，因为也许这两个事件拥有一个共同的原因，也就是说它们受第三个变量的影响。

（2）原因必须先于结果发生。除非原因先于结果发生，否则我们不能说存在因果关系。换句话说，具有恰当的发生顺序或时间上的先后次序，是因果关系的一个重要判断标准。要确立一个因果关系，首先要符合这个标准。例如，在一项关于沐浴露的 U&A 调查中，发现高中收入者使用沐浴露的比例显著高于低收入者；高中收入者倾向于使用品牌 A，而低收入者则倾向于使用品牌 C。从人口统计特征来看，高收入者是男性、年龄在 25 ~ 34 岁、文化程度较高者的比例较大；而低收入者为女性、年龄在 50 ~ 65 岁，文化程度较低者的比例较高。在此例中，从某种程度上可以说收入水平决定了消费者是否使用沐浴露以及对品牌的选择，同样，性别也是导致消费者态度差异的重要因素，而不是相反。

（3）非虚假关系。因果关系的第三个标准就是，该关系不能被第三个变量所解释。例如，在某一时间段，美国亚特兰大海滨的统计数据表明，冰激凌的销售量和溺水死亡事件之间存在正相关：冰激凌销售得越多，溺水人数越多；反之则相反。但是，在冰激凌和溺水之间却没有什么直接的关系，它们都受到第三个变量的影响。这里的第三个变量就是季节或温度，因为大多数的溺水死亡事件都发生在夏天——冰激凌销售的高峰期。

类似的虚假关系的例子还有很多，有些听起来令人啼笑皆非。比如，城市中骡子的数量和博士的数量之间存在负相关：骡子越多，博士越少；反之则相反。或许你能够想出恰当解释这种似是而非的关系的第三个变量，而真正的答案是乡村和城市两种背景造成的差异。再如，鞋子的尺寸和孩子的数学能力之间存在正相关。能够揭示这个谜团的第三个变量就是年龄。年纪大的孩子脚也相对大点，总体上来说，其数学技巧也相对强一些。可见，因果关系不仅仅取决于伴随变异，以及两个事件在发生时间上的先后顺序，还需要满足“不存在能够解释这种相关的第三个变量”这一条件。在市场调研的现实复杂环境中，研究人员要找出现象背后的真正原因是很困难的，这在很大程度上取决于研究人员的知识和经验积累。

4. **预测性研究**

预测性研究是利用已有的市场经验和科学的预测技术对市场未来的发展趋势进行估计和判断的调查方法。预测性研究要求必须对影响市场未来发展的各种因素进行调查，并且对未来可能出现的各种状况及其概率进行估计和测算。

二、市场调研计划书的撰写

通常，在进行市场调研设计的时候，必须写出计划的细节，以便向他人证明计划的可行性，一份详尽的调研计划书也可以帮助客户机构了解其资金的使用情况。

市场调研计划书是市场调研设计的书面陈述，主要包括对调研目的的陈述或问题的确定，以及对本次调研所采用方式的详尽说明。也就是说，计划书中要写明资料的收集方式、问题的设计方案、抽样方案以及调研过程的每个阶段需要遵循的相关程序。此外，调研计划书一般还包括对研究进度和调研费用的计划安排。

计划书必须正规与详细，最主要的内容应包括：问题陈述、调研目标、调研方式、时间和成本。虽然一些提供经费的机构对调研计划书有一些特殊的要求，但调研计划书的基本要素不外乎以下几个方面。

1. **调研目的**

简明扼要地介绍整个调研项目的背景和原因；说明该项目的调查目的和要研究的问题，指明该调研结果可能给企业带来的决策价值以及理论研究等方面的意义。

2. **研究的内容和范围**

在确定调查目的并作出相应的研究假设后，就需要判断达到调研目的以及对假设进行检验所需的各种信息，需要列出主要的调查项目，规定所需的信息。

3. **研究对象**

明确界定调查的范围和调查对象。包括在什么区域、地区调查？调查对象的范围和特征如何？确定是否适宜采用抽样方法，如果是，抽样方案的主要内容和步骤怎样？样本量的大小如何确定？

4. **测量手段**

研究中有哪些变量？如何定义和测量变量？定义和测量方法与已有的相关研究有何不同？说明问卷的形式及设计方面的有关考虑，如果已经设计好了问卷，或使用他人曾经使用过的问卷，应该将已有的问卷放入研究计划的附录中。

5. **资料收集方法**

指明所采用数据收集方法和调查方式。如采用实验法还是问卷调查法？进行实地研究还是对已有的统计资料进行再分析？还是要使用两种以上的方法？

6. **数据分析**

说明将采用的分析方法，包括分析的目的和分析的逻辑。是否要进行详细的描述？是否要解释问题产生的原因？是否准备解释某些事物在特征上的差异性？将采用哪些解释性变量？如何确定对变量解释的正确性？以及数据处理和分析的方法等。

7. **研究进度**

一般来说，应该提供一个研究时间表，说明从调研方案设计到提交报告的整个工作进度，也要预定各阶段研究完成的时限，目的是使整个调查工作及时展开、按时完成。

8. **经费预算**

在方案设计中，应该考虑经费预算，以保证项目在可能的财力、人力和时间限制要求下完成。大型研究计划包括的经费通常有：人事、器材、用品以及通信费用。即使是一个小型计划，预计可能的花费也有：办公用品、复印、计算机费用、电话费、交通费等。研究人员要分析将要进行的调查活动和每项活动所需的费用，制定详细的项目费用计划。调研单位在向委托单位报价时，可按费用发生项目计算，也可按每份问卷的价格计算。

拟定市场调研计划书的过程就是市场研究策划，调研计划书是市场研究策划的书面体现。一方面，作为调研单位和客户双方的执行协议，它为客户审议方案和检查项目的完成情况提供了依据。另一方面，调研计划书是一种很有用的管理工具，它说明了研究的原因和执行的程序，使研究人员对整个调研过程有一个清晰地把握和理解，并据此去设计和执行每一个研究步骤，有利于调研任务的完成。以下是一些市场调研计划书的摘要，供参考。

【例 2-1】　美国国税局（Internal Revenue Service. IRS）调研计划书①

美国国税局（Internal Revenue Service. IRS）调研计划书摘要

调研目标

调研的主要目标就是要了解纳税人对 IRS 管理税法职能的看法。为限制该研究的范围，IRS 确定了调研区域。根据对这些区域的认真观察，他们确定了以下具体的调研目标：

1. 确定纳税人虚报申请表的程度、这样做的原因，以及预防这种行为的措施。
2. 确定纳税人对 IRS 服务的满意程度。
3. 确认纳税人需要的服务。
4. 制定一种准确的纳税人行为标准，主要是和准备所得税申请表相关的。
5. 评估纳税人对各种税法和程序的了解及看法。

---

① ［美］William G. Zikmund 著，吕晓娣、史锐译：《营销调研精要》（第 2 版），清华大学出版社 2004 年版，第 58～59 页。

续表

美国国税局（Internal Revenue Service. IRS）调研计划书摘要
调研设计 将采用最基本的调查研究方法，每个被访者会在家中接受采访，访问一般持续 35～45 分钟，具体时间长度根据被访者以前的纳税经历而定。例如，被访者从没有被审计过，访问将不会涉及这方面的问题；如果被访者从没有和 IRS 打过交道，那么对服务的满意问题将会省略过去。接下来是几个可能问到的问题： 是你还是你的配偶准备每年的联邦税申请表？ □我自己 □配偶 □其他人 你所收到的联邦所得税单据是否包含填写申请表所需要的所有内容？ □是 □否 □没有收到 □不知道 如果你向 IRS 电话咨询，但没人可以立即帮助你，你是听到忙音还是有人要求你稍候？ □忙音 □稍候 □都不是 □不知道 在采访过程中，纳税人可能会自行完成一份问卷，包括以下这种敏感问题： 你是否在纳税申请表中申明你有家眷需要抚养，但是他（她）根本不需要你的照料？ □有过 □没有
样本设计 该调查将在全国 50 个州抽取 5000 人进行访问，这些样本将在美国大陆的所有家庭中按概率抽取。 被访者必须是年满 18 岁的成年人，在每个家庭中，重点访问熟悉申请表的成员。当某个家庭中不止一个纳税人时，调研人员将会随机挑选其中一个进行访问。
数据收集 咨询公司的实地调查人员进行有关访问。
数据处理与分析 使用标准的编辑及编码程序，简单列表和交叉列表将用于分析数据。

续表

美国国税局（Internal Revenue Service. IRS）调研计划书摘要
报告准备 需要准备书面报告，同时调研分析人员需要在合适的时候，向 IRS 做口头陈述。
预算和时间表 任何完整的调研计划书都包含以下两项内容：执行每个调研阶段的时间和分项成本报告。

【例 2－2】　罗西汉姆国家银行的维萨卡调研计划书①

背景	坐落在伊利诺伊州芝加哥市的罗西汉姆国家银行试图扩大其维萨卡（Visa Card）市场。它正在考察特定目标群体，以确定通过特殊方式提高信用卡市场渗透的能力。
目的	调研的目的在于评估伊利诺伊州的教师对于信用卡促销的反应。
目标	这个调研计划要达到以下几个目标： ● 教师特征描述。从人口统计特征、心理特征、信用卡所有权、信用卡使用等方面对教师进行描述。 ● 反应的可能性。确定教师们对于不同信用卡创意的反应的可能性。 ● 反应可能性的相关因素。确定人口统计特征的、心理的、态度的以及信用卡所有权、使用权等变量中，哪些能更好地促使调查对象对信用卡创意做出反应。 ● 反应程度。对教师市场对信用卡做出反应的程度进行预测。 ● 最有吸引力的特征。确定哪些信用卡特征最可能促使教师对信用卡做出反应。
数据收集	所有数据都通过本地电话访谈进行收集。 ——美国数据中心访谈设备。所有访谈都通过得克萨斯的美国数据中心本地电话访谈设备进行。 ——有经验的访谈者。由有经验的调查人员主持访谈。 ——工具。所有的访谈均通过软件界面，以避免表中的错误。
质量控制	所有的访谈由美国数据中心的人员督导和监控。
覆盖地域	伊利诺伊州
调查对象	在伊利诺伊州的持证教师为合格的调查对象。 ——抽样：按随机抽样法抽取样本。 ——样本容量：400 个完整的访谈。

① ［美］小卡尔·迈克丹尼尔：《当代市场调研》（第四版），机械工业出版社 2005 年版，第 485 页。

【本章小结】

市场研究是系统地计划、收集、记录、分析和解释数据，并将结果用于特定的营销决策的一系列行为，市场研究的过程没有严格的规定，它会因调研问题本身的不同而不同。系统化的市场研究通常包括7个基本步骤：①确定研究的必要性；②定义研究问题；③确立调研的目标；④市场调研设计；⑤数据收集；⑥数据处理；⑦研究报告。

市场调研设计方案一般归纳为三种类型：探索性研究、描述性研究和因果关系研究。探索性研究是为了阐明并确定某个问题的特性而进行的初始调研。管理人员可能已经发现了某个一般性的问题，但仍需要进行调研来进一步了解问题的范围，以便作出正确的决策分析。描述性研究是为了描述一个总体或现象的属性而设计的调研。营销管理者经常需要确定是谁在购买产品，需要准确描绘市场份额，需要确认竞争对手的行动，等等。因果关系研究是调查一个因素的改变是否引起另一个因素改变的研究活动，目的是识别变量之间的因果关系，如预测价格、包装及广告以及其他因素对销售的影响。三种类型的调研方案各有特点，相互之间也有一定的关联。描述性研究和因果关系研究是在探索性研究确定了研究问题和假设的基础上进行的，调查要围绕已有的调研目标来开展；而描述性研究提供了变量之间的一些联系或关系，有助于调研人员确定因果关系研究的变量。在实际工作中，调研人员要根据调研的内容和调研目的选择适当的调研方案，在许多调研中，探索性研究、描述性研究和因果关系研究的设计是相互补充的。

调研计划书是调研设计的书面陈述，计划书中要写明资料的收集方式、问题的设计方案、抽样方案以及调研过程的每个阶段需要遵循的相关程序等内容。

【延伸阅读】

阅读材料1：天津市区白酒销售与消费情况调研方案①

一、调研目的

（1）了解天津市区白酒消费的总体情况（什么酒最好销，其次是什么，最差是什么，未来趋势如何）。

（2）了解消费者构成（确定主要的市场目标）。

（3）了解销售渠道、促销方式（糖酒公司系主要竞争对手，促销战略）。

---

① 屈援：《市场调研》，经济科学出版社2007年版，第42～44页。

以上三项中，第一项最重要，为确立一个新品牌的白酒生产提供决策依据；后两项其次，为该新品牌的白酒销售提供决策依据。

二、调研内容

（1）消费白酒的品牌、度数、成分、香型、包装、价格及用途。

（2）消费者性别、年龄、职业、收入、消费类型、消费时间、消费场所及购买渠道。

（3）销售单位的级别、进货渠道、促销方式、销售额及销售方式。

三、抽样范围及样本

（1）抽样范围。按照调研目的要求，调研对象由销售单位和消费单位两类构成，这两类又可进一步细分为：批发商和零售商；集团消费单位和消费个人。较大的批发商由糖酒公司提供名单进而构成抽样范围；零售商和集团消费单位由电话簿构成抽样范围，消费个人的抽样范围由本项目组研究制定。

（2）样本的形成。对抽样范围中的四类对象按分类抽样方法抽取一定数量的单位作为各组的样本，合成总样本。每组再按机械抽样方法抽取样本单位。

（3）样本的容量。按最大总体方差0.32，允许抽样误差为5%，推断的可靠性为95%进行计算（不重复抽样），各组必要的样本容量如下：

批发商和零售商	集团消费单位	消费个人	合计
120	241	21	382

（4）随机调研与重点调研相结合。各选两个较大的批发商、零售商、集团消费单位进行重点调研。

四、调研方法及时间

（1）调研方法：为保证调研资料的准确性和完整性，采用问卷形式，面谈访问。

（2）调研时间：初步定在11月初进行。

五、调研实施步骤

（1）自由访谈：由本项目组进行，确认调研内容。

（2）选定抽样范围、确定样本。

（3）设计访问问卷。

（4）印制问卷、试访问，组织试访，取得经验，修改问卷。

（5）访员培训：本项目组负责对已有一定理论和实践经验的市场营销专业的本

科生进行访谈技巧的培训，使之掌握审核办法。

（6）正式访问：对抽中的单位逐个进行入户访问。

（7）问卷回收：当天调研，当天回收，当天审核，及时编号，为下面的整理做准备。

六、组织保证

（1）由本项目组全面负责规划与实施。

（2）使用训练有素的市场营销专业本科生10名作为访员。

（3）由市场营销系教师对访员访问质量进行抽检，及时审核。

七、调研费用（略）

阅读材料2：定义研究问题易犯的两个错误①

在定义研究问题时应遵循的法则是：

（1）要让调研者得到与管理决策问题有关的全部信息。

（2）使调研者能着手并继续进行这一项目。

调研者在定义问题时常犯两类错误。第一类错误是由于调研问题定义得太宽造成的。太宽的定义无法为项目的后续步骤提供明确的指引路线。下面是一些定义太宽的例子，如：

- 研究品牌的市场营销战略。
- 改善公司的竞争位置。
- 改进公司的形象。

上述问题都不够具体，因而无法提示解决问题的途径或方案设计的途径。

第二类错误正好相反，将调研问题定义得太窄了。这就有可能影响到对一些行动路线的考虑，特别是对那些不那么明显或有些新意的行动路线。还有可能妨碍调研者去涉及管理决策问题中的重要部分。例如，在一项为某消费品公司进行的调研中，管理决策问题是如何对付某竞争对手发动的降价行动。由公司的研究人员确定的备选行动路线为：

- 作相应的减价以适应该竞争者的价格。
- 维持原价格但加重广告力度。
- 适当减价，不必与竞争者相适应，但适当增加广告量。

这些备选的行动看来都没有什么希望。当调查公司请来外面的专家咨询后，将

---

① http：//www. taidu8. com/user/infos. htm91，态度8调查网，2009－8－18。

问题重新定义为：

- 提高市场占有率，增加系列产品的利润。

定性调研的结果表明，在双盲试验中，消费者并不能区分不同品牌的产品。而且，消费者将价格看做是指示产品质量的一个因素。这些发现就导出了另一个有创造性的备选行动路线。

- 在提高现有品牌价格的同时引进两个新品牌——一个品牌的价格与竞争者相适应，另一个品牌将价格削得更低些。

为了减少定义问题时常犯的两类错误出现，可以将调研问题用比较宽泛的、一般的术语来陈述，但是同时具体地规定其各个组成部分。比较宽泛的陈述可以为问题提供较远的视角以避免出现第二类错误，而具体的组成部分集中了问题的关键方面，从而可以为如何进一步操作提供清楚的指引路线。

【思考与练习】

一、案例分析题

便利商店的引进

在20世纪70年代前半期，以“7 - eleven”为首的便利商店引进日本。当时选择以负责家计者的家庭主妇为调查对象，展开市场调查。在实际调查家庭主妇的购买行为之后，发现：①超级市场林立；②私家车普及；③周休两日逐渐风行，形成全家出动购物的风气。于是主妇每周的购物次数减少，而每次购物的消费额增加。

这项调查结果显然对于便利商店的经营非常不利，当时流通业界反应相当冷漠。但是目前来看，这种便利商店却是具有相当成长性的零售业型态。究竟哪里出错了呢？

问题：你认为当初的市场调查可能的失误有哪些？

二、调研实务题

近几个月来，某饮料生产企业产品销售量一直在大幅下降，请分析可能的原因，并设计一种或几种市场研究方法来分析原因或证明你的假设。

三、简答题

1. 简述市场研究的流程。
2. 是否每次决策之前都需要进行市场调研，确定是否进行市场调研通常要考虑哪些因素？
3. 探索性研究、描述性研究、因果关系研究各有什么特点？

4. 简述市场调研计划书的构成要素。

【项目化实训】

讨论课Ⅰ：文献综述汇报

任务布置时间：第二周　　　　**讨论课时间：**第三周

目的：通过本次讨论，使学生对所选调研主题的国内外研究现状有比较深入的了解，通过讨论学习前人的研究方法，提出自己的研究思路和框架，在此基础上着手编写调研项目计划书。

课前要求：

本次讨论课前学生要完成以下作业：

每位同学结合小组选定的调研主题，用一周的时间查阅与调研主题直接相关的二手资料 5 ~ 10 篇，进行详细阅读和评述分析，课堂汇报相关文献对调研的指导作用，并在此基础上，提出本组项目的研究思路和框架。

要求每一位同学都认真准备，上课提交文献综述作业，准备课堂发言，积极参与讨论。

讨论的主要内容：

1. 每位同学汇报自己查阅的相关文献，评述这些文献对本组调研的指导作用，提出本组项目的研究思路和框架。

2. 按照调研计划书撰写的内容和格式要求，小组讨论撰写调研项目计划书。计划书内容要完整，研究目的明确，各项目阐述清晰，形成详细的研究计划方案。

本次讨论课后，小组完成调研项目计划书一份，第四周网上/书面（根据教学条件和教师要求）提交；要求宋体小四号字，1.25 倍行距，A4 纸排版。网上提交文件请按以下方式命名：例如“工商 082（3 – 1）”，意思是“工商管理专业 082 班第三组的第一次作业”。请按照此格式网上提交作业，以利于教师对作业进行评阅和对小组进行指导。

第三章　资料收集方法

【本章学习内容】

- 二手资料的收集
- 原始资料的收集——定性调研方法
- 原始资料的收集——定量调研方法

［引导案例］

服装公司的营销决策①

许多营销决策是在资料收集的基础上完成的，不同的信息资料收集来源可能会导致不同的决策。以下是两个服装公司在决定来年服装生产时根据不同的信息来源所采取的策略。

A 服装公司正在决策来年衬衫及短裤设计款式。设计小组的成员正在发表与交流对服装款式更新的看法。一些设计者建议，A 服装公司应当保持当年的基本款式，因为它们取得了巨大的成功，只要就服装的颜色和其他配饰方面简单改进就可以了。另一些设计者则认为，消费者已经对当今流行的服装产品厌倦了，急需设计出其他款式的服装。

A 服装公司的主要竞争对手是 B 服装公司。B 服装公司的设计师们同样也在开会交流服装的改进问题。在开会前，他们从公司的营销主管那里要来了一份资料——每个公司的生产销售记录。这份记录记载了本年度每星期中每种型号或颜色服装的生产销售记录；也同样显示出不同地区及零售店的营业额；按原价出售、降价出售、没有销售就退回的服装产品数。除此之外，营销主管在会上还分发了从全国服装制造协会购买来的一份报告备份，其中列举了在过去 5 年中每年全国消费者购买服装的十大分类信息。销售量被全国的四大地域占据，并从性别、年龄、零售店类型等方面进行了分类。报告还显示了榜首的六大服装品牌，并分别列举其在过去的 5 年中对销售总额所贡献的力量。报告的最后还讨论了，在来年的经济形势下，

---

①　詹姆斯·L·伯罗：《市场营销教师用书》（第 3 版），电子工业出版社 2009 年版，第 32 页。

预计会发生哪些变化，并估计了消费者用于购买服装的开支。B 服装公司的所有设计人员都认真学习了这些市场信息，并进行了集体沟通讨论。最后，营销主管还与大家一起分享了于上个月完成的一份市场调研结果：四组来自全国各地的被邀消费者与会讨论的他们对服装的态度及其期望的购买行为的意见；消费者针对服装的设计、品牌及价值讨论了 10 个问题；讨论的结果在调研报告中被一一列举出来。

这两家服装公司都是怎样决定是否进行设计改进以及来年应用哪些服装款式的呢？你认为哪家服装公司的决策最有可能获得成功？与 A 服装公司相比，B 服装公司采用了哪些资料收集方法？

在对所研究的问题加以明确的定义后，接下来的工作自然要转到资料的收集上来。市场研究的最终目的是为了获得有关市场研究的结论性分析并据此作出营销决策，而得到这些结论显然是以大量的相关资料作为前提的。因此，资料的获取是市场研究中非常重要的环节，一项市场调研的进行通常是从资料收集开始的。

在具体地分析市场研究的资料收集方法之前，我们先来看看所谓的“资料”有哪些分类。资料作为市场调研的基础，一般我们可以将它区分成原始资料（primary data）与二手资料（secondary data）两大类，或称初级资料和次级资料。所谓原始资料是指市场研究人员为了解决特定问题而专门收集的调查资料、观察资料或实验数据资料。而二手资料则正相反，是指以前已经收集好的，但不一定与当前问题有绝对关联的信息资料。这种资料的收集方法比较简单，也就是我们常说的文献资料收集或数据库资料收集，比如宁波市某服装企业想要明确其系列电视广告的受众规模和构成情况而委托了专门的市场调研机构进行较大规模的宁波地区受众调查，通过街头偶遇发放问卷而获取的资料就属于原始资料或初级资料。如果该市场调研机构在调查中使用了宁波人口统计年鉴资料，而这部分资料是以前已经收集好的，就属于二手资料或次级资料。因此，原始资料和二手资料的区别，主要在于收集资料的来源不同。

针对二手资料和原始资料的不同分类，市场研究资料的收集就会有很多不同的方法。首先，二手资料的收集方法，包括企业内部和外界数据库资料的收集、学术研究文献资料的收集等；对于原始资料的收集，根据资料的量化特征可以分为定性调研方法和定量调研方法（见图 3－1），不同的方法的特点、适用条件、所需费用和获得的资料不尽相同。调研时要注意辨别这些异同，选择使用最合适的方法，保证调查有效地获得所需的资料。

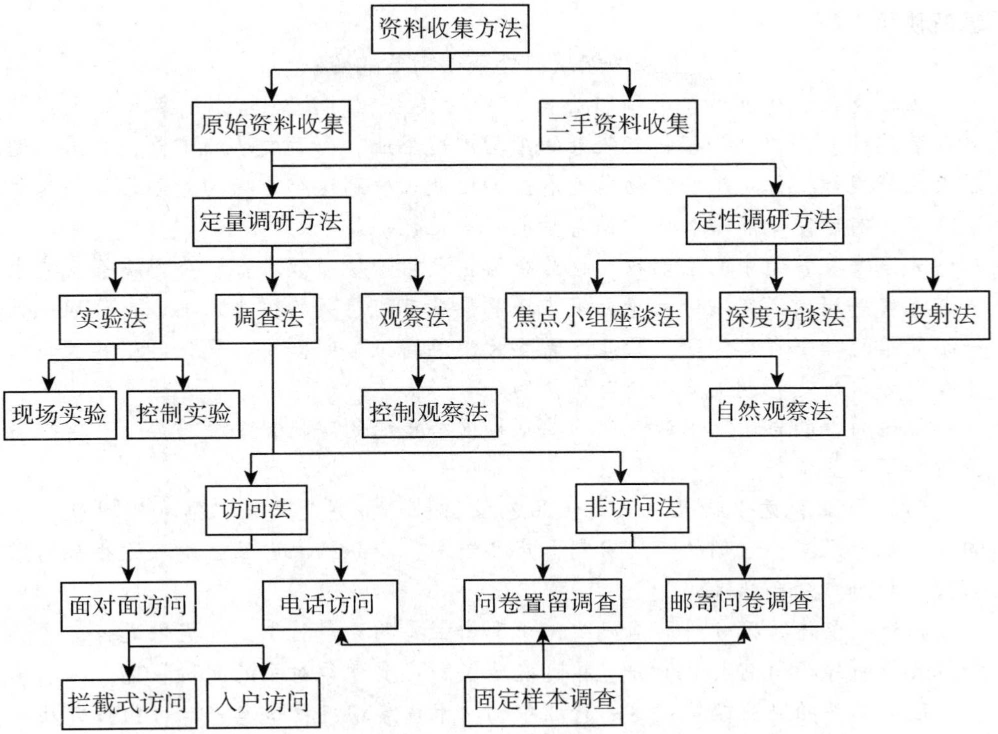

图 3－1　资料收集方法[1]

本章首先介绍二手资料的特点、来源和评价，接着，讨论原始资料的两种收集方法——定性调研方法和定量调研方法。

第一节　二手资料的收集

现代科技的发展给我们提供了获得大量所需二手资料的机会。二手资料的收集和分析是了解调研项目背景资料的最快速有效而又经济实惠的办法。在对二手资料进行充分的分析以前，直接收集原始资料往往是徒劳无益的。因此，市场研究的实施总是从收集和分析有关的二手资料开始的。

① 黄合水：《广告调研方法》，厦门大学出版社 2006 年版，第 185 页。

调研快照 3－1

王经理能从何处获得需要的资料

王迈克是“保护神包装材料公司”的营销经理。该公司是一家专业生产食品包装用的复合铝箔和塑料包装袋的中型制造企业。出于发展的需要，公司计划扩大生产规模，但是从营销的角度看，王迈克又感到这个市场的竞争已经越来越激烈了，对于究竟能增加多少销售量也心中无数。

为了掌握营销中的主动权，也为公司扩大生产规模做准备，公司决策层要求王迈克在一周内提交一份关于公司市场前景及可能对策的报告。王迈克计划先作一个简单的二手资料调研。为此，需要收集编写报告所需要的资料，这些资料对于今后公司制定营销策略也是有价值的。

经过简单的思考，王迈克认为要把握这个市场的现状和发展趋势，至少应当获得如下一些资料；

(1) 行业和竞争状况。同类食品包装材料，特别是复合铝箔和塑料包装袋的主要生产厂家，它们的市场份额、产品流向、产品档次定位，以及近年来的增长情况和用户分布状况。

在行业整体状况分析的基础上，识别出主要的竞争对手，并提供进行优劣势和机会障碍分析所需要的资料，尽可能地了解主要竞争对手的定价状况。

国家有关的产业政策；这一行业中的技术发展状况；这类产品进出口现状及对国内市场的影响；这一行业上游企业的原料供应状况的发展态势。

(2) 用户和需求状况。使用复合铝箔和塑料包装袋的食品制造商的行业分布状况；每一个行业中的主要厂商每年对复合铝箔和塑料包装袋的需求；产品用户对现有产品质量的反应和要求，对新产品、新规格和品种的需求；复合铝箔和塑料包装袋的新用途等。

当务之急是尽可能地找到与上述问题有关的现成二手资料。如果必要的话，在此基础上再邀请部分有关专家进行焦点小组访谈。

理清了思路后，王迈克自言自语地说：“有那么多东西要收集，看来还真需要计划一下，该从哪儿着手呢?”

资料来源：胡介埙：《市场营销调研》，东北财经大学出版社 2008 年版，第 47～48 页。

一、二手资料的含义

二手资料是指既存的，或者由于其他目的已经收集好的信息资料和数据。可以发现，二手资料不一定与当前问题绝对相关，但是任何一种市场调研都不可能是完全独一无二的或是从未发生过的，很可能以前有人做过同样或类似的调研。另外，对于一次市场调研活动而言，所需要的资料和数据是多方面的，例如对于调研初期的背景资料的收集，很多时候需要从别人的调研和研究中寻找有用的信息。

今天的企业对二手资料在实际调研和营销中的作用及意义已经有了充分的认识。虽然原始资料可以为企业提供最及时、最准确、最直接的市场信息，但是需要较大的人力、物力、财力的投入。二手资料尽管不能直接回答现在所面临的具体问题，但它却能以最快的速度和最经济的方式，获得相关资料和数据，为问题的解决提供有效的帮助。这些信息不仅可以帮助一个新的探索性调研项目尽快明确研究的主题，启发调研的设计者开阔思路，还可以提示调研者注意一些潜在的问题和困难，而且在形成调研报告时可以提供必要的背景资料，使分析更加深入，调研报告更具有说服力。因此，二手资料的收集方法是市场调研方法中最基础的一种，对于市场研究有着十分重要的作用。

归纳起来原始资料和二手资料的比较总结在表 3－1 之中。与原始资料相比，二手资料收集起来更快更容易，所需的费用和时间也少得多。

表 3－1　　原始资料与二手资料的比较

比较项目	原始资料	二手资料
收集目的	为解决手边的问题	为其他问题
收集过程	非常复杂	迅速而简易
收集费用	高	相对较低
收集时间	长	短

二、二手资料的获取

现代社会是一个信息大爆炸的时代，以计算机、远程传输、互联网等为代表的信息革命的出现和发展，在极短的时间内将我们从信息不对称阶段推进到了信息过剩年代。因此，如何得到信息已经不是关注的焦点，我们开始强调如何从浩如烟海的信息资源中找到最有价值的信息，并有效地对这些信息进行筛选和管理，从而作出更准确的决策。那么怎样才能获得真正需要的、有价值、有意义的信息呢？下面我们将从二手资料的两种分类出发，具体介绍如何获取各类二手资料。

根据不同的分类标准可以将二手资料作不同的划分。以资料来源的标准可以分为两种：一是企业内部数据库和资料库，比如企业历年来的营运数据、消费者资料等；二是企业外部的数据和资料，比如专业的调研公司和咨询公司在大量的数据研究的基础上建立的各种数据库，像某行业的基本消费者分析数据、大众媒体的收视率分析数据等。二手资料可以通过购买获得，也可通过查阅获得。二手资料的划分见图 3－2。

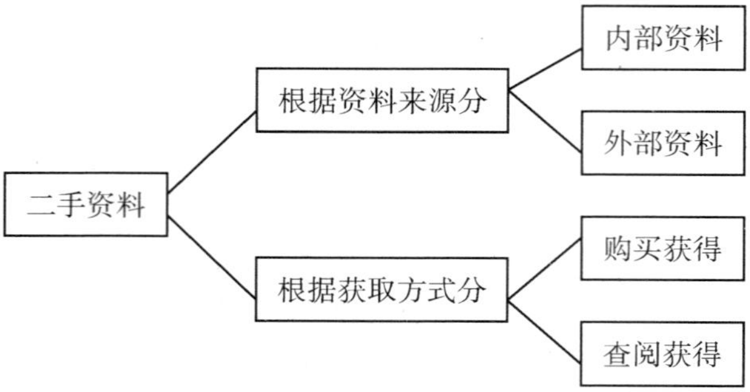

图 3－2　二手资料的划分

（一）内部资料和外部资料

根据资料来源的标准划分，二手资料可分为内部资料和外部资料。

1. 内部资料

企业自身在不断的发展过程中，往往累积了大量的数据和资料。这些数据和资料经过系统的分类、整理和分析，就构成了公司的内部数据库，这是企业的一笔巨大财富。数据库的具体内容包括以下几个方面。

（1）消费者资料：对于很多公司来说，其现有保存着消费者和潜在消费者信息的数据库已经成为非常重要的市场信息。这些消费者信息是通过以往的市场调研或其他渠道收集积累的，可能是销售人员统计的消费者购买行为和使用产品的基础数据，也可能包括了订货单、销售人员的售后访问报告等内容。例如，现在很多家电企业在出售产品时，经常要求购买者填写个人信息、联络方式等相关资料。这些资料反馈到企业后，经过统计、分类和整理就成了最基本的消费者数据库。同样，读者在订阅杂志报纸时所填写的个人情况表格对于杂志社和报社来说也有相同的作用。

（2）统计资料：主要包括企业各类统计报表，生产、销售、库存等各种数据资料以及其他各类统计资料等。企业的统计资料是用来研究企业经营活动特征及规律的重要定量依据，也是企业制定营销策略、确定营销组合决策的基础。

（3）财务资料：是由企业财务部门所提供的各种财务、会计核算和分析资料，其中包括生产成本、销售成本、各种商品的价格及经营利润等内容。财务资料直接反映了企业的经济效益，通过对这些资料的分析，可以预测企业的发展趋势，考核企业的盈利状况。

（4）其他资料：包括各种关于企业和产品的报道，新产品测试调查报告，公司内部交流刊物，员工的管理总结，照片和录像等资料。这些资料对于了解、熟悉企业所处的市场环境、人事状况以及公司存在的问题有一定的参考作用。

2. 外部资料

除企业内部在自身发展过程中积累起来的数据资料外，在企业的外部更是存在着多种多样的数据资料库。这些资料又可以分为两种：公开的信息和公共收费信息。

（1）公开信息。这类信息面向全社会公开发布，一般不须花费或只付少量的费用就可得到。这类信息包括：国家统计局以及国务院各部门统计机构，各省、市、区统计局定期发布的各类统计公报，其中包括全国和各地年度统计公报、人口普查公报、农业普查公报、工业普查公报、三产普查公报、基本单位普查公报及其他类型的公报。同时还有各类统计年鉴，包括以下几类：一是综合性的统计年鉴，比如《世界年鉴》、《世界经济年鉴》、《美国统计摘要》、《中国经济年鉴》、《中国统计年鉴》、《中国城市统计年鉴》《中国百科年鉴》等；二是各行业统计年鉴，比如《欧洲金融年鉴》、《国际收支年鉴》、《国际金融统计年鉴》、《国际贸易统计年鉴》、《中国工业经济统计年鉴》、《中国建筑业统计年鉴》、《中国对外经济贸易年鉴》等；三是其他类型的统计年鉴，比如《中国农村住户调查年鉴》等。这些都是相对权威和具有价值的资料。

另外，中国大多数行业都有自己相应的主管部门，这些主管部门会定期收集、编辑和本行业相关的信息，发布在行业刊物上。如工业和信息化部、轻工总会的信息中心，每年都会就行业情况进行信息收集和整理。这类信息的针对性强，具有权威性，市场研究人员可以从中找到大量有用的信息。

此外，各地的工商、税务等部门下设的调查机构会不定期公布的国家有关的法规、政策、价格和市场供需信息，有关的生产和经营机构提供的商品目录、专利资料、价目表以及广告刊登情况，各种国际组织、外国使馆、商会提供的国际市场信息等，都是二手资料的重要来源。需要注意的是，这类信息来源复杂，在使用的过程中需要注意识别和筛选。

（2）公共收费信息。这类信息主要来源于一些以营利为目的的机构和组织，比如各种经济信息中心、专业调研机构、专业信息咨询机构等。这些机构的信息资料齐全，信息时效性强。为了满足不同客户的不同需要，它们可以提供专门的信息咨询、检索和定向服务。这类机构所提供的资料是多方面的，有媒介收视率和媒介监测方面的数据服务，如国内的央视—索福瑞调查公司，常年提供全国近700家主要电视频道的收视率数据，企业、广告公司和媒体可以根据自己的需求向其购买某一方面的数据；有专业的消费者研究方面的数据服务，如国内的 IMI（创研）市场信息研究所①每年出版的《IMI 消费者行为和生活形态年鉴》，通过数据分析中国城市消费者的消费行为、媒介接触、生活形态等内容，帮助企业和广告公司全方位、多角度地观察消费者，为广告策划、市场定位等提供公正、客观、准确、丰富的基础性数据，另外还有其他公司提供行业研究方面的资料，比如全国医药行业调查等等。

（二）查阅获得和购买获得

根据资料获得方式的不同，也可以把二手资料分为以下两类。

1. 通过查阅获取资料

传统查阅资料的地方主要是图书馆，那里有大量的文献资料被分门别类地收藏着。运用计算机检索系统，我们可以根据资料的书名、类别、作者名、出版社等方便快捷地进行查阅，而互联网的日益普及则为二手资料的查阅提供了更为快速、有效的手段，互联网让以往以纸质状态呈现的信息资料大大突破了时间和空间的限制，它让我们通过一个电脑终端可以收集到来自千里之外的信息，二手资料的收集不会再局限在某一个图书馆所能提供的信息之中，信息的收集会更加及时和全面。可以说，互联网的普及对二手资料的获得有着举足轻重的影响。

2. 通过购买获得资料

尽管通过查阅可以收集到很多信息，但很多其他有价值的信息往往需要通过付费购买获得。这种资料收集方法与上述的公共收费信息获取方法相似，这里不再赘述。

三、二手资料的优点和局限性

（一）二手资料的优点

市场调研者运用二手资料不仅仅是因为收集二手资料比收集原始资料更能节省时间和费用，还包括以下几方面的优点。

1. 有助于明确或重新明确探索性研究中的研究主题

二手资料在探索性研究中有着非常重要的作用。例如，某城市的一家健身俱乐部对其停滞不前的会员人数感到忧心忡忡，管理者决定对它的会员和非会员进行调查。二手资料显示本城市目前有大量的年轻单身者流入，而“传统型家庭”的数量

---

① IMI（创研）市场信息研究所是北京广播大学广告学院的下属机构，从 1992 年成立以来积极参与和组织大型的市场研究和媒介受众研究，是一家媒体调查研究机构。

则保持稳定。于是，调查主题就被确定为“研究本俱乐部如何大量吸引年轻的单身成人，同时保持其在传统家庭中的市场份额”。

2. 可以切实提供一些解决问题的方法

市场调研人员所面对的问题很大程度上不可能是从未遇见过的。很可能曾经有人研究过同样或类似的问题，可能有人已经收集过所需的精确资料，只不过不是针对当前的问题而已。如某地的人口结构、收入水平、地理分布、工厂数量、产品名录、市场范围等信息，这些资料可能已经有机构收集过。例如，某一重工业企业想要了解某一地区的潜在客户的基本情况，那么它可以利用当地工商部门提供的工商企业名录来编辑这份资料，这份名录可以提供当地企业的产品名录、员工人数、生产能力、通信地址和联系电话等信息，而不需要实地收集原始资料。

3. 可以提供收集原始资料的备选方法

原始资料的收集都是针对当前问题的，也许二手资料里已经提供了其他调研项目相类似的调查。因此，市场调研人员应该积极借鉴其他调研项目的资料收集经验。例如，某调研公司针对某地区进行地板市场的消费形态研究，在设计问卷之前，查阅了一项关于该城市住房情况的调查报告，这份报告中含有原始问卷。最终在新问卷中引用了其中的一组有价值问题，体现了二手资料的价值。

4. 提醒市场调研人员注意潜在的问题和困难

除了提供方法外，二手资料还能暴露出潜在的危险，如收集方法不受欢迎，调研对象有敌对情绪、样本选择有困难等。例如，一位调查人员计划进行一项衡量对某种药物的满意度的研究。查阅了另一项与此类似的功能性药品的调研之后，他发现电话调查的拒绝率很高。于是，这位调查人员将原定的电话调查改成了邮寄问卷调查，并给予丰厚奖励。

5. 提供必要的背景信息使调查报告更具有说服力

二手资料经常能为设计调研方案提供大量的背景资料。它能够粗略地概括出潜在的客户和非客户、产业数据、购买者评价、新产品和已有产品的优缺点等。二手资料还有助于了解目标消费者使用语言的方式，组织问卷语言，使调研对象能更准确和全面地理解问卷。有时，背景资料还能直接契合研究的主题，从而不需要在当前的调研中重复同样的问题。此外，有时二手资料能提供对调查资料的进一步分析，或是对当前发现的支持，从而丰富调研发现。最后，二手资料可以作为以后调研项目的参照基础。

（二）二手资料的局限性

在市场调研中，二手资料除了有以上各种优点以外，也存在一定的局限性。主要表现在缺乏可得性和相关性，准确性较差以及资料不够充分。

1. **缺乏可得性**

对于某些问题，可能就不存在二手资料。如果某广告公司想要知道某新产品的三种平面广告哪个更能导致购买行为，那么没有二手资料能够回答这些问题。必须在消费者看过广告之后才能得到答案。如果某企业想要了解其品牌名称在某地区所代表的形象，那么它也必须去收集原始资料。

2. **缺乏相关性**

我们常见到的二手资料因为在形式、方法和时间上的原因，往往不能被调研人员直接使用。例如，调查者需要 2006 年某地区的人均收入水平，但是目前只能找到 2005 年该地区的人均收入水平资料。尽管只有一年之隔，但对于每年的生产总值以 20% 的速度增加的该地区，上一年的数据显然不太具有代表性。

3. **缺乏准确性**

在使用二手资料时应评估资料的准确性。在调研者收集、整理、分析和提交资料的过程中，会有很多潜在的错误和危险。因此，使用二手资料并不意味着调研者可以不评估资料的准确性，即使是某些权威机构的资料也应注意分析可能存在的误差。

4. **资料不充分**

也许调研者确定某二手资料是准确的、相关的，但一般情况下，二手资料不可能完全解决目前所面临的问题，这就需要再收集原始资料。某连锁超市要在一个城市开设一家新店，它可能拥有了充分的关于人口特征、收入水平以及竞争对手数量等相关二手资料。然而，因为缺乏该城市的交通情况的资料，所以必须收集原始资料，才能为新店选择最合适的地点。

四、二手资料的检验评价

应用二手资料时，调研结果的价值在很大程度上取决于二手资料的有效性和可靠性。因此，在应用二手资料前，从不同角度对二手资料进行认真的检验和评价是必要的。营销调研者可以通过询问以下五项问题来完成：

- 谁收集的资料？（WHO）
- 研究目的是什么？（WHY）
- 如何获得信息？（HOW）
- 资料的内容是什么？（WHAT）
- 什么时候收集的？（WHEN）
- 所得信息与其他信息的一致性如何？（COHERENCE）

以下将对每一问题进行讨论。

（一）谁收集的资料（WHO）

二手资料的价值取决于资料的原始收集者以及委托机构的声誉和威望，对于为了特殊利益关系或为了进行宣传而出版发表的资料也要抱怀疑的态度。此外，也要考虑这些组织机构和个人是否具有其他隐蔽的动机。如果有，则资料的可靠性就会受到影响。

（二）研究目的（WHY）

二手资料所说明的研究目的与我们当前的研究目的多半是不同的。因此，在使用二手资料前，我们必须明白与二手资料有关的原始研究的目的，当时收集资料的目的动机对资料的可靠性是否有影响。要研究当时收集资料的出发点是不是为专门的组织或个人服务的，是否由于为特定的利益集团服务而采用了某些特殊的方法和分析程序。让我们来看看有关美国可处理尿布调研的例子。可处理尿布行业是在20世纪60年代出现的。但在80年代末，其环境因素变得非常敏感，购买老式棉布尿布的顾客数目成倍增长。而且，有12个以上的州立法机构正在考虑对可处理尿布出台不同的禁令、进行加税，甚至在它上面贴上警示标签。这样，就进行了有关可处理尿布和棉布尿布对环境的影响的研究。很快，在进行了一些研究后，反对可处理尿布的运动消失了。是谁进行的这项研究呢？原来是在可处理尿布市场上份额最高的宝洁公司，它请 Arthur D. Little 国际咨询公司进行了一项有关可处理尿布和棉布尿布对环境影响的对比研究。研究发现可处理尿布对环境的危害没有超过可再生的棉布尿布。富兰克林协会进行的第二项研究也表明可处理尿布对环境的危害没有超过棉布尿布。是谁赞助的这个研究呢？——美国报业机构，它对可处理尿布的事件拥有浓厚的兴趣。但是在评论可处理尿布事件之前，让我们来看一下一些“科学”的研究。在1988年，一项研究表明，可处理尿布可产生大量的废弃物并对环境产生破坏。是谁赞助的这个项目呢？棉布尿布行业！1991年的另一项研究也表明棉布尿布对环境的危害要低于可处理尿布。猜猜又是谁赞助的这项研究？

（三）研究方法（HOW）

我们还应该注意二手资料来源中获取信息的方法，这些信息究竟是如何获得的？即使研究中目标正确，误差很小，但是如果抽样选择、数据收集和资料分析的方法不正确，二手资料的价值仍然不大。因此，要尽可能地了解当初收集原始资料时所采用的调查问卷、抽样大小、回收率、现场调查的有效性以及与当初调研所采用方法有关的各个方面情况。

（四）性质、内容（WHAT）

考察资料的性质或内容时应特别注意关键变量的定义、测量的单位、使用的分类以及相互关系的研究方法等。如果关键的变量没有定义，或者与调研者的定义不一致，那么资料的利用价值就很有限了。例如，假定有关于消费者对电视节目偏好方面的二手资料。要利用这些资料，重要的是必须知道“对电视节目的偏好”是如何定义的。是按照看得最多的节目来定义的？还是按最需要的、最欣赏的、最有帮助的（提供最多信息），或是对当地提供最好服务的节目来定义的？

同样地，测量二手资料所用的单位不一定适用于当前的问题。例如，如果二手资料中的个人月收入的界定是按照200元以下、200～400元、400～600元、600～800元、800～1000元、1000元～1500元、1500元以上来分类的，但是市场调研者目前感兴趣的是个人月收入在5000元以上的高收入人群，这时这份二手资料就没有利用价值了。

另外，相互关系的考察也是评价资料内容的重要方面。例如，如果调研者感兴趣的是受访者在社区交往中“实际的”行为，那么，由自我报告的态度所“推断的”的行为就没有什么参考意义了。

（五）时效性（WHEN）

市场研究的对象几乎都是动态变化的，调研所涉及的许多信息资料都是随时间迅速变化的。因此，在利用二手资料之前，要检查二手资料中所反映的调查和获取原始资料的时间，以及资料收集到现在这段时间内所发生的变化，再决定二手资料能反映当前实际情况的程度。例如，一项只调查周末消费者的购物中心的调研不能反映出经常光顾购物中心的消费者；在上午9点和下午5点之间所作的电话调查一般不能反映出上班族的情况。

（六）一致性（COHERENCE）

检查评价一份二手资料质量的另一个办法是，再从其他渠道收集关于同一类问题的另一些二手资料，并且进行比较。如果从不同渠道得到的、采用不同方法获取的二手资料都得出了同样的结论，这是最理想的，说明资料是可靠的。如果两种资料的结果之间有差异，则应当分别比较两种资料的各种误差大小，尽量缩小差异的范围，然后再决定究竟是哪一种资料更可信。

第二节 原始资料的收集——定性调研方法

在原始资料的收集中，定性调研往往是定量调研的基础，不经过定性调研，直接开展定量调研，往往很难得到解决问题的思路；通过定性调研，明确了进一步研究的方向，就可以把定量调研的规模控制在一个合理的范围内，迅速找到解决办法。由此可见，定性调研确实是市场调研中重要的方法。

调研快照 3-2

定性调研的应用

与定量调研相比，定性调研更加贴近消费者行为，对消费行为的描述更加具体，同时也可能在大量无序的行为中找出那些隐藏着的规律。1983 年丰田汽车公司的高层决定计划针对北美地区高档轿车需求开发出该公司新的豪华型轿车"雷克萨斯"。公司决定把雷克萨斯的竞争策略设计为："增加车的功能，提高车的性能，尽可能地预期顾客下一步的需要是什么，并保持产品的地位与形象。"

此后，丰田公司采取了通过对奔驰轿车用户消费行为进行定性调研的办法来了解高档轿车顾客的需求。1985 年，丰田公司对北美地区奔驰轿车用户的轿车驾驶习惯、停车习惯、座椅习惯、后备厢放置的物品，以及选购奔驰车时耗费的时间等进行了深入的调查。调研人员向有关消费者询问了 200 多个关于汽车销售中的问题，请他们从所提供的 4 种可能答案中，选择一种最合适的答案。这项调研前后共耗时 4 年，同时，公司的产品开发部门也紧锣密鼓地根据调研的结果来设计新产品。到这项调研结束时的 1989 年，丰田就在美国推出了雷克萨斯牌轿车。由于调研提供了正确的信息，很快这款车就获得了北美 35 岁左右的白领、管理层人士和高收入者的青睐，销售非常成功。

丰田公司这项调研的另外一个成果就是汽车展销中的六分位看车法。这项成果在汽车销售领域有深远的影响，后来也被包括宝马、奥迪和奔驰在内的许多其他轿车企业所采用。

资料来源：圣路可商务顾问咨询公司：《举手投足之间的必然》，载于《销售与市场》，2006（1）上旬刊。

一、定性调研与定量调研

（一）定性调研和定量调研的含义

市场调研的初期，特别是在探测性调研中，调研人员的主要任务是确定问题的性质、方向和范围，调研人员需要的常常是凭“直觉”来获取有关的资料。从获取资料的角度看，此时所进行的调研主要是定性的。我们把这类调研称做定性调研（qualitative techniques）。通过探测性调研以后，需要对特定问题的“发展程度”有更明确的认识，调研人员就需要从数量的角度来收集资料，进行分析。我们把此时的调研称做定量调研（quantitative techniques）。

定性调研是依靠调研人员的“直觉”来获取资料，通过感受、分析和判断得出调研结果的一种方法。相反，定量调研是调研人员依靠对于从较大数量的样本获得的数据，进行统计分析，把握事物发展的程度，作为决策依据的一种调研方法。两种调研方法各有优缺点，都是市场调研中不可缺少的方法。

例如，一项定量调研可能发现每周到麦当劳快餐店消费 3 次以上的消费者的年龄结构、收入水平以及家庭状况等，还能揭示出其中不同年龄结构、不同收入水平的消费者每周去麦当劳快餐店次数的区别。而定性调研的作用则在于，深层探究这些经常去光顾麦当劳快餐店的消费者的态度、感觉和动机。

可见，定性调研方法收集到的是一个个活生生的有关消费者态度、感觉和动机的资料，因此定性调研方法对于市场调研具有很强的指导意义，许多有针对性的市场营销方案、有创意的广告作品、有效的促销手段都从定性调研中获益匪浅。

（二）定性调研和定量调研的比较

定性调研之所以越来越被广泛采用，其原因主要在于以下几个方面：首先，定性调研所依据的样本较小，费用相对较低；其次，除了定性调研之外，还没有更好的方法去了解消费者内心深处的感受和动机；最后，定性调研可以为定量调研指明方向，从而提高定量调研的效率。与定量调研含有大量数据的报告相比，定性调研的结果能更直观、更生动地解释说明定量调查的数据所代表的意义。

当然，与定量调研相比，定性调研法也确实有其局限性。第一，定性调研不能像大范围的定量调研一样区分细微的差别；第二，定性调研中的调研对象并不一定就是调研者所感兴趣的人群，比如很难说一个由 10 个大学生组成的小组可以代表所有的大学生；第三，与定量调研相比，主观偏见的困扰是定性调研难以回避的问题。

表3－2从九个方面对定性调研与定量调研进行了比较。其中最重要的一点是定性调研的结果通常是由众多小样本决定的，这是定性调研受到质疑最多的地方。很多管理者往往不愿意根据小样本调研的结果进行重大的战略决策，因为它在很大程度上依赖于调研者的主观认识和个人的解释。而大样本通常是由精确而科学的方法确定的，可以进行精确的统计分析，其调研结果更能让管理者感觉放心。这也正是相比定量调研方法，定性调研受到更多争议的重要原因之一。

表3－2　　定性调研和定量调研的比较①

比较维度	定性调研	定量调研
问题的类型	探测性	有限的探测性
样本规模	较小	较大
每一访谈对象的信息	大致相同	不同
执行人员	需要特殊的技巧	不需要太多特殊技巧
分析类型	主观性、解释性的	统计性的、总结性的
硬件条件	录音机、投影设施、录像机、照片、讨论指南	调研问卷、计算机、打印输出的结果
可重复操作性	较低	较高
调研者应具备的知识	心理学、社会学、社会心理学、消费行为学、营销学、市场调研	统计学、决策模型、决策支持系统、计算机程序设计、营销学、市场调研
研究的类型	试探性的	描述性的、解释性的

在市场调研中，人们往往存在着过分强调定量调研而忽视定性调研的倾向。有些人认为只有定量调研方法才是最基本、最重要的方法。其实，在营销实践中，无论运用哪种方法都要尽量将定性调研与定量调研结合起来。究竟应该使用哪一种调研分析方法为主，则取决于调研的目的和内容。如果调研人员所关心的是事物所表现出来的本质和内容，可以采用定性调研的方法为主；但如果调研人员更关心的是事物发展变化的程度，就应该以定量调研法为主了。

定性调研和定量调研相结合，可以更加透彻地了解消费者的需求和市场情况，从而获得更加客观、详尽的结论。

① ［美］小卡尔·迈克丹尼尔：《当代市场调研》（第四版），机械工业出版社2005年版，第72页。

（三）定性调研方法的种类

按照定性调研方法的操作流程不同，定性调研方法主要有焦点小组座谈法、深度访谈法和投射法三种，尤其是前面两种，在市场研究中的运用十分广泛。其中投射法还可以分为词语联想法、句子和故事完成法、照片归类法、消费者绘图法、叙述故事法等（见图3－3）。下面的章节我们会对各种方法进行详细的介绍。

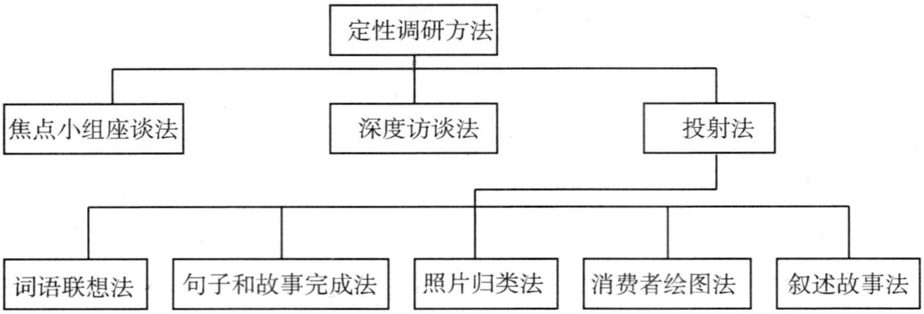

图3－3　定性调研方法的类型

二、焦点小组座谈法

（一）焦点小组座谈法的概念

如前所述，定性调研法有许多种，其中最常见的一种就是焦点小组座谈法。焦点小组座谈法（focus group）是指由一名组织者邀请一些人自然和无约束地讨论某些问题。进行焦点小组座谈的目的在于发现和归纳一些在常规的提问调研中所不能获得的意见、感受、经历等。采取小组的形式可以使被访问者处于宽松、舒适的氛围中。称其为焦点小组是因为组织者将保持对某一问题的讨论，并防止人们将话题扯开。焦点小组座谈已越来越广泛地在调研领域使用。在每一个大城市中都有一些专门致力于进行焦点小组座谈的市场调研公司。你可以相信，如果你成为一名营销经理，你也会采用该方法的。

社会心理学的研究发现，来自不同生活方式、职业的人们，尽管他们自己没有察觉到，但是当鼓励他们主动表现自己而不是被动回答问题时，他们会对某一主题发表更全面深入的看法。通常，在小组座谈中避免直截了当的问题，而代之以间接的提问来引起自发的讨论，其所带来的丰富的信息是通过直接面谈所不可能达到的。

（二）焦点小组座谈会的目标

焦点小组座谈有四个最主要的目标：获取创意，理解顾客的语言，显示顾客对产品或服务的需要、动机、感觉以及心态，帮助理解从定量分析中获得的信息。

获取创意，是指用该方法为一项新产品、新服务或新的改进作调研。

理解顾客的语言，是指用该方法了解顾客在描述一项产品或服务时使用的词句，以便在产品或服务宣传用词方面加以改进。这将有助于产品的广告设计和产品宣传手册的设计。这一信息也将有助于改进调研问卷的确定，并为以后的定量分析带来帮助。

显示顾客对产品或服务的需要、动机、感觉以及心态，是指用该方法真正了解顾客对产品或服务的感受，以便更新营销方法。这一优点会在随后的调研中体现出来。

帮助理解从定量分析中获得的信息，是指该方法能有助于更好地理解从其他调研中获得的数据。有时也能显示为什么会从该方法中发现这些信息。

（三）焦点小组座谈会的实施过程

进行焦点小组座谈前，必须注意几个问题：

- 确定好主题或研究目标。
- 小组座谈的规模。
- 小组座谈参与者。
- 如何选择参与者。
- 小组座谈的地点。
- 主持人的要求。
- 小组座谈大纲。
- 小组座谈报告。

座谈会的实施大致分为两个阶段，即准备阶段、座谈阶段。

1. 准备阶段

座谈会准备阶段要做的事情包括以下几项。

（1）确定好主题或研究目标。这是焦点小组座谈的前提。主题或目标一般依据项目要求而定，但要注意避免主题或目标太窄或太泛。现实操作中，也可把主题或目标演绎成若干问题，然后通过这些问题拟定一个供讨论的主题大纲，以便于有效控制。显而易见，在百货商店顾客调查项目中，明确研究的主题或目标对于确定主持人的提纲起着重要的作用。

调研快照 3－3

百货商店顾客调研项目：定性研究的目标

1. 确定家庭在选择商店时所考虑的相关因素（选择标准）。
2. 针对某一产品种类，确定消费者认为的竞争商店有哪些。
3. 确定可能影响消费者光顾商店的心理特征。
4. 确定与光顾商店相关的消费者选择行为的其他方面。

资料来源：［美］纳雷希・K・马尔霍特拉著，涂平译：《市场营销研究应用导向》（第 3 版），电子工业出版社 2002 年版，第 109 页。

（2）邀请参与者。参与者一般是采用配额抽样或判断抽样的方法抽取出来的，参与者应该对讨论的问题有相当的经验或经历，研究者通常要确定一定的标准来进行筛选。例如在一项关于医疗器械的座谈会中，要求与会者必须是具有 50～300 张床位的医院的医疗设备科科长或主要负责人。在一些关于日常用品的座谈会中，与会者可以在会议室附近地区抽取。

在会议开始之前要求访问员落实与会者的出席情况，告知其准确的开会时间。一般来说，一场座谈会的与会者 8～12 人最为适宜，为了确保足够的人数，防止所邀请的理想的与会者突然因故不能参加，可以多邀请 1～2 个。

一个调查项目总共需要邀请多少与会者，主要取决于座谈的分组情况，分几组座谈主要看主持人能否预测下一组与会者的反应。如果主持人能够准确预测，说明主要看法或意见基本上都搜集到了，就不需要再开一组座谈会。一般来说，组织两组座谈会为宜。

（3）会场布置。焦点小组座谈需要在一定的场所进行，选择一个合适的房间作为会议室。对会议室的基本要求是：

①能容纳 10～20 人。

②桌椅的设置应该使与会者彼此能够相互看得见，圆桌或椭圆桌比较理想。

③最好装有单向玻璃，以便于从室外观察或录像。

④能隔音。若不能隔音，周围的环境必须噪音小，比较安静。

在会议室内，给每个座位上分发一张空白小卡片、一支笔，还有饮料、水果以及座谈会用的产品样品等。房间布置和座谈场景见图 3－4 和图 3－5。

（4）聘请主持人。座谈会的主持人相当关键，座谈会能否顺利、能否成功，主持人起着举足轻重的作用。要发挥与会者成员之间的互动作用，主持人必须具有较强的组织能力和沟通技巧。他必须关注和了解每一个与会者的意见和看法，同时，还要善于启发和引导与会者成员相互之间开展讨论，并保证讨论朝正确的方向发展。

总之，主持人应该具备会议组织能力，善于鼓励与会者表达自己的见解，灵活地处理座谈会中出现的问题，对研究问题有深入了解，最好有过成功组织座谈会的经历。

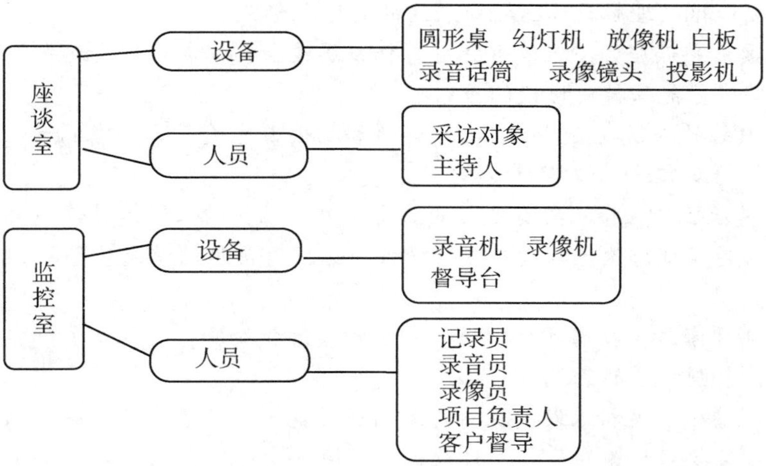

图 3－4 焦点小组座谈的房间布置

图 3－5 焦点小组座谈的场景

调研快照 3-4

优秀主持人必需的能力

（1）思维敏捷，有很强的理解和接受能力。既要对访谈所涉及的领域有一定了解，又要能很快理解群体成员所表达的意思和含义。

（2）要和蔼而坚定。只有和蔼才能保证迅速与群体成员建立起友好融洽的关系，只有坚定才能保持对访谈的控制。

（3）熟练的沟通技巧。既要善于倾听和捕捉群体成员的主要观点，又要善于对众多成员的发言进行归纳和总结。

（4）灵活性。主持人要有良好的应变能力，既要保证群体讨论不偏离座谈大纲，又能够为保证讨论过程的自然流畅性，抓住有价值的信息，而对预定顺序作灵活调整。

（5）善于激励。要善于理解访谈成员的心情和处境，鼓励每个群体成员积极参与讨论，表明自己的意见。

（6）敏感性。主持人既要保持对不同成员观点之间差异的敏感，识别出有价值的信息，又要对讨论的气氛保持敏感，保持成员对讨论的热情。

（7）客观公正。客观就是能够抛开个人的观点和感情，听取别人的想法和观点；公正就是能公平地对待每一个成员的意见，而且，应当是可靠而值得信赖的。

资料来源：［美］纳雷希·K·马尔霍特拉著，涂平译：《市场营销研究：应用导向》，电子工业出版社2006年版，第91~92页。

（5）拟定座谈大纲。为了使主持人更好地把握座谈会的进程，控制座谈会的要点与线索，需事先将所欲探讨、了解的问题罗列出来。这些要点与线索便是座谈会大纲的主要内容，也称座谈会大纲。

座谈会大纲是进行座谈会的主线，帮助主持人控制会场，启发参与对象的思路，它是座谈会的一个重要组成因素。

座谈会大纲通常包括座谈的三个阶段中有关的内容。

第一阶段的重点是要在群体中建立起一种友好和谐的关系。主持人要解释小组中相互交流的规则和讨论的内容是什么。让参加讨论的群体成员在一开始就逐一作一个自我介绍往往是适当的，由此可以消除成员相互间的陌生，培养表达意见的气氛。既要求每个成员说出自己的观点，也强调倾听别人发言的重要性。

第二阶段是由主持人激发群体成员对有关问题进行深入讨论。焦点群体访谈应避免以固定的程式和太结构化的方式来讨论问题。主持人在指南中要围绕访谈的关键主题拟订出一组简要的问题，根据这组问题来引导讨论的全过程。如果主持人发现讨论偏离了主题，就应该将讨论引导到关键性主题上来。主持人既要防止个别群体成员左右讨论的局势，控制气氛的情形，也要防止出现个别成员互相间私下议论的局面。

第三阶段是要及时地总结群体成员的意见，决定群体全体成员对某种意见的同意程度。座谈会大纲的这一部分应当明确：从哪些方面或者如何总结群体成员的意见，如何衡量群体成员的总体态度等。访谈主持人所面临的困难之处在于，既要保证讨论不偏离主题，在出现偏离时把讨论引导到主题上来，又要尽量减少对讨论的具体内容和结论的影响。所以，在访谈临近结束时，主持人需要根据记录对整个访谈过程进行总结，并确认获得了群体成员的认可。

在百货商店顾客调查项目中，主题确定并形成一份详细的提纲之后，就开始招募参与者并执行焦点小组座谈。在访谈中，主持人必须：①与小组和睦相处；②说明小组成员互动的规则；③确定主题或目标；④探究研究对象并引导在相关领域深入讨论；⑤试图概括小组意见取得一致的程度。

调研快照 3－5

百货商店顾客座谈会大纲

态度理论中得出的 18 项信息要求可作为主持人座谈会提纲的基础。这个例子给每一项信息要求提出了具体问题。

1. 态度类别的定义。“那里有什么样的百货商店？”
2. 品牌认知。“你熟悉哪些百货商店？”
3. 态度的评价。“哪一家百货商店最好，哪一家最差，为什么？”
4. 情境。“你会在何时、何地以及如何购买日用百货？”
5. 情境及其他相关因素的权重。“在百货商店买礼物时，什么因素最重要？”
6. 各种情境下对每个态度的评价。“你愿意去哪家百货商店买礼物，为什么？”
7. 每种情境下态度的属性。“当你想买东西时，会想到百货商店的哪些属性？”
8. 属性间的联系。“如果一个百货商店有自由退货的政策，它是否会提供更高质量的产品？”
9. 属性的维度、水平和范围。“当你说要买一个高质量的产品时，‘高质量’是指什么？”
10. 满意的最低要求。“你认为购物让人满意的百货商店应具备哪些特征？”
11. 关于在品牌属性、品牌维度和满意的最低要求方面的信念和观点。“打折的百货商店是否好得让你觉得它值得光顾？”

12. 信念和观点可接受的自由度。“如果我说销售人员的质量最终决定百货公司的形象，你是否相信?”

13. 属性的评价。“在你想从百货商店得到的东西中，你愿意为哪一个付更多的钱?”

14. 价值观的确定。“你认为怎样的人才是个好店主?”

15. 价值等级。“你愿做个好店主还是一个有钱人?”

16. 属性和价值观之间关系的显著性。“你说你喜欢一家物有所值的商店，这有什么影响，你的财务状况、你作为店主的声誉，或别的什么?”

17. 与价值观相关的属性显著程度和可接受的范围。“你认为购物的便利多大程度上真正影响你的生活方式?”

18. 价值系统的类别重要性。“你平均每月花多少时间在百货商店?”

资料来源：［美］纳雷希·K·马尔霍特拉著，涂平译：《市场营销研究：应用导向》，电子工业出版社2002年版，第109～110页。

2. 座谈阶段

当一切条件都准备好，所有与会人员都到齐之后，会议就可以开始了。整个座谈会的进程大致按以下步骤进行。

（1）介绍。首先主持人自我介绍，简要说明座谈会的目的，之后让每个与会者简单自我介绍。经过介绍，使与会者之间彼此有所了解，消除陌生感，让会议的气氛先活跃起来。

（2）会议要求说明。自我介绍完毕，接下去的事情就是由主持人宣布会议要求。会议的要求包括：

①每人每次发言不得超过3分钟。

②发言时不得批评其他人，如“您这种说法不对，……”但是欢迎大家补充和发展别人的观点。

③别人发言结束之前，不要插话。如果自己有了想法怕遗忘，可先记录在空卡片上，等别人把话讲完再讲。

事先说明会议要求对于确保会议顺利进行很重要，因为有了明确的要求，与会者通常就会自觉地遵守，即使有人没有遵守，主持人提醒他一下，由于“有言在先”，他们也不会觉得主持人不尊重他。

（3）问题讨论。这是座谈会最关键的阶段，资料就是在这一阶段获得的。在主持人宣布会议要求之后，接下去就是显示问题情境并提出第一个问题，而后让与会者就所提出的问题发表意见和看法。

与会者一个一个发表意见，每人每次发言应该有时间限制，超出时间，主持人可以礼貌地提醒发言者时间已到，让他停止发言。

如果问题提出无人主动发言，主持人也可指名发言。只要有人打开话题，讨论也就容易被激活起来。一般来说，主持人不应该谈论自己对问题的看法，即使是为了诱发与会者也不行。因为主持人的观点会对与会者产生较大的影响，导致研究结果不客观。

主持人可以根据讨论纲要主持会议，但要及时抓住讨论过程中出现的新问题，引导与会者讨论，发表见解。

在整个座谈过程中，与会者的发言都应记录下来，一般是由一两个记录员记录。为了避免遗漏以及方便座谈会之后分析，许多座谈会都安排在装有单向玻璃的会议室进行，并在会议室外将座谈会的全过程录像保存下来。在这种场所举行座谈会，还可以让委托人直接观察座谈会的全过程，了解、感受座谈会的气氛。

最后，在焦点小组座谈结束之前，应有一个简要的总结，内容包括以下三项：

①通过小组座谈得到的最重要的信息。

②未能解决而需要在随后的小组座谈会中涉及的问题。

③为将来的座谈大纲设计提出建议，以获取更有建设性的信息。

（4）撰写座谈报告。通常，当小组座谈结束后，主持人可以当场作汇报总结，有人称作即时分析。对这种传统做法，既有赞成者也有反对者。支持者的主要理由是：即时分析提供了一个即时的讨论氛围，大家对座谈的记忆正处于一种最佳状态，信息损失与失真情况最小。更重要的是，正处于非常活跃与兴奋状态的思维会引发全新的观念和理解。是否作即时分析要根据需要而定，但书面正式的座谈报告是必须认真做好的。

定性研究的一个特点是不能进行总体推断，但它能获得深度的、鲜活的信息，因此小组座谈报告的一个最典型的特点就是原话的归纳整理。针对每一个讨论主题，将被访者的所有意见进行分类总结，同时需要从中得出一些具有高度概括性的结论，以供商家参考。

小组访谈报告通常由三个部分构成：

第一，研究背景、目的、主要内容、小组参与者个人情况简介及甄选过程。

第二，主要结果或发现及建议，通常为 2~3 页的篇幅。

第三，访谈记录资料。分主题将访谈内容进行精心归类，以附录的方式附在报告后面，供详细阅读与查阅。

（四）焦点小组座谈法的优缺点

除了具备定性调研的优缺点外，焦点小组座谈还具有其自身的一些优缺点。

1. **焦点小组座谈法的优点**

（1）焦点小组座谈的参与者之间进行的充分的互动作用，可以激发新的思考和想法。这是一对一的面谈方式所达不到的效果。而且，群体的压力可以使激进者把自己的想法控制得更现实些。

（2）可以在单向镜后观察消费者。事实上，日益普及的焦点小组座谈法使越来越多的商家可以直接接触到消费者的想法和观点。

（3）焦点小组座谈法通常比其他方法更容易执行，而且通过焦点小组座谈法所得的发现更容易让人理解，并能获得最迫切需要的信息以及令人兴奋的信息。

2. **焦点小组座谈法的缺点**

（1）座谈结果并不一定都具有典型性，这其中包括了对典型消费者的选择条件及名额分配是否合理的问题。

（2）群体压力对访谈参与者的约束与限制作用，有时会让其难以充分表达自己的真实想法。

（3）主持人是不能保证做到绝对客观的，有时他的主观性意见会导致不真实的回答。

（4）被访者的个性及表现对结果有比较大的影响。有些参与者个性内向，不喜欢当众发言，而有些参与者又表现欲太强，发言过多，这些都会影响访谈的效果。

三、深度访谈法

（一）深度访谈法的概念

深度访谈法（depth interview）是通过一种无结构的、直接的、个人的访问来收集原始资料的方法。在访谈过程中，由掌握高级访谈技巧的访问员根据预先制定的要求对调研对象进行面对面、一对一的深入访谈，用以揭示调研对象对某一问题的潜在动机、信念、态度和感情等方面的信息。深度访谈法是借鉴于心理学家的访谈原理，采用临床的不定向技术来揭示人隐藏的动机的一种非常行之有效的调研方法。访谈的关键在于在谈话的过程中要不断地追问，不断地思考，再不断地追问，所以称之为“深度的访谈”。

深度访谈法主要用于获取对问题的理解或深层了解的探索性调研，其在市场调研的运用也日益广泛，包括：详细刺探调研对象的想法（如销售商对某种新产品的看法判断）；详细了解调研对象的复杂行为（如消费者选择家用汽车时的想法）；访问专业人员或竞争对手的态度（如访问医生关于某种新药的疗效的看法）；调研的产品比较特殊，会引发某些情绪或者感情色彩强烈的产品；等等。

（二）深度访谈法的优缺点

1. 深度访谈法的优点

（1）相对于小组座谈来说，调研对象消除了群体压力，每个调研对象更愿意表达自己真实的想法。

（2）一对一的交流让调研对象更能感到自己是注意的焦点，自己的意见是被人重视的，是别人真正期望了解的。

（3）个人之间的谈论更容易激发调研对象的思维，一些偶然的思路和发散思维常常能对主要问题提供重要的洞察。

（4）深度访谈有助于调研人员深入获取一些复杂和抽象的问题信息。深度访谈的弹性相当大，有些复杂、抽象的问题调研人员可以通过重复询问、解释，保证调研对象明白问题的真正含义。

（5）一对一的近距离接触使得访问员有较多机会评价所得资料或答案的可信度。访问员可以根据调研对象的各种表现，包括行动、表情等，分辨他们的回答是真是假。

2. 深度访谈法的缺点

（1）深度访谈占用的时间和所花费的经费都比较多。

（2）由于深度访谈的无结构性使得调研质量在很大程度上取决于调研人员能力的高低。然而，寻找或培训优秀的调研人员并非一件容易的事情。

（3）深度访谈后得到的资料常常难以整理和解释，经常需要熟练的心理学家的服务才能解决问题。

（4）深度访谈不能达到像小组访谈那样的客户参与水平。如果调研人员的主要目的是让客户观察调研全过程，从而让他们获得第二手的信息，那么让大多数客户连续坐上好几个小时监听一个深度访谈是难以做到的。

（三）深度访谈法和焦点小组座谈法的比较

根据以上对焦点小组座谈和深度访谈法的介绍，可以看到它们在操作步骤、组织形式上都不太一样，但是它们最主要的区别还是在于两者的适用范围。焦点小组座谈法的适用范围比深度访谈法要广得多，它适用于大多数的定性调研。虽然理论上深度访谈法也适合于所有的定性调研，但是由于受到时间、金钱、人力等条件的限制，通常只有在不便于使用焦点小组座谈法的情况下才会使用深度访谈法。这些情况包括：调研对象是特殊人群，比如高收入阶层、特殊职业人群等；访谈的内容不便于公开讨论，比如行业竞争的情况、敏感话题、较多涉及隐私的内容等；地理区域的限制，调研对象难以被聚集到同一地点等情况。

四、投射法

（一）投射法的概念

焦点小组座谈会和深度访谈都是直接法，即调查的目的要向受访者暴露或要表现得很明显。投射法则不同，是要隐蔽调查目的的。投射法（projective techniques）是非结构化的，以间接方式进行提问，鼓励调查对象反映他们对于所关心的主题的潜在的动机、信仰、态度或者感受。在投射法中，调查对象要求解释别人的行为而不是描述自己的行为。在解释别人的行为中，调查对象间接地反映了在此情景下他们自己的动机、信仰、态度或者感受。这样，通过分析调查对象对于有意非结构化的、模糊的、不明确的情节的回答来揭示他们的态度。

（二）投射法的类型

在市场调研中最常用的投射法主要有：词语联想法、句子和故事完成法、照片归类法、消费者绘图法、叙述故事法等。

1. 词语联想法

词语联想法即通过让受试者听词语或看词语，然后说出由此在脑海中出现的事物，其中，第一联想到的东西往往最重要。在市场研究中，词语联想法多用于品牌形象测试、新品牌命名、产品需求定位、名称/概念测试等研究。词语联想法示例见图3－6。

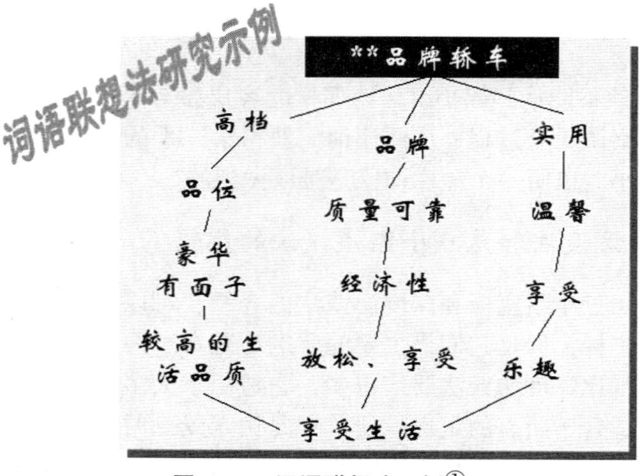

图3－6 词语联想法示例[1]

① 北京环亚市场研究社，http：//www.pamri.com，2009－8－25。

某公司用词语联想测试帮助决定一个新产品的名字，名字的范围已被缩小至如下四个选项：芒果、热带水果、橙光或天堂激情。然后他们邀请大学生来为这些产品名称作一个词语联想测试。每一个产品名字所联系的词语详见表3－3。

表3－3 对不同品牌名和水果汁饮料的词语联想测试

可能的商标名	所联系的词语
芒果	绿色、酸、丛林
热带水果	果汁、甜、岛
橙光	亮、起泡、凉爽
天堂激情	洪亮、厚浊、沉重

哪一种品牌名可被联系到一种新鲜饮料？看来“天堂激情”不可能，而“热带水果”更像一种早餐饮用的果汁。“芒果”可能是合格的，但“橙光”无疑比其他更容易使学生们想到一种冒泡的饮料。

2. 句子和故事完成法

在句子与故事完成法中，调研对象通常会拿到一组残缺的句子或一段不完整的故事，然后将其补充完整。然后，调研者审查这些句子，确认其中存在的想法或观点。被访问者可能会在他们的回答中表明一些他们的想法。在市场研究中，此类方法多用于用户特征分析、产品需求定位、产品市场定位、用户态度测试、广告效果评估、品牌形象定位等研究。句子和故事完成法示例见图3－7。

例如，假设立顿茶有兴趣将它的市场扩至13～19岁的青少年。一个调研者可以召集一些高中生并指导他们完成下列句子。

（1）喝热茶的人是______________________________。

（2）茶在______________________________时是一种好饮料。

（3）泡制热茶是______________________________。

（4）我的朋友们认为茶是______________________________。

调研者将研究被访问者的答案，并尝试从中归纳出中心观点。例如，从第一句中归纳出的观点可能是“健康”，则可能表明茶会被注重健康的人士所接受。若第二句的观点是“热”，则表明茶是一种在天气寒冷时被易于接受的饮料。若第三句反映出的是“混乱”，则意味着学生们更倾向于使用袋泡茶。若最后一句话所反映的是“令人满意的”，则暗示着对高中生来说，没有外界压力迫使他们避免饮茶。在获知这些信息后，立顿茶可能会推断出存在着向13～19岁的青少年提供热饮茶的市场。

句子与故事完成法经常和词语联想法连用，两者的区别在于：句子与故事完成法偏向于了解调研对象生活空间和行动范围；而词语联想法则着重于测试受访者情感、态度及注意的范围或对象等。

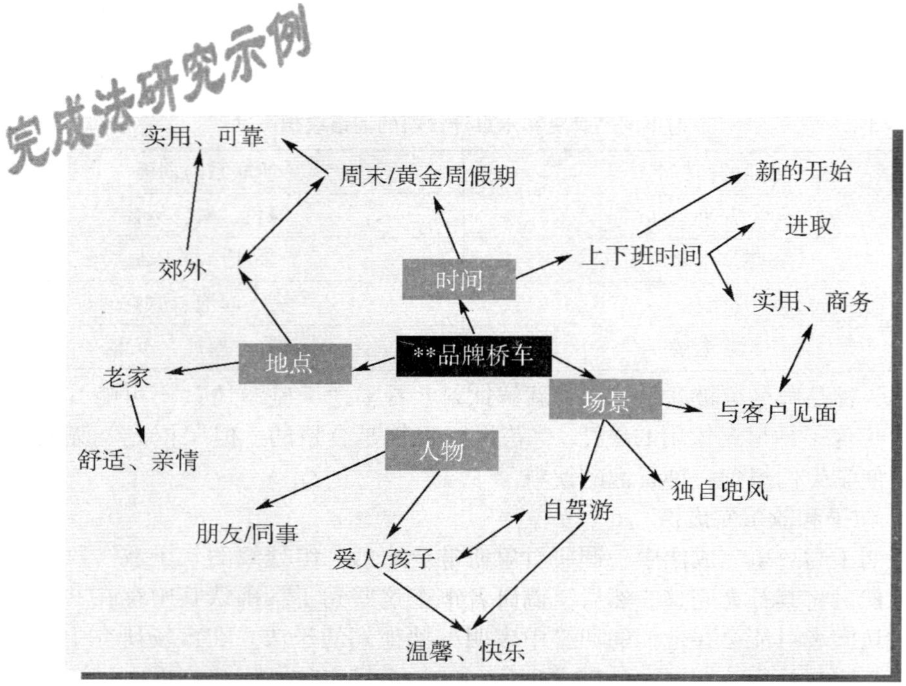

图3-7　句子和故事完成法示例①

3. 照片归类法

这种方法让被访者从提供的很多图片或形容词中挑选出与所要描述的事物相匹配的那些，多用于竞争对手分析、品牌形象定位、广告效果评估、产品市场定位等研究。

美国最大的广告代理商环球 BBDO 公司（BBDO Worldwide）开发的照片归类法（Photosort）就是归类法投射技术的一个很好的例子。给被访者提供一组表现不同类型人群的照片，如白领、工人、大学生等，让被访者将照片与他所认为的这个人应该使用的品牌放在一起。对通用电器公司的照片归类调查发现，被访者认为这个品牌吸引的是年长而保守的商界人士，为了改变这种形象，通用电气公司进行了一次“为生活增添光彩”的宣传促销活动。另一次为 Visa 信用卡所做的照片归类调查发现在被访者心目中 Visa 卡的形象是健康、女性、中庸，于是公司开展了名为“随心所欲”的针对高收入的男性市场的宣传促销活动。

① 北京环亚市场研究社，http：//www. pamri. com/，2009-8-25。

4. **消费者绘图法**

消费者绘图法是让调研对象画出他们的感受，或是对某一事物的感知，有时消费者画的图形可以揭示消费动机，表达消费者的理解。

5. **叙述故事法**

叙述故事法就是让消费者讲述他们自己的故事，从中洞察一些微妙的消费者行为。通常调研人员会先让消费者花几周时间考虑如何形象地描述他们对某一品牌的感受，要求他们从杂志上剪下任何能反映这种感受的图片，然后消费者聚集到测试室中，用几个小时的时间用故事的形式来讲述他们所选择的图片以及图片间的相互关系。

第三节 原始资料的收集——定量调研方法

在市场研究领域中还有一种原始资料收集方法，那就是定量调研方法。定量调研法通常是通过一个庞大的样本量和正规化的程序来收集数据。定量调研法的目的是十分特殊的，通常只有当调研人员想获取较精确的信息时才采用此方法。该方法的特点就是数据的来源十分清楚和确定，同时，其编辑和分析等遵循已确定的程序。市场调研中定量的原始资料主要是通过调查法、观察法、实验法这三种方法来收集的。其中，调查法是在市场营销研究领域中为进行数据收集使用最广泛的方法。

一、调查法

调查法又简称访问法或询问法，是通过观察被调查对象对有关问题的直接反应来获得资料的方法。它是市场研究中最经常使用的方法。

调查法可分为访问法和非访问法两大类。使用访问法时访问员与受访者有语言交流，而使用非访问法则一般没有语言交流，即使有，也不是获取信息的主要手段。访问法包括入户访问、拦截访问（也称街头访问）和电话访问等。非访问法包括邮寄问卷调查、置留问卷调查和网络调查。本节着重介绍几种方法。

（一）入户访问

入户访问即访问员挨家挨户访问受访者，访问地点在受访者家中。访问时，访问员必须严格按照问卷要求依顺序一一询问受访者，在受访者作答之后把受访者的回答一一记录下来。受访者作答范围是有限制的，多数情况下只能在访问员提供的答案中进行选择。在我国的市场调查中，入户访问是被广泛运用的方法之一。

1. 入户访问的实施过程

调查法中除了邮寄问卷调查之外，其他几种方法在实施时，首先都要培训访问员，给每个访问员指派任务，访问员的访问地点、访问人数、访问对象等问题都要具体说明以及给他们分发问卷、文具和礼品等。

入户访问从寻找受访者开始。在寻找受访户时，常会发生找不到受访户的现象。原因之一是地址不详；原因之二是受访户搬迁；原因之三是访问时机不合适。如果是地址不详，访问员要跟抽样人员进一步核实；如果是搬迁，只好按要求寻找替代样本；如果是访问时间不合适，访问员要另找时间访问，在不同时间访问三次之后仍然找不到，再找替代样本。

找到受访户之后，访问员就要想方设法登门。登门既有客观的障碍（如层层的防盗门）也有主观的障碍（有些受访者不愿接受调查访问）。访问员在登门的时候一定要注意耐心和介绍说明。个别受访户的确不能当场接受访问，访问员可以跟他们另约一个时间。

登门成功，访问员接下来就要根据抽样要求抽取家中的受访者。有时被抽到的受访者会要求由家中其他成员替代接受访问，这样做会影响调查结果，访问员应该委婉拒绝，坚持原则。一般来说，一个已经同意接受访问的家庭，只要访问员耐心地说服，他们会同意按要求接受访问。在这种情况下，访问员对原则的坚持相当重要，在访问员培训时要特别强调这一点。

当受访者同意接受访问时，访问员就依照问卷的题目次序或培训时的要求进行询问并相应记录。在访问过程中，有时访问员会被要求自己填答，一般来说，这是不允许的，因为受访者自行填答会影响调查结果。

受访者回答完所有问题，访问员要当场检查答案，看有无遗漏，发现问题及时解决。

访问结束，访问员要向受访者以及受访户中的其他人致谢，赠送礼品或礼金。

2. 入户访问的注意事项

在访问之前，访问员要注意带好各种材料，包括以下各项。

（1）访问对象资料，包括：受访者的人数、受访者的地址、户内受访者的抽样表等。

（2）问卷：携带的问卷数目要大于受访者数目，以作为备用。

（3）记录工具：笔和笔记本等。

（4）交通地图：确保顺利找到受访者。

（5）介绍信或证明访问员身份的证件。

（6）给受访者的礼品或礼金。

（7）访问所需的差旅、食宿等费用。

在访问过程中要特别注意的问题有：

（1）不能轻易地放弃一个受访户。不愿意受陌生人打扰的家庭越来越多，如果访问员轻易放弃，样本的代表性就会受到影响。

（2）严格按要求询问，受访者不理解题意时，可以重复提问，但不能自作解释。

（3）避免受访者回头更换答案。

（4）开放性题目的记录，要尽量用受访者的措词，而不要用访问员自己的措词。

（5）不要暗示或提示答案，同时防止其他在场者提示。

（6）如果受访者的回答偏离询问话题，要巧妙地将话题拉回，但不能伤害受访者的自尊。

（7）未经许可，不可让受访者自己填写答案，否则就变成置留问卷调查了。

3. 入户访问的优缺点

（1）入户访问的优点。①访问员容易建立与受访者之间的信任和合作关系，一些敏感问题也容易进行询问；复杂的问卷也能够保证有效问卷的回收率。

②访问员可以使用其他辅助工具，如制作好的图片或答案卡片等。

③可以避免有意漏答题目的现象。

④减少受访者因不理解题意而随意作答。

⑤访问员可以在询问过程中观察受访者的表情、姿态等非语言行为，借此来判断受访者答案的真实性。

（2）入户访问的缺点。①费用大。实地访问要求访问员一一询问受访者，这需要付出大量的人力和时间，费用比较大。

②访问过程控制较为困难。访问员分散作业，要检查他们是否尽责，有无欺骗行为比较困难。

③询问偏见。入户访问是由访问员按问卷的题目一一询问受访者，访问员的询问态度或语气难免影响受访调查者，容易出现询问偏见。

（二）拦截访问

拦截访问，也叫街头访问，指访问员在拦截地点拦住受访者进行访问。拦截访问通常在调查对象具有一定特殊性或总体抽样框架难以建立的情况下采用。

1. 拦截访问的基本过程

首先是抽样，即由访问员对出现在拦截地点的人进行抽样。拦截访问的抽样方法通常是任意抽样或判断抽样，有时也采用等距抽样。其次是拦截，即访问员上前拦住目标受访者，向他们介绍自己的身份，说明调查的目的或意图，尽量争取他们的配合和支持。目标受访者同意接受访问，访问员就可以按照问卷要求进行询问。

访问时，受访者有时会要求自己填写答案，是否可行访问员不能自己主观作决定，必须严格按要求执行。研究者在制定访问规则时要充分考虑这一情况，以免这种情况影响调查的准确性。询问完毕，访问员应当面致谢并赠送礼品或礼金。

拦截访问与入户访问基本相似，不同的是：①入户访问的受访者只能从事先确定的受访问户中抽取，比较确定；而拦截访问的受访者是在访问现场抽取，具有一定偶然性。②入户访问的访问地点是在受访者家中，而拦截访问是在户外。

2. 拦截访问的注意事项

由于拦截访问与入户访问有相似之处，所以访问员在访问过程中也要遵循入户访问的规则和要求，比方如何介绍说明、访问过程如何控制等。拦截访问也有自己的独特性，因此在拦截访问时要特别注意以下几个方面：

问卷设计上，第一，应尽可能简短，保证访问过程不超出受访者的承受意愿。受访者通常是站着回答问题的，时间长了容易疲劳而拒绝访问；受访者通常“有事”，时间长了会耽误人家的“正事”。第二，问题不能涉及隐私等难以回答的问题，拦截访问是在大庭广众之下进行的，这样的问题容易遭到拒绝。

访问过程中应当要求访问员注意两个问题：第一，避免在场的其他人包括受访者的同伴影响受访者作答。第二，检查受访者是否是合适的调查对象。公众的场合有时会碰到一些热心或喜欢自我表现的人，他们会主动要求接受访问，此时访问员要注意甄别，如果不合适，要婉言拒绝。

在访问质量的控制上，要加强对访问员的现场监督。由于拦截访问难以通过回访来判断访问员的可靠性，所以只能通过加强调查现场的监督来减少个别访问员不负责任而带来的各种问题。

3. 拦截访问的优缺点

（1）拦截访问的优点。

①费用比较节省。由于访问时间地点比较集中，对调查对象的要求也不那么严格，可以节省每个样本的访问费用。

②避免入户的困难。入户访问中访问员容易受到入门难的困扰，拦截访问不存在这一问题。

③便于对访问员的监控。拦截访问的时间、地点通常比较集中，而且是研究者事先确定的，访问员必须在指定的地点完成访问工作。所以指派督导员在现场监督访问员的工作比较可行。

（2）拦截访问的缺点。

①不适合随机化的抽样调查。因为调查对象在调查地点的出现带有偶然性。

②被访问对象的拒绝率比较高。因为调查对象有充足的理由拒绝访问。

③不适合较长的问卷调查。

④不适合复杂或不能公开问题的调查。

（三）电话访问

电话访问是调查者通过查找电话号码簿用电话向受访者进行访问，以收集市场调查资料的一种方法。电话访问在西方发达国家使用较多，在我国，企业直接用电话向消费者进行访问调查的还不多，一般是企业之间相互沟通信息。随着市场竞争日益激烈及电话日益普及，电话访问将逐步进入人们的生活中。电话访问分为传统电话访问和计算机辅助电话访问两种形式。

1. 传统电话访问

传统电话访问就是选取受访者的样本，然后拨通电话，询问一系列的问题。调查员（也叫访员）用一份问卷和一张答案纸，在访问过程中用笔随时记下答案。

调查员集中在某个场所或专门的电话访问间，在固定的时间内开始面访工作，现场有督导人员进行管理。

调查员不是经过专门训练的，一般以兼职的大学生为主，或其他一些人员。有些公司由于电话访问项目较多而设有专职的电话访问员。

（1）传统电话访问的程序。

①根据调查目的划分为不同的区域。

②确定各个区域必要的调查的样本单位数。

③编制电话号码本（抽样框）。

④确定各个区域被抽中的电话号码。

⑤确定各个区域的电话访问员。

⑥电话访问一般利用晚上或假日与受访者通电话，获取有关资料。

（2）电话访问的主要优点。

①收集市场调查资料速度快，费用低，可节省大量调查时间和调查经费。

②收集市场调查资料覆盖面广，可以对任何有电话的地区、单位和个人直接进行电话访问调查。

③可以免去受访者的心理压力，易被人接受，尤其有些家庭不欢迎陌生人进入，电话访问可免除心理防范，能畅所欲言，特别对于那些难以见面的某些名人，采用电话访问尤为重要。

（3）电话访问的主要缺点。

①电话访问只限于有电话的地区、单位和个人，电话普及率高才能广泛采用，在通讯条件落后地区，这种方法受到限制。

②电话访问由于不能见到受访者，无法观察到受访者的表情和反应，也无法出示调查说明、图片等背景资料，只能凭听觉得到口头资料，因此，电话访问不能使

问题深入，也无法使用调查的辅助工具。

③对于回答问题的真实性很难作出准确的判断。

电话调查主要应用于民意测验和一些较为简单的市场调查项目。要求询问的项目要少，尽量采用二项选择法提问，时间要短。为了克服电话访问的缺点，调查前可寄一封信或卡片，告知受访者将要进行电话访问的目的和要求，以及奖励办法等。

2. 计算机辅助电话访问（CATI）

计算机辅助电话调查系统（Computer - Assisted Telephone Interviewing System），简称 CATI 系统，也称为电脑辅助电话调查系统，是利用计算机辅助电话调查而开发的调查访问作业系统。

早在 1927 年，柯乐利调查公司（Crossley Survey, Inc.）就在 44 个城市完成了 3 万个电话样本的访问，进行广播收听率的调研。1970 年，CATI 在美国出现，后经过 30 年的发展，许多国家半数以上的访问均通过 CATI 完成，有些国家 CATI 访问量甚至高达 95%。CATI 技术在国外之所以如此流行；一方面得益于电话的高普及率，一方面也是迫于大都市入户访问成功率越来越低的现状。

在中国，直到 1987 年，电话调查才开始在大陆和港台地区被一些专业的调查机构使用，主要用于民意测验和媒体接触率研究。1999 年，四川卫视利用当地的电话网络进行收视覆盖率调查；2000 年春节，央视春节晚会对收视率进行了即时调查。

计算机辅助电话访问是使用一份按计算机设计方法设计的问卷，用电话向受访者进行访问。计算机问卷可以利用大型机、微型机或个人用计算机来设计生成，调查员坐在 CRT 终端（与总控计算机相连的带屏幕和键盘的终端设备）对面，头戴小型耳机式电话。CRT 代替了问卷、答案纸和铅笔。通过计算机拨打所要的号码，电话接通之后，调查员就读出 CRT 屏幕上显示出的问答题并直接将受访者的回答（用号码表示）用键盘记入计算机的记忆库之中。

计算机会系统地指引调查员工作。在 CRT 屏幕上，一个问题只出现一次。计算机会检查答案的适当性和一致性。数据的收集过程是自然的、平稳的，而且访问时间大大缩减，数据质量得到了加强，数据的编码和录入等过程也不再需要。由于回答是直接输入计算机的，关于数据收集和结果的阶段性的和最新的报告几乎可以立刻就得到。

计算机辅助电话访问须在一个中心地点安装 CATI 设备，其软件系统包括 4 个部分：自动随机拨号系统、问卷设计系统、自动访问管理系统、自动数据录入和简单统计系统。

（四）网上调查

网上调查又称为网络调查或网络调研，是指利用互联网从受访者那里获取信息的资料收集方法。20 世纪 90 年代中期以来，我国互联网的发展十分迅速。CNNIC（中国互联网络信息中心）发布的《中国互联网络发展状况统计报告》显示，截止到 2007 年 12 月 31 日，我国网民总人数达到 2.1 亿人，其中，2007 年的新增网民就有 7300 万人，网民人数已接近中国总人口的 1/6。按照工业和信息产业部“十一五”规划，到 2010 年，中国互联网网民数有望达到 2 亿，年均增长 8%，普及率为 15%。互联网的迅速发展客观上为网上调查提供了必要的基础。

1. 网上调查的基本过程

（1）建立抽样框。网上调查的一个关键问题是样本的真实性和代表性问题。如今上网的人很多，但上网的人经常使用假身份。网上调查要设法找到真实身份的网上用户，如果不能确切地了解目标调查者的基本情况，那么调查结果的可靠性就值得怀疑，所以在抽取调查对象之前建立样本框是必要的。许多门户网站都有大量注册用户，这些用户的资料就是网上调查的抽样框。

对于网络调查如何保证样本的质量？这方面态度 8 调查网（www.taidu8.com）进行网上调查的做法是：事先通过不同方式招募与筛选自愿参与市场调查的受访对象，并由此组成在线俱乐部。待执行调查项目时，根据受访者条件要求对这些受访对象进行抽样，抽选到合格的受访者，以短信、电话、邮件等方式邀请他们在线参与调查，即在线可访问样本组调查。为保证可靠的样本来源，在线样本库拥有完善的质量控制体系，从样本和数据两个方面进行监控。以身份证号码、邮箱及 IP/COOKIE、手机号码的校验为主要手段，结合对注册信息的逻辑验证及二次校验形成了完备的在线样本库身份及资料校验机制，贯穿于会员的招募、日常维护以及应用环节，确保了样本库会员的质量。

（2）抽取调查对象。抽样框建立起来之后，抽取调查对象是一件很简单的事。研究者可以根据抽样框中总体的大小以及已知的情况来决定采用简单随机抽样还是分层抽样。

在没有抽样框的条件下，也可以在人流量较大的网站，采用随机自动弹出的方式，对每隔一定数量的网上登录者，在其电脑屏幕上弹出邀请信，邀请他们到特定网址接受调查。

（3）邀请调查对象或发送问卷。对于通过抽样框抽样确定的调查对象，研究者可以通过 E-mail 邀请调查对象，邀请他们在某段时间之内到特定的网址接受调查。如果是电子邮件调查则可直接向调查对象邮寄问卷，让他们选择合适的时间填答。

（4）回收问卷或催促。发出邀请或问卷之后，一方面将寄回的资料汇总，或等待被抽到的调查对象上网填答；另一方面要根据填答的情况向那些尚未上网填答和邮回问卷的调查对象发出催促信。

（5）致谢。

2. 网上调查的形式

网上调查有多种形式，主要包括电子邮件调查、网页调查。

（1）电子邮件调查。电子邮件调查是一种通过电子邮件方式获取信息的资料收集方法，其运作过程如下：先将调查问卷以及调查说明制作成电子邮件发送给目标受访者，要求他们收到邮件之后抽空填答并寄回填答完的问卷。

电子邮件调查与邮寄问卷调查基本相似，不同的是电子邮件调查比邮寄问卷调查的速度更快、费用更省，受访者填答问题和寄回问卷更加方便，但电子邮件也可能在目标受访者接受之前就被当做病毒邮件给删除掉。

（2）网页调查。网页调查是在网站上制作好电子问卷，然后邀请被随机抽到的目标受访者到特定的网站填答问卷。网页调查与电子邮件调查的区别主要在于，前者是在线回答，研究者可以根据受访者的回答进一步提问，并通过逻辑查错及时了解受访者是否认真完成问卷作答。电子邮件调查的受访者在离线的情况下还可以自由选择合适的时间作答，但作答过程、是否出错不能得到及时反馈。

3. 网上调查的优缺点

（1）网上调查的优点。

①调查的空间范围大。网上调查没有时空、地域的限制，任何一个上网者都可以成为调查的对象。

②收集资料的速度快。网上调查的问卷发送、信息采集、统计处理都可以由计算机自动完成，调查的周期短，实效性好。

③成本低。由于节省了问卷印刷、装订及调查人员的费用，故网上调查的费用要相对低很多。

④表现力强。网上调查可以使用图片展示产品的外观，使用视频表现产品的性能，使用声音说明填表的要求，这种视听效果是其他调查方式无法比拟的。

（2）网上调查的缺点。

①样本的选择有一定的局限性。很多消费者不经常上网，即使上网，主动浏览调查问卷的人也很少，这就使样本的代表性受到一定的限制。

②较难吸引受访者参与。网上信息繁多，内容丰富，调查问卷很难让受访者注意到，故常会漏掉那些真正对调查问题感兴趣的人。

③信息失真。网络调查对受访者无限制，任何人都可以随便回答，甚至多次重复填写，故有时会产生大量的无效问卷，影响调查结果的真实性和可靠性。

二、观察法

（一）观察法的概念与种类

观察法（observation research）是指调查者到现场凭自己的视觉、听觉或借助摄录像器材，直接或间接观察和记录正在发生的市场行为或状况，以获取有关信息的一种实地调查法。这种方法主要应用于收集原始资料。其特点是，无须向受访者提问，而是在受访者不知的情形下进行有关的调查；调查者凭自己的直观感觉，从侧面观察、旁听、记录现场发生的事实，以获取所需要的信息。

观察法有多种形式，调查者要根据调查的目标和要求选择恰当的观察方式。

1. 自然观察与模拟观察

自然观察是指在自然的状态下进行的观察，没有任何人为的痕迹，且被调查者没有意识到正被观察。自然观察能准确地反映市场的真实情况，但观察的时间通常较长。模拟观察是指在人为设计的场景中观察被调查者的行为和活动特征。模拟观察可以控制和缩短数据收集的过程和时间，但观察的结果可能与真实状态下的行为有一定偏差。

2. 直接观察和间接观察

直接观察是调查者直接到现场察看调查对象的情况或行为，如通过观察零售商店的货架了解产品对顾客的吸引力。这种观察方法在营销调研中经常使用，并且观察结果的准确性较高。间接观察是调查者通过观察与调查对象直接关联的事物来推断调查对象的情况，如通过观察竞争对手的广告来了解对方的竞争策略和产品优势。

3. 公开观察和非公开观察

公开观察是指被观察者意识到自己正在被观察。这种观察有时会使被调查者的表现和行为不自然，调查结果与实际情况产生偏差。非公开观察是指被观察者没有意识到自己正在被观察，被调查者的表现和行为不受干扰，故观察结果要相对真实和可靠。

4. 结构观察和非结构观察

结构观察是调查者事先要确定观察的范围、内容和程序，以此来实施观察。非结构观察是不限定调查的范围和程序，调查人员可以根据调查目标和要求自己决定观察的内容。非结构观察一般是在试调查或者对调查对象缺乏了解的情况下采用。

5. 人员观察与仪器观察

人员观察是调查人员直接在调查现场观察记录有关内容，并对观察到的现象进行合理的推断。人员观察的成本较高，且观察结果易受调查人员主观因素的影响。

仪器观察是借助录音机、摄像机、监视器、扫描仪等进行调查观察，如通过摄像观察记录顾客对促销广告的反应等。仪器观察前期投入较多，且观察结果还需要调查人员作进一步的分析和推断。

（二）有效使用观察法的条件

要有效地使用观察法，通常要具备三个条件：

首先，所需要的信息必须是能观察到的或者是能从观察到的行为中推断出来的。例如，当调研者想知道为什么某地区的目标消费者更愿意将钱花在外出旅行上，而不是用来购买类似于家用汽车等消费品时，观察调研法并不能为此提供答案。

其次，所要观察的行为应该是重复性的、比较频繁的，或者说，在某方面是可以预测的，这样才能够方便进行观察，否则观察调研法的成本会很高。例如，消费者在超市里对某饮料品牌的购买行为是容易观察的，而消费者对于商场里某高档手表的购买行为是比较难以观察的。

最后，所要观察的行为必须是相对短期的。比如观察消费者购买住房的决策过程可能要花费几周甚至几个月的时间，对这样的行为使用观察调研法是不可行的。

（三）观察法的优缺点

1. 观察法的优点

（1）观察法具有直观性和可靠性。这是观察法最突出的优点。它可以较为客观地搜集到第一手资料，真实地记录调查的事实和反映受访者的行为，调查的结果更加接近实际。

（2）可以避免受访者因误解调查内容而产生的误差。观察法基本上是调查者单向的活动，实施时一般不需要与受访者接触，也不需要双方进行语言沟通。故它能够消除人际交往中各种因素的干扰，避免因问答双方能力差异而导致的偏差。

（3）调查实施简单、容易操作。观察法由于机动灵活，实施简单，故只要选择好合适的时间和地点，可随时进行调查。

2. 观察法的缺点

（1）无法观察事物的原因和所有内在的因素。观察法的最大缺点是只能观察事实发生的经过，而不能说明事物发生的原因，也不能了解被调查者内在心理因素的变化，如因消费者偏好改变而导致的市场变动。

（2）调查的时间较长，成本高。观察法需要派出大量调查员到现场观察，有时需要多次、反复的观察才能取得调查结果，因此调查的周期长，费用支出大，通常只适用于小样本的市场调查。

（3）对调查人员的素质要求较高。观察法要求调查人员要有一定的市场感觉，有较强的观察力、较扎实的营销学知识及熟练的设备操作技能。如调查人员的知识储备不够，或经验、能力不足，会直接影响调查的结果，导致调查失败。

（四）观察法的应用范围

观察法在市场调查中主要应用于以下几个方面。

1. 商店顾客情况观察

这是通过观察顾客的人数、顾客构成，顾客在店内的流动规律及购买行为，为企业合理安排营业时间、改善服务方式提供参考。

2. 消费需求观察

市场上很多商品的消费使用是看得见和摸得着的，如服装、鞋帽、装饰品等，通过观察这些产品的销售和使用情况，有利于企业做好产品的决策。

3. 商店布局与陈列观察

这是通过观察营业现场的布局、商品的陈列、货架的摆放，橱窗和广告的内容等，可以了解和判断企业的经营管理水平，及时提出改进的建议。

4. 商品库存观察

这是通过对库存场所的察看、库存商品的盘点以及进货出货的商品种类、频率的记录，了解商品的分类结构和储存条件，计算库存成本，以利于企业确定合理的采购政策和库存结构。

5. 商店选址观察

这是通过观察店铺附近行人和车辆的流量、流向及观察周围同业店铺的经营情况，为新店铺的选址提供决策参考。

6. 广告观察

这是通过观察广告的投放数量、张贴位置、顾客对广告的注意程度，以及顾客对广告媒体的反馈和反应等，了解广告的吸引力和效果，为企业的广告定位和促销决策提供依据。

7. 神秘购物观察

神秘购物观察是指让调查员扮成消费者到零售商店，观察记录产品的价格、服务及促销手段，以收集市场资料的方法。神秘购物观察在西方营销调研中经常使用，它可以观察企业的经营方式，记录员工的工作态度和行为，鉴别企业的优势和不足，从而有利于企业有针对性地改进营销措施，提高自己的竞争能力。

调研快照 3-6

特许连锁经营中的神秘顾客

特许连锁经营中既可以采用神秘顾客调查，也可以采用顾客满意度调查来检查所存在的问题。比较起来，神秘顾客专业性更强，调查目的性更明确。由于神秘顾客肩负明确的使命，根据亲身经历当场作出评价，所获得的信息会更精确，反映的问题将更深入。

根据目的不同，神秘顾客调研又可以分为两种：查漏式调研和提升式调研。

查漏式调研的目的是发现那些“应该做到却没有做到”的问题。调查组织的重点是做好调查项目的设计，即需要监控的重点在哪里？标准是什么？为了保证调研的效果，调研设计人员需要事先编制好一张神秘顾客调研表，详细规定调研的路线，规定需要观察及询问的项目，规定记录方式和对报告的要求。神秘顾客调研的结果尽量要有数量化的结果，所以，调研表也要规定每个观察与询问问题的满分分值及权重大小。为了保证调查效果，许多连锁经营企业——如肯德基——的神秘顾客并不是随意找人扮演的，而必须事先经过培训，让他们熟知各个工作环节的标准制度，照拟订的“消费计划”进行检查，并按调研表规定的标准进行客观评价。

提升式调研则希望找到“如何更上一层楼”的办法，要求神秘顾客既对经营业务和顾客特性有深入了解，又具有一定的管理经验，所以，需要企业高层亲自或委托专家来实施。

资料来源：黄静等《神秘顾客制度如何设计》，载于《销售与市场》2007（2）下旬刊。

三、实验法

（一）实验法的定义

实验法（experiment）是指在人为控制的条件下，研究人员改变一些因素，然后观察这些因素的变化对其他因素有何影响的一种收集资料的方法。在实验法中，影响其他因素变化的因素被称为解释变量、自变量或者实验变量，而随着自变量而变化的因素叫因变量。实验法的目的就是想要考察自变量对因变量的影响情况。在以实验法为基础的广告调研中，因变量经常是衡量销售情况的一些指标，如总销售量、市场份额等。解释变量或实验变量则是典型的营销组合变量，如价格、广告的数量或产品特点的变化等。

例如，影响购买某种饮料品牌的因素很多，如价格、口感、品牌个性、品牌知名度、广告、促销、包装、服务人员的态度、购买的方便性以及购买者的年龄、职业、经济条件、生活圈子、个性因素等。其中，假设最主要的因素有五个：价格、口感、品牌个性、包装和广告，但如何才能确定每种要素对品牌购买行为的影响程度呢？首先研究人员控制其他几个因素不变，然后改变其中的一个要素如广告，就能够观察到在其他四个要素不变的情况下，广告的变化对该品牌购买行为的影响情况。例如，在一定时间范围内，通过改变广告的发布量，来观察该品牌销售的变化情况，这种资料收集方法就是典型的实验法。

（二）实验法的特点——证明因果关系

实验法的主要特点是，它可以证明一个变量的变化能否引起另一变量的变化。因此，实验法通常又称为因果性调研。在实验法中，要想证明两个变量 x 与 y 之间存在因果关系，即 x 的变化导致了 y 的产生或变化，必须至少符合以下三个条件。

1. 两个变量之间存在相关关系，即 x 与 y 有共同变化的关系

这种相关关系可能是正相关的，也可能是负相关的。例如，广告和销售就是两个正相关的关系，当广告增加时，销售量也会增加；而价格和销售量则是一个负相关的关系，价格上升，销售量就会下降。但是，证明了相关关系还不能证明存在因果关系。相关性只是证明了两个变量之间相互影响、一起变化的关系，但是不能确定是一个变量引起了另一个变量的变化。

2. x 和 y 的发生存在先后的时间关系

为了证明是 x 引起了 y 的变化，必须证明 x 是在 y 之前发生的。例如，为了证明价格变化对销售量产生的影响，必须证明是先有价格变化，然后观察到了销售量变化。

然而，证明了 x 与 y 相关和 x 在 y 之前发生变化，仍然不能肯定 x 是 y 的变化的原因。因为证明变量间的因果关系还需要具备第三个因素——排除其他可能的原因。

3. y 发生的变化并非是 x 以外的其他因素引起的

例如，广告费用增加后，观察到产品的销量也有明显增加，说明两者已经具备了相关关系和适当的时间顺序，但是还不足以证明两者之间具有因果关系，因为销量的增加有可能是由于其他因素而不是广告的增加引起的，比如竞争对手的退出等等。因此，只有证明 y 的变化和 x 之外的因素没有关系，或者其他因素没有变化，才能真正证明 x 和 y 存在因果关系，这也是实验法操作过程中需要注意的问题。实验法的作用就是控制其他影响因素，而验证 x 和 y 之间的因果关系。

（三）实验法的优缺点及应用

1. 实验法的主要优点

（1）实验调查法是在一种真实的或模拟真实环境下的具体的调查方法，因而调查结果具有较强的客观性和实用性。

（2）实验调查可以主动地进行实验控制，以及较为准确地观察和分析某些现象之间的因果关系及其相互影响。

（3）可以探索在特定的环境中不明确的市场关系或行动方案。

（4）实验结果具有较强的说服力，可以帮助决定行动的取舍。

2. 实验法的主要缺点

（1）时间长、费用高。由于影响实验变量的因素是多种多样的，要想比较准确地掌握实验变量与有关因素之间的关系，需要做多组实验，并进行数据处理、分析和检验。

（2）具有一定的局限性。实验法只能识别实验变量与有关因素之间的关系，而不能解释众多因素的影响，不能分析过去或未来的情况。

（3）具有一定的时间限制。实验变量与有关因素的关系会由于其他多种干扰因素的变化而发生变化，因此，实验结果用于实际推广必须有一定的时间约束。

实验法在市场研究中，主要应用在产品测试、包装测试、价格测试、广告测试、销售测试等方面。但在应用时，应注意必须明确试验的目的，所选择的实验变量或指标对所研究的问题必须能提供重要的信息，必须选择好可控因子及其不同的状态或水平，必须优化实验方案设计，认真监视实验过程，做好实验数据的记录、处理和综合分析。

【本章小结】

市场研究收集的资料可以分为原始资料与二手资料。针对二手资料和原始资料的不同分类，市场研究资料的收集就会有很多不同的方法。二手资料的收集方法，根据资料来源不同，可分为内部资料和外部资料；根据资料获得方式不同，可分为购买获得和查阅获得。对于原始资料的收集，根据资料的量化特征可以分为定性调研方法和定量调研方法。

定性调研方法主要是指这样一类研究方法：选择有限的样本代表，重点在于了解、探究受访者关于对事物的深层次的看法、态度和意见。定性调研方法主要有焦点小组座谈法、深度访谈法和投射法三种。其中投射法还可以分为词语联想法、句子和故事完成法、照片归类法、消费者绘图法、叙述故事法等。

定量调研方法主要有调查法、观察法、实验法。调查法可分为访问法和非访问法两大类。访问法包括入户访问、拦截访问（也称街头访问）和电话访问等。非访问法包括邮寄问卷调查、置留问卷调查和网上调查。实验法主要用于探讨现象之间的因果关系，如包装对产品销量的影响，广告对品牌的态度、品牌偏好的影响等。

【延伸阅读】

手机网络消费焦点小组访谈大纲①

一、预备谈话（5 分钟）（主持人）

1. 欢迎词、熟悉参与人员

（1）欢迎词、参加人员简单介绍和目的说明。

（2）对访谈小组的说明。

（3）录音的说明——因为我只能专心地听你们的谈话，所以只能以这种方式来记录下最珍贵的原始资料，珍重你们的意见，确保没有被歪曲和误解。

2. 小组访谈规则说明

（1）没有正确与错误的答案——只有你的宝贵意见。你是代表许多和你一样的人发表看法。

（2）各抒己见，尽可能地发表你对其一个问题的看法、意见，有些不知道的也无所谓。

（3）只发言和补充，不反对——每个人只针对某个问题发表你自己的看法或补充他人的看法，但不反对他人的看法。

（4）每个人尽可能发言——我们需要知道所有人的意见，请每个人都能表达你的想法和提出你的意见、建议。

3. 特别强调

（1）请注意：为了不漏掉每个人的宝贵意见，在发言时，请一个一个地讲。

（2）在某个人发言时，希望其他的嘉宾认真听，并随时准备补充你的意见，不要进行个别讨论。

（3）为了更集中地讨论几个主要的话题，我有可能会冒昧地打断你的谈话，请多包涵！

（4）还有什么不清楚的问题吗？

4. 分发背景资料填写卡，请嘉宾填上其相关的背景资料

资料卡预先按座位进行编号，发言时，称“请第几号”嘉宾发言。

---

① 李奇云：《广告市场调研》，四川大学出版社 2004 年版，第 43 ~ 46 页。

二、有关品牌的认识和选择（约20分钟）

请各位谈谈你自己和你所了解的当地消费者在手机入网方面的一些情况。

（1）请回忆一下，当时你自己在选择手机入网时，是怎样选择了130或135～139的？选择的依据是什么？是名气、通话费的高低、服务的好坏还是其他的原因？还有吗？你认为目前中国移动与中国联通在名气、通话费、服务方面做得好的、不足的和严重不足的地方有哪些？

（2）就目前你所了解的情况而言，你身边的家人、熟人、同事是怎样选择中国联通和中国移动的？选择的依据是什么？他们对中国联通和中国移动服务满意和意见较大的地方是什么？还有其他吗？

（3）如果你换网，主要是由于什么原因？你觉得目前联通哪些不好的方面会导致人们换网，从而导致顾客的流失？

（4）你认为联通目前给你的主要印象是什么？最好的和最不好的什么？

（5）你认为联通公司为了给消费者更好的印象，尽可能地争取消者使用联通提供的服务，同时尽可能地让现有的消费者满意，其在品牌方面还应当做些什么？

三、有关手机业务的使用及反馈意见（约20分钟）

（1）请谈谈你目前所了解的联通提供的业务情况。有哪些业务？你对哪些比较感兴趣？你还需要哪些业务？

（2）你认为，中国联通和中国移动在业务开展方面各具有什么优势和不足？

（3）你认为，联通在提供业务方面还应当在哪些方面多做工作？

（4）就你所知，一般消费者常使用的主要是哪些业务？除目前已提供的业务外，还应当再提供哪些业务？

四、有关联通服务方面的意见、建议（约30分钟）

下面请谈谈联通提供的服务方面的一些情况：

（1）业务、话费等方面的咨询是否方便？喜欢通过什么方式进行咨询？自动台好打吗？人工服务态度好吗？在咨询服务方面联通还存在哪些问题？

（2）缴费方面的问题。如缴费是否方便？在当地有哪些地方可以缴费？在营业厅、银行、代理点缴费时，常碰到哪些问题？消费者比较喜欢在哪些地方缴费？你认为联通在缴费服务方面还应当着重解决哪些相关问题？

（3）有关话费查询方面的问题。查话费方便吗？要求打印话单吗？联通在提供话单服务方面存在哪些不足？哪些方面做得比较好？

（4）在有关咨询、查询方面，联通存在哪些主要问题？

（5）在投诉的处理方面，消费者对联通抱怨或不满的地方主要有哪些？

五、结束语（3 分钟）（略）

【思考与练习】

一、简述题

1. 比较原始资料与二手资料的特点，并说明如何评价二手资料。
2. 说明定性调研法与定量调研法的主要区别，实际调研中为什么要二者相结合？
3. 比较焦点小组座谈会与深度访谈法的优缺点，说明它们各适用于什么条件。
4. 比较观察法与电话调查法的优缺点，并说明每一种方法适用的情形。
5. 说明网上调查法可以采用的形式，如何才能保证网上调查信息的真实性？
6. 什么是投射技术？说明市场研究中最常用的心理投射技术有哪些？

二、技能题

1. 说明获得下列二手资料的最佳来源各是什么？

（1）某市居民家用汽车的拥有情况。

（2）某市十强企业的产品进出口情况。

（3）某市经济型酒店的经营情况。

2. 某公司计划组织一次关于消费者对当地牙膏市场的态度、意见和偏好的焦点小组访谈。具体说明焦点小组访谈的目标，并写出访谈提纲。

3. 你所在的大学正在考虑请一家建筑公司在校园内建一综合建筑。为了节省开支，建筑公司决定每四个单元设置一个厨房。这个厨房中将会有炉灶、燃气、微波炉、蔬菜处理机，以及每个单元分开的独立的冰箱。每个单元可住两名学生。你要通过焦点（小组）访谈形式了解一下学生对此方案的看法，以及是否有好的建议。如果你是讨论的主持人，请列出你的小组座谈提纲。

三、说明题

1. JWRLS 公司想知道大众对酒精饮品的消费量。然而，该公司经理认为苏格兰威士忌的销售一直与众不同，相对啤酒、葡萄酒来说都要小，甚至也不如一些烈性酒，如伏特加。选择两种投射技术，首先解释为何选这两种方式，然后，描述一下你将如何用这两种方法来进行这个项目的研究。

2. 请谈谈作为一名焦点（小组）讨论主持人该如何解决以下问题：

（1）参与者很积极并且要控制讨论气氛。

（2）一名参与者感冒了，每几分钟就要咳嗽一次。

（3）两名参与者是熟人，因而在谈一些关于孩子、家庭和个人的事。

（4）那名唯一的未成年的参与者看上去与其他人格格不入，未能发表任何意见。

四、分析题

1. 张明是一家管理咨询公司的资深职员。公司最近接受一家国际性快餐零售集团委托，需要开展一项二手资料的案头调研，目的是收集和分析能够对于该集团所属的自营零售机构和各地加盟商的业绩进行评价和监控，并能识别问题和机会的有关资料。公司决定由张明负责实施这一项目。你认为张明应该从哪些渠道、收集哪些二手资料来着手这一调研项目？

2. 王健是某市户外活动器材的经销商。近几年来，随着户外活动的发展，越来越多的人参加了各种各样的户外活动。但是，由于某些户外活动缺乏有效的组织和计划，导致人员伤亡，对户外活动的发展造成了一定的负面影响。同时，迅速涌现的越来越多的户外活动器材店导致了同业竞争。王健准备开展一项“人们对户外活动的需求、态度和偏好”的市场调研，以便把握市场需求，同时，在此基础上实施市场细分，并对本公司进行合理的定位。但是作为第二步，王健需要收集正确可靠的第一手资料。请帮助王健拟订第一手资料的收集计划，并说明计划的实施要点。

五、案例题

雅芳化妆品①

在化妆品行业里需要回答的消费者的一些重要问题包括：

- 女人购买化妆品是为了补妆还是增妆？
- 就化妆品而言，女人有没有不同的需求和需要？
- 什么样的广告最有效？
- 在购买和使用化妆品时是否存在幻想的成分？

妇女化妆品广告中显示的魅力经常是以有吸引力的名人或漂亮的年轻人面部为特色，尽管如此，雅芳的广告代理商断言，这不是妇女想看的。雅芳的营销沟通经理认为，真正的美来自内在，并且公司也致力于在广告战略中把这个理念反映出来。

---

① Nicholas, R (1994) Avon ads praise the real woman, Marketing, 27 January, 6.

为了使它的形象具有现代品位，雅芳在广告中拓展了两个重要主题。首先，它想表明它提供的产品是为了真正的女人；其次，它想表明对女性友好天性的感激，毕竟，雅芳16万个销售代表中的大多数向朋友销售了她们的大部分产品。

雅芳的目标顾客基本是25～50岁的妇女，定位在中端市场。它的主要竞争对手是Boots和Body Shop。

雅芳的发展是本小说：它挑战关于女人魅力的传统观念。引用雅芳代理经营合作者的话：广告在与化妆产品相关的形象上开拓了道路，特别是，“消除妇女感到不足的感觉”，他认为化妆品不是隐藏不足，而是使女人变得更好。

为了把“女人之间的友谊”和“真正的女人”概念融入广告，雅芳在它的一个广告中描述了两个朋友在谈论一种新的、充满浪漫的、湿润的最适合接吻的口红。在另一个广告中，以一个沮丧的年轻母亲为主角，她看着她的孩子第一次离家去学校。在后一个广告中，一个朋友递给她防水的睫毛油。“友谊”和“真诚”也是新闻广告的着重点，广告以真挚的朋友为主角，互相交谈。在雅芳一系列的广告中，演员的形象都是“真正的女人”。

问题：你认为在这个例子中用了哪种定性研究方法？

【项目化实训】

讨论课Ⅱ：访谈模拟

任务布置时间：第四周　　　　**讨论课时间**：第五周

目的：通过本次讨论，使学生进一步掌握二手资料收集的方法，学会撰写小组座谈会提纲，模拟焦点（小组）座谈，课后撰写焦点（小组）访谈总结报告，练习原始资料收集的方法。

课前要求：

本次讨论课前学生要完成以下作业——撰写小组座谈会大纲

各组按照选择的市场研究题目，撰写小组座谈会大纲。要求大纲符合逻辑，注意座谈会大纲的结构，每个部分标出使用时间，使用技巧；可以参照上面延伸阅读中“手机网络消费焦点小组访谈大纲”及以下“大学生信用卡观念焦点小组访谈提纲”的写作格式和方法。

在本次讨论课前两天网上提交小组座谈会大纲，讨论课上各组提交大纲打印稿，要求宋体小四号字，1.25倍行距，A4纸打印，注意排版。

讨论的主要内容：

1. 模拟焦点小组座谈会，依照座谈会大纲对小组的营销调研项目进行访谈，收集第一手的资料。

2. 各组在老师的指导下，针对调研项目进一步讨论二手资料收集的途径和方法。

课后作业：

课后小组组织撰写座谈会总结报告，对座谈会讨论结果进行系统分析和总结性评价。

报告开头通常是解释调研目的，申明所调查的主题，并提出建议，描述小组参与者的个人情况，并说明征选参与者的过程。接着总结调研发现，并提出建议，通常为 2～3 页篇幅。如果对焦点小组成员交谈的内容经过了精心的归类，那么撰写报告的主体部分就很容易了。先列出第一个主题，然后总结对这一主题的主要观点，最后使用小组成员的真实记录（逐字逐句的记录）进一步阐明这些主要观点，整个报告以同样的方式一一总结所有主题。

焦点（小组）访谈是定量分析的一个开始。也就是说，通过焦点（小组）访谈往往可以获得对某项调研项目的概貌，便于以后获得更有代表性的样本和最大标准化的信息，为下一步更深入的调研（如撰写问卷，进行大样本的定量研究）奠定基础。

附：大学生信用卡观念焦点小组访谈提纲①

Ⅰ. 主持人解释焦点小组访谈法及其规则（10～12 分钟）

A. 解释焦点小组访谈法

B. 没有正确答案——只要说出你自己的观点。你是为其他和你一样的人说话。

C. 要倾听别人的发言。

D. 我的一些同事在镜子后观察。他们对你的观点非常感兴趣。

E. 自动录音——因为我想全神贯注听你们的发言，所以没有办法记笔记，还有录像。

F. 请一个一个地发言——否则我担心会漏掉一些重要的观点。

G. 不要向我提问，因为我所知道的和我的想法并不重要——你们的想法和感受才是最重要的。我们为此才聚在一起。

H. 如果你对我们将要讨论的一些话题了解得不多，也不要觉得难过——这对我们来说也是重要的。不要怕与别人不同。我们并不是要求所有人都持有同样的观念，除非他们真的这么想。

---

① 资料来源：曾振华、李翔、胡国华、丁业银编著：《市场调查——基本方法与应用》，暨南大学出版社 2006 年版，第 128～130 页。

I. 我们要讨论一系列话题，所以我会不断地将讨论推进到下一个话题，请不要把这些当成是冒犯。

J. 还有问题吗？

Ⅱ. 信用卡的历史。我对你们对信用卡的态度和使用信用卡的情况很感兴趣（15 分钟）

A. 有多少种主要的信用卡？你使用什么信用卡？你是什么时候拥有这些卡的？

B. 你为什么要得到这些信用卡？你又是如何得到的？

C. 你最常用的是什么信用卡？为什么经常使用它？你常使用信用卡的目的是什么？

D. 大学生申请信用卡是不是很难？是否有些信用卡比较容易得到？如果有，是什么卡？大学生是否很难得到一张“好”信用卡或者“合意”的信用卡？

E. 你目前对信用卡及其使用态度如何？当你拥有一张信用卡后，你的态度是否有所改变？如何改变的？

Ⅲ. 平面广告设计（25 分钟）

现在我将向你们出示几种信用卡平面广告设计，它们将会出现在校园中学生比较集中的地方，比如学生俱乐部和学生活动中心。每一种展示广告都代表不同产品和服务的若干展示广告中的一种。我想知道你们对不同展示广告的反应。我每出示一种，希望你们写下对它的第一反应。我想知道的是你们的第一反应。在用 1 分钟时间写下你们的反应之后，我们更为详细地讨论每一种设计。

A. 出示第一种广告。

1. 让他们记下自己的第一反应。

2. 讨论。

a 你对广告设计的第一反应是什么？你喜欢该设计的什么地方？不喜欢的是什么？任何的，只要有。

b 你会停下来仔细阅读吗？你会被它吸引吗？为什么会？为什么不会？它有什么吸引人的地方？任何答案都可以，只要有。

c 你是如何看待环保和教育促销的？喜欢还是不喜欢？

B. （重复）出示第二种广告，并重复上述问题。

C. 重复第三种广告。

D. 出示所有的广告设计。

①在这些广告中，如果有的话是哪一种最可能吸引你的注意，使你停下来仔细阅读？为什么？

②哪一种最不可能吸引你的注意？为什么？

Ⅳ. 宣传与随赠品（25 分钟）

现在我想让你们看一看信用卡的赠品，这些赠品是与刚才讨论过的展示广告相配套的。

首先，我向你们展示宣传册和赠品的样本。然后，希望你们记下你们的第一反应。最后，

每种赠品进行讨论。

A. 出示第一种宣传册和赠品。

①让他们记录自己的第一反应。

②讨论。

a. 你的第一反应是什么？

b. 你特别喜欢赠品的什么地方？特别不喜欢的是什么地方？任何的，只要有。

c. 你理解赠品的含义吗？

d. 你认为这是一种重要的利益吗？

e. 你会为这种赠品而申请信用卡吗？为什么？

f. 这种信用卡会取代你现在所用的信用卡吗？

g. 你会考虑使用这种信用卡吗？

h. 毕业后你还会继续使用这种信用卡吗？

i. 考虑到赠品，这种信用卡与你最常用的信用卡相比如何？

j. 在多大程度上你会使用这种卡？为什么会？为什么不会？你打算真的使用这种卡，还是只是拥有它？你打算毕业后还保留它吗？

B. 重复第二种宣传册和赠品。

C. 重复第三种宣传册和赠品

D. 出示所有的宣传册和赠品

①最佳赠品是什么？为什么这么说？

②考虑到赠品，如果有的话你会选哪一种信用卡？为什么？

V. 信用卡设计（10 分钟）

最后，我想让你们看一看附带环保赠品的信用卡的三种设计式样。同前两次讨论一样，我先出示每种设计，要求你们记下自己的第一反应，然后讨论每种设计。请使用事先发的表格记录你的反应。

A. 出示第一种设计。

①让他们记下自己的第一反应。

②讨论。

a. 你的第一反应是什么？设计中你特别喜欢的是什么？不喜欢的是什么？

b. 在设计中是否有什么东西令你在上学期间使用它时感到不舒服？毕业以后又如何？

B. 重复第二种设计。

C. 重复第三种设计。

D. 出示所有的设计。

①如果有的话，这些卡中你会用哪一种？喜欢哪一种？

②你不会使用哪一种卡？为什么？

感谢你的参与！

第四章　问卷设计

【本章学习内容】

- 什么是调查问卷
- 调查问卷必不可少吗
- 问卷包括哪几部分
- 问卷调查的基本形式
- 问卷设计的过程

在市场研究过程中，调查问卷是关键的信息收集工具，调查问卷的设计直接影响所收集到的数据的质量。但是，如何设计一份质量上乘的问卷，却不像多数人想象得那么简单。尽管人人都能编写出一份问卷，但如果这些问题的设计很糟糕，且措辞不当、顺序混乱，将直接影响被访者的回答，那么调查者以此获得的反馈信息极可能一塌糊涂，甚至会对他们产生误导。

调查问卷设计方面的隐患是导致非抽样误差的重要原因之一。比如问卷中遗忘了某个重要的问题或编码，或者被访者在回答某个问题时受到了程度不同的某些诱导，或者问卷冗长沉闷、晦涩难懂，这些失误最终使调查无法收集到准确而全面的信息。要降低这种非抽样误差，问卷设计者首先要有明确的调查目标，还要清楚用何种方法能够获得最精确的数据和信息。一份优质的调查问卷是低成本、甚至是无成本的，但是它却能够帮助调查者从被访者口中挖掘出最确切的信息，提供最精确、最受用的数据。因此，如何撰写一份优秀的问卷是本章所讨论的重点。

第一节　问卷设计概述

一、什么是调查问卷

调查表是关键的信息搜集的工具，它主要有两类：一是调查问卷，二是观察表。前者在询问调查法中使用，用来记录被访者的回答；后者在观察法中使用，用来记录受访者的反应（见表4－1）。具体来说，问卷（questionnaire）是为了达到调研项目的和收集必要数据而设计好的一系列问题，它是收集来自于被访者信息的正式一览表。

表4－1　　购买橙汁的观察记录表

调研者________________　　地点________________

日期________________　　时间________________

购物者的组成

人数　　______成人　　______儿童

性别构成　成人：　______男　　______女

　　　　　儿童：　______男　　______女

使用装运工具：　______购物车　　______购物筐　　______不使用

购物行为（每一项记录）				
行　为	新鲜橙子	瓶装果汁	罐装果汁	冷藏果汁
曾路过（进入过道）				
曾比较过（尽可能注明种类）				
品牌（被选购的）				
品牌（被查看的）				
曾与同伴讨论的				
其他细节				

购买情况：________________

价目表________________

计算________________　　优惠券________________

购买完成时间：________________

总购买量：________________

调查研究（survey research）是一项非常古老的研究技术。在《圣经·旧约全书》中就曾提到：瘟疫之后，上帝对摩西和亚伦的儿子以利撒神父说："对20岁以上的以色列子民进行普查……"。古埃及的统治者也曾为了治理其领土而进行普查。

近代的问卷调查始于1748年瑞典进行的全国大规模的人口普查。1880年有人曾在法国工人中进行过一次鲜为人知的调查。一位德国政治社会学家邮寄了约25000份问卷给工人，目的是为了测定他们遭受雇主剥削的程度，那份长长的问卷包括了以下问题：

你们的雇主或他们的代理人是否会以狡诈的手段榨取你们的那部分酬劳？

如果是按件计酬，产品的质量会不会是雇主狡猾地榨取你们工资的一个托词？

这项调查的主持者不是盖洛普，而是马克思。尽管当时寄出的问卷有25000份之多，但是没有任何返还的纪录。

现代意义上的问卷调查是从20世纪30年代，以美国新闻学博士乔治·盖洛普成功地运用问卷进行美国总统选举的预测调查后开始的，也正是这一事件之后，问卷调查法得到了广泛的使用。

如今，问卷在营销调研和社会研究的多种观察方式中都会用到，结构化的问卷不仅在访问调查中是必不可少的，它还广泛应用于实验、实地研究以及其他资料收集活动中。因此，问卷的设计对于研究者来说是一项重要的实践技巧。

二、调查问卷必不可少吗

调查问卷是调查者和被调查者之间的一种沟通媒介。一方面，调查者借助问卷将所有的问题准确地表达出来；另一方面，被调查者也通过问卷，将他们的想法清晰地回馈过来。即使沟通的双方相距遥远，或者不能进行直接的交谈，但凭借调查问卷这一媒介，双方还是能够完成调查的任务。

在调查过程中，调查问卷的功能具体表现为以下几个方面：（1）它将研究目标转化成特定的问题；（2）使问题和回答范围标准化，能够适应几十人及以上规模的调查活动；（3）通过措辞、问题顺序编排和卷面形象等来获得应答者的合作，并在整个问卷沟通过程中激励被访者；（4）它可以作为调研的永久纪录保存下来；（5）有些公司通过使用能够被计算机快速扫描的问卷，可以加速数据处理和分析的进程；（6）它可以通过安排测试——再测试或其他等效形式的问题，来验证调查参与者的有效性。

正因为调查问卷有以上功能，所以它是调研过程中的一个非常重要的因素。有人将问卷和访问员比作是市场调查的生产线，问卷是工人（访问员）的工具，他们用此工具来生产出基础产品（应答者的信息）。正是在此生产线上，产品不论好坏，都被生产出来。可见，问卷设计的好坏直接影响到所搜集的信息的质量。如果问卷设计得不好，所有精心制作的抽样计划、训练有素的访问人员、合理的数据分析技术和良好的编辑和编码都将徒然无用。不恰当的问卷设计将导致不完全的信息、不准确的数据和必然的高成本。

三、问卷包括哪几部分

一份问卷通常由三个部分组成：前言、主体内容和结束语。

问卷前言，又称说明信，主要是对调查目的、意义及填表要求等的说明，包括问卷标题、调查说明及填表要求。前言部分文字须简明易懂，能激发被调查者的兴趣。以下是两份调查问卷的说明信。

第一份是一个面谈访问问卷的说明信，采用简洁、开门见山的方式。

饭店客户筛选性调查问卷

您好！我叫________，是东方数据市场调研公司的职员。我们正在您所在的社区内进行饭店客户的调研，希望了解一下您的观点。我们不想向您推销任何东西，我的问题只占用您几分钟。

下面是一份邮寄调查问卷的说明信，它采用了较详尽的介绍方式。

关于学生对国立铭志大学看法的调查

亲爱的同学：

为了改善学校为学生提供的服务和课程的质量，学校需要对学生有更多的了解。大学希望知道学生选择到这所学校学习的原因，以及他们入校之后对学校的看法。

为了达到这个目的，学校委托我方（远景市场研究有限公司），一家专业的调查代理来为他们展开独立的研究。调查的第一阶段是通过小组（焦点）座谈听取学生的意见，以找出哪些事项对学生而言是非常重要的。也许你们中的部分人已经参加了座谈。现在我们希望全体在校学生能对此进行评价，故我们在此想征求你的合作。

我们随信附上的这份学生调查问卷，是我们通过与学生讨论后设计出来的。我们希望你能利用这个机会告诉我们你选择铭志大学的原因，学校里的哪些事项很重要、如何对你产生影响以及哪些具体事项应该得到改善。花上十分钟完成这份问卷，你就能对学校的发展产生影响。

调查所获取的数据将用来描述学校的整体情况，由此确定学校哪些方面该如何改进，以满足铭志大学学生的需求。完成后的问卷应在2009年1月12日（星期一）之前用内附已付邮资的信封直接寄回远景市场研究有限公司。

为了感谢你抽出时间完成这份问卷，我们将举行抽奖活动，将产生六个500元的大奖（每个学院各一个）。为了参加抽奖，请填写以下纸条并将其附在完成的问卷里。抽奖活动将于2009年1月举行，获奖者将通知个人并且将结果公布在学校网站上。

感谢你的参与。

国立铭志大学

远景市场研究有限公司　　电话：0181 480 5000

请将抽奖纸条剪下并附在完成好的问卷上。

姓名________________________________

联系地址______________________________

联系电话______________________________

学院________________________________

问卷主体是市场调查所要收集的主要信息，它由一个个问题及相应的选择项目组成。通过主体部分问题的设计和被调查者的答复，调研人员可以对被调查者的个人基本情况和对某一特定事物的态度、意见倾向以及行为有较充分的了解。以下是“关于学生对国立铭志大学看法的调查”的问卷主体的部分内容：

关于学生对某大学看法的调查（续）

请说明你对下列与你在读课程相关的问题的满意程度以及它们对你的重要性

(6) 课程安排　　　　满意度　　　　　　　　重要性

不适用　完全不满意　一般　完全满意　　一点不重要　一般　非常重要

a) □$_1$ 课程介绍……… 1 2 3 4 5 6 7$_{(7)}$… 1 2 3 4 5 6 7$_{(11)}$

b) □$_2$ 有关课程的信息（如课程手册）……………… 1 2 3 4 5 6 7$_{(8)}$… 1 2 3 4 5 6 7$_{(12)}$

c) □$_3$ 课程表更改的通知 1 2 3 4 5 6 7$_{(9)}$… 1 2 3 4 5 6 7$_{(13)}$

d) □$_4$ 如何使你及时了解课程相关信息……………… 1 2 3 4 5 6 7$_{(10)}$… 1 2 3 4 5 6 7$_{(14)}$

(15) 课程内容

a) □$_1$ 你所学课程的内容 1 2 3 4 5 6 7$_{(16)}$… 1 2 3 4 5 6 7$_{(23)}$

b) □$_2$ 工作实习的机会…1 2 3 4 5 6 7$_{(17)}$… 1 2 3 4 5 6 7$_{(24)}$

c) □$_3$ 获得实习的可能性 1 2 3 4 5 6 7$_{(18)}$… 1 2 3 4 5 6 7$_{(25)}$

d) □$_4$ 所学课程推动你学习的程度……………… 1 2 3 4 5 6 7$_{(19)}$… 1 2 3 4 5 6 7$_{(26)}$

e) □$_5$ 所学课程满足你需求的程度……………… 1 2 3 4 5 6 7$_{(20)}$… 1 2 3 4 5 6 7$_{(27)}$

f) □$_6$ 所学课程帮助你就业的程度……………… 1 2 3 4 5 6 7$_{(21)}$… 1 2 3 4 5 6 7$_{(28)}$

g) □$_7$ 就业市场对你所学课程认可的程度……………… 1 2 3 4 5 6 7$_{(22)}$… 1 2 3 4 5 6 7$_{(29)}$

如果有任何与你不相关的问题，请选“不适用”一栏.

在问卷的主体部分，有用来指导被调查者填答问题的各种解释和说明，被称为指导语。不同的调查问卷，对指导语的要求不一样。有些问卷中，指导语很少，只是在信末附上一两句；有的问卷则有专业的指导语，集中在说明信之后，并在专门的“填表说明”标题下予以说明；还有一些问卷，其指导语分散在某些复杂的问题前或问题后，用括号括起来，对这一类问题作专业的指导说明。上例中**“如果有任何与你不相关的问题，请选‘不适用’一栏”**就是一条指导语。

下面我们看一下说明信和指导语的区别。

世界卫生组织生活质量问卷

问卷说明：

· 说明信

这份问卷询问您对于自己的生活质量、健康，以及其他生活领域的感觉。请您回答所有的问题。如果您对某一问题的回答不确定，请选出五个答案中最适合的一个，通常会是您最早想的那个答案。

我们的问题所关心的是您最近两星期内的生活情形，请您用自己的标准：希望、愉快，以及关注点来回答问题。请参考下面的例题：

例题一：整体来说，您满意自己的健康吗？
□极不满意　□不满意　□中等程度满意　□满意　□极满意

· 指导语

请选出最合适您在最近两星期内对自己健康的满意程度，如果您极满意自己的健康，就在［极满意］前的□内打√。请仔细阅读每个题目，并评估您自己的感觉，然后就每一个题目选出最适合您的答案。谢谢您的协助！

1. 整体来说，您如何评价您的生活质量？
□极不好　□不好　□中等程度好　□好　□极好

问卷结束语主要表示对被调查者合作的感谢。如果问卷中包括一些敏感问题，可以在结束部分再次重申尊重被调查者隐私权的承诺。记录下调查人员的姓名、调查时间、调查地点、调查过程等。结束语要简短明了，有的问卷也可以省略。

例如：*** **本问卷到此结束，非常感谢您的热心协助** ***

［以下由调查人员填写］

被访者姓名：

地址：　　市　　区　　路（街）　　巷　　弄　　号

访问员姓名：　　时间：　　年　　月　　日　　午

编校员姓名： 时间： 年 月 日

访问经过

一次访问：结果：________________

不在家无结果

可能在家时间： 年 月 日 午

二次访问：结果：________________

不在家无结果

第二节 问卷调查的基本形式

问卷调查的成功取决于如何有效地从选入样本的被调查者中获得需要的信息。一般来说，主持问卷调查的研究者在问卷调查的形式上可以有四种选择，它们分别是自行填答问卷调查、面谈问卷调查、电话问卷调查和网上问卷调查。下面我们分别讨论这四种方法。

一、自行填答问卷调查

自行填答问卷，是指由调查者发给（或邮寄给）被调查者，由被调查者自己填写的问卷。虽然在自行填答问卷调查中，邮寄问卷是一种最常用的方法，可是仍有几种相当普遍的其他方法可以运用。有时，把一群受访者召集到同一个地点同时填答问卷也是比较好的方式。比如，对学生进行调查，可以选择在课堂上进行；如果是对高中生进行调查，还可以选择有老师指导的时间来进行。

（一）留置问卷调查

留置问卷调查也是一种常用的方法，就是由研究人员将问卷送至受访对象家中，并向其解释整个研究，然后把问卷留给受访对象自行完成，稍后再由研究者取回。留置家中的方式可以和邮寄问卷的方法结合运用。我们可以把问卷邮寄至受访者家中，然后再派研究人员登门回收问卷，以便检查问卷是否填答完整。当然，也可以倒过来进行，就是由研究人员将问卷送至受访者家中，并请受访者填答完全后自行将问卷寄回研究单位。总体看来，当研究人员前去发送或取回问卷，或两者兼具时，其完成率都较单纯的邮寄问卷高得多。

（二）邮寄问卷调查

邮寄问卷调查是自行填答问卷调查的一个典型方法。邮寄问卷的匿名性较好，便于设计一些人们不愿在公开场合讨论的敏感性问题，比如涉及人的隐私方面的问题、一些争议较大的问题、政治敏感性问题以及有威胁或有损自我形象的问题等。这类问题如果采用其他访问方式，比如说采用人员访问式问卷或者送发式问卷，很有可能要么得不到回答，要么得到的回答都朝着符合社会期望的方向倾斜，而邮寄式问卷，很大程度上可以避免这一现象。邮寄式问卷的最大缺点就是问卷的回收率低，如果缺乏必要的跟踪提示的话，很难达到满意的调查效果。

（三）关于邮寄问卷的回收率

在邮寄问卷调查中，回收率（responses rate）（也称回答率）是一个极重要的参数，因为它在很大程度上制约了样本的代表性。假设我们通过随机抽样的方法，取得了 1000 人的样本，但是回收率只有 10%，那么，尽管我们在抽样阶段采用了无可指摘的方法，最终的样本还是会存在非常巨大的样本误差。因此，在邮寄问卷调查中，研究者面临的一个主要任务就是提高回收率。

查阅有关调查的文献我们就会发现，可接受的回收率的范围很广。每一个文献都可能提出这样的声明：在这类调查研究中，这样的回收率算是颇高的（一位美国参议员曾根据一项民意测验的 4% 的回收率做出了这项声明）。即便如此，我们对回收率还是提出了一些简单的等级规则。一般来说，要进行分析和撰写报告，问卷的回收率至少要有 50% 才是足够的，至少要达到 60% 的回收率才算是好的，而达到 70% 就算非常好。但是要记住，以上数据都只是概略的指标，并没有统计上的基础。事实上，一个经过验证且没有偏误的回收问卷要比有偏误的高回收率重要得多。

考虑到邮寄问卷调查不可能达到 100% 的回收率，研究者在决定样本大小时就需要把预定的回收率考虑在内。例如，我们设定一个 1000 人的样本，误差为 ±3%，如果要保持 ±3% 的样本误差，我们在选样时就必须把实际样本人数扩大。假设预定的回收率为 55%，实际的样本人数应为 1818（1000/0.55）。也就是说，以 55% 的回收率计算，要保持 ±3% 的样本误差，实际的样本应包括 1818 人。

对于邮寄问卷调查，研究者们讨论最多的问题之一就是如何提高回收率。以下是一些有关调查研究者在邮寄问卷时需要注意的方面，以及用来提高回收率的有效的方法。

（1）自填式问卷的成功与问卷的设计包装及难易程度有相当大的关系。如果调查问卷既缺乏吸引力，又让填写人感到头痛，那么其结果就是问卷的回收率低得惊人，因为被访者认为设计者首先不负责任，因此他们也没有必要太当真。

（2）为了提高回收率，很多研究者除了邮寄问卷外，还会随邮件附上一封说明信和已经贴上邮票并印好回邮地址的信封，以便让受访者寄回。除了在信中尽可能强调调查的重要性外，问卷一般都较为简短，以减少被调查者望而生畏的情绪。

（3）也有一些研究者通过付费给受访者以提高回收率。一些研究者曾经说过："我们愿意付钱来向你们收集一些微不足道的意见，随信寄上二分钱。"另有人会附上二角五分，并建议受访者将这小小的报酬给小孩子过过瘾，当然也有人会附上纸钞（更大的金额）来答谢受访者。付费的本身也存在着问题，付很高的酬劳给数百或数千个受访者是不现实的，我们可以运用其他有创意的替代方案。

（4）补寄问卷也是一种经常使用的提高回收率的有效方法。最简单的是向那些未对第一轮问卷作出回答的被调查者寄出一封措词恳切的催收信件；考虑到被访者可能遗失或误放了先前的问卷，更好的方式则是重新寄出一份调查问卷并附上一封催收的信函。一般而言，受访者拖延回复问卷的时间越长，则他们越有可能根本不愿意回复。在恰当的时间进行问卷的追踪，可以对他们的回复产生额外的刺激。

二、面谈问卷调查

面谈问卷调查与邮寄问卷调查最大的差别在于前者由访问人员根据问卷向被访者提问并按照被访者的回答记录答案，而后者则是由被访者自己阅读并填答问卷。

与邮寄问卷调查相比，面谈问卷调查在某些方面有其特定的优点：首先，面谈问卷调查常常能获得较高的回答率，一般能达到80%～85%左右。因为受访者一般不太会拒绝已经站在家门口的访问员，但把邮寄来的问卷丢在一边的可能性却是比较大的。其次，由于访问员在现场，问卷中可以设计一些便于深入讨论的问题。在被访者回答"不知道"时，访问员可以进一步追问。比如，访问员可以说："假如你们必须选择一个答案，哪一个最接近你们的感觉呢?"从而减少"不知道"或"没有意见"之类的答案。第三，访问员可以对一些容易混淆的问卷项目提供相关的指导。当受访者明显误解了问题的本意或表示不了解题意时，访问员可以及时进行澄清，从而提高所收集到的数据的质量。第四，面谈问卷调查给予了研究者使用较长问卷的可能，一旦访问开始，很少会有被访者中途拒绝调查的情况发生。最后，在面谈问卷调查中，访问员不但能问问题，还能观察受访者。比如，可以观察到受访者的居住条件、穿着打扮、财产、对研究的总体反应等，不过这又违反了访问中受访者同意配合的原则，涉及到伦理问题，研究者对此应该保持高度的敏感和重视。

面谈问卷调查的缺点一是不便于涉及敏感性的问题，二是由于雇用了面谈访问员，访问员的衣着、仪表、工作态度和访问技巧等因素对回答率的高低和采集数据的质量都会产生影响。因此，需要事先对访问员进行细致的培训，需要为问卷准备详尽的说明，作为访问员现场解答较麻烦问题的依据。在访问期间要不断地对访问员进行督导，以避免发生任何误解；还可以采取一次指派少量访问任务、待检查合格后再指派下一批任务的方式，防止大批问卷无效的情况发生。

三、电话问卷调查

电话访问式问卷就是通过电话中介来对被访者进行访问调查的问卷类型。此种问卷要求简单明了，同时在问卷设计上要充分考虑以下几个因素：①通话时间的限制；②听觉功能的局限性；③记忆的规律；④记录的需要。电话访问式问卷一般应用于问题相对简单明确，但需要及时得到调查结果的调查项目。

与面谈问卷调查相比，电话问卷调查在时间和金钱上的优势比较明显。第一，在面对面的家庭访问中，你必须借助交通工具前往被访者的住处，如果发现无人在家，还得第二次造访。相比之下，动动手指打一个电话，则既便宜又快捷。第二，研究者可以对电话问卷调查的情况具有较多的控制。在电话问卷调查中，访谈员往往集中在一间或几间办公室内往外打电话，一旦在问卷调查中发生什么问题，访谈员能马上请示调查负责人，问题就能够很快得到澄清或解决。第三，在进行电话访问时，访问员的穿着、仪表等不会影响到受访者的回答，而且在不曾谋面的电话交谈中，被访者可能会更加诚实地去回答；同样，电话访问更加便于深入地追问一些敏感的问题。当然，也有例外，当无法看到提问的人时，有些被访者会变得更加容易起疑而不重视你的提问。最后，电话问卷调查之所以日渐普及，还有另一个重要的原因，那就是个人的安全问题。在进行面对面的访问时，其实访谈双方都有安全上的顾虑。潜在的受访者可能因为害怕陌生访员而拒绝接受采访，而访员本身亦有可能陷入危险之中，而电话问卷调查则没有这方面的顾虑。

当然，电话问卷调查也有其自身的缺点。最主要的不足是，电话会被轻易地挂掉。在电话访谈中，被调查者很容易借口“哎呀，有人敲门了!”或者“不好，菜烧焦了”而突然中断访谈，从而造成不完整的数据。其次，电话访谈只能调查有电话的对象，一般来说，只有一个地区家庭的电话普及率达到90%，电话问卷调查才不至于产生严重的样本误差。目前，电话调查在我国还不是很普遍，这与我国许多地区电话还没有相当的普及有较大关系。尽管美国的家庭中电话普及率1993年就达到了约93.4%，但很多相当有钱的人通常要求不将电话号码列在电话簿上，那么从当地的电话簿上抽选调查样本仍然存在偏误。

今天，计算机技术的迅猛发展改变了电话访问的一些特点。调查研究人员在选取电话问卷调查的样本时，已不再依赖电话号码簿上列出的号码，而是让计算机根据地区号随机取样，然后再由计算机自动拨号（上述由于电话号码簿登记不完整的偏误就可以避免)，这就是我们常听到的计算机辅助电话访问（Computer - assisted Telephone Interview，简称 CATI)。在 CATI 过程中，访问员坐在一台计算机前，按照屏幕的提示读出问题，在得到被访者的回答后马上将其输入计算机，这样对数据的分析与处理几乎与电话访谈同步进行，研究者可以提前获知整个分析可能呈现出的结果。

四、网上问卷调查

网上访问式问卷是在互联网上制作，并通过互联网来进行问卷调查的类型。网上问卷不是书面问卷的翻版，它的设计既要遵循传统问卷设计的原则，又要考虑网络环境的特点。网上问卷可以采用更加灵活的方式提问，拥有更强的互动性，也可以运用更多的提示手段。

随着计算机和互联网技术的发展，网上问卷调查如雨后春笋般快速兴起。相比传统的问卷调查，网上问卷调查有其独特的优势：

第一，网上问卷不受时空限制，便于获得大量的信息，特别是对一些具有敏感性、威胁性的问题，相比更能获得满意的答案。第二，网上问卷调查借助覆盖全球的互联网，通过 Web 和电子邮件大大缩短了调查的周期，相比传统的市场调查，网上调查获得反馈信息的速度要快得多，而且更加方便。第三，网上调查在信息采集过程中不需要派出调查人员、不需要印刷调查问卷，调查过程中最繁重、最关键的信息采集和录入工作分布到众多网上用户的终端上完成，可以无人值守和不间断地接受调查填表，信息检验和信息处理由计算机自动完成。因此，网上问卷调查组织简单、费用低廉。第四，在调查信息的处理上，网上调查省去了额外的编码录入环节，被调查者直接通过互联网将信息以电子格式输入数据库，从而减少了数据录入过程中的遗漏或编误，使统计结果更加准确。在自动统计软件配合日益完善的情况下，只需很短的时间就能完成标准化的统计分析工作，时效性更强。第五，网上问卷调查使用匿名提交的方法，因此比其他传统的调查方法拥有更加彻底的保密性。

网上问卷调查最主要的缺点，就是对网上所获信息的准确性和真实性程度难以界定。产生这一问题的原因有两个方面：一是互联网是一个极为开放的空间，任何人都可以参与，网上调查对象的来源具有高度不确定性，可能有许多人闲着没事填写了网上问卷，而这些人并不是问卷所针对的调查目标。鉴于此，网上问卷应在开始时设置几个过滤性问题，筛选出问卷针对的调查对象。例如，有一份关于销售技巧的问卷一开始便表明：“这份问卷的对象是有过销售经验的人，如果您没有任何销售经验，请改填消费者问卷”。用这样的过滤方法可剔除不合格的调查对象，提高问卷的成效。二是由于网上调查不是在面对面的情况下进行的，调查对象没有任何的压力和责任，这也很容易导致他在回答问题上的随意性，甚至还可能故意弄虚作假，对此调查人员根本无法核查。

在传统的调查方式中，纸张、印刷、邮资、电话、人员培训、劳务，以及后期统计整理等要耗费大量的人力和财力。通过 Internet 进行联机调查虽然没有降低诸如设计调查问卷、分析调查结果等基本费用，但是网上调查的初期费用仅限于组织核对 E-mail 地址、创建调查网页与数据库等，网上调查确实降低了调查实施的附加成本和数据整理等方面的费用。尽管如此，由于目前上网的消费者人数还很少，被调查对象的规模不大，而且上网者一般属于高收入、城市化和高学历的特定群体，难以具有真正的代表性。也就是说，网上调查受网上受众特征的限制，它所能代表的群体可能是有限的。所以，网上调查要看具体的调查项目和被调查者群体的定位，如果被调查对象规模不够大，就意味着不适合在网上进行问卷调查。

第三节　问卷设计的过程

设计一份问卷是一个系统的过程，调研人员需要构思各种问题的形式，考虑能描述所调研事项的一系列特性，对各种问题的措辞进行仔细推敲。问卷的整体构成需要调研人员作出一系列的决定或者选择，我们将其归纳为 7 个阶段：①初步考量；②确定询问内容；③斟酌问句的措辞；④确定问题结构；⑤确定问卷顺序；⑥问卷的排版和装订；⑦预先测试和修订。

一、初步考量

在调研过程的早期阶段，研究者需要很好地确定问题和明确研究的目标。只有对整个调研活动有了一个总体的目标和设想，才能确定所必须收集的信息资料的类型。而被调查者的特征、他们对调研问题的理解能力，拟采用的数据收集的方法等，都会对问卷的结构和内容产生影响。

1. 确定需要什么信息

设计者往往很难预测在分析阶段需要哪些信息，因为调研信息的覆盖范围很大，人口统计、分类分级仅仅是其中的一小部分。设计者一旦在准备阶段考虑不周，遗漏了部分有分析价值的信息，那么整个调查活动在未正式开始之前已经存在纰漏。要克服这一点，研究人员最好预先制作必要的交叉表，思考将要对哪些数据作交互分析，这样会帮助研究人员在设计问卷时考虑到将要进行的统计分析的类型，使信息的收集更完整。

2. 考虑访问调查的方式

通过考虑问卷是如何在每种访谈方法下执行的，可以得到对于访谈方法如何影响问卷设计的一个正确评价。如果采用人员访谈的方式，可以提问复杂的、冗长的和各种各样的问题；如果是电话访谈，则问题要简单一些，问卷也只能短一点；在邮寄调查中，包括在报纸杂志上登载的问卷，所有问题必须简单，必须提供详细的答题说明，因为此时被访者没有访问员的帮助。而且，人员访谈和电话访谈应该以一种对话的方式来设计问题。在已经实施的计算机辅助访谈中，可以比较容易地实现询问的跳转，可以随机排列本应该随机排列的问题和选项以消除顺序误差，从而使问卷设计少了许多麻烦。

3. 考虑被访者的特点

被访者的特点对问卷设计的影响是很大的，一份问卷应该针对预期应答者明确地设计。比如，对大学生的询问未必适合高中生回答，对儿童进行产品测试的问卷应当使用儿童的语言表述。经验表明，被访者对问卷问题的理解与其社会地位、经济地位、学识水平等都有千丝万缕的关系，理解力差的人常常会回答“不知道”或者“没意见”，而这显然不利于调研信息的收集。总体来说，问卷所针对的被访者越是多元化，就越需要问卷设计者避免使用专业术语和可能被应答者误解的语言。实际上，只要没有侮辱或贬低之意，最好运用简单的日常用语。

二、确定询问内容

研究人员要保证问卷的每个询问都是有用的，同时也是有效的。为此，在拟定每个问题时，研究人员必须从四个方面对这个询问作出评价。

1. 这个询问是否确实需要

如果一个询问所提供的信息对分析和解决营销问题没有帮助，应该从问卷中删除。但是也有例外，有时调研者不得不用一些手段掩盖调研的真实企图。例如，调研人员要了解消费者对清扬洗发水的品牌认知和评价，如果让被访者知道是在为哪个品牌作调研，他们可能会有意无意地给清扬洗发水很多好的评价。因此，研究人员故意让被访者同时评价海飞丝、舒蕾等竞争品牌，尽管收集其他品牌的信息对解决营销问题并无帮助，但是有助于掩盖调研真相，保证了信息的准确性。

2. 这个询问是否能达到收集信息的目的

对设计的询问，研究者需要考虑被访者能不能充分回答，所得到的信息是否足够完备。如果询问本身的设计存在缺陷，如缺乏选择性，答案不全等，都会造成无法获得充分的信息。比如，问被访者“你喜欢吃水饺吗？”答案如果只有“是”或“不是”，这个询问就过于简单了。如果给问题规定一些附加条件，将答案设计为

“自制的”、“买来的”，或者“三鲜馅的”、“牛肉胡萝卜馅的”等清晰的描述，被访者就不可能用“不知道”来搪塞，调查所获得的信息也会更充分。

再比如“您用哪一种手表？”就是个有毛病的询问，有的被访者会以手表的机芯类型来回答，有的会以手表的品牌分类来回答，从而使所得信息分类不一致。因此，应该分成两个询问：

①你用的手表是：

□电子表 □机械表 □其他________

②你用的手表的品牌是________

另外，当询问中包含一些常识时，应答者往往会回答他们认为是怎样或他们认为应该怎样，这就助长了猜测。尽管猜测有时候是正确的，但大多数情况下是不正确的。考虑以下两个实例：

①当你在超市购买鲜鱼时，你是否考虑他的新鲜程度？

②如果你在一家商店购买了一台家用电器，你是否会向售货员询问它的质量保证？

对这两个问题，尽管被访者可能并未经历过，但他的回答一定是“是的”。因为按照常规，购买海鲜时新鲜程度是一个重要的衡量标准，而对一名购买家用电器产品的普通购买者来说，质量保证是十分必要的。

为了避免常识因素对应答者的影响，应该设计询问一些更为详细的内容，以保证被访者对该问题有所了解并发表真实的观点。例如，可以问：“在你最近五次去超市购买新鲜鱼时，有几次你考虑了它的新鲜程度”，而在询问家用电器这一事例时，最好采用量表选择法来询问被访者对担保的考虑，可以将回答设为“不是”、“有时是”、“是”、“完全是”等几个等级。

3. 被访者是否有能力准确回答这个询问

要确定被访者能不能回答某个询问，需要考虑询问的信息被访者是否知道、是否记得住、是否表达得出来。

在某些场合，应答者可能对回答问题所需的信息一无所知，比如，问一位男士他的妻子喜欢哪一种牌子的长筒丝袜就属于这种类型。问应答者从来没有接触过的品牌或商店也会产生同样的问题。如果此类问题的表述方式暗示着应答者能够回答，而且答案是现成的，在这种情况下，得到的答复除了瞎猜外，没有什么价值，这就产生了测量误差。

第二个有关这方面的问题就是人们都会遗忘，调研人员在设计关于过去行为或事件的问题时，应该意识到特定的问题可能对应答者的记忆力要求过高。例如：“您在电影院里看到的最近的一部电影名是什么？”“谁是主角？”“您当时买爆米花了吗？”“爆米花的价格是多少？”“你还买了其他小吃吗？”“为什么买或不买？”应答者一般记不住这些问题的正确答案。为了避免可能折磨应答者记忆力的繁重问题，时间期限应该保持相对短。比如，“请问去年以来，你用过哪些品牌的香皂？”被访者自然容易被难住，应该这样问：

①现在你用什么品牌的香皂？________

②最近3个月你还用过什么品牌的香皂？________

调研人员也可以提供线索帮助唤起应答者对某一问题的记忆。比如，关于一个啤酒广告问题的辅助记忆方式可以是，“我将为你念出一份啤酒的名单。你可以选出在节目中做广告的那个啤酒的名字吗？”虽然辅助记忆作为一种对注意力或记忆力的测试，不像独立记忆那么有力，但是它不太会折磨应答者的记忆力。

再者，问题不应该超越应答者的能力和经历。比如，问一个10岁的孩子当他结婚时会买哪种汽车是无意义的，就像问一些父母他们10岁的孩子是否会在聚会上喝酒一样。10岁的孩子不能准确地预测这种购买行为，对于家庭购车他们知之甚少；同样，大部分父母不知道10岁的孩子会在聚会上发生什么，所以他们的回答至多是一种猜测。

4. 被访者是否愿意如实回答这个询问

问卷中难免有些询问会涉及隐私，或一些敏感的、有威胁的和令人尴尬的问题，如年龄、收入、婚姻状况、犯罪记录、个人卫生等，而这些信息作为重要的背景资料往往又是调研不可或缺的。如何巧妙地设计使应答者能以平常心来讨论这些尴尬的问题，如何小心表达询问以减少测量误差，对问卷设计者来说是不小的挑战。根据经验，以下做法会有所帮助。

（1）不过分具体询问，而给出几个档次供选择。比如：

请问你的年龄属于哪一类？

□18岁以下　　□18～25岁　　□26～30岁

□31～35岁　　□36～40岁　　□41岁以上

（2）递进式构造问句。比如要了解家庭收入状况，可以问：

①你的收入在家中排第几位？________

②你的月收入属于下面哪一类？________

□1000元以下　　□1001～2000元　　□2001～3000元

□3001～4000元　　□4001～5000元　　□5001元以上

（3）对询问的目的进行事先说明。在询问年龄、受教育程度、收入等人口分类数据时，在询问前引入一段陈述也可以起到消除偏见的效果。比如“为了帮助对你的答案进行分类，我们想问你几个个人问题。同样，你的答案将会得到严格保密”。这样可以打消被访者疑虑，合作的意愿也会增强。

（4）使用第三人称方式提问。比如，“你的业余时间主要如何安排？”这个询问很多被访者会往“好”的方面说，不愿如实回答，不如问：“你周围的朋友业余时间主要干什么?”再比如，“许多年收入超过 12 万元的人都不愿意主动纳税，你知道是什么原因吗?”通过问其他人而不是应答者自己，调研人员也许能够更多地了解到应答者对有关纳税申报问题的个人态度。

(5) 在询问中声明这种行为或态度是很平常的。比如：“有些人每天有时间刷三次牙；其他的人却没有时间。你昨天刷了几次牙?”这种提问方式可以安慰应答者他们的“尴尬”行为并非不正常，这可能引出真实的答案。

三、斟酌问句措辞

问句的措辞是指将想要的询问内容和结构，翻译成调查对象可以清楚而轻松地理解的用语，这可能是设计一张问卷中最关键，同时也是最困难的任务，如果一个询问的措辞很拙劣，调查对象可能会拒绝回答或者回答不正确。例如：

“很多人都认为，吸烟等于慢性自杀，您认为呢?”

这是一个措辞不当的提问，不同的人可能产生不同的反应。一种反应可能是“既然很多人都这样认为，还问我干嘛!”之所以有这种反应，是由于“慢性自杀”字眼的使用，这实际上等于把吸烟者划入了“黑名单”，让这部分人产生了抵触情绪，会因“逆反心理”而拒答。另一种可能的反应是“也许是吧”，为什么会有这种勉强的附和声音呢?问题就出在“很多人都认为”这一表述上。“很多人都认为”，实际上是在暗示一种价值取向，容易使人产生“从众效应”。

在确定每一个询问的用词与安排上，有许多原则和技巧，以下介绍七条主要的指导原则。

1. 询问要清楚，保证所有的应答者对询问的理解一致

问卷中的询问必须清楚、明确。很多意见和观点对于研究者来说可能是再清楚不过了，但是对于受访者来说却可能并非如此。例如，问被访者“一般你每周喝几瓶啤酒?”这个问题中瓶子（或听）一词的使用就需要明确它的参考容量。在美国南方的一些州里，啤酒装在 32、12、8、7、6 盎司甚至是 4 盎司的瓶子里卖，所以能喝 8 瓶的“嗜酒者”可能每周只喝 32 盎司（8 ×4 盎司）的啤酒，形成鲜明对比的是，一个只能喝 3 瓶的“不善饮酒者”却喝了 96 盎司（3 ×32 盎司）的啤酒。

清楚也意味着要使用合理的词句，避免使用专业术语。在调查零售商或行业用户时，应该避免公司专业管理人员常用的技术性行话。比如“品牌形象”、“定位”、“边际分析”以及其他的公司语言，对一家商店的自主经营者而言，可能理解为不同的意思或根本理解不了。同样，像这一询问：

请你说一下最常用的洗手液的功效如何?

可能不少人会拒绝回答，更简单、清楚的问法应该是：

您对现有品牌的洗手液是：

□非常满意　　　　□有些满意　　　　□不满意

最好的用词应该具有准确的意义，所有的应答者应该对询问的理解一致。当应答者不能明确询问的意义时，拒答的现象将增多，含糊其辞的提问充其量只能得到含糊的答案。比如，询问“您的家庭收入是多少”就缺少可参考的分类标准，当应答者给出此问题的数字答案时，其回答是各式各样的，可能有年收入、月收入、税前收入、税后收入、也有2007年的税前/税后收入或其他年份的税前/税后收入。

2. 问句要简短，尽量使用简单的、口语化的语言

为了达到明确性、精确性和中肯性，研究者倾向于使用长而复杂的问句，而这恰恰是需要避免的。受访者通常不愿意为了理解询问而去认真分析问句。问句的设计最好是能够让受访者迅速阅读、理解其内容，并可以毫不困难地选择或者提供一个答案。因此，问句越短越好。正如国外学者戴维·奥格尔维（David Ogilvy）所言，“如果你们试图说服人们做什么事情，或者购买什么东西，我觉得你就应该使用他们的语言，他们每天所使用的语言，他们用于思考的语言。我们要尽量用口语写作。”

以下是一个复杂的问句：

假设你注意到你冰箱中的自动制冰功能并不像你刚把冰箱买回来时的制冰效果那样好，于是打算去修理一下，遇到这种情况，你脑子中会有一些什么顾虑？

这个问句太长了而且令人迷惑。简短的问句应该是：

若你的冰箱制冰功能不正常，你会怎样解决？

无论采用哪种数据收集方式，不必要和多余的词语都应该被剔除。这一要求在设计口头提问的问题时（如通过电话访谈）尤其重要。

3. 避免使用带有倾向性的询问和词句

在问卷设计中，倾向性（bias）指的是鼓励受访者以某种特定方式回答问题的特性。人们对问题的回答很大程度上取决于措辞。有些问题可能比另外一些问题更为鼓励某些回答。如“难道你不认为总统做得正确吗？”就有明显的倾向性，因为他鼓励更为赞成的回答。

一家电视台制作了下面的10秒广告，以寻求观众的反馈：

如果你喜欢8频道的节目，我们会很高兴。如果你不喜欢8频道的节目，我们会很伤心。请写信给我们，让我们知道您对我们节目的想法。

很少有人想让别人伤心，这是人之常情，这个问题的措辞可能只会引出正面的评价。在问卷中，这种明显带有倾向性的例子可能并不多见，但询问和词句的倾向性往往比这微妙得多，对有声望的人或机构的态度或立场的提及也会使问句具有倾向性。询问“你同意还是不同意最高法院最近的决定——”也有同样的效果。这种措辞不会导致所有的人或者大多数人都同意权威人物或者机构的观点，但是却极有可能增加对这种观点的支持。比如，一个对干洗行业所进行的研究提出这样的问题：

很多人由于改进后的免烫衣物的出现而越来越少使用干洗服务。你怎么认为过去4年里免烫衣物对你使用干洗设施造成的影响？

□使用的更少了　□没有变化　□使用的更多了

这个问句中所暗示的潜在“流行效应”建议了特定的答案，对研究的有效性直接产生了威胁。

4. 询问应该中肯，要考虑受访者回答的偏差

问卷中的询问对绝大多数受访者来说都必须是中肯的，当有些态度只有极少数的受访者会考虑或真正在在意时，那么测量的结果就可能不大有用。在调查中，我们宁愿受访者简单地回答“不知道”、“没有什么意见”或者“尚未决定”，也不愿收到受访者臆造的答案。

有时候，受访者会说他们还没有作出决定或者记不清楚，而实际上他们已经有了观点，只是不想让别人知道自己的真实想法，或者回答会朝着合乎社会需要的方向倾斜。比如：

你在你的高中毕业班里，学习成绩排在什么位置？

□前1/4　□前1/2　□前3/4　□后1/4

显然某些特定的答案比其他答案得到更多的社会认可。这一询问的真实回答可能就会让许多人感到不愉快，他们回答的可能是自己理想的情况，而不是事实。

再比如，“买进口轿车，让外国人赚更多的钱；买国产轿车，振兴民族产业。你的选择是什么?”这是一个很偏激的询问，由此获取的数据是不客观的，在问卷设计师应该加以避免。

5. 避免双重问题

双重问题（double – barreled question）是指将两个不同的问题合并为一个，这样的询问会使应答者不能准确地回答其中的任何一个问题，因此应该尽量避免。比如，有人问受访者是否同意以下陈述：

您赞同在私人住宅而不在公共场所吸食大麻合法化吗？

如果此问题精确描述应答者的立场，那么就很容易解释“是”这种回答。但是回答为“不”可能意味着应答者赞同在公共场所吸大麻而不赞同在私人场所吸，或两者都反对，或两者都赞同。可见受访者无法简单地回答同意或者不同意，这样的双重问题必须避免，除非你不介意被误导。

6. 避免否定式问题

问卷中的否定，极容易导致误解。当被问及是否同意“美国不应该承认古巴”

这个陈述时，相当部分的受访者都会忽略“不”，并在这个基础上做出回答。这样，有些人本来是反对的，但却选择了同意；而另一些则可能刚好相反。再比如：

大学生在考试时不必有人监考，你同意吗?

□同意　　　　　　□不同意

在上例中，问题采用了否定句的形式，如果受访者赞成大学生考试需要有人监考这种观点，反而需要选择“不同意”这一答案。虽然我们都知道双重否定等于肯定，但是，我们的思维方式还是比较习惯于直接的肯定，而不是双重的否定。如果将问题改为“大学生在考试时需要有人监考，你同意吗?”就简单明了多了。

7. 避免使用隐含的假设

如果询问“你辞去目前的职位后是否会立即找其他工作”，许多被访者将无法作出回答。这个问题已经具有一个内在假设——被访者将辞去目前的工作，但是，对绝大多数被访者来说这未必是事实。

很多询问的回答取决于问句本身之外的某些假设，这些假设是否包含在问句之中，会影响到被访者的回答。例如：

为了减少环境污染，所有的洗衣粉都应该是无磷的，你是否同意?

显然，大多数人都会同意上述观点。但是，如果将问句改为：

为了减少环境污染，所有的洗衣粉都应该是无磷的，尽管那样会使洗衣粉的零售价上升20%，你是否同意?

同意这个观点的被访者就少了许多。实际上，前一句没有说出隐含的假设，而后一句把隐含的假设明示出来了，许多被访者的回答就发生了转变。问卷设计人员要充分注意到这一点，避免在询问中包含暗示的假设。

请看一个“有问题的调查问卷”（见表4－2）。

表4－2　　　　一个“有问题的调查问卷”①

假设一个夏季野营负责人已经准备了下面的问卷，用来采访准备参加野营的孩子们的父母。对于每一个问题你将如何评价?
1. **您的收入最近接近几百美元?**
（人们通常并不知道他们的收入最接近几百美元，他们也不愿意如此准确地解释他们的收入。而且，调研人员永远不应该以这样一个私人性的问题作为调查问卷的开头。）
2. **您强烈支持还是较弱支持您的孩子参加过夜的野营呢?**
（“强烈”和“较弱”到底是什么含义?）

① ［美］菲利普·科特勒、加里·阿姆斯特朗等著，何志毅等译：《市场营销原理》（亚洲版），机械工业出版社2008年版，第99页。

续表

3. **您的孩子在学校的野营中表现得好吗？ 是（ ） 否（ ）** （“表现”是一个相对的说法。并且，“是”或“否”是这个问题最好的答案选项吗？另外，人们能诚实、客观地回答这个问题吗？为什么在问卷开头问这个问题？）
4. **在您对我们野营活动的评估中，什么是最显著、起决定性的因素？** （到底什么是“显著”和“起决定性因素”？不要在这里用这种概括性的词语。）
5. **您认为剥夺您孩子这样一个通过参加学校野营而锻炼成为一个成熟的人的机会是正确的吗？** （一个有负担的问题。本身带有偏见，父母怎么可能回答“是”？）

总之，设计一个问题，要做到用词精确、措辞得当并非易事。它需要遵循科学的原理，需要对被访者的研究，需要设计人员的知识和经验积累，也需要设计人员发挥创造力。事实上，在设计问题时，应该避免的比应该做得更多，研究者将“设计问题时的应该和不应该”总结如下（见表4－3）。

表4－3　　设计问题时的应该和不应该①

设计问题时应该遵循的要点：
1. 问题应该针对单一论题 2. 问题应该简短 3. 问题应该以同样的方式解释给所有应答者 4. 问题应该使用应答者的核心词汇（即交流的日常语言，但不包括俚语、行话） 5. 若有可能，问题应该使用简单句
设计问题时不应该的错误：
1. 问题不应该假设不明显存在的标准 2. 问题不应该超越应答者的能力和经历 3. 问题不应该用特例来代替普遍状况 4. 当应答者只可能记得事情的大致情况时，你不应该询问过小的细节 5. 问题不应该要求应答者通过推断来猜测 6. 不应该过多询问无关的问题 7. 问题不应该使用夸张的词语 8. 问题中不应该使用词义有分歧的词语 9. 不应该将两个问题并为一个 10. 不应该引导受访者回答某一特定的答案 11. 问题不应该具有“暗示性”的短语

① 阿尔文·C·伯恩斯，罗纳德·F·布什著，梅清豪等译，《营销调研》，中国人民大学出版社2001年版，第278页。

四、确定问题结构

询问问句分为开放式问题（open-ended response questions）和封闭式问题（closed questions）两类。

1. **开放式问题**

开放式问题又称为非结构化问句，它是一种应答者可以自由地用自己的语言来回答和解释有关想法的问题类型。也就是说，调研人员提出一些问题或主题，让应答者用他们自己的话来回答，没有对应答者的选择进行任何限制。

Q24.0 您今天早餐喝的是哪一种牌子的牛奶？

____

Q24.1 您为什么喜欢这个牌子的牛奶？

____

如上 Q24.0 的询问，被访者只需报出牛奶的牌子即可；但如果问题变成 Q24.1，调研人员则期望被访者的回答不要太简短，尽量多谈一些深入的想法。

开放式问题一般都强调自发性，也就是非诱导性，如果调研人员想让对方多说一点，常常会采用开放式的方法提问。在由采访者控制的访谈中，开放式问题的记录可以逐字逐句地进行，也可以采用编码方式，由采访者事先将常见的回答开列一个清单，然后在被访者回答时只要打钩即可。

开放式问题的优点是对一个询问的回答会有多种可能，能收集到许多意想不到的信息。当研究人员进行探索性调研，尤其是当答案的范围未知时，开放式问题是最适用的。定性调研、尤其是在焦点（小组）访谈和深度访谈中，就基本依赖于开放式问题的使用。同时，开放式问题也比较适合作为一个问卷的起始问题，因为它们可以让应答者在进入提问程序之前进行热身。

开放式问题的缺点是在记录、理解和编码等信息处理过程中，容易出现较大误差。在编辑、编码以及分析数据时开放式问题的工作量较大，由于每一位应答者的答案都有独特性，对答案进行归类和总结都很困难，容易出现较大的偏差。这个过程要求编辑人员浏览每一个样本的回答情况，将回答归为几种类型，然后所有的回答都必须根据分类系统来进行评价和编码。因此，实施开放式问题的调研成本要比封闭式问题高出很多。

2. **封闭式问题**

封闭式问题又称结构化问句或固定选项问题，它是给出具体的、有限的选项答案，要求应答者选择一个与自己观点最接近的选项。封闭式问题一般又可分为二分问题、多项选择题、量表应答式问题等多种形式。其中，多项选择题又可分为决定性选项问题（只可单选）和清单问题（可多选）。下列是几个典型的封闭式问题。

- 在过去的一周里，您有没有喝过啤酒？（**二分问题**）

□有　　　　□没有

- 您最常购买下列哪一种牌子的啤酒？（**多项选择题——决定性选项问题**）

□青岛啤酒　　□哈尔滨啤酒　　□华润啤酒　　□蓝带啤酒

- 请在下面勾出您经常购买的啤酒品牌？（**多项选择题——清单问题**）

□青岛啤酒　　□哈尔滨啤酒　　□华润啤酒　　□蓝带啤酒

- 下列是对吉庆火锅店的描述，请根据您的个人体验，在直线的某个位置上做出相应的记号：（**量表应答式问题**）

食品种类丰富________________食品种类单一

服务冷淡________________服务热情

布局有特色________________布局糟糕

相比较而言，市场调研人员和采访者都更加接受封闭式问题，因为这类有编码设置的问卷操作起来很方便，成本也低。如果是书面填写的问卷，采访者或被访者只要在一组答案中进行搜索、打钩，然后由数据统计人员输入电脑即可。如果是电子问卷，那么采访者或被访者中的任何一方只要选中答案，点击一下即可，所有数据都可以自动存入数据库。另外，封闭式问题的问答是十分明确的，也减少了访问误差。但是，封闭式问题的选项不能穷尽、选项的设计和排序是否得当，以及缺少被访者自己的认识等问题又产生了另外的误差。

封闭式问题的结构应该遵循两条基本要求。首先，答案的分类应该穷尽所有的可能性。如果应答者没有看到最想要的选项，他们可能随便选择一个答案，或者选择更具权威或者得到更多社会认可的答案，而不是去思考最正确的回答。所以，调研人员应该努力确保答案选项几乎包含所有可能的回答，为此常常通过增加诸如“其他________”一项来保证穷尽。其次，一个问题应该采用一个尺度分类，答案应该是互斥的，在各类别之间不应该有重叠，不要让受访者感觉好像可以选多个答案。下面列出的员工数量分组就说明了一个常见的错误。

Q3. 贵企业的员工数量属于如下哪个范围：

□100 人以下	□800～2000 人
□100～500 人	□2000～3000 人
□500～800 人	□3000 人以上

如果企业的员工人数恰好为 500 人，既可以选择第二组，也可以选择第三组，没有办法确定答案，800 人、2000 人的被调查对象也面临同样的问题。可见，没有经过预先分析的组别选项会降低所获信息的精确度。

调研人员需要根据不同的调研目的选择问句格式和回答格式，大多数的调研问卷是混杂着开放式和封闭式问题的。在市场调研中，有关消费者行为方式的调查问题通常都采用封闭式，如“下面哪一种牌子________?”“您最近一次购买是在________?”“您买了多少________?”而关于态度的问题通常都采用开放式。从互动的角度考虑，问卷中综合使用这两种方式可以使提问的节奏富于变化，有助于消除应答者的厌烦和疲倦感。

五、确定问卷顺序

在考虑问卷顺序时一般会面临两个问题，一是问卷的总体布局问题，也就是哪些问题应该放在问卷的哪一部分；二是问卷的顺序效应问题，也就是哪个问题应该放在哪个问题之前的问题。问卷不能任意编排，问卷中的问题顺序也会影响到回答。为了使调研过程有效地进行下去，对一系列问题的组织必须遵循一定的逻辑性。表4－4中列示了问卷中的问题的逻辑顺序。

表4－4　问卷中问题的逻辑顺序①

问卷结构			
问题类型	问题所处的位置	例　句	理　论
过滤	最早提出的问题	“在过去一个月中你是否到加普买过东西?” “你是第一次来这里吗?”	用于选择符合要求的被访者
热身	在过滤问题之后	“你经常买东西吗?” “你通常在一周的哪几天买东西?”	问题通常较为简单、有趣，是被访者感到调研是轻松的
过渡	在主要问题前或变换一下提问方式	“在以后的几个问题中，我要问一些关于您家中看电视习惯的问题。” “下面我会读一些句子，要求你在我读完每一句后告诉我同意或不同意的说法。”	将被访者引入正题，或是提醒他接下来要变化一下提问方式
较复杂或难以回答的问题	一般位于中间；接近结束	“请按您的喜欢程度将下列这些点从1到7排列。” “在以后的3个月中您可能有多少时间会做以下这些事情。”	此时被访者已同意完成调研；并且所剩问题不多了

① 阿尔文·C·伯恩斯，罗纳德·F·布什著，梅清豪等译：《营销调研》，中国人民大学出版社2001年版，第285页。

续表

问卷结构			
问题类型	问题所处的位置	例　句	理　论
分类和人文统计	最后提问	“您的最高学历是什么?”	一些关于“个人”的资料问题，应将这些可能令人不快的问题放在最后

1. **运用过滤性问题以识别合格的应答者**

许多市场研究运用各种配额抽样方法。为了得到每类合格应答者特定的最小数量（配额），就需要对被访者进行筛选。在问卷的一开始，调研人员就可以通过过滤性问题（screening questions）来决定这些被访者是否真的符合要求并可以参加调研。例如，有关杂志的研究要筛选读者、有关化妆品的调查也要筛选出对品牌知晓的应答者等。当然，如果被访者的范围早已被划定，如对登记在册的一年级大学生进行调研，或者有明显的标志来判断被访者是否符合需要，如拦截访问从超市出来的购物者，就不需要进行初试筛选。

调研人员在设计过滤性问题时，要注意回答的用时问题。如果初试筛选的回答过长，或采用书面形式，效果都不是很好，只有简短、直接的方式才比较能为人接受。另一方面，在设计过滤性问题时，访问人员应尽量避免透漏自己的真实意图，以免对被访者的回答产生影响。如果被访者对访问人员的意图有所觉察，为了让自己被访问员接受或者为了尽早脱身，他们可能会说谎。另外，被访者在回答购物方面的问题时常常显得犹豫，因为他们担心自己的回答会有损个人形象，或者意味着自己可能失去参加活动的资格。比如，询问“您最近六个月里有没有购买过大屏幕电视”就属于这类问题，容易让对方产生顾虑，访问人员不妨借鉴表 4 - 5 的表达方式，尽量让被访者在回答问题时卸下思想包袱。

表 4 - 5　　关于寻找购买大屏幕电视机消费者的过滤性问题[①]

出示问题（可以借助卡片、书面、屏幕，或者访问员的口头朗读）。
请您看一下（或听一下）下面的哪些东西您在最近的六个月里曾为自己或他人购买过？

□电话

□电视

① 伊恩·布雷著，胡零、刘智勇译：《市场调查宝典——问卷设计》，上海交通大学出版社 2005 年版，第 42 页。

续表

□数码收音机 □DVD 播放机 □微波炉 □都没有 如果被访者回答购买了电视机，则接着出示卡片。 请您看一下（或听一下）下面哪些对电视机的描述符合您所购买的电视机？ □等离子显示屏 □纯屏 □大屏幕 □环绕声音响 □杜比音效 只有购买大屏幕电视机的对象才符合要求。

2. 在过滤问题之后开始“热身”

在介绍性引导语和通过过滤性问题发现合格的应答者之后，紧接着就是“热身”（warm – ups），也就是以能引起应答者兴趣、容易回答的问题开始访谈。这类问题要尽量设计得浅显易懂，如果开头几个问题很有趣，易于理解和回答，应答者在整个调查过程中的信心和合作意愿都会增加。

注意，刚开始不要问具有威胁性或令人尴尬的问题，比如，一开始就问应答者对吸毒问题的看法就很不恰当。一份问卷中通常会询问被访者的年龄、性别、学历、收入等背景问题，虽然很多缺乏经验的研究者会将这些问题搁在问卷的前边，并以此作为一种固定的模式，但这通常是不可取的，询问个人信息的问题可能让应答者觉得尴尬或者对他们构成威胁，会立即使应答者处于防卫状态。所以最好是在应答者与访问员之间已经建立起友好关系之后，再在问卷的中间或结尾处提出这类问题。

3. 先问起过渡作用的一般性问题

在“热身”性问题之后，问卷应当按一种逻辑形式进行。先问起过渡作用的一般性问题，让被访者注意下面可能要调换一个话题或提问的方式，使人们开始考虑有关概念、公司或产品类型，然后再问具体的问题。例如，“您在最近的三个月中购买过啤酒吗?”就是一个过渡问题，它促使被访者开始考虑有关啤酒的问题。然后引出所要提的一系列问题，如问及有关啤酒的购买频率，在过去三个月中所购品牌，对所购品牌的满意程度，再次购买的意向，理想啤酒的特点等。

“跳问”是一种特殊的提问题的顺序，表 4 – 6 显示了当受访者对问题 C1 的回答是“有”时，对其进行的一个从问题 C1 到 C3 的跳问。跳问问题（skip questions）是较难处理的，一般要经过反复的测试才能确定最终结果。

表 4-6 具有跳问问题的电话访谈问卷

C1. 你有没有将你的车子拿到4S店（专营维修店）修理过？
□有（跳至C3） □没有
C2. （如果没有，就问：）你是在哪里修理的？
____
你为什么不在4S店维修？
____
C3. （如果回答是有，就问：）你对修理工作有多满意？你是……
□非常满意 □比较满意 □比较不满意 □非常不满意
（如果是比较或非常不满意，就问：）你是在哪些方面感到不太满意？
□工时费太贵 □维修速度慢 □收费标准不透明 □可供选择的配件太少 □其他____

4. 再询问需要思考的复杂性问题

进一步深入的提问，就会遇到复杂的和难回答的问题。它们可能是一些有关评价、提出观点、回顾以往经历的问题，或是一些态度度量的量表问题，也可能是“假设”问题。因为前面被访者已经回答了一些简单的问题，已建立起来的兴趣、承诺和与访问员间的融洽关系保证了对这部分问题的回答，尽管这部分问题要费些脑筋考虑。

如果一份问卷的主体内容还分为多个部分，那么对每个部分的内容和目的都给出简短的说明是必要的。比如，“在这部分，我们想要了解人们对住房贷款服务最为关心的方面”，或者，作为下一部分内容的介绍插入“既然您已帮我们提出了以上的意见，我们想再多问一些问题”。类似这样简单的说明，有助于帮助受访者理解问卷，使问卷看起来更为清楚、有条理，也有助于调整受访者的思维，鼓励他更好地回答不同部分的问题。

5. 将分类问题放在最后

设置分类问题（classification questions）的目的是将被访者分成不同的类型，以供分析之用。在自填式问卷中，关于年龄、性别、学历、收入等人口统计资料一般都放在末尾。因为这类问题有一定的威胁性，一些被访者可能不愿意回答，而把这类问题放在最后，即使有些被访者拒绝回答，对前面的调研也不会产生太大的影响。

在访谈调查中，情况则刚好相反。潜在的受访者一旦开门迎接，访谈者就要给人以和蔼、亲善的感觉。在简短的调研介绍后，访谈者最好就接着询问家庭成员，并开始收集个人的相关人口统计资料。因为这些问题都是比较容易回答的，也不太唐突，目的是想让被访者放松心情，并营造一种比较融洽的气氛，在此基础上，引导被访者进入一系列更为深入的话题。

- **关于问卷的顺序效应问题**

在有些情况下，问题安排的顺序可能会导致问卷的顺序效应问题。顺序效应是指前面问题的存在改变了被调查者对后面问题的回答模式的情况。比如，在询问了一系列关于老年人的健康状况、经济状况以及子女对其晚年的照料等问题之后，再询问老年人对安乐死的看法，赞成安乐死的老年人的比例可能会比单独询问这一问题时得到的比例要高。在询问总括性的问题之前提出一些特定性的问题，也常常会导致顺序效应。看下面两个问题的顺序：

①在选择冰箱时，哪些因素会影响你的选择？

□品牌　　□价格　　□款式　　□耗电量　　□其他____

②你在选择冰箱时，耗电量处于什么样的重要程度？

□非常重要　□一般　　□不重要

总括性问题置于特定性问题之前，采用漏斗的询问方法是正确的。如果把②放在①的前面，则①的答案中对“耗电量”的选择会偏高。

问卷的顺序效应使问卷设计陷入一个矛盾之中。一方面，我们需要尽量把相关的问题集中在一起以避免逻辑混乱；另一方面，这种做法又有可能引起顺序效应。为了避免这个问题，调研人员可以在一个小范围内发放排列组合不同的问卷，对得到的结果进行比较，以检验顺序效应是否存在；如果顺序效应确实存在，就需要在对结果进行诠释时考虑顺序效应的影响。然而，在实际的调研中很少会印制不同的问卷，一种更常见的做法是，在印制出来的问卷上写上X或者做上记号，来指示访问员应该从哪里开始一系列的重复性问题，以消除由于顺序效应而导致的偏差。相比之下，因特网调查就可以通过计算机对问题或回答选项进行随机排列以减少顺序偏差。

六、问卷的排版和装订

问卷的排版和装订也是问卷设计的重要内容。

排版应做到简洁、明快、便于阅读和答题。最好将问卷的内容按信息的性质分成若干部分，并分别标上编号，如：A. 甄别部分、B. 品牌认知、C. 消费行为、D. 媒体习惯、E. 背景材料等形式。这样可以使整个问卷更为清楚，也便于后一阶段的数据整理与统计。应避免为节省用纸而过分挤压卷面空间。如多项选择题的选项，应采用竖排形式，竖排虽然占用一定的空间，但能使卷面简洁明快，一目了然，便于阅读和理解。另外，同一个问题的题项及答案应排版在同一页，以避免翻页对照的麻烦和漏题的现象。

问卷的装订应整齐、雅观，便于携带、便于保存。这方面要注意，调查问卷的用纸尽量精良；超过一定的页数，应把它们装订成小册子，配上封皮和封尾。这样既可利用纸的双面进行排版，节省用纸，还便于携带和保存；更可使问卷显得庄重、专业，使被调查者以更认真的态度对待调查。

七、预先测试和修订

没有哪一个调研人员愿意看到，在问卷调查已经完成并且返回之后，却发现大多数的应答者都误解了某一个特定的问题、跳过了一系列问题，或者是对填写问卷的指导语进行了错误的解读。为了避免类似的情形，当问卷已经获得管理层的最终认可后，还必须进行预先测试。在没有进行预先测试前，不应当进行正式的访问调查。然而，预先测试并不意味着一个调研员向另一个调研人员实施调查，或者随便找一些人来做访问，理想的预先测试最好由正式访问中要参加的访问人员对调研的目标应答者实施调查。通过访问寻找问卷中存在的错误解释、不连贯的地方、不正确的跳问模式，为封闭式问题寻找额外的选项以及了解应答者的一般反应。预先测试也应当以最终访问的相同形式进行，如果访问是入户调查，预先测试应当采取入户的方式。

对预先测试获得的数据，研究人员应当考虑编码和制表。数据应当制成表格的形式并尽可能进行一些常规的统计分析，这样研究人员对研究将产生的结果以及是否能回答调研目标有一个大概的了解。在预先测试完成后，任何需要改变的地方都应当切实修改。在进行实地调研前应当再一次获得各方的认同，如果预先测试导致问卷产生较大的改动，应进行第二次测试。

【本章小结】

调查问卷是调查者和被调查者之间的一种沟通媒介，一份调查问卷通常由三部分组成：前言、主体内容和结束语。问卷调查有自行填答问卷调查、面谈问卷调查、电话问卷调查和网上问卷调查四种形式。市场调查人员提出的问题可以是开放式或封闭式的问题。开放式问题允许受访者回答时自由地表达，但数量过多时会难以分析；封闭式问题则是问卷的主要形式。

调查问卷在形成正式格式前一般需经历一系列的草拟。事实上，在形成第一个问题之前，调研者将要寻找种种可替代的问题形式，决定哪一个更适合本次调研的被访者与环境。当问卷初步设计后，调研者要继续评价每一个问题和它的选项的有效性，然后再作修改。同时，会再一次审核问题的措辞，努力减少由于问题的措辞和形式给应答者带来的影响。

在通常的调研问卷设计中，调查问卷上的问题，包括它的指导语、说明信和整体编排都需要经过系统的评价以防止潜在的错误，并需要经过修改。一般来说，这些工作都是由调研人员完成的，客户只在对调查问卷进行较大完善和评价时才会参与。在得到客户认可后，通常要对问卷进行一个有限样本群的测试，测试环境应尽可能与正式调查的真实环境相似，以发现在问卷措辞、指示管理等方面可能存在的问题。

【延伸阅读】

居民轿车需求与用户调查问卷①

尊敬的先生/女士：

您好！我是本市汽车经销商 A 公司的访问员，我们正在进行一项有关私车需求与使用方面的调查，以便改进公司的工作，更好地为市民服务。我想和您谈谈有关的问题，要耽搁您一些时间，作为补偿，公司赠送精美礼品一份。访问的结果不对外公布，仅供市场研究，望得到您的支持与合作。

00　记录性别

（1）男　　（2）女

01　您的年龄是

（1）20 岁以下（终止访问）　（2）20～30 岁　（3）31～40 岁

（4）41～50 岁　（5）50 岁以上

02　请问您是否有驾驶执照

（1）有　（2）无

03　您家是否已购买私家车

（1）没有（如没有，请跳至 12 题）（2）已购

04　您的私家车的品牌是________

05　您的私家车是购买的新车还是二手车？

（1）新车　（2）二手车

① 龚曙明编著：《市场调查与预测》，清华大学、北京交通大学出版社 2005 年版，第 76－80 页。

06 您的私家车的车龄为

(1) 新车　(2) 1~3年　(3) 4~6年

(4) 7~10年　(5) 10年以上

07 您的私家车的购买价位是

(1) 8万元以下　(2) 8万~10万元　(3) 10万~15万元

(4) 15万~20万元　(5) 20万元以上

08 您购车时的经济来源是(可多选)

(1) 存款　(2) 银行借款　(3) 向别人借

(4) 分期付款

09 您对自己的车的感觉是否满意?

(1) 非常满意　(2) 比较满意　(3) 一般

(4) 不太满意　(5) 不满意

10 (追问与记录)具体来说您的车

优点是________________

缺点是________________

11. 您对自己的车的下列因素的满意情况如何?

项　目	满　意	一　般	不满意
(1) 整车价格			
(2) 耗油量			
(3) 启动加速性			
(4) 外形			
(5) 舒适度			
(6) 行驶平稳性			
(7) 操作灵活性			
(8) 制动性能			
(9) 车速			
(10) 音响效果			
(11) 空调效果			
(12) 故障率			
(13) 内部装饰			
(14) 配件供应			
(15) 售后服务			

12 如果买车，您认为什么样的价位比较适合您？
(1) 8 万元以下　(2) 8 万 ~ 10 万元　(3) 10 万 ~ 15 万元
(4) 15 万 ~ 20 万元　(5) 20 万元以上

13 如果买车，您计划在哪一年购买？
(1) 本年　(2) 明年　(3) 后年　(4) 暂未确定

14 如果买车，您计划在何处购买？
(1) 经销商 A　(2) 经销商 B　(3) 经销商 C
(4) 厂家　(5) 暂未确定

15 如果买车，您的经济来源是
(1) 存款　(2) 银行贷款　(3) 向别人借　(4) 分期付款

16 如果买车，您主要考虑哪些因素（可多选）？
(1) 品牌　(2) 外形　(3) 节油性能　(4) 保修性能
(5) 加速性能　(6) 安全与舒适　(7) 内部设施　(8) 售后服务

17 您购买车的目的是
(1) 自用交通工具 (2) 给子女用　(3) 休闲旅游　(4) 出租营运

18 您希望经销商能为您提供哪些服务？
(1) 产品价格　(2) 维修服务　(3) 驾驶培训　(4) 办证服务
(5) 配件供应　(6) 暂未确定

19 您获取有关汽车的信息渠道是（可多选）
(1) 汽车杂志　(2) 汽车资料网站 (3) 电视广告　(4) 电台广告
(5) 服务推介　(6) 厂家宣传　(7) 路牌广告　(8) 自己开过

20 在最近几个月，您接触过哪些轿车广告？
(1) 　品牌　(2) 　品牌　(3) 　品牌　(4) 　品牌

21 在轿车广告中，您印象最深的品牌是________

22 您经常收看的电视台是
(1) ________　(2) ________　(3) ________

23 您经常阅读的报纸是
(1) ________　(2) ________　(3) ________

24 您经常阅读的杂志是
(1) ________　(2) ________　(3) ________

25 你经常收听哪些电台节目
(1) ________　(2) ________　(3) ________

26 您的职业是
(1) 军人　(2) 党政干部　(3) 教科文卫人员

（4）商业服务人员　（5）企业管理者　（6）公司职员
（7）工人　（8）个体经营者　（9）家务劳动者
（10）离退休人员　（11）私营业主　（12）其他

27　您的受教育程度是
（1）小学文化以下　（2）初中　（3）高中
（4）中专技校　（5）大专大学以上

28　您的工作单位是
（1）政府机关　（2）公检司法　（3）事业单位
（4）三资企业　（5）国有企业　（6）合营企业
（7）私营企业　（8）其他

29　您所属的城区是
（1）东区　（2）西区　（3）南区　（4）北区

访问员________　访问时间________

【思考与练习】

一、以下是从问卷中提取的一些问题，你认为这些问题设计的有何不足

1. 请问你多久喝一次咖啡？
2. 你认为这种高质量的咖啡口味如何？
3. 假如你90%的活动都在城市中，你会购买这种小型电动汽车吗？
4. 请问你有过考试作弊的经历吗？
5. 请问您是否不赞成孩子频繁使用掌上游戏机？
6. 很多人都喜欢这个品牌的洗发水，您也喜欢吗？
7. 您通常在哪里购买日用品？
8. 您在去年喝过多少瓶啤酒？
9. 您家里的收入是多少？
10. 您认为××品牌的手机质量有明显提高吗？
11. 在过去20个月里您打过多少次查询电话？
12. 与这条街上的其他家庭相比，您家的收入是高是低还是一般的水平？

二、简答题

1. 简述问卷的基本结构。
2. 调查问卷的设计有哪些基本要求？
3. 自行填答问卷、面谈问卷、电话访问问卷、网上调查问卷在设计上各有什么特点？
4. 封闭式问题和开放式问题的优缺点有哪些？

5. 问卷中问句措词的原则主要有哪些？

6. 问卷中问题的顺序该如何安排？

三、案例分析题

海尔笔形手机

2000年前后，国产手机大规模上市，市场份额节节上升，很多具备一定资金实力的企业开始进入这一绝对的朝阳行业，并且很快就有了一定的市场份额，仿佛电视市场的格局在向国内企业招手，一个年市场容量达千亿的市场怎能没有国内企业的旗帜？海尔有着一贯的品牌影响力，而且网络能力、执行能力一流，看到手机市场如此前景自然要高调入市。但是海尔毕竟是海尔，企业有着强大的政府背景和资源掌控，绝对不会做一般的产品，要做就要做国内第一，要在国内掀起一股旋风。于是海尔开始进行了大规模的市场调研，要通过最科学的市场分析决定开发系列产品。

调研的主要内容包括：你希望手机有什么功能？你希望自己拥有第二部手机吗？如果你拥有第二部手机，你希望它是什么形状（笔形、名片盒形还是棒槌形）？带着这些问题，海尔在网络和人群中进行了大量走访和人群调查。调查的结果使海尔非常兴奋，竟然有95%以上群体希望自己有第二部手机，而且这里面又有超过一半的人群希望自己的第二部是笔形手机。海尔认为自己找到了市场的蓝海，认为笔形手机将使中国手机市场改变格局，认为每个有手机的人都在口袋里再放一部笔形手机。因为这都是市场调研的结果。所以经过精心筹备，海尔奔风5笔形手机全面上市，“奔风时代　风格一派”在当时大肆宣传。

如今4年过去了，海尔的奔风系列已经湮没在人群中，不再见往日颜色，甚至连水花都没有惊起。现在很多人都有第二部手机，不是笔形，也不是稀奇古怪型的手机，时尚的装扮，双网概念深入人心。

要求：请结合本章的学习，分析海尔这次市场调查失败的原因可能有哪些？

四、调研实务题

问卷设计要按照一定的逻辑性，通常先问一般性的问题，如有关概念、公司或产品类型，然后再问具体的问题，最后以年龄、性别等人口统计方面的问题结束。请遵循这一原则，设计一份关于宁波牛奶消费的调查问卷。要求：设计10～15个问题（封闭式问题包括答案项），需要撰写前言、指导语和结束语。

【项目化实训】

讨论课Ⅲ：问卷设计实践

任务布置时间：第七周　　　　**讨论课时间：**第八周

目的：通过本次讨论，使学生掌握问卷的基本结构和内容，问卷设计的基本步骤、方法和技巧，不断完善项目调查问卷。

要求：

本次讨论课前学生要完成以下作业——撰写调研问卷初稿。

按照调研选题，撰写调研问卷初稿。要求将调研目的、概念具体化，设计相应的题项，注意问卷的结构、格式、逻辑、询问的方式和措词。

在本次讨论课前两天网上提交调研问卷初稿，讨论课上各组带上 8 ~ 10 份问卷打印稿，发给其他小组的同学进行讨论。

课堂讨论各组问卷初稿中存在的问题，本次课后，小组对问卷初稿进行修改和完善。

讨论的主要内容：

各组在老师的指导下，针对自己的调研项目，深入讨论调查问卷设计的要点，包括：

1. 考虑调查的目的：围绕调查目的，确保调查覆盖了所有的要点。

2. 考虑访问的形式：访问的方式不同会影响问题的设计。

3. 考虑说明信部分：这对吸引被访者并解除有关调查合法性的疑问十分重要。

4. 考虑被访者：问题的设计考虑应该让被访者觉得友善。

5. 考虑问题的顺序：应该能自然地从一个问题过渡到另一个问题，并使问题按主题有逻辑地排列。

6. 考虑问题的类型：不同风格问题的结合能使访问有吸引力。

7. 考虑问题的措辞：问题的措辞要避免含糊不清、具有诱导性的表述、双重问题等，要将想要询问的内容，“翻译”成受访者能够清楚而轻松地理解的语句。

8. 考虑应该如何处理数据：打算做哪些分析，希望探究哪些因素对调研主题的影响？数据应该如何从问卷中提取出来并进行分析？要使用 SPSS 分析软件和 Excel 表格吗？

9. 考虑给被访者的指导语：往往采访者并非问卷设计者本身，因此问卷的每一阶段都需要有清楚的指示说明。

10. 考虑问卷的排版：问卷应该很好地利用空白处，使之清晰易读。问题和备选的答案应该按标准格式排列，开放式问题要留有充分的空间。

第五章　测量与量表

【本章学习内容】

- 了解测量的概念与层次
- 学会将概念操作化的方法
- 掌握几种常用量表的设计
- 理解测量的信度与效度及其关系

［引导案例］

甲：科学家可以对任何存在的事物进行测量。

乙：是吗？我觉得不大可能。

甲：你告诉我要测量什么吧，我可以告诉你如何去测量它。

乙：好吧，怎样测量“偏见”。

甲：你说，社会上真的有偏见吗？我不愿意把时间浪费在一些根本不存在的事物上。

乙：当然！谁都知道有偏见，我看见过偏见。

甲：你到底看到了什么？偏见是怎样存在的呢？

乙：我认识一个生意人，他说他永远也不会让女人做主管，因为他认为女人不着边际，而且没有理性。看吧！这个例子不错吧！

甲：太好了。看起来，这就是所谓的偏见，所以可以假设偏见是存在的。现在我们要对偏见进行测量，准备好了没有？

乙：准备好了。

甲：我们一起到商业圈去，访问一些老板，问问他们雇用员工的标准是什么。凡是有人表示永远不会让女人担任主管，因为女人不可理喻、不着边际的，我们就认为他有偏见。如果是相反的情形，我们就认定他没有偏见。当我们完成了所有的访谈之后，再将所得到的资料（有偏见的或是无偏见的）加以分类。

乙：等等！这并不是一个测量偏见的好方法！我们忽视了很多其他的偏见！因为这样做的结果只包括了对女性的偏见。

甲：我明白你的意思。但你的例子只是证明了对女性的偏见。我们最好再来研究一下，偏见真的存在吗？

乙：当然存在的。我刚才说的是众多偏见的例子之一。还有成千上万的例子！

甲：那你就再说几个来听听。

乙：好吧，试试这个。某天夜里，我在校园里无意中听到有两个人——一个是白人，一个是黑人——争论政治问题。最后，白人非常气愤，就用带有强烈种族歧视的话辱骂黑人，“你们这些人都应该被送回到你们原来的地方（非洲）去！”这个例子听起来够带偏见意味了吧。

甲：这个例子真的证明偏见是存在的。我们又要对偏见进行测量了。我们俩每天晚上分开巡视校园，看看是否有白人使用低俗的种族歧视言语，并且说着“你们全部都……”

乙：慢着！这个例子也不一定能测量偏见。虽然会说那种话的人一定有偏见，但是有偏见的人却不一定都说那种话。如果到校园巡视，就会忽视那些不说那种话的人。

甲：所有这些又回到了开始的问题上。偏见真的存在吗？还是你一直在蒙我？

乙：不，偏见确实存在！

甲：哦，我倒有些不确定了。你只说服了我，商人在雇用女员工时有偏见，原因是你曾经见到过，而且，我相信你说的。你也说服了我，有些人用不雅的名称来称呼黑人，并要他们全部回非洲去。但是我还是不确定，偏见到底存不存在？我想我该寻根探底，这样，我才能向你证明我能测量它。老实说，我已经开始怀疑偏见到底存不存在了。我的意思是，你看过偏见确实存在吗？偏见有颜色吗？重量多少？在什么地方？

第一节　测量的概念与层次

本章引导案例是巴比（Earl Babbie）在《社会研究方法》一书中所用的一个例子。这个例子有助于我们理解抽象的概念是否可以测量，以及如何测量。引用这段对话的目的就是为了证明“偏见”是个抽象的概念，本质上说根本就不存在。虽然谁也没有摸过“偏见”的实体，也不知道“偏见”长得什么样、有多大、是什么颜色，但我们却在谈论“偏见”。而且，“偏见”可以通过具体的事例或指标（对女员工的态度、对黑人的态度）将抽象的概念和现实世界联系起来，使“偏见”可以测量。当人们提到“偏见”时，我们头脑里就会产生一种印象，就会把以前经历过的有关事件和资料联系起来。这些资料是别人告知的偏见的意义和自己观察到的偏见的例子。当双方在某一点上对偏见达成共识时，理解就会产生。上面的对话涉及以下几个基本要点。

第一，观念是头脑中的印象。观念是头脑中表达“印象”的术语。人们把这种“印象”当做工具，概括观察的和经验的具有共性的事物。如果没有这些观念，人们就不可能进行交流，因为头脑中的印象是不可以直接用来交流的，人们无法直接展示头脑中的印象。

第二，概念是一组观念，是达成共识的结果。人们可以通过概念进行交流。“偏见”这个概念是使用这个术语的人的观念的集合。偏见本身并不存在于真实世界中，也不能直接被观察到。它只是我们创造出来的一个术语。有了概念，人们可以互相交流，达成共识。

第三，可以测量的是概念所概括的事物。人们交流所使用的术语通常是模糊的和会意的，只是有一个大致的了解。指出概念的具体含义、区分概念的不同维度就是概念化的过程。概念化就是使模糊印象清晰化。概念化的最终产品就是一组具体指标。指标被用来说明概念的属性，指标是可以测量的。

在科学研究中，一个抽象的、含义模糊不清的术语，可以转换成具体可测量的指标。这种转换有以下几个步骤（见图5－1）。

图5－1　测量的一般步骤

根据以上所述，只要我们能找到指标，世界上所有事物都是可以测量的。但是，事情没有这样简单，因为不同的研究者对同一个抽象概念的理解和认识往往会有很大的差异。比如“顾客忠诚”这样的概念，10个人可能会有10种解释。从概念到具体的测量方法还有很长的路要走，还有很多工作要做。例如，要测量学生的语文水平，用什么工具去测量呢？全世界有无数各式各样的试卷，怎么办？在无法选择的时候，最后可能会以30分钟的听写测验就代表了语文水平。这样显然没有达到原定的目的。又如，智力这个变量可以描述得很深，可以有多种意义和解释，但如何测量？似乎不可能将智力的所有方面都测量到，一般主要测量记忆能力、解数学题的能力、逻辑推理能力、语言表达能力等。

要把抽象概念转换成操作性定义，把不可观测的事物转换成可观测的指标，需要谨慎地设计测量工具，尽可能全面反映概念的意义。我们将在这一章中逐步展开上述内容。

作为一种认识市场现象的活动，市场研究必然会涉及对市场现象进行测量的问题。在现代市场营销观念下，市场研究人员必须设法了解消费者及有关人员对产品、品牌和企业的态度。市场研究的资料以及研究成果的质量，都直接与测量的质量紧密相连。因此，研究者必须高度重视测量的工作。前面介绍的一些资料收集方法，在客观资料的收集方面是非常有效的，但一般无法用来准确地测量人们的态度。因此，市场研究人员在营销研究的实践中逐渐形成了一些测量人们态度的特定的方法和技术。

一、什么是测量

在日常生活中，我们对于测量并不陌生。比如，人们总是在用人体自身的各种器官去对外部世界进行测量：眼睛在测量物体的大小、颜色、形状、空间距离；耳朵在测量各种声音的高低、方向、含义；鼻子在测量各种气体的味道；皮肤在测量周围的温度；通过语言交流来了解朋友对于一首歌、一个明星的喜爱程度；等等。在日常生活中，我们随意地测量，但在研究中，测量的要求是非常严格的。由于人体器官的测量能力十分有限，而且测量的结果也不够精确，因而人们在科学研究中发明了许多专门的测量仪器，规定了各种测量的特定程序，创造了许多规范的测量方法，极大地提高了测量的水平和效果。人们开始使用米尺、磅秤来精确测量物体长短、高低、大小、轻重，还发明了温度计来精确测量大气的温度、水的温度和人体的温度，发明了望远镜来测量宇宙中不同行星之间的距离，发明了显微镜来测量人眼所无法看到的血液中的红白细胞的数目。用人口登记的方法来测量一个国家的人口数量和人口结构；用电话访问的方法来测量人们对某种产品的喜欢程度；用自填问卷的方法来测量大学生们所具有的择业倾向；等等。

基本上，某些事物的测量因为有适合的量度工具，所以会比较容易。但是当我们想知道有关人们的主观感受、态度以及感觉时，测量则变得较为困难。但这也是市场研究中重要的方面，为此人们又开发出专门的“量表”来测量人们对某些事物的态度、感觉等主观特质。

虽然各种各样的测量在测量的内容、方式等方面千差万别，但它们在一些最本质的方面却完全一致。这些最本质的方面，就是测量所具有的科学的内涵。那么，究竟什么是测量呢?

美国学者史蒂文斯认为，测量就是依据某种法则给物体安排数字。这一定义被许多社会科学研究人员所采用。在此基础上，本书中则用下述定义来进一步解释测量的含义：所谓测量（measurement），就是根据一定的法则，将某种物体或现象所具有的属性或特征（的观察结果）用数字或符号表示出来的过程。测量是根据预定的规则用数字或其他符号描述被测指标，以达到对其量化的目的。

在市场研究中，将特征或变量量化的原因主要有两个：一是量化的信息便于进行统计分析；二是量化的信息便于各种规则和结论的对照比较。

测量的主要作用，在于确定一个特定分析单位的特定属性的类别或水平。它不仅可以对事物的属性做定量的说明（即确定特定属性的水平），同时，它也能对事物的属性做定性的说明（即确定特定属性的类别）。在市场研究中，研究者所进行的大部分测量往往是这种定性的测量。

二、测量的四个要素

为了更好地理解测量的概念，有必要对构成上述测量定义的四个必不可少的要素进行专门的说明。这四个要素是：测量的客体、测量的内容、测量的工具（以及测量法则和操作过程）、测量的结果——数字或符号。

1. 测量客体

测量客体即测量的对象。它是客观世界中所存在的事物或现象，是我们要用数字或符号来进行表达、解释和说明的对象。比如，我们测量一张桌子的高度时，这张桌子就是我们测量的客体或对象。在市场研究中，最常见的测量客体是各种各样的个人如消费者，以及由若干个人所组成的各种组织如企业、团队等。在测量的四个要素中，测量客体所对应的是“测量谁”的问题。

2. 测量内容

测量内容即测量客体的某种属性或特征。实际上，在任何一种测量中，我们所测量的对象虽然是某一客体，但所测量的内容却并不是客体本身，而只是这一客体的某些特征或属性。

具体地讲，这里所要测量的不是调查对象本身，而是调查对象的某些特征。因此，我们不是测量消费者，而是测量消费者的认知、态度、偏好及其他相关特征。测量的关键是说明对特征或变量的赋值规则，赋值的过程必须是规范的，被测特征与数字之间必须是一一对应。

比如，桌子是我们的测量客体，而桌子本身我们却无法测量，只有桌子的各种特征，比如它的高度、宽度、重量、颜色等，才能构成我们测量的内容。同样的道理，市场研究中的消费者或企业是我们的测量客体，是市场研究中的测量对象，但我们所测量的却并不是这些个人或组织本身，而是他们的各种特征。比如测量消费者个人的行为、购买态度和消费习惯；测量企业的规模、结构和管理模式；测量人口密度；等等。只有它们的这些特征才是我们的测量内容。在测量的四个基本要素中，测量内容所对应的是“测量什么”的问题。

3. 测量的工具

测量的工具叫量表，即标尺，是用于测量的尺度或标准。不同性质的特征或变量应采用不同的标尺去测量。

量表的作用是根据被测对象的特点构造一个分类差异序列。比方说，针对消费者对品牌甲的偏爱程度，可使用一个标尺来划分它们。具体可以这样操作：我们用一个三个点的偏好标尺进行测量，1 代表不喜欢，2 代表中立，3 表示喜欢。测量就每个调查对象选择 1、2、3 的过程。分类规则是根据消费者对品牌的态度选择如何进行归类的过程。在我们的实例中，运用量表可把消费者划分为持有不喜欢、中立和喜欢三种态度的三类人。

测量工具是用数字和符号表达事物各种属性或特征的用具、手段、操作规则、程序。也可以说，它是某种具体的操作程序和区分不同特征或属性的标准。比如，“将桌子放置在水平的地面，然后用直尺从地面垂直地靠近桌面的边缘，桌面所对应的直尺上的刻度即是桌子的高度”，这句话所陈述的就是测量桌子高度的规则。又比如，在市场研究中，我们要测量人们的收入状况。那么，“将被研究者工资单上的应发金额数加上每月奖金发放统计表上他所得的奖金数额”，就是一种测量法则。在测量的四个基本要素中，测量法则所对应的是“怎么测”的问题。

测量工具的特性一定要与测量对象的特性相关或相近，类似于用工具特性（作为标准并用来）与对象的特性进行比较（衡量），然后才能测量出对象该项特性的结果。测量过程中涉及技术标准的掌握与人为的立场。技术标准不严格，掌握不准确，或故意发生偏差，就会使结果发生误差。

4. 测量的结果

测量的结果——数字和符号，即用来表示测量结果的工具。比如，120 厘米、110 厘米等就是测量桌子高度所得的结果；1350 元、2460 元等就是测量人们收入的结果。在市场研究中，研究者进行测量的结果中，许多是用数字来表示的。比如，被研究者的年龄、收入等，被研究企业的员工数，用于人力资源培训的费用，等等。但是，同样也有许多是用文字来表示的。比如，被研究者的性别（用男、女）、婚姻状况（用未婚、已婚、离婚、丧偶）、被研究者对新的企业管理制度的态度（用赞成、反对）等。尽管许多用文字表达的测量结果在统计分析时都转换成了数字，但这种数字并不能像算术中的数字那样进行加、减、乘、除运算，最多只能作为不同类别的代号进行频数统计。

在测量的四个基本要素中，数字和符号所对应的是“如何表示”的问题。

三、社会现象的测量

我们知道，测量在自然科学的研究中应用十分广泛，也十分成熟。相比之下，社会科学研究中对测量的应用就显得相对落后一些。社会现象的特殊性、社会测量的特殊性是形成这种状况的重要原因。

市场研究中测量的也多是各种市场活动和市场现象，它们都属于社会现象。社会现象都是建立在人及其活动的基础上，对人及其社会行为的测量与对自然现象的测量有着十分不同的特点。

其一，在市场研究中，人一方面作为测量的客体或对象，而另一方面又作为测量过程的主体，因而给社会现象的测量带来了无法回避的主客观矛盾。无论是作为测量主体的人，还是作为测量客体的人，都具有主观意识、思想感情、思维能力和价值观念，都会对测量的过程和方式作出种种反应；人与人之间还存在着各种各样、错综复杂的社会关系；这些都使得社会现象的测量在很大程度上受到人们的认识水平和价值取向的影响，带有明显的主观色彩。

其二，市场研究中测量的内容常常是社会中人们的行为，以及由人们的行为所构成的各种社会现象。然而，与此同时，人们对各种社会现象所进行测量的活动本身，也是一种社会行为，也是一种社会现象。二者相互联系，也相互影响。特别是由于任何一种社会测量都会干扰和影响现实生活中它所希望或正在测量的现象，就像自然科学中的“测不准原理”那样，因而会给实际的测量工作带来许多困难。

其三，在自然科学中，由于测量的对象相对单一和稳定，因而测量的可重复性强、量化程度比较高。特别是这种测量常常可以建立起某种公认的、通用的单位标准。比如，长度用米或尺为单位来量度；时间用秒为单位来量度；重量用克或磅为单位来量度等；但是，在市场研究中，由于测量的对象十分复杂，因而测量的量化的程度比较低，可重复性也比较差。对许多的社会现象，比如，对于消费者的购买力、企业团队的凝聚力、组织的形象声望、消费者忠诚度等，广大的社会科学家们还很难建立起某种公认的、适合于多种不同情况的测量单位和测量标准，以及与之相应的测量工具和测量方法。

四、测量的层次与量表类别

由于市场研究中所涉及的现象具有各种不同的性质和特征，因而对它们的测量也就具有不同的层次和标准。史蒂文斯 1951 年创立了被广泛采用的测量层次分类法，他将测量层次分为四种，即定类测量、定序测量、定距测量和定比测量。

（一）定类测量

定类测量（nominal measurement），也称为类别测量或定名测量，它是测量层次中最低的一种。定类测量在本质上是一种分类体系，即将研究对象的不同属性或特征加以区分，标以不同的名称或符号，确定其类别。这种以数字作为标签来分辨、区分观测对象所属类别的度量工具，称为定类标尺或称为类别量表。定类测量的数学特征主要是等于和不等于（或者属于和不属于）。我们前面谈到的定性测量实际上都是在定类测量上的测量。

在市场研究中，诸如对性别、职业、文化程度等特征的测量，都是常见的定类层次的测量。它们分别将被研究者划分成"男性与女性"、"工人、农民、教师、商人……"、"高中生，大学生，研究生"等各种不同的群体或类别。而每一个被研究者则分别属于或者不属于其中某一类别。定类测量的量表称为定类量表或类别量表。

例如，在一个调研项目中对每个受访者进行编号，这个编号就是类别量表。当类别量表中的数字是用于识别不同对象时，数字与对象间存在着一一对应的关系，例如大学里每个学生的学号、球队中每个队员的编号等。在市场研究中，类别量表常用来标识不同的受访者、不同的品牌、不同的商品特性、不同的商业或其他对象等。

类别测量的数字不能反映对象具体特征的性质和数量。例如，学号较大的学生并不比学号小的学生更优越，反过来也是一样。对类别测量中的数字，只有计算发生频度以及和频率有关的一些统计量，如百分比、众数、卡方检验等，计算平均数是没有任何意义的。

调研快照 5-1

在品牌偏好调研中，以不同的数字代表十个品牌。数字 1 仅指品牌 A，数字 5 仅指品牌 E，而不表明品牌 E 优于或逊于品牌 A。如果重新设定号码，如调换品牌 E 和品牌 A 的数字号码，并不影响整个数字系统，因为数字符号不反映品牌的任何特点。如"上月，75%的调查对象光顾了 E 商店"，这种说法是有意义的。

由于定类测量实质上是一种分类体系，因而必须注意所分的类别既要具有穷尽性，又要具有互斥性，即所分的类别既要相互排斥，互不交叉重叠，又对各种可能的情况包罗无遗。这样，我们所测量的每一个对象都会在我们的分类体系中占据一个类别，且仅仅只会占据一个类别。比如，将性别分为"男性"和"女性"两类，将职业分为"工人"、"农民"、"干部"、"专业技术人员"、"商人"、"其他"六类，等等。

（二）定序测量

定序测量（ordinal measurement），也称为等级测量或顺序测量。定序测量的取值可以按照某种逻辑顺序将研究对象排列出高低或大小，确定其等级及次序。定序测量的工具称为定序量表或顺序量表。

定序测量可以按某种特征或标准将对象区分为强度、程度或等级不同的序列。比如，测量人们的文化程度，可以将他们分为小学以下、初中、高中、大专、大学及以上等，这是一种由低到高的等级排列；测量城市的规模，可以将它们分为特大城市、大城市、中等城市、小城市等，这则是一种由大到小的等级排列。在市场研究中，研究者可以用定序测量来对人们生活水平、住房条件、工作能力等特征进行类似的等级排列。

定序测量不仅能够像定类测量一样，将不同的事物区分为不同的类别，而且还能反映事物或现象在高低、大小、先后、强弱等序列上的差异。它的数学特征是大于或小于，它比定类测量的数学特征高一个层次。定序测量所得到的信息比定类测量所得的更多。

顺序量表是一种排序量表，分配给对象的数字表示对象具有某种特征的相对程度。顺序量表仅能确定某调查对象相对于其他对象拥有较多或较少的某种属性，但并不能确定多多少或少多少。常用的顺序量表有：质量等级、比赛名次等。在市场研究中顺序量表用于描述调查对象的相对态度、观点、认知及喜好的倾向顺序。

与定类测量标尺一样，在定序测量标尺中具有相同属性的调查对象处于同一等级。任何一系列数字都可用于表达对象之间已排定的顺序关系。如，只要能保持对象间基本的顺序关系，就可对顺序量表施以任何变换。

调研快照 5－2

在品牌偏好调研中，调查对象按喜爱程度对若干品牌进行等级划分，1 级是最喜爱的品牌，2 级是第二喜爱的品牌，依此类推。结果显示，有 45% 的调查对象把 D 品牌评为 1 级，25% 的调查对象把 C 品牌评为 2 级。这表明 D 品牌的级别高于 C 品牌。但是，它们受欢迎的程度却不得而知。

（三）定距测量

定距测量（interval measurement），也称为等距测量或区间测量。它不仅能够将社会现象或事物区分为不同的类别、不同的等级，而且可以确定它们相互之间不同等级的间隔距离和数量差别。比如，测量人的智商，以及测量自然界中的温度就是定距测量的典型例子。在定距测量中，我们不仅可以说明哪一类别的等级较高，而且还能说明这一等级比那一等级高出多少单位。这也即是说，定距测量的结果相互之间可以进行加减运算。如果测得张三的智商为125，李四的智商为110，那么，125－110＝15，由此可以说张三的智商比李四高15。同样的道理，我们测量北京与杭州的温度，结果发现北京的温度为摄氏20度，杭州的温度为摄氏30度。从这一测量中，我们不仅可以了解到北京与杭州的气温不同（定类测量的测量结果），了解到杭州的气温比北京的气温高（定序测量的测量结果），而且还了解到杭州的气温比北京的气温高出摄氏10度（定距测量的测量结果）。比如，在冬天，我们可以测得北京的气温为0摄氏度。但它却并不是表示北京“没有温度”，而只是代表北京的气温达到了水的“冰点温度”。

定距量表无零点，任意两相邻级的差别等同于定距标尺中任意两个相邻值之间的差距。市场调查中有关态度的数据常常被当做定距数据来处理。在定距测量标尺中，没有固定的零点。零点和测量单位是任意确定。正因为定距测量标尺没有固定零点，标尺之间使用比率也就毫无意义了。

例如，用摄氏温度计测量的温度，9℃与6℃之差等于6℃与3℃之差。但是，这并不意味着9℃是3℃的3倍。这是因为摄氏温度表是以冰点作为人定参照点，摄氏零度并不意味着没有温度，而摄氏温度表上的绝对零点在零下273℃，即－273℃。时间量表上的参照点也是人定的。钟表上的零点，并不意味着没有时间。这类量表上的数值只能作加减运算，不能作乘除运算。

调研快照5－3

在市场研究中，我们经常应用定距测量标尺测量消费者的品牌偏好，我们用了7个等级来反映消费者对品牌的喜爱程度。如果品牌乙的等级为2，品牌丁的等级为6，这并不表示人们对品牌丁的喜爱程度是品牌乙的3倍。正如，如果我们把等级设定为11到17，那么乙的级别为12，丁的级别为16，而两个级别的比就不再是3:1了。

（四）定比测量

定比测量（ratio measurement），也称为等比测量或比例测量。定比测量除了具有上述三种测量的全部性质之外，还具有一个绝对的零点（有实际意义的零点）。所以，它测量所得到的数据既能进行加减运算，又能进行乘除运算。比如，对人们的收入、年龄、营业额、城市的人口密度等所进行的测量都是定比测量的测量。它们的测量结果都能进行乘除运算。如测得张三的收入为4800元，李四为2400元，那么，4800/2400＝2，由此可以说，张三的收入是李四的收入的两倍（或李四的收人是张三的1/2)。是否有实际意义的零点(绝对零点)的存在,是定比测量与定距测量的唯一区别。

定比测量中所谓“绝对零点”的把握:定比测量的基本要求是在测量值中可能出现“0”数值,而且这个0的意义是表示“没有”。定比测量的基本条件是要有0起点。

定比量表是一种用于描述调查对象计量特征的数学标尺,也称为等比量表,它具有类别量表,顺序量表,定距量表的一切特性,并有固定的零点。因此,在定比量表中,人们可以标识对象,将对象进行分类、排序,并比较不同对象某一变量测量值的差别。测量值之间的比值也是有意义的。身高、体重、年龄、收入等都是定比量表的例子。在市场研究中,销售额、生产成本、市场份额、消费者数量等变量都要用定比量表来测量。

以上四种类型的量表分别代表四种不同水平的测量。这四种量表构成一个等级分类体系,后一类量表包括前一类量表所具有的条件。定比量表是四种量表中层次最高的,包含信息最多的量表。因此,一般不要将属于测量水平高的测量结果转换成测量水平低的测量结果。如,我们可以将百分制(等距量表)转换成等级制(顺序量表)来表示学习成绩,但等级制却无法还原成百分制,因为等距量表层次要比顺序量表层次高。在将学习成绩的百分制转换成等级制的过程中,会丢失许多信息。一般在两种量表可供选择的情况下,尽可能采用层次高的测量量表,采用精确程度高的测量量表。表5-1清楚显示了这四种量表的区别和内在联系。

表5-1　　四种测量量表的特征、功能和适用的统计分析方法

名称	特点	基本功能	数学特征	适用统计方法
类别量表	分类符号	分类、描述	= ≠	百分比,检验,列联相关系数
顺序量表	1 分类符号 2 等第顺序	1 分类 2 可按顺序排列	= ≠ > <	中位数,四分位差,等级相关,非参数检验
等距量表	1 同上 2 同上 3 差值大小有相等单位	1 同上 2 同上 3 差值的确定与比较	= ≠ > < + −	算术平均数,方差,积差相关,复相关,参数检验
等比量表	1 同上 2 同上 3 同上 4 有绝对零点	1 同上 2 同上 3 同上 4 比值的确定、比较	= ≠ > < + − × ÷	算术平均数,方差,积差相关,复相关,参数检验,几何平均数

上述四种测量的层次由低到高，逐渐上升。高层次的测量具有低层次测量的所有功能，即它既可以测量低层次测量可以测量的内容，也可以测量低层次测量所无法测量的内容，同时，高层次的测量还可以作为低层次测量处理。比如，定序测量具有定类测量的分类功能，且可以作为定类测量使用。同样地，定距测量具有定序测量的排序功能与定类测量的分类功能，且可以作为这两种测量使用；但反过来则不行。

明确不同的测量层次所具有的不同数学性质，这一点十分重要。因为在社会研究资料的整理和统计分析中，需要根据不同测量层次所具有的数学特性采用不同的统计方法。另外，在对社会现象进行测量时，有一个重要的规则：尽可能对它们进行高层次的测量。即凡是能够用定比测量或定距测量的，就一定不要只用定序测量甚至只用定类测量。因为高层次测量所包含的信息更多，且高层次测量的结果很容易转化为低层次的测量结果，反之则不行。

第二节　概念的操作化

在一般的研究中，有两种变量：一种是具有客观性且能精确测量，另一种则是含糊不清、比较抽象，且因具有主观性而无法精确测量。

市场研究中所要测量的变量许多都是十分抽象的概念。比如购买动机、投入程度、满意度、购买行为及股市景气、品牌忠诚度等，这些概念通常都是我们看不见、摸不着的。要使这些概念能够被我们所测量，必须对它们进行操作化处理。然而，尽管后者缺少客观的测量工具，但还是有办法对主观感觉与个人感觉给予明确的定义。例如，将购买动机、投入程度、满意度、购买行为及股市景气等观念具体化，测量可观察的行为及特质，这样可以大幅度降低其抽象程度。例如，“口渴”是一个抽象概念，我们无法“看到”别人的口渴程度，然而，我们却可以预期一个口渴的人会喝大量的流质液体来补充，也就是说一个口渴的人，他的反应会是喝许多的液体，因此，我们可通过测量口渴的人喝多少液体来得知人的口渴程度，所以即使口渴本身是个抽象且含糊的概念，我们仍能测量口渴的程度。降低概念的抽象程度并且用客观的方法加以测量，便是所谓的概念操作化。

操作化既是市场研究中常用的概念，同时，它也是市场研究过程中最为困难、最为关键的步骤之一。为了更好地理解操作化的概念与方法，有必要先对概念、变量和指标这三个概念作一简单回顾，并对三者之间的关系作一简要的说明。

一、概念、变量与指标

（一）概念

概念是人们对具体或抽象事物进行观察、描述、表达、记录、人际交流的符号工具。

概念是对现象的抽象，它是一类事物的属性在人们主观上的反映。概念的抽象程度也有高有低。抽象层次高的概念往往包含多个抽象层次低的概念，并且它往往是难以直接观察和描述的。这是因为概念的抽象层次越高，其涵盖的面就越大，特征也就越含糊。相反，一个概念的抽象层次越低，其涵盖面也就越小，特征也越明确。概念的抽象性对于理论有着重要的作用。由于概念是命题的“建筑材料”，而命题则是理论的“建筑材料”，所以，有的学者把概念称为建筑理论大厦的砖石。

（二）变量

变量是指具有一个以上取值的概念，或者说，就是包括一个以上范畴的概念。而那些只有一个固定不变的值的概念，则叫做常量。

（三）指标

我们把表示一个概念或变量含义的一组可观察到的事物，称做这一概念或变量的一组指标。概念是抽象的，而指标则是具体的；概念是人们的主观印象，而指标则是客观存在的事物。因此，概念只能想象，而指标则可以观察和辨认（经验事实）。比如，“阶层”是一个抽象概念，通过操作化，我们可以用一组指标来测量它，这组指标包括职业、收入、文化程度等。又比如，“品牌忠诚度”是市场营销中的一个重要概念，通过操作化，我们可以“对某品牌的了解程度，喜爱程度，重复购买，推荐购买”等指标来对它进行测量。指标的取值即一个指标所包含的子类别。比如，前述的“职业”是测量“阶层”的一个指标，它包含工人、农民、教师、干部、商业人员等多个不同的取值。

二、操作化的含义与作用

所谓操作化（operationalization），就是要把我们无法得到的抽象概念或有关人的行为、思想和特征的内在事实，用代表它们的外在事实来替换，以便于通过后者来研究前者。或者说，操作化就是将抽象的概念转化为可观察的具体指标的过程。它是对那些抽象层次较高的概念进行具体测量所采用的程序、步骤、方法、手段的详细说明。比如，将抽象概念“顾客忠诚”转化为“重复购买”、“推荐他人购买”，就是操作化的一个例子。操作化在市场研究中有着极为重要的作用。存在于研究者头脑中的各种概念、意识，研究者用以构建其理论大厦的各种基本变量，都只有经过了合适的操作化之后，才会在普通人可以看得见、摸得着的现实社会中显现出来。从另一方面看，操作化也是具有定量取向的社会研究的关键一环。尤其是在解释性研究中，若要对任何有关社会现实的理论假设进行检验，操作化往往是不可回避的前提。也就是说，只有通过操作化的过程，将思辨色彩很浓的理论概念转变成、“翻译成”经验世界中那些人人可见的具体事实，假设检验才成为可能。

可以说操作化是市场研究中由理论到实际、由抽象到具体这一过程的瓶颈。从理论思维的天空，到经验研究的大地，有着相当的距离。而这种操作化过程，就是沟通抽象的理论概念与具体的经验事实的一座桥梁，它为我们在研究中实际地测量抽象概念提供了关键的手段。例如，前面提到的“顾客忠诚”的概念。什么是“顾客忠诚”呢？虽然我们确实能够体会到它，但这个东西在现实中却并不存在。因为我们既不知道它的形状、大小、颜色，也没有摸到过它。但是，当我们将它操作化为“重复购买”、“主动推荐”、“积极评价”时，我们就会在现实生活中看到它，并测量它了。操作化的作用正是让那些通常只存在于我们头脑中的抽象概念，最终在我们所熟悉、所生活的现实世界中“现出原形”，让那些本来只能靠我们的思维去理解、去体验的东西，“变成”我们看得见、摸得着的东西。

三、操作化的方法

对概念进行操作化处理，就是要给出概念的操作定义，这种定义即一套程序化的工具，它告诉研究者如何辨识抽象概念所指的现实世界中的现象。从大的方面看，这种操作化过程主要包括两个方面的工作：一是澄清与界定概念；二是发展测量指标。

（一）概念澄清与界定

起初比较粗糙地定义的概念常常潜在地包含着大量不同的成分，而以这种概念为名组织起来的资料往往具有某些实质性的差异，因此，在研究中需要对主要的概念进行某种澄清和界定的工作。澄清和界定概念的必要性是，如果不同的人用同一个概念（词语）来表达不同的含义，那么，这样的概念也就没有用了。除非人们用同样的词语来表达同样的事物，否则交流就是不可能的。通过精确地指出一个概念包括什么，排斥什么，就可以为我们提供对资料进行分析和组织的指导性框架。

在具体操作上，我们首先要弄清概念定义的范围。在采用或给出某个具体的定义之前，可以先看看其他的研究者对这一概念所下的定义是怎样的。而对于那些并未对该概念下正式的定义的研究者来说，我们就需要从其对概念的运用中来确定他对这一概念的界定。当我们通过收集和查询，了解到有关这一概念的各种不同的定义，从而对这一定义的大致范围有所理解以后，便可以对这些定义进行分类。

（二）设计测量指标

概念的澄清和界定只是解决了概念名义定义的内涵问题，即相当于给我们划定了概念内涵的具体范围。对于经验性的市场研究来说，还需要对其进行操作化，使其转化成能具体观察和测量的事物。接下来的任务就是要寻找与这些内涵相对应的经验指标。这一工作更为具体，也更具有挑战性。通常的做法如下。

1. 列出概念的维度

正如前面所介绍的，许多比较抽象的概念往往具有若干不同的方面或维度。或者说，一个抽象的概念往往对应于现实生活中的一组复杂的现象，而不仅仅只对应于一个单纯的可直接观察到的现象。比如，市场研究中经常需要了解消费者的“品牌忠诚度”，而品牌忠诚度就是这种具有多个不同维度的概念的例子。品牌忠诚度是指消费者在购买决策中，多次表现出来对某个品牌有偏向性的（而非随意的）行为反应。我们在界定概念的定义的同时，指出概念所具有的不同维度，对于概念的操作化，对于概念的测量指标的选择，以及对综合的理论思考与分析，都是十分有用的。比如，要测量顾客的品牌忠诚度，往往是先将这一概念的主要维度，即品牌忠诚度的构成一一列举出来，即要研究品牌忠诚度应该从哪些方面去测量它。一般情况下，品牌忠诚度的构成包括：“消费者对品牌的认知，消费者对品牌的总体评价，消费者对产品的满意度，消费者的对该品牌产品的消费习惯，向其他消费者的推荐与介绍等”。

2. 建立测量指标

对于有些概念来说，建立一个测量指标是简单的。比如，人们的“性别”、“文化程度”、“婚姻状况”这样的概念就是如此；但是，对于其他一些比较复杂、比较抽象的概念来说，发展和建立测量指标就不是一件容易的事。通常，我们可以采取下列两种方式来发展概念的指标：第一种方式是寻找和利用前人已有的指标。尤其是对于一些测量态度方面的量表，往往经过多次的运用和修改，常常可以成为我们可用的指标。当然许多前人的指标不一定完全适合我们的概念，需要作一定的修改和补充。用前人的指标具有可与其他研究所得结果进行比较的优点，同时，这种做法比每个研究者都发展一套自己特定的指标的做法，更有利于社会知识的积累和形成。

第二种方式是研究者先进行一段时间的探索性研究。采用实地观察和无结构式访问的方式，进行资料收集的初步工作。尤其是与被研究者中的关键人物进行比较深入的交谈，从这些人那里获得符合实际的答案。这样做可以帮助研究者从被研究者的角度、用被研究者的眼光来看待事物，了解被研究者的所思所想，以及他们考虑问题的方式。所有这些都会对研究者发展出测量概念的指标提供极大的帮助。

【例5－1】 对“成就动机”进行概念操作化

首先，让我们试着将在企业管理领域中大家都相当感兴趣的概念“成就动机”进行操作化定义。在高成就动机的人们身上，期望会看到什么样的行为及特征呢？他们可能有以下五个特征，我们简单称之为维度。

维度1：受工作驱动。就成就动机的人可能为了得到“达到与完成”的满足感而整天工作。

维度2：他们经常闲不下来，或是难以将注意力转移到工作之外的活动。

维度3：由于他们总是想要获得达成目标与完成目标的感觉，所以偏好独立工作而非与他人合作。

维度4：由于具有想要达成目标及享受工作完成的心态，他们宁愿选择具有挑战性的工作，而不要太简单、平凡单调的工作。但是他们也会考虑完成工作的概率与期望，所以挑战性过大、失败概率高的工作他们也不想承担。

维度5：他们渴望知道自己在工作中的进步情况，所以想要从上司、同事，甚至部属那里得到直接、频繁且细微的工作表现反馈。

综上所述，我们预期高成就动机的人会努力工作、难以放松、偏好独立工作、喜欢从事具有适度挑战性的工作，并寻求工作上反馈。这样，我们就将此概念转换成五个维度以降低抽象的程度，但仍未给予操作化定义，我们需要将维度进一步拆解为可测量的要素及指标。

用维度1来举例子，进一步分析如下：

受工作驱动的人，其可能的行为有：①全天候工作；②不愿放下工作去休假；③面对挫折不屈不挠。这些的表现基本上是可以测量的，我们可以计算员工从事相关工作活动的时数，在工作场合以外或是在家中继续工作的时间来作为受工作驱动的指标。接下来，追踪人们遭遇失败仍能持续完成工作的次数，来反映人们为了达成目标的坚持力。最后，在测量“不愿放下工作去休假”这部分，我们只需将其休假的理由是什么以及次数有多少作为测量指标即可。若员工工作半年后排了7天的休假去看球赛、去访友，我们可以判定他会毫不迟疑地离开工作去休假；然而，如果一个人在过去的两年中没有缺席过一天，也未因身体小恙而不上班，这显示了他因工作的过度投入而不愿放下工作去休假。

因此，我们可以通过测量一个人每周花在工作相关活动上的时间（小时数），完成日常工作任务的程度，以及休假次数与原因来确定员工受到工作驱动的程度。

请思考：其他四个维度该如何去测量呢？

第三节 态度测量技术

在市场研究中，经常要了解人们的态度、情感、意志、观念、意见、行为倾向等方面的内容，这些抽象概念和这些主观性的内容一方面具有潜在性的特征，另一方面其构成也往往比较复杂，它们一般很难用单一的指标进行测量。通过直接询问的方法常常得不到人们的真正态度，因为，有些人根本就不知道他们自己的态度，或无法用语言或文字表达；这样人们希望有一种比较固定的、比较精确的测量工具。观察法也不是衡量态度的有效方法，因为观察到的外在行为常常不能代表真实的态度。因此，利用某些特殊的态度测量技术是完全必要的。通过态度测量技术可以深入细致地研究消费者的心理活动，判断消费者的心理差别，进而预测由此引发的消费流行趋势，这在市场研究中具有重要意义。

一、态度量表的分类

研究工作者在长期的调查研究中，发明或发展了一系列精确化测量人们主观态

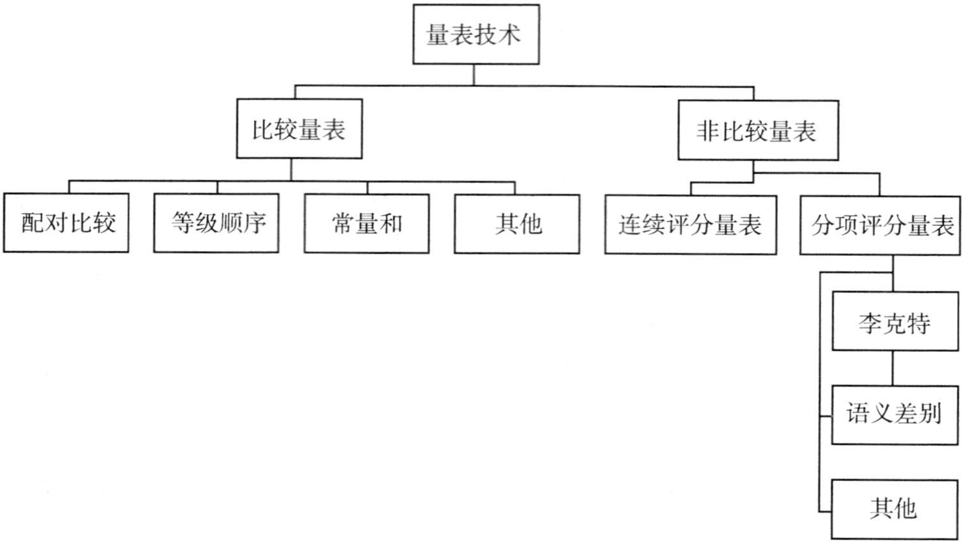

图 5－2 态度测量技术的分类

度的调查手段和方法，态度量表就是其中重要的一种，态度量表是由问题所构成的用于测量人们主观态度的调查工具。量表不仅可以用来测量人们的意见、观点、观念、信仰，而且也可用来分析人们的行为及行为倾向。图5-2是常见态度量表的分类。

（一）比较量表

1. 配对比较量表

给一名调查对象提供两个物体，并要求他根据某些标准来选择一个。例如，可口可乐在引入新产品前进行了19万次以上的配对比较。配对量表是比较量表中应用最广泛的。在可传递的假设下，可将配对比较数据转换为一个等级顺序。所谓“可传递性”是指，如果一个人喜欢A品牌甚于B品牌，喜欢B品牌甚于C品牌，那么它一定喜欢A品牌甚于C品牌。

【例5-2】配对比较量表

下面是十对牙膏的品牌，对于每一对品牌，请指出你更喜欢其中的哪一个。在选中的品牌旁边□处打钩（√）。

（1）　黑妹□　　高露洁□
（2）　黑妹□　　佳洁士□
（3）　黑妹□　　冷酸灵□
（4）　黑妹□　　两面针□
（5）　高露洁□　　佳洁士□
（6）　高露洁□　　冷酸灵□
（7）　高露洁□　　两面针□
（8）　佳洁士□　　冷酸灵□
（9）　佳洁士□　　两面针□
（10）　冷酸灵□　　两面针□

2. 等级顺序量表

同时向调查对象呈现几种物体，并要求他们根据一些标准将这些物体排序。通常用于测量对品牌的偏好以及态度，是配对比较量表技术之后最为普遍的比较量表技术。

【例5-3】 请您按照您喜欢的程度对以下牌号的洗发水进行编号，最喜欢者为1号，依次类推。

海飞丝□　　飘柔□
力士□　　蜂花□
沙宣□　　飘逸□

奥丽斯□　　　　诗芬□

与配对量表相比，等级顺序量表的计量过程花费较少的时间；另一方面调查对象很容易理解排序的提示。但缺点是只产生定序数据，不能对等级间的差距进行测量；对象个数越多，受测者越难分辨对各对象偏好程度的差别。

3. 常量和量表

要求被调查者根据一些标准在一组刺激物体中分配单位，所依据的原则是分配的分数能够反映每项属性的重要性，所分配的分数值之和是100。

【例5-4】

请给以下洗衣粉打分，分数总和必须为100分。

碧浪________　白猫________　奥妙________　立白________

这种量表有绝对零点，可以被看成是定比量表，但由于比较的本质和结果缺乏普适性，因此应该被看成是定序量表（等级量表）。它的好处是不需要太多的时间就能得到刺激物体间的微小区别；但是对调查对象分配的分数之和可能比指定的要多或少，另一方面，如果需要评价的对象较多可能使被调查者的负担过重。

（二）非比较量表

1. 评价量表

也称图示评分量表，通过在一条直线上的适当位置作出标记来为物体评分，直线两端表示极端态度，中间刻度表示态度的变化。典型的形式如下：

量表 A

不喜欢____喜欢

量表 B

不喜欢____喜欢

0　10　20　30　40　50　60　70　80　90　100

量表 C

比较差　　　一般　　　比较好

很差____很好

0　10　20　30　40　50　60　70　80　90　100

2. 李克特量表

李克特量表（Likert Scaling）是由美国社会心理学家李克特（R. A. I. Likert）于1932年在原有的指数形式的基础上改进而成的。李克特量表由一组对某事物的态度或看法的陈述组成，回答者对这些陈述的回答被分成“非常同意、同意、不知道、不同意、非常不同意”五类，或者“赞成、比较赞成、无所谓、比较反对、反对”五类。由于答案类型的增多，人们在态度上的差别就能更清楚地反映出来。李克特量表是市场研究中用得最多的一种量表形式。

量表中的陈述设计的具体办法是：首先根据文献资料或研究者自己的学术与生活经验积累，采用类似“头脑风暴法”的方式尽可能地罗列与变量有关的各个要点；其次将这些要点整理成形式统一的陈述；其三是将这些陈述进行删改、整理、分类、排列，形成一个“初步的量表”；其四是对这个量表的分辨力进行试调查和分析，剔除分辨力太低的陈述，形成正式的量表。

李克特量表构建的基本步骤如下：

(1) 收集大量（50~100）与测量的概念相关的陈述语句。

(2) 研究人员根据测量的概念将每个测量的项目划分为“有利”或“不利”两类，一般测量的项目中有利的或不利的项目都应有一定的数量。

(3) 选择部分受测者对全部项目进行预先测试，要求受测者指出每个项目是有利的或不利的，并在下面的方向—强度描述语中进行选择，一般采用所谓“五点”量表：

a. 非常同意　b. 同意　c. 无所谓（不确定）　d. 不同意　e. 非常不同意

(4) 对每个回答给一个分数，如从非常同意到非常不同意的有利项目分别为1、2、3、4、5分，对不利项目的分数就为5、4、3、2、1。

(5) 根据受测者的各个项目的分数计算代数和，得到个人态度总得分，并依据总分多少将受测者划分为高分组和低分组。

(6) 选出若干条在高分组和低分组之间有较大区分能力的项目，构成一个李克特量表。如可以计算每个项目在高分组和低分组中的平均得分，选择那些在高分组平均得分较高并且在低分组平均得分较低的项目。

(7) 分辨力的计算方法是：先根据受测对象全体的总分排序；然后取出总分最高的25%的人和总分最低的25%的人，并计算这两部分人在每一条陈述上的平均分；将这两个平均分相减，所得出的就是这一条陈述的分辨力系数。该系数的绝对值越大，说明这一陈述的分辨力越高。如果题项陈述的分辨力很小，在制作正式的量表时，应将其删除。

李克特量表的构作比较简单而且易于操作，因此在市场研究实务中应用非常广泛。需要指出的是，目前在商业调查中很少按照上面给出的步骤来制作李克特量表，通常由客户项目经理和研究人员共同研究确定。

在李克特量表中，各个陈述（项目）的排列方式可以采取下列方式：一是前述“趋强的顺序”；二是采用意义相反的陈述方式，即将一组两个意义相反的陈述排列在一起，各陈述得分的设计也正好是相反的，这样可以强化陈述的意义，也可以进一步反映样本回答提问的真实性；三是还可以在一组陈述中故意穿插一些无关紧要的或逻辑上“有错误”的陈述，以此检验样本回答提问的真实程度。

关于分辨力的问题，需要注意：分辨力低的陈述，有两种情况：

一是陈述的内容可能无关大局、“不痛不痒”或与要测量的内容无关，或带有敏感性。这样的陈述，在试调查中样本认为问题不重要或不便于回答而没有表达出自己鲜明的态度。

二是陈述涉及大家都认同的内容，不论“赞成派”或“反对派”都同样地肯定或否定。这样的陈述如果内容非常关键，在整个量表中很有意义，仍然是有必要的。

【例 5－5】 您是否同意下列说法：请根据您对每句话的同意程度在相应的格子里划钩（√）。

说　法	非常同意	同意	无所谓	不同意	非常不同意
1. 我遇事能自己做主					
2. 我敢于表现自己					
3. 我对社会活动很少关心					
4. 我办事对结果大都不关心					
5. 我争强好胜					
6. 我对竞争有恐惧感					
7. 我积极参加比赛活动					
8. 我安于现状					
9. 我不愿意出头露面					
10. 我不愿把行动的目的告诉别人					
11. 我注重荣誉					
12. 我办事缺乏信心					

3. **语义差别量表**

在市场研究中，常常需要知道某个事物在人们心中的印象，语意差异法就是一种常用的测量事物印象的方法。语义差别量表（semantic differential）也称为语义分化量表。在设计语意差异量表时，首先要确定与要测量对象相关的一系列属性，对于每个属性，选择一对意义相对的形容词，分别放在量表的两端，中间划分为 5 个（也可以是 7 个或 9 个）连续的等级。受访者被要求根据他们对被测对象的看法评价每个属性，并在合适的等级位置上作标记。

【例 5－6】 评价某品牌汽车的语义差别量表

该品牌的汽车是						
样式新颖的	——	——	——	——	——	样式落后的
马力强的	——	——	——	——	——	马力小
配置不全	——	——	——	——	——	配置齐全
服务良好	——	——	——	——	——	服务不佳
档次低	——	——	——	——	——	档次高

在语意差别量表中，词语是任意分布的，要避免把“好的”（褒义的）形容词放在一边，这样散乱的分布是用来避免晕圈效应（Halo effect）的，这样做可以迫使应答者在回答前仔细考虑，减少反应误差。

语意差别量表的主要优点是可以清楚有效地描绘形象。如果同时测量几个对象的形象，还可以将整个形象轮廓进行比较。例5－7是一个应用语意差异法测量受访者对甲、乙两家商场印象的例子。

【例5－7】 以下列出了一系列评价标准，每个标准两端是两个描述它们的形容词，这两个形容词的意义是相反的（见图5－3）。用这些标准来评价甲、乙两家商场，在你认为合适的地方打钩。请注意不要漏掉任何一项标准。

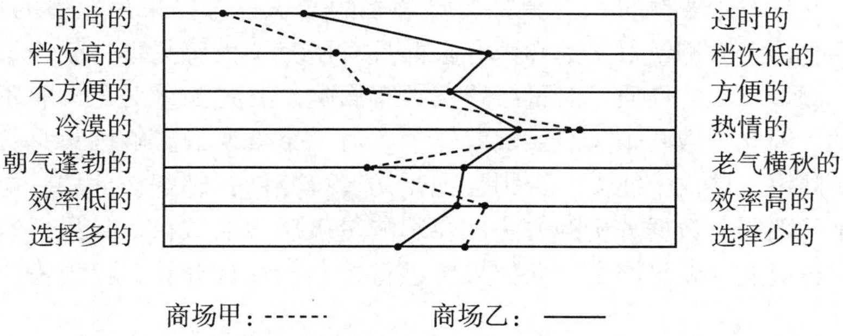

图5－3　消费者对不同商场印象的比较

在潜在的消费者心目中，两家商场的特性之间的差别，通过语义差别量表可以清楚地表示出来。将各种形容商场特性的极端词所代表的分数相加即得每种品牌的总分数；量表上最不利的位置给予1分，其次不利者给予2分，依次类推，所得总分已包括所有决定消费者态度的因素。然后，可以用计算机统计出每对反义词的平均值，把这些平均值用图形线表示出来。

在市场研究中经常需要了解态度问题，比如“你认为……是否重要?”，“你觉得……如何?”等，通常的做法是列出“非常重要、比较重要、一般、不太重要、很不重要”或“非常赞成、比较赞成、一般、不大赞成、很不赞成”这样的答案来进行测量。如果改用语义差异量表来测量，其效果是一样的，而且往往会显得十分经济。由于功能的多样性，语意差别量表被广泛用于市场研究，用来比较不同品牌商品和厂商的形象，以及帮助制定广告战略、促销战略和新产品开发计划等。

二、量表设计中应注意的问题

在前面讨论的态度测量技术中，测量态度的量表可采用不同的形式。在设计研究所需要的量表时，必须考虑以下六个主要的问题：量级层次的个数；采用平衡还是非平衡量表；量级层次是采用奇数个还是偶数；采用强迫选择还是非强迫选择；量级层次的描述方式；量表的形式。

（一）量级层次的个数多少合适

量级指的是对单个问题的评分级数，如李克特量表量级一般是五级，语义差意量表一般是七级。在决定量级层次的个数时，要考虑两方面的因素。首先量级越多，对测量对象的评价就越精确；其次，大多数受访者只能应付较少的类别。一般认为合适的量级层次数是七个，或增减两个，即从五层到九层。但是并不能简单地规定几个量级层次是最优的。决定最优的量级层次数要考虑许多因素。如果受访者对调查感兴趣，并且对于要测量的对象拥有足够多的知识，可以采用较多的量级层次；反之，如果受访者对测量对象的知识有限并且对研究不太感兴趣，就应该用较少的量级层次。测量对象的性质也对量级层次数有影响。有些测量对象本有不太容易作精细地分辨，因此少数几个量级层次就够了。另一个重要的影响因素是数据收集方法。电话访问中，层次不能多，否则会把受访者搞糊涂；邮寄访问中，层次数要受到纸张大小的限制。数据分析的方法也会影响量级层次的数目。如果只有作简单的统计分析，分成五层就足够了；而如果要进行复杂的统计计算，可能需要七个或更多的层次。

（二）平衡还是非平衡量表

在平衡的量表中，“有利”的量级层次数和“不利”的量级层次数是相等的，而在不平衡量表中，它们是不等的。一般来说，为了保证结果数据的客观性、应该采用平衡量表。但在某些情况下，回答的分布很可能向“有利”或“不利”的方向偏斜，这时，就可以采用不平衡的量表，在偏斜的一方多设几个层次。如果采用不平衡的量表，在数据分析时要考虑到量级层次不平衡的方向和程度。

【例 5－8】平衡量表与水平衡量表

平衡量表：	非平衡量表：
新世纪百货的服务是	新世纪百货的服务是

极好________　　　　极好________
很好________　　　　很好________
好________　　　　好________
差________　　　　略好________
很差________　　　　差________
极差________　　　　极差________

(三) 奇数还是偶数个量级层次

对于奇数个量级的量表，中间位置一般被设计成中立的或是无偏好的选项。中立的选项可能会带来很大的反应偏差，因为有许多人在拿不准自己的感觉、不了解被测对象、或是不愿意表露态度时倾向于选这种较“保险”的答案。到底采用奇数层次还是偶数层次取决于是否有反应者会对被测对象将中立态度。即使只有少数持中立态度的反应者，也必须使用奇数量级的量表。否则，如果调研人员相信没有反应者会持中立态度，或是想要强迫受访者作出有利或不利的选择，就应该使用偶数层次的量表。与此相关的一个问题是，是采用强迫性的还是非强迫性的量表。

【例5-9】 偶数目量表与奇数目量表

偶数目量表：	奇数目量表：
银泰百货的服务是	银泰百货的服务是
极好________	极好________
很好________	很好________
好________	好________
差________	一般________
很差________	差________
	极差________

(四) 强迫性量表还是非强迫性量表

在强迫性量表中，没有“没有意见”这样的选项，受访者被迫表达有自己的意见。在这种情况下，确定没有意见的受访者不得不选择一个答案，通常是靠近中间位置的答案。如果有相当多的受访者对题目的主题没有意见，将会引起测量结果的偏差。而反应者并非没有意见，只是不愿意暴露时，强迫选择将能提高量表测量结果的精确性。

（五）量级层次的描述方式

量级层次有许多种不同的描述方式，这些方式可能会对测量结果造成影响。量级层次可以用文字、数字甚至图形来描述。而且，调研人员还必须决定是标记全部层次、部分层次还是只标记两极的层次。对每个量级层次加以标记并不能提高收集数据的准确性和可靠性，但却能够减少理解量表的困难。对于量级层次的描述应尽可能靠近各层次。对量表两极进行标记时所使用的形容词的强度对测量的结果会有所影响。使用语气强烈的形容词，如1 = 完全不同意、7 = 完全同意，受访者不大可能会选择靠两端的答案，结果的分布将比较陡峭和集中。而使用语气较弱的形容词，如1 = 基本不同意，7 = 基本同意，将得到较为扁平和分散的结果分布。

（六）量表的外观形式

同一个量表可以用多种形式表达。量表可以是水平的、直的。量级层次可以用方框、线段、数轴上的点表示，各层次可以标记数字，也可以不标。如果用数字标记量层次，可以使用正数、负数或是都用。在市场研究中，有时还会使用一些特殊形式的量表。如温度计量表，温度越高，表明态度越有利；另有脸谱量表，脸的表情越愉快，表明态度越有利，这种量表适合于受访者是儿童的情况。

第四节　测量的信度与效度

市场研究中任何一种精确的、系统的收集资料的方法，实际上都是一种特定形式的社会测量。而对于任何一种测量工具或测量手段来说，都会涉及这样一些基本问题：测量所得的数据或资料是否与人们感兴趣的特征有关？测量所得的结果是否正是人们所希望测量的东西？当这种测量的时间、地点及操作者发生改变时，测量的结果将会受到什么样的影响？下面就介绍测量的信度和效度问题。

一、信度

信度（reliability），即可靠性，它指的是采取同样的方法对同一对象重复进行测量时，其所得结果相一致的程度。换句话说，信度是指测量结果的一致性或稳定性，即测量工具能否稳定地测量所测的事物或变量。比如，用同一台磅秤去称某一物体的重量，如果称了几次都得到相同的结果，则可以说这台磅秤的信度很高；如果几次测量的结果互不相同，则可以说它的信度很低，或者说这一测量工具是不可信的。

大部分信度指标都以相关系数（r）来表示，其基本的类型主要有以下三种：

（1） 再测信度（retest reliability）。对同一群对象采用同一种测量，在不同的时间点先后测量两次，根据两次测量的结果计算出相关系数，这种相关系数就叫做再测信度。这是一种最常用、最普遍的信度检查方法。使用这种方法时，两次测量所采用的方法、所使用的工具是完全一样的。再测信度的缺点是容易受到时间因素的影响，即在前后两次测量之间的某些事件、活动的影响，会导致后一次测量的结果客观上发生改变，使两次结果的相关系数不能很好地反映两次测量的实际情况。

（2）复本信度（parallel forms reliability）。复本信度采取的是另一种思路：如果一套测量可以有两个以上的复本，则可以根据同一群研究对象同时接受这两个复本测量所得的分数来计算其相关系数。比如，学校考试时出的 A、B 卷是这种复本的一个近似的例子（国家四、六级英语等级考试使用的 A、B 卷可能是一个比较贴切的复本的例子）。在市场研究中，研究人员可以设计两份研究问卷，每份使用不同的项目，但都用来测量同一个概念或事物，对同一群对象同时用这两份问卷进行测量，然后根据两份问卷所得的分数计算其复本信度。复本信度可以避免上述再测信度的缺点，但是，它的要求是：所使用的复本必须是真正的复本，即二者在形式、内容等方面都应该完全一致。然而，在实际研究中，真正使研究问卷或其他类似的测量工具达到这种要求往往是一件十分困难的事情。

（3）折半信度（split half reliability），即将研究对象在一次测量中所得的结果，按测量项目的单双号分为两组，计算这两组分数之间的相关系数，这种相关系数就叫做折半信度。比如一个态度测量包括 30 个项目，若采用折半法技术来了解其内在一致性，则可以将这 30 个项目分为相等的两部分，再求其相关系数。

通常，研究者为了采用折半信度来检验测量的一致性，需要在他的测量表中，增加一倍的测量项目。这些项目与前半部分的项目在内容上是重复的，只是表面形式不同而已。如果被研究者在前后两部分项目上的得分之间高度相关，则可以认为这次测量是可信的。这种方法与复本信度的情况类似，它要求前后两个部分的项目的确是在测量同一个事物或概念。一旦二者所测量的并不是同一个事物或概念，那么，研究者就无法用它来评价测量的信度了。

二、效度

由于市场研究中态度的测量通常是一种间接的测量，因此，研究者通常不能确保他们设计的测量程序或方法所测的正是他们要测量的变量。这就提出了测量的效度问题。所谓测量的效度（validity），也称做测量的有效度或准确度。它是指测量工具或测量手段能够准确测出所要测量的变量的程度，或者说能够准确、真实地度量事物属性的程度。

效度所关注的问题是："我所测量的正是我希望测量的吗?"结合前面所介绍的有关概念，我们也可以说，效度指的是测量标准或所用的指标能够如实反映某一概念真正含义的程度。当一项测量所测的正是它所希望测量的事物时，我们就说这一测量具有效度，或者说它是一项有效的测量。反之，则称为无效的测量或者测量不具有效度。

比如，假设我们打算测量某个样本中的大学生的智商分布情况。我们采用一份标准的智商测验量表对他们进行测验，并用他们每个人在测验中所得的分数来表示他的智商。那么，这一测量是有效的；但是，如果我们采用的是一份英文的智商测验量表，那么，当我们同样用所得到的分数来表示他们的智商时，我们的测量就不具有效度。因为此时我们所测量的并不是大学生们的智商，而是他们的英文水平了(我们所测量到的并不是我们所希望测量的东西)。

测量的效度具有三种不同的类型，即表面效度、准则效度和构造效度。它们分别从不同的方面反映测量的准确程度。同时，人们在评价各种测量的效度时，也往往采用这三种类型作为标准。

(1) 表面效度 (face validity)，也称为内容效度或逻辑效度，它指的是测量内容或测量指标与测量目标之间的适合性和逻辑相符性。也可以说是指测量所选择的项目是否"看起来"符合测量目的和要求。评价一种测量是否具有表面效度，首先必须知道所测量的概念是如何定义的，其次需要知道这种测量所收集的信息是否和该概念密切相关，然后评价者才能尽其判断能力之所及，作出这一测量是否具有表面效度的结论。比如，用问卷去测量人们的消费观念，那么，首先要弄清"消费观念"的定义，然后看问卷中的问题是否都与人们的消费观念有关。我们可以采取请若干专家直接进行评价的方法来检查问卷测量的表面效度。比如，请5~10位专家对问卷中用来测量"消费观念"的问题进行评价，如果专家一致认为这些问题明显是有关其他方面的，则这种测量就不具有表面效度；如果专家认为这些问题的确涉及的都是有关消费观念方面的内容，而看不出它们是在测量与消费观念无关的其他内容时，则可以说这一测量具有表面效度。

表面效度存在的问题是没有标准的、可重复的程序保证。

(2) 准则效度 (criterion validity)，也称为实用效度或经验效度，它指的是用一种不同于以往的测量方式或指标对同一事物或变量进行测量时，将原有的一种测量方式或指标作为准则，用新的方式或指标所得到的测量结果与原有准则的测量结果作比较，看二者的相关程度，并用这种特定的相关系数 (称为效度系数) 来反映测量工具或手段的效度。如果新的测量方式或指标与原有的作为准则的测量方式或指标具有相同的效果，那么，其效度系数就高，我们就说这种新的测量方式或指标具有准则效度。

（3）构造效度（construct validity），也称为结构效度或构念效度。它通过利用现有的理论或命题来考察当前测量工具或手段的效度。结构效度涉及一个理论的关系结构中其他概念（或变量）的测量。比如，假定我们设计了一种测量方法，来测量人们的“工作满意程度”。为了评价这种测量方法的效度，我们需要用到与工作满意程度有关的理论命题或假设中的其他变量。假定我们有下列理论结构或命题：工作满意程度与员工的组织公民行为有关；工作满意程度越高，组织公民行为越积极。那么，如果我们的测量在工作满意程度与承担组织公民行为的结果具有一致性，则称我们的测量具有结构效度。如果工作满意程度不同的对象在承担组织公民行为方面的行为都是一样的，那么，我们测量的结构效度就面临挑战。

三、信度与效度的关系

测量的信度与效度之间存在着某种既相互联系，又相互制约的关系。一般来说，缺乏信度的测量肯定也是无效度的测量；而具有很高信度的测量并不意味着同时也是高效度的测量，即它也许是有效度的，也许仍然是无效度的。另一方面，研究者在追求测量的信度时，往往会在一定程度上损害或降低测量的效度；反之，当研究者努力提高测量中的效度时，其测量的信度则同样会受到影响。比如，当我们用结构式问卷来测量家长“溺爱孩子”的行为时，可以得到相对高一些的测量信度，即用同样的问题反复询问同样的对象时，所得到的结果的一致性程度会比较高。但是，这种测量方法的效度往往会比较低。因为家长们在培养孩子方面的认识、态度和具体做法远比问卷中的五个问题丰富多彩；我们在问卷中所能够测量的只是其中很少、很表面、很有限的一部分。反之，如果我们用深入到每一个家庭，实地去观察、与家长仔细交谈的方法来进行测量，那么，所得到的资料的效度会比较高，我们实实在在地看到和感受到了家长们是如何培养孩子的。但是，此时我们却丧失了观察结果的一致性程度。

测量的信度与效度既相互联系又相互制约，具有效度的测量具有一定信度，而有信度的测量则不一定具有效度。所以不能认为信度高的测量就一定效度高；毫无信度可言的测量根本就谈不到效度。图 5－4 以图解的方式呈现了效度与信度之间的差别，如果你们想象测量如同靶心，就会发现信度就是一种密集的点状形态，不管它是否射在靶心上，因为信度是一致性的函数；另一方面，效度则是射在靶心周围的点的函数。图中失败的信度可被视为一种随机误差（random error），而失败的效度则是一种系统误差（systematic error）。请注意，缺乏信度或效度的测量都是没有用的。

图 5-4 信度与效度的形象比较①

另外，测量的可理解性、测量所需费用和测量的完备性也是评估是否为好的测量的特征。

【本章小结】

测量就是根据一定的法则，将某种物体或现象所具有的属性或特征用数字或符号表示出来的过程。测量的四个要素是：测量的客体、测量的内容、测量的法则、数字或符号。

操作化就是将抽象的概念转化为可观察的具体指标的过程。它是对那些抽象层次较高的概念进行具体测量所采用的程序、步骤、方法、手段的详细说明：操作化是社会研究中由理论到实际、由抽象到具体这一过程的“瓶颈”。操作化过程主要包括两个方面的工作：一是澄清与界定概念；二是发展测量指标。对抽象概念进行操作化时，往往在具体方法和测量指标方面，存在多种不同的选择。即对同一个概念进行测量时，可能会产生出不同的测量指标。而一项具体社会研究的结果，又与它所采用的操作化方式及其所产生的测量指标密切相关。

测量层次分为四种，即定类测量、定序测量、定距测量和定比测量。四种测量的层次由低到高，逐渐上升。高层次的测量具有低层次测量的所有功能，它既可以测量低层次测量可以测量的内容，也可以测量低层次测量所无法测量的内容，同时，高层次的测量还可以作为低层次测量处理。

测量信度即可靠性。它指的是采取同样的方法对同一对象重复进行测量时，其所得结果相一致的程度。换句话说，信度是指测量结果的一致性或稳定性。常用的信度有再测信度、复本信度和折半信度。测量的效度即准确度。它是指测量工具或测量手段能够准确测出所要测量的变量的程度，或者说能够准确、真实地度量事物属性的程度。测量的效度具有三种不同的类型，即表面效度、准则效度和构造效度。

---

① 引自：[美] 艾尔·巴比著：《社会研究方法》，华夏出版社 2005 年版，第 141 页。

【延伸阅读】

阅读材料 1：李克特量表设计案例

一、根据调查课题收集相关问题

每一种量表都会针对某一主题而设计，而主题的确定依据的是研究课题的需要。假设我们要进行有关大学生竞争心理的调查，需要制作一份竞争态度量表，那么我们先收集有关大学生竞争心理与行为方面的问题 30 ~ 50 个，这些问题可以通过非结构式访谈获得。然后，从中初步选出一组问题，数量宜在 10 ~ 30 个之间，个别的调查可以更多一些，有的多达六七十个问题。限于篇幅，我们只选取其中 12 个，由这些问题构成一个量表的初稿。

1. 我遇事能自己做主
2. 我敢于表现自己
3. 我对社会活动很少关心 *
4. 我办事对结果大都不关心 *
5. 我争强好胜
6. 我对竞争有恐惧感 *
7. 我积极参加比赛活动
8. 我安于现状 *
9. 我不愿意出头露面 *
10. 我不愿把行动的目的告诉别人 *
11. 我注重荣誉
12. 我办事缺乏信心 *

二、确定问题的类别和计分标准

所谓问题的类别，在这里主要指问题的性质是正向还是反向。例如，在竞争问题上，正向的表明竞争意识强，负向的表明竞争意识弱，正向、负向有时用“+”“-”分别表示，有时在题后加“*”注明，本量表初稿中第 3、4、6、8、9、10、12 题均为反向问题，可在量表说明中记载，但量表中不要明显标示，以免干扰填答者选择。

三、试调查

把问题与计分标准初步确定后，一个初步的量表便构成了。当然，这还不是正式量表。但设计者可以把初步量表打印几十份，从调查对象中找几十人进行试调查。

试调查一方面可以发现初步量表中存在什么问题，另一方面可以检查每道题的分辨能力。这是设计过程中重要的实践性环节，不能省略。

四、对试调查情况进行统计分析，修改并定稿

试调查结束后，马上对调查情况进行统计分析，统计分析项目主要为分辨力。根据分辨力数值，删除那些分辨力不高的问题，而保留分辨力程度较高的问题。如果一次性试调查结果不理想，那么还要修改并再次试测，直到最后定稿，即设计完成正式量表。

分辨力是量表中某一问题区分被调查者不同态度的程度或等级的能力。

李克特量表的分辨力计算公式是：

某题的分辨力 = 试调查中总得分最高的25%的被测者在该题得分的平均值 - 试调查中总得分最低的25%的被测者在该题得分的平均值

以第一题为例，25%总分最高的人的平均分 = （4 + 4 + 5 + 4）/4 = 4.25，25%总分最低的人的平均分 = （3 + 4 + 2 + 1）/4 = 2.5，那么该题的分辨力值 = 4.25 - 2.5 = 1.75，依此类推。从分辨力数值来看，除第9、12题外，其余各题分辨力值均高于1，这两题分辨力值小，说明其分辨力低，故可删除掉，这样还保留10个题目，这10个问题便构成了正式测量量表。

在数据处理时，可以汇总计算每条态度语句的得分，从而了解受访者群体对测量对象各方面的态度；也可以计算每个受访者对测量对象的态度总分，以了解不同受访者对受测对象的不同态度。

阅读材料2：航空旅客评价意见调查①

旅客评价意见卡（Service Evaluation Card）

始发机场________ 航班号________ 乘机日期________ 到达机场________

姓名____________ 地址_________________________

邮编____________ 电话号码________

① 叶明海主编：《市场研究》，同济大学出版社2003年版，第166－168页。

（请用黑笔或蓝黑笔将您的选项涂黑，未经历和未注意的项目请填在“未注意”栏）

服务项目	很满意	满意	一般	不满意	很不满意	未注意
航空售票服务						
1. 售票服务	○	○	○	○	○	○
2. 机票价格	○	○	○	○	○	○
3. 航班时间	○	○	○	○	○	○
机场候机服务						
4. 引导标志	○	○	○	○	○	○
5. 航班信息	○	○	○	○	○	○
6. 候机广播服务	○	○	○	○	○	○
7. 候机文化娱乐	○	○	○	○	○	○
8. 餐饮质量	○	○	○	○	○	○
9. 餐饮价格	○	○	○	○	○	○
10. 洗手间卫生	○	○	○	○	○	○
11. 安全检查	○	○	○	○	○	○
12. 候机环境与秩序	○	○	○	○	○	○
办理乘机手续服务						
13. 服务意识	○	○	○	○	○	○
14. 办理乘机手续速度	○	○	○	○	○	○
15. 收运行李	○	○	○	○	○	○
16. 航班延误时服务	○	○	○	○	○	○
机场总体印象	○	○	○	○	○	○
机上服务						
17. 航班正点情况	○	○	○	○	○	○
18. 服务意识	○	○	○	○	○	○
19. 餐饮质量	○	○	○	○	○	○
20. 广播服务	○	○	○	○	○	○
21. 文化娱乐	○	○	○	○	○	○
22. 书本杂志数量	○	○	○	○	○	○
23. 客舱洗手间卫生	○	○	○	○	○	○
24. 起飞、降落感受	○	○	○	○	○	○
25. 客舱环境	○	○	○	○	○	○
26. 客舱安全	○	○	○	○	○	○

机场服务总体印象	○	○	○	○	○	○
到达机场服务						
27. 提取行李速度	○	○	○	○	○	○
28. 转机服务	○	○	○	○	○	○
29. 延伸服务	○	○	○	○	○	○
30. 航空票价感受	○	○	○	○	○	○

(如果您不介意，请您填写以下内容)

1. 您的年龄：16~21 ○ 22~25 ○ 26~34 ○ 35~44 ○ 45~54 ○ 55~64 ○ 65岁以上 ○

2. 您旅行的目的：公务 ○ 旅游 ○ 探索 ○

3. 您的机票费用来源：公费 ○ 自费 ○

4. 您的文化程度：初中以下 ○ 高中/中专 ○ 大学/专科 ○ 研究生以上 ○

5. 您所在的行业：国家机关 ○ 科教文卫 ○ 国有企业 ○ 外商投资企业 ○

6. 一年内您乘机次数：1~3 ○ 4~6 ○ 7~9 ○ 10~15 ○ 15次以上 ○

7. 您是：大陆游客 ○ 华侨、港澳台胞 ○ 外国旅客 ○

8. 您是否转机：是 ○ 否 ○

9. 您是跟随团队（10人以上）旅行吗？是 ○ 否 ○

10. 您对当前机票价格意见：合理 ○ 应降价 ○ 应提高 ○

11. 您选择本次航班的原因：航空公司 ○ 机票 ○ 机型 ○ 时刻 ○ 服务 ○ 常旅客计划 ○

12. 在航空旅行中感到不便之处：航班不正常 ○ 出入机场不方便 ○ 没有延伸服务 ○

您的建议：____

____

【思考与练习】

一、简答题

1. 对人们的“政治面貌”、“受教育年限”、“学术水平”的测量属于哪一层次的测量?

2. 在你设计的市场研究调查问卷中分别挑选采用四种量尺的四个变量，并说明所挑选的变量为何采用这一量尺。

3. 试简要说明概念、变量、指标三者之间的联系与区别。

4. 请举例说明操作化在市场研究中的地位和作用。

5. “一个有效度的测量工具一定是有信度的，但一个有信度的测量工具不一定是有效度的。”这句话对吗?为什么?

二、调研实务题

1. 请设计一份测量人们对品牌忠诚度的李克特量表。

2. 仔细分析前几章练习中你所找到的几篇调查报告中的基本变量及其操作化方法，看看你可否对其作一些改进或补充。

3. 试对概念“顾客满意率”、“顾客满意度”、“顾客忠诚度”进行操作化。

4. 请开发一个语义差别量表来评估某一品牌的牛奶或饮料的特性。

5. 三江超市是某市一家本土大型连锁超市。最近，管理人员发现他们需要更多地了解目标市场和竞争对手。他们决定在顾客与非顾客中进行调查。管理人员感兴趣的是：为什么人们在三江超市购物或为什么人们不在三江超市购物?哪些人最喜欢在三江购物?哪些人最不愿意上三江购物?与其他超市（沃尔玛，乐购，麦德龙，欧尚等）相比，三江超市形象如何?另外，他们还想知道什么样的促销手段才能最有效地吸引消费者?

要求：设计一个李克特量表来测量消费者对三江超市的态度与看法（至少包括15个问题）。

第六章　样本设计

【本章学习内容】

- 明白抽样的原因
- 学习样本和抽样的基本概念
- 熟悉抽样的基本方法
- 掌握样本容量的确定
- 了解样本误差的基本形式

［引导案例］

抽样调查的创始人——乔治·盖洛普①

盖洛普民意调查以其准确性和权威性在世界各地享有极高的声誉。它涉及人们社会生活的各个方面，其中有关政治领域的调查以其敏感性和新闻性更受到人们的注意。2000年美国的大选之年，美国各大新闻机构每天都要对民主党和共和党两党候选人戈尔和小布什进行报道，而谁在选举中领先了几个百分点则是其中很重要的一部分。领先的根据是什么呢？就是几大民意调查，其中盖洛普民意调查是非常重要的一个。

民意调查真的能准确反映民意吗？要回答这个问题，还是让我们先谈谈现代民意调查创始人乔治·盖洛普的其人其事以及现代民意调查的一些方法。

乔治·盖洛普1901年出生于美国艾奥瓦州，1983年以82岁高龄去世。他的一生是在向人们提问题的过程中度过的。盖洛普是现代民意调查研究的创始人之一，他创立的许多民意调查方法和方式至今仍被人们应用。他对民意调查的兴趣始于20世纪20年代，读书期间他就通过杂志和报纸调查读者对不同问题的兴趣，盖洛普的博士论文的题目就是《确定读者对报纸内容兴趣的客观方法》。1930年，盖洛普发表了一篇重要的文章，题为《用科学方法而不是猜测来确定读者的兴趣》。1932年，盖洛普的岳母作为民主党的候选人在艾奥瓦州竞选州务卿，在此之前，艾奥瓦州较高的公职一直都由共和党人保持，因而人们大都猜测他的岳母会落选。但盖洛普没

---

① 屈援主编：《市场调研》，经济科学出版社2007年版。

有凭猜测，而是运用他创立的方法进行科学的民意调查，结果发现艾奥瓦州选民对他岳母的支持率超过对她的共和党对手的支持率，盖洛普于是预测说，他的岳母会获得选举的胜利。选举的结果证明盖洛普应用科学的调查得出的预测是准确的。这次民意调查成为美国政治史上第一次科学的民意调查。受这次成功的激励，盖洛普在1935年成立了美国民意调查研究所，从此与民意调查结下了不解之缘。

所谓民意调查，简单地说，就是通过对一些人进行提问，然后对回答进行统计来反映整个社会对某一问题的看法。当然最理想的是向社会中的每一个人都提问，这样得出的结果会是最精确的。但在一个人口众多的社会里，这样做是不现实的。那么究竟向多少人提问得出的结果才能和现实最接近呢？盖洛普民意调查一般随机调查的人数是1000人左右。盖洛普认为，随机性是民意调查的基础，只有真正随机地选择被提问的人，才能确保每一个人都有机会被提问，也就确保了提问结果能真正反映民意。盖洛普的研究显示，在任何一个特殊场所，如商店、体育馆、火车站等地找到的人都不能完全代表所有的人，只有去人们家里向人们提问才能确保被提问的人代表了所有的人。从20世纪30年代到80年代中期，盖洛普民意调查研究所的调查员主要是在美国各地按照随机抽样的名单去每个人家里面对面地提问。在50年的时间里，盖洛普民意调查研究所对12次美国总统选举的调查显示，盖洛普民意调查的准确率非常高。

20世纪80年代中期以后，由于95%的美国家庭都拥有了电话，使得利用电话进行调查成为可能，同时也使调查费用大大降低，调查结果也能得以迅速发表。可是决定给哪些人打电话进行提问有一个问题，那就是在确定1000个电话号码时，要确保所有家庭的电话都有被随机选取的可能。盖洛普民意调查研究所采取的方法是利用计算机从全美电话号码中随机选出一些电话，这样就能做到公平和全面了。另外在提问时，确保提问方式的中立性也是很重要的。因为这样才能不对被提问者如何回答产生误导。

第一节 样本设计概述

在许多情况下，调查研究者希望对某一个社会现象的整体或某一类人的总体进行描述和研究。如果对这些总体中的每一个元素（或个体）都进行研究，当然是最为全面的了，但它却往往是最不现实的。比较理想的情形是：只研究总体中的一部分个体，但所得到的，却不仅仅是这一部分个体的情况，而是渗透在、折射在、体现在这一部分个体身上的总体的情况。因此，选择能够代表总体的一部分个体，成为调查研究者必须解决的主要问题之一，我们将在本章中详细学习如何进行选择、确定合适的样本及样本数量。

一、为什么要进行抽样

在日常生活中人们经常自觉或不自觉地在应用抽样方法，例如，到市场上去买花生、瓜子时，要先抓几粒看看是否饱满、干燥；厨房做菜，在炒菜过程中往往要取一点尝尝菜的咸淡如何。工厂在生产过程中以及商家在进货验收过程中也常抽取一定数量的产品，检验其质量并以此判定整批产品质量的优劣等。因为有了抽样技术使人们对事物的了解更加容易方便，在有些时候抽样比普查更可取，其优点主要表现在两个方面：

（1）对于即使是中等容量的总体的普查，其成本也非常昂贵，并且耗时很长。所以，抽样可以大大地减少调查的成本，且能准确地反映出总体情况。

（2）在某些情况下，普查是不可行的。例如，市场研究人员想要测试一家公司生产的电灯泡的寿命时，就不能采用普查的方法，把所有的灯泡点亮；同样，假设我们要知道自己煲汤的味道，难道要把一锅汤都喝下吗？显然是不可取的。

样本要多大才可以被认为充分代表了一个特定的总体？这个数字令人吃惊地小。容量不超过2000的样本就可以令人满意地代表容量无限大的总体。在第二节中我们将详细了解这一点。

二、样本和抽样的基本概念

为了能够更清晰地了解样本设计，我们先介绍一些在抽样活动中经常使用的基本术语：总体、样本、普查、抽样框。

（一）总体（Population）

总体是所研究对象的全体。例如，调研上海市家庭的电脑拥有量，比较拥有电脑的家庭与没有电脑的家庭的区别，调研总体就是上海市的所有家庭。

总体的单位数通常都是很大的，甚至是无限的，这样才有必要组织抽样调查。在组织抽样调查之前，总体的数量特征虽然不清楚，但所要研究的总体对象的性质、范围、单位的含义，以及可实施的条件等应该是明确的。这样，才能为抽样调查的结论提供明确的界限。

举个例子来说。假如中美合资上海庄臣有限公司希望考察未来消费者在清洁厨房脱排油烟机、煤气灶等重油污表面时，对其“威猛先生”系列去污产品是否感兴趣，上海庄臣的经营者将总体笼统定义为“可能用我们产品的一切用户”。然而，负责样本设计的调研者可能使用的定义为“那些受惠于威猛先生（能有效去除厨房重油污）的大城市范围的家庭主妇。”这一定义比较准确地指出，被调查者应该是大城市范围的“家庭主妇”，而不是“一切人”。明确地定义调研总体，有助于保证抽样的规范和样本的合格。

（二）样本（Sample）

样本由总体中抽取的部分个体（或单位）所组成。每一个被抽到的个体或单位，就是一个样本。仍然是上海市家庭电脑拥有率的调研，被抽到的家庭就构成该项调研的样本，每一个被抽到的家庭就是一个样本。抽样单位（Sampling Unit）是为一个样本所选择的单一要素或要素群体。例如，某一家航空公司想对乘客进行抽样，它可以在一份完整的乘客各单中每隔 15 个抽取一个姓名。这种情况下，抽样单位会与总体单位一样，这家航空公司还可以首先选择特定的航班作为抽样单位，然后再选择每个航班上的特定乘客，这种情况下，抽样单位将包含很多要素。

（三）普查（Census）

普查就是获取总体中每个成员的信息。在某些情况下普查非常适用，如某个企业只向少量客户销售某种特殊的产品。一般认为普查比抽样更为准确。营销调研很少使用普查，因为其总体一般包括成千上万的个体，获取每个人的信息有很多限制；客观上很难取得每个人完整、准确的资料。主观上有些人会拒绝提供信息。而且，大规模地进行普查耗费的成本与时间过于巨大，因此，即使涉及的总体规模较小，也很难进行普查。

事实证明：一个相对较小，但精心选择的样本可以准确反映总体的特征。一个样本是总体所有成员的一个子集。从子集获得的信息可以用来推测总体的特征。理想的子集能够代表总体的各个部分。

在实际调查中，普查是很少用于商业性调查的，除非调查的总体很小而且容易确定范围，这种情况在一些特殊行业调查中可能会发生。大多数的普查都是由政府进行的，目的是提供有关诸如人口、贸易、工业等方面发展趋势的重要信息。这种调查造价高，相对来说较慢，所以较少采用。

（四）抽样框（Sample frame）

抽样框又称抽样范围，它指的是一次直接抽样时，总体中所有抽样单位的详细名单。在实践中，抽样框可以是有一定顺序的名单。例如，针对上海市居民进行家庭消费情况调查时，可以使用户籍管理部门提供的户籍资料。抽样框也可能是以一定逻辑关系形成的顺序表。例如，调查某城市公交公司多条线路在某一时段的载客率时，可以把它的全部线路以相邻站点之间的路段为单位排列起来，对抽中路段内的车辆进行调查，这就是将空间以逻辑关系排列成抽样框。如果要调查全天的平均载客率，就会形成一个由时间和空间混合而成的逻辑关系顺序表。

切记，对抽样框最重要的要求是它应包括全部总体单位。例如，调查公司最容易得到的抽样框是电话簿，但是当你的调查对象为不拥有电话或不愿公布电话号码的人时，它就是不适用的。

有时，方便得到的抽样框包括了部分非总体单位，我们仍然可以使用它，只是需要对样本按确定的总体单位特征再进行过滤。

第二节　抽样方法

选择样本个体的方法取决于使用概率抽样还是非概率抽样。前者是客观地选择，而后者是主观地选择样本。下面将详细介绍各种抽样方法。分类如图 6－1 所示。

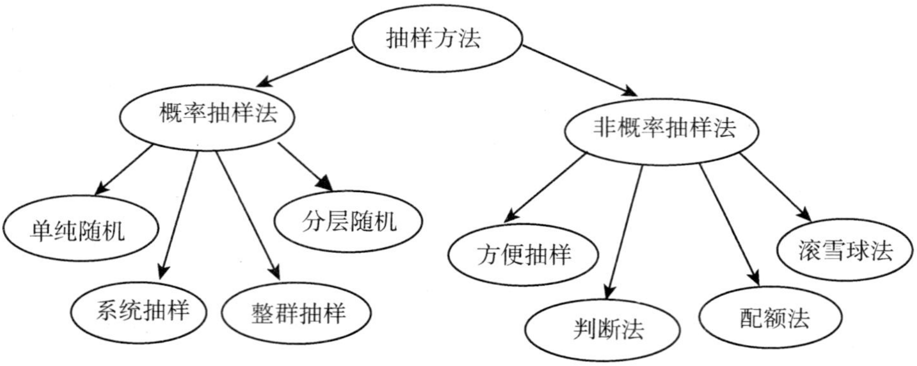

图 6－1　抽样方法分类

一、概率抽样法

概率抽样又称随机抽样，是按随机原则抽取样本，这种方法排除了人们有目的地主观挑选的影响，依据样本调查结果推算总体，并可以计算出抽样误差的大小。在概率抽样调查过程中，在总体中的每个个体都有同等被抽中的机会。

为了达到概率抽样的目的，人们创造了多种多样的抽样方法，其中主要有单纯随机抽样、系统抽样、整群抽样和分层随机抽样。

（一）单纯随机抽样

单纯随机抽样亦称简单随机抽样，就是抽样时不作任何有目的的选择，用纯粹偶然的方法从总体中抽取若干个体的样本。它是指对总体中的所有个体单位不进行任何分组、排队，而是完全随机地抽取样本。单纯随机抽样一般是利用抽签法或查阅随机数表的方法来得到样本。

抽签法是先将总体中的每个单元都编上号，写在签上，将签充分混合均匀，每次抽取一个签，签上号码所对应的单元即入样，抽中的签不放回，再接着抽取下一个签，直到抽够所需样本量为止。也有的书中定义单纯随机抽样时，每次抽中的签要放回，并再次混合均匀后，再继续抽取。前一种方法，总体中每个单元被抽中的概率并不相等，后者总体中每个单元被抽中的概率完全相等。但是如果总体很大，样本量相对较小时，两者的差别会非常小。

随机号码表法，又称乱数法。随机号码是利用某种随机原理排列出的数码顺序，依照这种数码顺序选择的样本，就具有随机抽样的性质。随机号码通常排列为数表的形式，称为随机号码表或乱数表，它是将 0～9 的 10 个自然数，按编码位置的要求（如两位一组、三位一组、五位甚至十位一组），利用特制的摇码器（或计算机），自动地逐个摇出（或电子计算机生成）一定数目的号码编成表，以备查用。这个表内任何号码的出现，都有同等的可能性。每次抽取样本时，利用这个表，可以大大简化抽样的烦琐程序。随机号码表最早出现在英国，后来在其他国家得到广泛应用。随机号码表法应用的具体步骤是：将调查总体单位一一编号；在随机号码表上任意规定抽样的起点和抽样的顺序；依次从随机号码表上抽取样本单位号码。凡是抽到编号范围内的号码，就是样本单位的号码，一直到抽满为止。为了便于说明问题，如表 6－1 所示。

表 6－1　　随机号码表

3	47	43	73	86	36	96	47	36	61	46	98	63	71	62
97	74	24	67	62	42	81	14	57	20	42	53	32	37	32
16	76	2	27	66	56	50	26	71	7	32	90	79	78	53
12	56	85	99	26	96	96	68	27	31	5	3	72	93	15
55	59	56	35	64	38	54	82	46	22	31	62	43	9	90
16	22	77	94	39	49	54	43	54	82	17	37	93	23	78
84	42	17	53	31	57	24	55	6	88	77	4	74	47	67
63	1	63	78	59	16	95	55	67	19	98	10	50	71	75

续表

33	21	12	34	29	78	64	56	7	82	52	42	7	44	28
57	60	86	32	44	9	47	2	96	54	49	17	46	9	62
18	18	7	92	46	44	17	16	58	9	79	83	86	19	62
26	62	38	97	75	84	16	7	44	99	83	11	46	32	24
23	42	40	54	74	82	97	77	77	81	7	45	32	14	8
62	36	28	19	95	50	92	26	11	97	0	56	76	31	38
37	85	94	35	12	83	39	50	8	30	42	34	7	96	88
70	29	17	12	13	40	33	20	38	26	13	89	51	3	74
56	62	18	37	35	96	83	50	87	75	97	12	25	93	47
99	49	57	22	77	88	42	95	45	72	16	64	36	16	0
16	8	15	4	72	33	27	14	34	9	45	59	34	68	49
31	16	93	32	43	50	27	89	87	19	20	15	37	0	49

例如，某企业要调查消费者对某产品的需求量，要从 95 户居民家庭中抽选 10 户居民，用随机号码表法抽选样本。具体步骤如下：

第一步：将 95 户居民家庭编号，每一户家庭一个编号，即 01 ~ 95（每户居民编号为两位数）。

第二步：在上面的表中，随机确定抽样的起点和抽样的顺序。假定从第 1 行，第 5 列开始抽，抽样顺序从左往右抽。

第三步：依次抽出的号码分别是：86、36、96、47、36、61、46、98、63、71，共 10 个号码。由于 96、98 两个号码不在总体编号范围内，应排除在外。再补充两个号码：62、74。

由此产生 10 个样本单位号码为：86、36、47、36、61、46、63、71、62、74。编号为这些号码的居民家庭就是抽样调查的对象。

需要说明的是，编号为 36 的居民家庭两次出现在样本里。这属于重复抽样。所谓重复抽样，是指总体中某一单位被抽中作为样本后，再放回总体中，有可能第二次被抽中作为样本。不重复抽样是指总体中的每个单位只可能抽中一次作为样本。即某一单位抽中作为样本后，不能再放回总体中，也就没有可能第二次被抽中作为样本。上例中若要求是不重复抽样，10 个样本单位号码就应是：86、36、47、61、46、63、71、62、74、24。

单纯随机抽样的优点是：方法简单，易于理解，直接从总体中抽取样本，抽取概率相同，计算抽样误差及总体指标比较方便。当总体较小时，可利用抽签法；当总体较大且又能够方便得到一个有顺序号的清单时，可以利用随机号码表法。尽管单纯随机抽样方式易于理解，但在实际调查中却很少单独使用。这是因为：①实际调查总体往往很大，逐一编号非常难做到；②当很容易得到一个总体清单时，我们还同时得到其他信息，如职业、职务、性别、年龄等，而使用单纯随机抽样方式只利用其顺序编号一项。这时抽取样本的代表性就显然不如能够充分利用这些信息的其他方法抽取的样本的代表性好，即在这时，单纯随机抽样往往要配合分层抽样使用；③在市场调研中，有些总体清单不可能事先得到，例如在大商场内进行的顾客调查，这时不可能进行单纯随机抽样。

总之，单纯随机抽样适用于总体单位数量不大，或总体异质性不大且容易得到总体清单的较大总体的情况。

（二）系统抽样

系统抽样常常用来代替简单随机抽样。对某些抽样情况，特别是大型总体，通过先确定随机数，然后根据抽样框寻找与随机数相对应的个体的方法来选择一个简单随机样本，这需要花费大量时间。在这种情况下，系统抽样可代替简单随机抽样。例如，需要从容量为5000的总体中抽取一个容量为50的样本，我们可以从总体中每100（5000/50）个个体中抽选一个个体。这种情况的系统样本，是从抽样框的前100个个体中随机选择一个；根据选中的第一个个体位置，然后在其后面的抽样框中，每隔100个个体选择一个，可得到样本中其余的个体。用这种方式选择容量为50的样本常常比用简单随机抽样容易。因为第一个个体的选择是随机的，因此系统样本常常假定具有简单随机样本的性质。当抽样框是由总体中的个体随机排列而形成时，这种假定通常是合适的。

系统抽样的突出特点是操作简便，因为它只需要随机确定一个（或少数几个）起始单位，整个样本就自然确定了，而不像其他抽样方式那样抽取多次。系统抽样对抽样框的要求也比较简单，它只要求总体单位按一定顺序排列，而不一定是一份具体的名录清单，因而非常便于某些项目的现场调查。例如，欲对某地区树木进行抽样，了解病虫害影响情况，可以将树木所处的位置视为顺序排列，每隔一定间隔，抽取一棵树；又如，欲对某城市汽车尾气排放情况进行调查，抽样比为1%，即平均每100辆车中抽一辆，采用系统抽样，可以将汽车牌号作为一种排列，在1～100中随机抽取一个号，譬如53，凡牌号尾数为53的车辆均作为样本单位。

系统抽样的估计效果与总体单位排列顺序有关。如果排列顺序与调查内容没有联系，称为按无关标识排列，这时系统抽样估计与简单随机抽样估计效率相仿。如果排列顺序与调查内容有关，称为按有关标识排列。按有关标识排列的系统抽样精度比简单随机抽样的精度高。例如，欲对大学二年级的学生进行抽样调查，了解学生们的平均身高，采用系统抽样。如果是按学号排列，学号与学生身高没有关系，属于按无关标识排列。如果是按学生入学时身高顺序排列，则属于按有关标识排列。在后一种情况下的系统样本中，既有身材较矮的同学，也有身材较高的同学，样本的结构与总体的结构十分相似，因而可以有效提高估计的精度。

尽管如此，但由于其在选择前按概率将总体成员分组，故在最终分析中代表性比简单随机抽样差。不过，经济节约足可以弥补其样本精确性的小小损失。所以，当简单随机抽样不能实施或花费太大时，人们常常使用系统抽样。

但是，如果总体单位的排列存在自然的周期性时，采用系统抽样可能产生有严重误差的估计。例如，我们有一家航空公司以日计算的一年机票销售记录，希望从旅行距离上来分析这些销售额。分析全部 365 天销售额的成本可能非常昂贵，但是假设研究预算允许调查 52 天的销售额，则使用抽样区间为 7（365 ÷ 52）的系统抽样，这将明显得出一个误导性的结论，因为这些日销售额将反映所有的星期一、星期五或星期日的旅行。当然，任何其他抽样区间都是可以接受的，一般来说，研究者需要根据对周期性现象和本质的认识，对抽样区间进行明智地选择，以减少与数据中的自然周期性相关的问题。

（三）整群抽样

所谓“整群抽样”，实际上是将整体的范围缩小。即从调查对象的整体中取出一个完整的组（多数是取“自然组”），然后根据随机数从这个缩小的整体中抽出一定量的样本，作为抽样调查的对象，在整群抽样时，不是从整体中直接抽取样本单元，而是先从基本整体中抽取一个完整的组，作为下一步抽样的基础。按照这种抽样的方法可以使一些规模较大的市场调研项目在较低的费用情况下获得有代表性的、可靠的调查结果。例如：某调研公司在上海、南京两地为纯牌清洁剂做产品测试，由于无法获取城市居民数据库，简单随机抽样是行不通的。当时的调研方法主要是入户产品留置盲试，所以采取了整群抽样：每个城区各随机抽取 2 个街道，每个街道又随机抽取 3 个居委会，每个居委会又随机抽取 3 个居民小区，每个小区又随机抽取 15 户家庭进行访问。这样，调研实施非常方便，且保证了样本的足够分散、随机。

1. 整群抽样法的优点

无须排列出基本整体的序列（如：排列卡片那样），也不必先了解整体的具体结构。这种抽样方法（整群抽样）可以根据地理分布来进行，例如：按城市地图划分、按住宅区划分等。在确定和寻找调查对象时，不再需要每个调查对象的地址。这样可以大大地缩小调查对象的范围和降低收集这些资料的费用。

2. 整群抽样的缺点

样本分布不均匀，样本的代表性较差。因此与其他方法相比，在样本数相同的情况下，其抽样误差较大。例如，一个容量为800的整群样本，在效率上可能约与一个容量500的简单随机样本相同。特别注意的是分析整群样本的资料，如抽样误差，统计推断，假设检验要比前面几种抽样方法复杂。尽管有这些局限性，但由于实施起来比较方便，而且还可以节约人财力，因此，在样本的大小一定时，对一个包含20个街道的调查要比只对一个街道的所有居民进行调查困难得多。当然，前者的样本精确度要比后者高。在权衡调查费用和样本精确度后，调查者往往会选择整群抽样。

（四）分层随机抽样

分层随机抽样又称为分类抽样或类型抽样，就是先将总体按一定标准分层(类)，然后在各层（类）中采用简单随机抽样或系统抽样方式抽取样本的一种抽样方式。分层随机抽样在分层时，要将同一性质的基本单位分成一层，但是，层与层之间基本单位特性的差异则较大。即分层后要做到层内个体特性相似，基本代表了子体的某一特征；层间个体特性相异，代表子体不同的特征。此法可避免简单随机抽样可能带来的样本过于集中在某一地区或某一特征，而遗漏某种特征的缺点。分层随机抽样法适用于整个总体所包含的全部单位有明显的特征，而且很容易区别这些特征的情况。如要调查顾客，可以根据他们的明显特征把他们分成各种层次，如不同的职业、不同的年龄段、不同的收入，甚至不同的文化层次。这样细分后，再在各层中随机抽取样本，综合成一个调查样本。这种抽样方法即为分层随机抽样。

为什么我们选择分层抽样？一个原因是分层抽样能产生更精确的样本统计量，即相对于简单随机抽样，其抽样误差更小。选择分层抽样的第二个原因是：分层允许对感兴趣的特定集合的特征进行调查。通过分层，我们可以保证拥有不同特征的集团都具有充分的代表。这对于从具有小子集的总体中抽样是极其重要的。例如，假设一家珠宝首饰的制造商想要执行一项针对不同收入阶层的产品销售研究。除非采取特别的措施，收入最高的阶层——仅占总人口的3%——极有可能根本不会被代表，或者代表他们的样本所占比例太少，然而对于珠宝首饰制造商而言，这个阶层却是一个极其重要的顾客群。在市场营销中，感兴趣的总体的一个小子集经常能够解释大部分感兴趣的行为，关键是这个子集在样本中应该得到充分代表。分层抽样是保证感兴趣的每个子集都得到充分代表的一种方法。

分层抽样的具体操作方法是：设总体由N个单位构成，将总体按照某种标志分为K组，使$N = N_1 + N_2 + N_3 + \cdots + N_i$，然后从每组$N_i$中抽取$n_i$个样本，构成样本容量为$n$的一个样本总体，即$n = n_1 + n_2 + n_3 + \cdots + n_i$。

分层抽样的特点是：每层调查单位都具有某种同质性，即层内样本的变异性较小，而层与层之间却具有较大的差异性。或者说，层与层之间的方差较大。

采用分层随机抽样的具体形式有：分层比例抽样、分层最佳抽样、最低成本抽样和多次分层抽样。

1. 分层比例抽样

分层比例抽样指按各层基本单位数占总体中基本单位数的百分比乘以调查样本总数的方法来确定各层抽出的样本数。

计算公式如下：

$$S_i = \frac{V_i}{V} \times S$$

式中：S_i——第 i 层应抽取的样本数；

V——总体中基本单位总数；

V_i——第 i 层基本单位总数；

S——预定抽取样本数。

例如，某城市有企业 1000 家，要抽取 200 个样本进行调查，按行业分层如表 6-2 所示，试计算各层应抽样的样本数。

表 6-2　　某市企业调查抽样

按行业分层的单位数			各层占总体百分比	应抽样本数
序列	行业类别	企业数量		
1	电子	250	25	50
2	化工	50	5	10
3	机械	300	30	60
4	食品	250	25	50
5	建材	150	15	30
	共计	1000	100	200

已知总体样本数为 200，按：

$$S_i = \frac{V_i}{V} \times S$$

计算则得到：

电子行业应抽 =（行业企业数/全市企业数）× 调查样本数

=（250/1000）× 200 = 50

同理：

化工 =（50/1000）× 200 = 10

机械 =（300/1000）× 200 = 60

食品 =（250/1000）× 200 = 50

建材 =（150/1000）× 200 = 30

最后将计算结果填到各行业应抽取的样本数表内。

确定了各层样本数后，即可以按单纯随机抽样原则从各层中抽取预定数目的样本，进行企业情况调查，最后推算出各层情况，再汇总成总体企业情况信息。

有时按比例分层抽样无法较准确地抽取到能概括某些层次全貌的样本。比如，上例中机械行业的300家企业中其经营效益水平存在参差不齐的情况，用300家样本数来概括其全貌，极有可能出现代表程度不同的情况。因此，遇到分层后层内个体单位间差异较大的情况，就要采用考虑层内标准差因素的抽样方式，即分层最佳抽样。

2. 分层最佳抽样

分层最佳抽样又称非比例抽样，即这种方法不受各层次中抽选样本数的比例相等的限制，根据实际情况和大数定律的要求，对有较大影响但数量较少的层次或类别分配给较大的抽样比例，而对数量较多的层次分配给较小的抽样比例的一种抽样方式。而每一层影响的大小根据各层内基本单位的标准差大小确定。这样采取同时兼顾层的大小和层内差异程度的大小来抽样，有利于提高综合样本对总体全貌的代表性，可以提高样本的可信度。

其计算公式如下：

$$n_i = n \times \frac{N_i S_i}{\sum N_i S_i}$$

式中：n_i——各层应抽出的样本数目；

n——样本总数目；

N_i——各层的调查单位数；

S_i——各层调查单位的样本标准差。

例如：某部门要调查城市居民家用电器潜在需求数量。这种商品的消费量与居民收入水平相关，且总体中基本单位之间差异较大，因此应先按家庭收入作为分层标准分层。假定该市居民户即整个总体中含家庭总数100万户，已确定计划抽取样本1000个。家庭收入按高、中、低分层，其中高收入户15万户，中等收入户为65万户，低收入户20万户。因为高、中、低各层内收入的差异程度也是不同的，高、中层差异较大，低层差异较小，因此给予各层不同的标准差估计值。假定其标准差估计值为S_i，家庭收入高的为300，中等的为200，低等的为50，即$S_{高}=300$，$S_{中}=200$，$S_{低}=50$。为了便于计算观察，列表如表6－3。

表 6-3　　　　某城市分层最佳抽样

层	每层中调查单位总数（N_i）（万）[i]	各层中标准差估计值（S_i）	积（N_iS_i）
高	15	300	4500
中	65	200	13000
低	20	50	1000
合计			18500

依照分层最佳抽样法，各层应抽样本数分别为：

$N_{高} = 1000 \times (4500/18500) \approx 243$（户）

$N_{中} = 1000 \times (13000/18500) \approx 703$（户）

$N_{低} = 1000 \times (1000/18500) \approx 54$（户）

用比例分层抽样法计算本题，会发现用分层最佳抽样法抽取的高收入层和中等收入层的样本增加了，而低收入层抽取的样本减少了。这样抽选到的综合样本比考虑分层比例抽样得到的综合样本更具有对全市居民总体的代表性，其抽样调查推断的总体结果准确程度会有所提高。

各层中的标准差估计值，反映的是各层的每一个子体值和平均值之间的差异。如果某层中各子体特征接近，差异较小，那么从理论上讲，标准差就小。因此，少抽取一些数目的样本，仍然可以代表、反映该层的大致情况。如果某层内各子体差异较大，那么标准差就较大，因而要适当多选一些样本才更合理。各层标准差估计值可由经验丰富的人士给出，也可通过在各层中先抽选少量子体，用试验调查获取数据计算得到。

3. 最低成本抽样法

最低成本抽样法是根据抽样的费用支出来调整各层的应抽样本数的抽样方法。分层比例抽样法、分层最佳抽样法主要是考虑统计的效果；而最低成本抽样法则是在考虑统计效果的基础上，再考虑各层之间调查费用的明显差异，这样既注意了统计效果，又注意了经济效果。也就是说，要在对调查结果的可信水平影响不大的前提下，注意调查各层的样本数目，以节省调查的费用支出。

其计算公式为：

$$n_i = n \times \frac{N_iS_i/\sqrt{C_i}}{\sum (N_iS_i/\sqrt{C_i})}$$

式中：n——样本总数目；

C_i——第 i 层的调查费用；

N_i——各层的调查单位数；

S_i——各层调查单位的样本标准差。

4. 多次分层抽样法

多次分层抽样法是指对调查总体进行分层的次数在两次或两次以上的抽样方法。采取这样的抽样调查，从总体分层以后，再进行一次或多次分层。经多次分层以后，仍用随机抽样法抽出样本。

分层抽样实质上是把科学分组方法和抽样原理结合起来，前者能划分出性质比较接近的各组，以减少标志值之间的变异程度。后者是按照随机原则，可以保证大数法则的正确性运用。所以，一般来讲分层抽样比简单随机抽样更为精确，能够通过对较少抽样单位的调查，得到比较准确的推断结果，特别是当总体较大、内部结构复杂时，分层抽样常能取得令人满意的效果。同时利用抽样在对总体进行推断的同时，还能获得对每层的推断。

分层抽样的缺点：①由于分层抽样要依据某一个标志的具体值来划分，这就要求有较为详细、具体的相关资料，这无疑增大了工作难度和强度。②由于分层抽样中一般每组抽取样本相应减少，若分层过细，可能造成代表性不足，容易产生较大的误差。

二、非概率抽样

非概率抽样是指抽样时不遵循总体中每个单位都有客观相等的被选中机会的原则，而是按照调查人员主观的判断或标准抽选样本的抽样方法。由于在有些调查中得不到总体完整的名单，或者使用概率抽样的方法选取样本过于昂贵，这时就要使用非概率抽样的方法来选取样本，总的说来，用非概率抽样的方法比用概率抽样的方法抽样要省钱、省事得多，但在样本量相同的情况下，所选样本的代表性要差一些。在市场调研中，采用非概率抽样方式选择调查对象常适用于下面情况：为了快速得到总体一般性质方面的信息；对某一突发事件的现场调查；为进一步深入调查研究而做的前期预备性实验性调查等。

非概率抽样法主要有方便抽样、判断抽样、配额抽样和滚雪球抽样等。

（一）方便抽样法

方便抽样法也称偶遇抽样或任意抽样，是一种随意选取样本的方法。“街头拦截法”和“方位选择法”是任意抽样法的两种最常见方式。比如，在街头向过路行人作访问调查，就是“街头拦截法”的表现。在柜台销售商品过程中向购买者作面谈调查等就属于“方位选择法”。实行任意抽样的基本理论依据，就是认为总体中的每一子体都是相同的，随意选取任何一个子体都是一样的。例如，为了判断某个湖泊是否已被污染及已被污染的程度，在有关专家认为该湖水混合均匀的前提下，专家便在自己最方便的地点取样进行检测，那么此结果自然具有说服力。然而事实上，并非所有总体中每一子体都是一样的，有的总体中，子体是同质的，而有的总体中子体则是异质的。只有在总体中的每一子体都是同质的情况下，才宜采用方便抽样法。

方便抽样法最大的特点是简便易行，能够及时获得所需的信息，省时、省力、节约调查开支。缺点是取得的样本偶然性太大，存在着选择偏差，因而样本的代表性较差，调查结果的可信度低。所以这种抽样一般不能用来推断总体，即方便抽样不适合于描述性研究和因果关系研究，而比较适合于探索性研究。它可以通过调查发现问题，产生想法或假设。在实际操作中，方便抽样多用于非正式的探索性研究或正式调查前的预调查。

（二）判断抽样法

判断抽样法也称目的抽样或典型调查，是依据调查研究者对总体的认识等主观因素或调查目的等，从总体中选择调查对象的一种方式。这种抽样方法，通常适用于熟知母体中子体特征、样本数目不多的调查。实践中很多典型调查，当调查人员对自己的研究领域十分熟悉，对调查总体比较了解时采用这种抽样方法，可获代表性较高的样本。这种抽样方法多应用于总体小而内部差异大的情况，以及在总体边界无法确定或因研究者的时间与人力、物力有限时采用。例如，要对福建省旅游市场状况进行调查，有关部门选择厦门、武夷山、泰宁金湖等旅游风景区作为样本调查，这就是判断抽样。

依据判断抽样法选定的样本，易于符合市场调研人员的特殊需要，回收率较高，简便易行，具有一定的实践意义，但如果主观判断出现偏差，抽样也要发生偏误。因此，采用这种抽样方法要求对调查对象总体的有关特征具有相当的了解。要极力避免挑选“极端”的类型，而尽量选择“多数型”或“平均型”的样本。

（三）配额抽样法

配额抽样也称定额抽样，是指首先将市场调查对象总体中的所有单位按一定的标准分为若干类，然后按一定属性特征（控制特征）分配样本配额，并在规定数额内由调查人员随意抽取样本的抽样方式。因为它与分层随机抽样具有相似之处，所以又可称为分层判断抽样。

尽管配额抽样法不具备从样本推论总体的科学依据，但由于其注重样本结构与总体结构在量上的类似性，只要抽样设计完善，调查员素质好，调查结果的可靠性和准确性在非概率抽样中就是最好的。因而在市场调查中得到广泛应用，特别在一般较小规模的市场调查中大都采用这种抽样方式。

配额抽样法按分配样本数额时的做法不同，分为独立控制和交叉控制两种类型。

1. 独立控制的配额抽样

这种方法又称为单项特征配额，它是根据总体的不同特征，只对具有某个特征的样本数规定单独分配数额，而不规定必须同时具有两种或两种以上特征的样本数额。因此，调查人员就有较大的自由去选择总体中的样本。

例如，杭州市对3G手机消费需求进行调查，选择消费者的年龄、性别、收入三个标准分类，已确定样本量为160名，按照独立控制配额抽样，其各个标准样本配额比例及配额数如表6－4所示。

表6－4　　独立控制配额抽样

A方案		B方案		C方案	
年龄	人数（个）	性别	人数（个）	收入（元）	人数（个）
14～24岁	30	男	80	800以下	40
25～34岁	40			800～1500	50
35～50岁	40	女	80	1501～2500	40
51～60岁	30			2501～5000	20
61岁以上	20	合计	160	5000以上	10
合计	160			合计	160

从表中可以看出，对年龄、性别、收入三个分类标准，分别规定了各自的样本数额，而对三者之间的交叉关系没有在数额上作出规定，所以，在抽样过程中，可以按照以上表格分别抽取互不牵制。因此，在调查人员具体抽样时，抽选不同年龄段消费者（A方案），并不需要顾及性别和收入标准。同样，在抽选不同性别（B方案）或收入的消费者（C方案）时，也不必顾及其他两个分类标准。如从25～34岁年龄阶段中抽取40人、男、女各应该有多少，各收入阶段的人又应该有多少等，都没有规定，这完全由调查人员机动掌握。虽然这种方法的优点是简单易行，调查人员选择余地较大；但是存在着不同类型中选取样本容易产生不平衡性，选择样本过于偏向某一组别，如过多的抽选女性消费者等，从而影响样本的代表性。

2. 交叉控制配额抽样

它对各特征的每一样本数目都有规定，即按各类控制特征分配样本数额时，要考虑各类型之间的交叉关系，采用交叉控制表安排样本的分配数额。如上例中，前提不变，采用交叉控制的配额抽样法，如表6－5所示。

表 6－5　年龄、性别、收入交叉控制配额抽样

年龄	800 元以下		800～1500 元		1501～2500 元		2501～5000 元		5000 元以上		合计
	男	女	男	女	男	女	男	女	男	女	
14～24 岁	4	4	5	5	3	3	2	2	1	1	30
25～34 岁	6	6	5	5	5	5	3	3	1	1	40
35～50 岁	5	5	8	8	4	4	2	2	1	1	40
51～60 岁	1	1	5	5	6	6	2	2	1	1	30
61 岁以上	4	4	2	2	2	2	1	1	1	1	20
小计	20	20	25	25	20	20	10	10	5	5	160
合计	40		50		40		20		10		160

从表 6－5 可以看出，交叉控制配额抽样对每一个控制特征所需分配的样本数都做了具体规定，是将各控制特征综合在一起交叉安排样本单位的分配。例如，调查者必须按规定在总体中抽取样本，由于调查面较广，克服了独立控制配额抽样的缺点，提高了样本的代表性。根据国内外市场调查的实践经验，实行配额抽样法大致要经历如下几个步骤：

（1）确定总体数和要抽取的样本数。

（2）选定控制特征，作为细分标准。

（3）决定总体中属于各种特征的对象所占百分比。

（4）根据这种百分比决定属于各特征的样本数。

（5）抽取属于各特征的样本。

（四）滚雪球抽样法

滚雪球抽样法又称参考抽样，它是以“滚雪球”的方式，通过少量的样本单位逐步获取更多样本单位的信息。其基本的步骤是：先挑选少数样本单位，访问这些个体得到所需信息后，再请他们提供另外一些属于所调查研究目标总体的个体，然后根据所提供的线索，选择此后的样本单位，依此类推，如同滚雪球一样，使样本容量逐步扩大，使调查结果愈来愈接近总体。

滚雪球抽样运用的前提是总体各单位之间具有一定的联系。它通常是用于对总体缺乏了解，没有现成的抽样框的情形，或者调查对象为某一特殊群体，所调查的个体不容易取得的情况下。例如，要调查某些疾病（如艾滋病）的携带者，或对同性恋人群展开研究，要获得一份完整的名单是极困难的，只能通过已接受调查的人提供信息去接触新的合适的被访者。

滚雪球抽样的优点是可以方便快捷地、有针对性地找到样本单位，而不至于

"大海捞针"。其局限性是要求总体单位之间必须有一定的联系，并愿意（或至少不会反对）提供相关的信息，否则将失去如此抽样的前提。另外，滚雪球抽样的整个过程会比较耗时。

三、抽样方法的选择

前面我们已经介绍了很多种抽样方法，那么如何选择合适的抽样方法呢？需要综合各种主客观因素来考虑，主要依据调研总体的规模和特点、调查的性质、抽样框资料、调查经费、对调查结果精确性的要求等方面来决定。

一般来说，在下面两种情况下适合使用概率抽样：①对调查结果的精确性要求高；②研究者要保证样本选择的随机性。

而在下面几种情况下，则适合使用非概率抽样：①样本框不存在，而且也难以形成；②调查属于非正式的探索性研究；③调研费用和时间都比较有限。

一旦决定了使用概率抽样或非概率抽样，研究者就要选择最适合完成研究目的的样本设计方法。每个抽样方法都有独特的优缺点，研究者应当权衡各种方法的特点及研究所面临的限制条件。比如，如果研究是在大城市进行，又没有一个恰当的总体构成，随机抽样或分层抽样的准确度就要让位于整群抽样的低费用与较快速度。相反，如果需要知道总体中某种特定的特征，比如消费者收入与他们买便宜产品的倾向，则可能需要进行分层抽样，即使时间与费用是重要的考虑因素。不管是用哪种抽样方法，研究者最后的研究报告结果都要为抽样的方法选择提出理由。这样研究者以及研究结果的使用者才会对样本反映研究总体的有效性有信心。

调研快照 6－1

某公司为梦乡香皂在上海做香型测试时，采用了商业区拦截访问调研技术。由于以往的调研已经证明梦乡香皂的主要消费者是 18～35 岁的年轻人，所以我们要获知的就是他们对新香型的评价。

拦截时进行样本甄别是必需的，而甄别时进行样本配额控制也十分方便，因此我们采用了配额抽样技术。也就是说，通过配额分配使样本的组成与总体的组成相同（如性别、年龄、教育程度），要控制不同性别、不同年龄段和不同收入的被访者的比例。这可以大大降低访问的难度，节省费用，但缺少了随机性，所以配额抽样属于非随机抽样。

尽管是非随机抽样，但我们还是要尽可能地使舀的"汤"更均匀。我们的做法是，在上海四川北路、淮海中路各选一个点，南京路外地游客太多，而外地游客不能成为上海消费者的代表。让访问员对路过的行人每隔 10 人上前拦截，这也能提高随机度。先进行甄别，符合样本要求的；再进行正式访问。同时要求，几人以上结伴的消费者，即使都符合控制要求，也只能访问其中一人。这些抽样的规定，都有效地提高了调研的质量。

第三节　样本容量的确定

一、样本容量与样本代表性和样本精确度之间的关系

市场研究的委托方通常不理解样本容量。他们会问的一个典型问题是：“我们拥有约 10 万人的消费群，为了得到一个精确的样本，需要选取百分之几的人进行调查呢?”这是一个典型的错误观念。实际上，样本容量的大小与样本对总体的代表性无关，而与客户的研究经费、研究目标、样本精确度以及报告截止期限有更直接的关系。

1. 样本容量与样本对总体的代表性无关

样本的代表性是由抽样方法决定的，样本容量是指一次调查或实验所需的受访者的数量，而不是指选择受访者的方法。下面的例子恰好说明了这一点。假设我们想了解在中国劳动力中有百分之多少的人在工作地点使用个人计算机，于是我们站在上海市证券交易所附近的一个街角抽取一个方便样本。我们询问每一个与我们谈话的人他在工作时是否使用计算机。一周后，我们在调查中已询问了 5000 名受访者。这些人是中国劳动力总体的代表吗？不，他们不是。事实上，可以相信他们甚至不是上海市劳动力的代表，因为使用的是没有控制的非概率抽样方法。如果我们询问了 10000 名上海人又会如何呢？因为同样的原因，这个样本仍无代表性。

2. 样本容量不决定代表性，但影响结果的精确度

样本精确度指样本统计数据（如受访者对一个特定问题的回答的平均值）接近它所代表的总体真实值的程度。样本容量与样本统计量相对于总体真实值的精确度有直接关系。如果要对主修计算机专业的大学毕业生进行随机抽样调查，那么选取 5 名受访者比选取 1 名受访者调查的结果更精确，选取 10 名受访者又比选取 5 名受访者更精确，如此等等。常识告诉我们大随机样本比小随机样本更精确，但是选取 5 个受访者的精确度不会是选取 1 个受访者的 5 倍。

“样本量越多，调研精度越高”这个命题是对的，但往往被很多人误解。实际

上，即使在最理想的状况下，统计精度只是与样本量的平方根成正比。而对于一个特定的抽样调研，在达到一定的样本量后，再增加样本量对提高它的统计准确度就起不了多大的作用，而现场调研的费用却成倍增加，实在是不合算。例如：要研究爱斯基摩人是什么肤色的人种，只要抽取几个样本就足够了。如果一定要增加样本量，除了徒增花费，没有任何帮助。但是，如果要研究他们的平均身高，几个样本就不太合理。

确定合适的受访者或被实验者的数量是市场调研中一个至关重要的内容。然而，由于必需的统计理论的运用，这通常也显得很令人困惑。事实上样本容量的确定通常是介于理论下的完善方案与实际上的可行方案之间的一个折中方案。虽然本章的意图并非是想让你成为抽样专家，但对于样本容量确定有关的基本要领的理解还是相当重要的。

二、确定样本容量的方法

样本容量是指抽样单位数。如果样本数过多，浪费人力、物力、财力和时间；如果抽样数目过少，会影响调查结果的精确度，造成较大误差，所以确定必要的样本容量极为重要。

样本量的确定原则是“控制在必要的最低限度”，但最低限度的样本量到底是多少，常常令调研设计者头痛。对这个问题的回答还是应该回到调研目的上，只要样本量足够让研究者发现问题或获知解决问题的信息，那就是我们希望的最低限度样本量。在抽样调查中，对于概率抽样和非概率抽样，确定样本量的方法是不同的。

（一）经验法

非概率抽样的目的主要在于进行探索性研究，而不是用样本数据对总体进行数量上的推算。所以样本量的确定主要是根据主观判断和从事实际调查的经验，这样就具有一定的随意性。样本量大小是否恰当，与设计人员的判断能力、调查经验的积累有密切关系。在市场调查中，对于一些项目的配额抽样，也常常使用一些经验数据，如每个样本城市抽取200个或500个样本单位。

表6－6是对于不同规模的总体，样本数占总体比重的经验数据，不过这个比重只是根据抽样调查的经验为研究者提供了样本容量的大致范围，在应用时还必须根据调查的具体要求和总体的实际情况来确定。

表 6－6　根据总体规模确定样本容量范围的经验数据①

总体规模	100 以下	100～1000	1000～5000	5000～10000	10000～100000	100000 以上
样本占总体比重（%）	50 以上	50～20	30～10	15～3	5～1	1 以下

传统准则认为，样本大小随市场调研的种类变化而有所不同，表 6－7 是从经验中发掘出来的确定样本容量的产业标准。

表 6－7　不同市场调研中样本大小的经验数值②

调研项目	最小样本数量	典型样本数量范围
市场分析	500	1000～1500
战略研究	200	400～500
试验市场深度研究	200	300～500
观念/产品测试	200/单元	200～300/单元
名称测试	100/名称差异	200～300/名称差异
包装测试	100/单元	200～300/单元
电视商品测试	150/单元	200～300/单元
广播测试	150/广播	200～300/广播
印刷品广告测试	150/广告	200～300/广告

经验数据是长期从事该项调查的经验积累和总结，十分简捷，便于操作。但因为缺乏严格的理论证明其合理性和必然性，所以对这种样本量提出质疑也是可以理解的。

（二）成本限定法

成本限定法将成本作为确定样本容量的基础，是以分配给调研项目的预算作为依据来确定样本的大小的。例如，公司预算有 10000 元的访问费用，而一家专业资料收集公司的报价是每份完整的问卷访问收费 25 元，则确定样本容量为 400 名受访者。这种样本容量确定的方法不是将调查所获信息的价值作为首要的考虑因素，而是把预算作为考虑因素，因而会忽视调查结果对管理决策的价值，结果通常不能令人满意。

事实上，成本不应是确定样本容量的唯一考虑因素，但市场调研又确实受到成

① 曾振华、李翔等：《市场调查——基本方法与应用》，暨南大学出版社 2006 年版，第 59 页。

② 叶明海：《市场研究》，同济大学出版社 2003 年版，第 109 页。

本的制约，尤其对人员访问、电话调查，甚至是邮寄调查而言，资料收集的成本随样本量的增加增长很快，因此，调研人员需要和委托方一起，综合考虑不同资料的收集方式、所需成本以及其他一些因素，最终确定样本容量。

（三）置信区间法

概率抽样调查不论是计算抽样误差，还是统计推断，都是以概率论和数理统计的有关理论为依据的，这些理论大多是以大样本为前提建立的。在数理统计中，将小于 30 个单位的样本统称为小样本，将大于等于 30 个单位的样本称为大样本。为了应用有关数理统计的理论，也由于调查总体一般都比较大，总体标准差也比较大，所以抽样调查的样本一般都采用大样本，其样本单位在 50～5000 之间，在具体确定样本容量时可以按照统计方法定量地计算。下面仅介绍简单随机抽样下样本容量确定的方法——置信区间法。

置信区间法就是运用差异性置信区间、样本分布以及平均数标准误差或百分比标准误差等概念来创建一个有效样本。

1. 确定置信度和最大允许误差

置信度也称把握度，是指由抽样调查结果来推断总体情况的可信程度，用 $1-\alpha$ 表示。在抽样调查中，一般规定置信度为 95%、99% 和 99.9%，（即置信水平为 0.05、0.01 和 0.001），它们分别表示由抽样调查结果估计总体情形的可信程度为 95%、99% 和 99.9%。

最大允许误差 D，是指被允许的最大抽样误差。确定最大允许误差，就是给所要拟订的抽样计划规定一个最大的误差标准，要求按照所拟订的抽样计划执行时，抽样调查所得的结果与总体的真值的差异不能超出这一误差范围。

2. 根据公式计算样本容量

调研人员可以用平均数法，也可以用百分率法来计算样本容量。虽然公式不同，但两种方法所包含的基本概念是相同的。

（1）用平均数确定样本容量。

当研究目的是估计总体平均数，抽样方法为简单随机抽样时，样本容量的计算公式为：

$$n=\frac{Z^2\sigma^2}{D^2}$$

式中：n——样本容量；

Z——与所选置信度相对应的标准误差；

σ——总体标准差；

D——允许的最大误差。

最大允许误差和置信度通常是由研究者事先确定的，请记住与99%的置信区间相关的Z值是2.58，与95%的置信区间相关的Z值是1.96；总体标准差可以从以前的调查结果获得，也可以从二手资料获得，还可以通过小规模的调查获得。

【例6-1】 研究者希望精确地估计每个女性的化妆品年开支，并希望估计值偏离总体值的程度被控制在±10元之内，样本容量应该多大呢？

按照以下5个步骤进行计算。

①确定精度，这是样本均值与总体均值之间的最大误差D，在本例中，$D=\pm 10$。

②确定置信度，本例希望达到95%。

③利用正态分布表，对95%的置信度确定Z值。经查表，Z的值为1.96。

④确定总体的标准差σ，本例的标准差为50。在标准差未知的情况下，标准差可从二手资料获得。如果不能，也可以通过试点研究来估计。

⑤利用公式求解样本容量：

$$n=\frac{Z^2\sigma^2}{D^2}$$

$$=\frac{1.96^2\times 50^2}{10^2}$$

$$=96.04$$

$$\approx 96$$

（2）用百分率确定样本容量。

当研究目的是估计总体比率，而且采用的抽样方法是简单随机抽样时，样本容量的计算公式为：

$$n=\frac{Z^2\rho(1-\rho)}{D^2}$$

式中：n——样本容量；

Z——与所选置信度相对应的标准误差；

ρ——总体的估计差异性；

D——允许的最大误差。

【例6-2】 假定研究者对拥有信用卡的家庭感兴趣，想确定比率，往往遵循以下步骤：

①确定精度，假定允许的最大误差为$D=\pm 0.05$。

②确定置信度，假定要求95%的置信度。

③确定与a相关的Z值，经查正态概率表，有$Z=1.96$。

④估计总体比率ρ。如前所述，总体比率可以从二手资料、试点调研中估计，

或者凭调研人员的经验估计。假设研究人员根据二手资料估计，总体中拥有信用卡的家庭为24%，则$\rho=0.24$。

⑤利用公式求解样本容量：

$$n=\frac{Z^2\rho(1-\rho)}{D^2}$$

$$=\frac{1.96^2\times0.24\times(1-0.24)}{0.05^2}$$

$$=280.28$$

$$=280$$

在百分率确定样本容量的方法中，如果研究人员缺乏估计ρ值的依据，可以对ρ值做最悲观的假设。在给定Z值和D值的情况下，ρ值为多大时要求的样本量最大呢？当$\rho=0.5$时，$\rho(1-\rho)$有极大值0.25存在。这时，样本量最大。即在未知P的情况下，我们通常取$\rho=0.5$来进行样本的计算。实际原因是：当$\rho=0.5$时，一半的受访者持一种观点，另一半的受访者持另外一种观点，这时样本的变异性最大。为了在相同的置信水平上获得相同的精确度，必须加大样本容量。当$\rho=0$或$\rho=100\%$时，变异性为0，所需样本量最小，理论上只需一个样本单位就可以代表整个总体。

【例6-3】在美国的全国性民意测验中，大多数的测试都宣称具有±3%的精确度，假设采用95%的置信区间，假设变异性最大（$\rho=50\%$），则所需样本容量的计算如下：

$$n=\frac{1.96^2\times0.5\times(1-0.5)}{0.03^2}$$

$$=1067.11$$

$$\approx1067$$

也就是说，如果这些全国性测验在95%的置信水平上要达到±3%的精确度，需要1067的样本容量（或者说大约1100名受访者）。

如果市场研究人员希望达到99%的置信水平，则估计样本容量是多少呢？计算如下：

$$n=\frac{2.58^2\times0.5\times(1-0.5)}{0.03^2}$$

$$=1849$$

由此，如果调查要求在99%的置信区间下达到±3%的精确度，而假定最大的差异性（$\rho=50\%$），则样本容量将达到1849。

第四节　样本误差

在市场调查中，无论是全面调查，还是非全面调查，都有可能发生误差。好的设计方案应当尽量控制各种来源的误差，但是，在抽样时由于运气或抽样设计等方面的原因，也会将总体中的某些特殊单元抽取到样本中，而这些特殊单元会破坏样本的代表性，从而使所研究的主要变量的总体平均值与调研项目得到的样本的观测平均值之间存在一定的差异，这样就产生了样本误差。抽样调查中的误差有两个来源：

（1）非抽样误差，即在调查过程中，由于主客观原因而引起的误差。

（2）抽样误差，即样本各单位的结构情况不足以代表总体特征而引起的误差。

例如，某居民区全体居民人均年消费糖为 5 千克（总体平均数），抽样调查所得的样本人均消费量为 4.7 千克（样本平均数），则平均数实际抽样误差为 0.3 千克。例子中的总体综合指标值是假定已知的，可事实上总体综合指标值是不知道的。所以，在抽样调查中，实际误差的数值是无法估算的。

一、抽样误差分析

抽样误差是指一个样本的测定值与该变量值之间的差异，抽样误差无特定偏向，其误差大小主要受以下三个因素影响：

（1）总体方差。总体方差越大，抽样误差就越大；反之，则抽样误差就越小。如果总体各单位标志值之间没有差异，那么抽样误差就不存在了。

（2）样本量。抽样误差的大小可由样本量的调整而得到控制，在其他条件不变的情况下，抽样单位数越多，抽样误差就越小；反之，抽样误差就越大。如图 6 –2 所示。

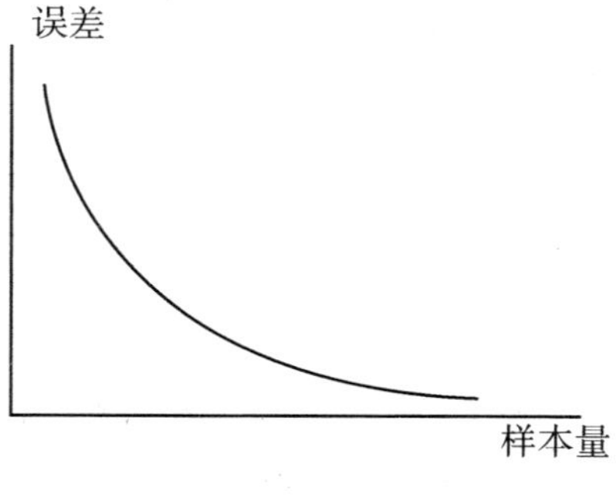

图 6 –2　样本量误差

（3）抽样调查的组织方式。采用不同的抽样组织方式，也会有不同的抽样误差。

由此可见，抽样误差的大小同总体的标准差异大小和抽样数目多少有关，而且要根据不同的抽样方式和方法分别计算抽样误差。

二、非抽样误差分析

非抽样误差是抽样过程之外产生的各种误差的总称。非抽样误差可分为随机误差和系统误差两类。随机误差是指误差没有固定的方向，即从调查资料得到的总体估计值与总体真值相比有时高有时低，误差可能为正差，也可能为负差，具有偶然性。系统性的误差在统计学中称为偏差，这是一种有方向性的误差，即误差总是偏于某一个方向。在这两类非抽样误差中，偏差通常构成非抽样误差的主要成分，对调查资料质量影响更大。

为了控制非抽样误差，首先，有必要了解非抽样误差的来源，以便有针对性地采取控制措施。产生非抽样误差的主要来源有以下几方面。

（一）未包括

这是指抽样方案中所定义的目标总体有一部分单位未能包括在抽样框内，即抽样框存在遗漏。由于实际的样本是从抽样框中抽选出的，因此那些没有包括在抽样框中的单位意味着没有机会被选入样本。如果被遗漏的单位特征与抽样框中的单位在与调查有关的特征存在差异，则会导致未包括偏差。

（二）无回答

也称为无应答或无响应，是指在被选入样本的单位中，有一部分单位由于某些原因无法收集到资料。其中最常见的原因是访谈对象不在家以及拒访。如果无应答的单位与应答单位之间在与调查有关的特征上存在差异，则会导致无回答偏差。而这种差异经常是明显存在的，例如，经常不在家的一般是年轻的、流动性大的人，而在家机会多的往往是老年人；拒访率高的往往是某些阶层的人。

（三）测量工具

在访谈调查中最主要的测量工具是问卷。在问卷设计一节中已指出，问卷中问题的措词、顺序等方面若设计不当都可能引起偏差。

（四）访员自身因素

在实地直接与被访人接触并收集资料的人员，其自身特征及素质会直接影响资料的质量。访员可能从以下几方面产生影响。

1. 访员的个人特征

依调研类型和访谈对象的不同，访员的个人特征有可能在不同程度上影响访谈结果，包括其性别、年龄、民族、教育、职业以及个人仪表等。

2. 访员的个人观点与态度

若访员对所调查的问题有态度上的倾向性，并有意无意地影响访谈对象的回答，也会导致回答的误差。

3. 访员的访谈技巧

包括访员是否严格按照问卷提问，是否熟悉问卷，是否掌握提问及追问的技巧，是否正确地记录访谈对象的回答等。

4. 访员的职业道德

访员中可能有少数素质较低者，为了省事而弄虚作假的事例在调研实践中并非罕见。访员的不诚实无疑会人为地造成误差。

（五）被访问人

一方面，被访问人可能会因为对问题理解有误而给出错误的回答，另一方面，也可能由于某种原因而不愿说出真实想法和提供实际情况。

（六）资料处理与分析

其中包括完成的问卷被丢失，以及资料编校、编码、录入和汇总分析等一系列工作中可能出现的错误。

从上述主要误差来源来看，有多个方面涉及实地工作的组织实施。可以说，即使问卷和抽样方案设计得再好，如果实地工作组织不力，访员素质不高，也可能给整个调研项目带来灾难性的后果。因此，实地工作的组织实施常常是对市场调研的组织者或机构的一大挑战。

三、抽样调查误差的预防

（一）抽样误差的预防

1. 扩大样本量

样本量是影响抽样误差的最关键因素，为了尽可能地节省人、财、物，我们一般会尽可能少地选择样本，多选一个样本，就意味着付出更多的努力和资源的消耗。但样本量过少，则造成了抽样误差的扩大。所以在实际工作中，我们应当找到一个最优的样本量，使抽样效益能达到最大。

2. 减少总体方差

总体方差在表面上是不可能减少的。但是我们可以适当地调整调查的目的，就可以有效地减少总体方差。例如，我们要调查大学生的就业形势，涉及研究生、本科生、专科生，总体方差非常之大，势必会造成抽样误差增大。我们可以分为三步来考虑，分别调查研究生、本科生和专科生的就业形势，这样的话，总体方差就大大减小了。

3. 选择最好的抽样组织方式

在实际工作中，如果条件允许，尽可能地选择随机抽样方式。

（二）非抽样误差预防

非抽样误差较难预防，根本的原因是资源没有达到最好的整合。关于具体的原因在前面已经有所讲述，在这里就不再重复了。我们针对数种非抽样误差的发生原因来说明如何预防非抽样误差。

1. 数据遗漏

当样本单位部分或全部没有答案时，数据遗漏的问题就发生了，依据其遗漏情形可分为完全遗漏与部分遗漏两种。前者是指样本单位的调查数据全部无法使用。后者则是指部分问题的数据无法使用。加权调整法可用于完全遗漏的情形，而设算法则用于部分遗漏的情况。下面简单介绍一下这两种方法。

（1）完全遗漏。最简单的方法便是忽略那些未回答的问卷，只用完整的样本估计总体参数，假设总体中每一个被选中的样本都有相同的回收率，则估计量仍维持原来的准确度，但精确度已不可避免地降低了。

比较合理的做法是将总体分为数个子总体，而各子总体内单位回收率相同，可运用事后调整法与对层加权调整法。

（2）部分遗漏。利用设算法计算。设算法是指以某种规则添加一个可用的数字当做该项目答案之方法。较常用的设算法有以下两种：

①平均设算法。平均设算法以已经取得样本部分数据的平均值设算遗失或没有观察到的样本项目，所得的平均数值与忽略完全遗漏而仅用观察值去做平均的效果相同。

②热卡法。首先做事后分层，然后将在每一层内随机抽取层内已经观察到的答案，当做层内没有观察到的答案的设算值。

2. 敏感问题

调查的目的若是为了要了解一些敏感问题的真相，例如逃税漏税、吸毒、酗酒等隐私性的问题时，直接的询问当然容易使受访者疑虑不安，可能不予回答或故意答错。通常在处理此类敏感问题的调查时，即使受访者愿意回答，我们也会对此答案的真实性存有疑虑，唯一的做法，就是把敏感的问题转化为不敏感的问题，使被调查者愿意回答。

3. 回答误差

简单地说就是答案的真实值与观察值之间的误差。回答误差大，效度就小。此种误差在调查者或被调查者双方面都有可能发生。被调查者可能因为无心之失、未经过深思熟虑、记忆有误、敏感性题目、迎合调查者而回答不正确。调查员可能因为太累或者经验不足而记错、心中有成见、对记录正确答案感到不耐烦而产生误差。有时回答误差的发生和测量工具、问卷题目的设计、访问地点也有关系。针对上述情况，就应该力求整个调查过程的严谨性，在调查员的选择、访问、问卷设计、样本选取和调查方式等方面，都要有全面的考虑。

【本章小结】

抽样调查是在总体中抽取有代表性的个体作为调查对象的具有科学性的市场调研技术，是一种被广泛使用的有用的方法。在抽样的过程中，涉及总体、样本、抽样单位、抽样框等一些专业术语的理解和掌握。总体是所研究对象的全体。样本由总体中抽取的部分个体（或单位）组成。普查是获取总体中每个成员的信息。抽样框指的是一次直接抽样时，总体中所有抽样单位的详细名单。与普查相比，抽样可以降低成本，抽样可以迅速地收集至关重要的信息，大多数经过适当挑选的样本都能给出相当精确的结果。

抽样方法一般分为概率抽样和非概率抽样。概率抽样包括单纯随机抽样、系统抽样、整群抽样和分层抽样等，非概率抽样包括任意抽样、判断抽样、配额抽样和滚雪球抽样等方法。这些不同的技术方法都有各自的操作技术和应用特点。

样本容量是指抽样单位数。样本容量的大小与样本对总体的代表性无关，而与客户的研究经费、研究目标、样本精确度以及报告截止期限有着直接的关系。样本量的确定原则是“控制在必要的最低限度”，确定样本容量的方法主要有经验法、成本限定法和置信区间法等。

抽样调查中的误差有两个来源：非抽样误差和抽样误差。抽样误差只有在概率抽样中才存在，非抽样误差则不论在概率抽样和非概率抽样中都同样存在，本章详细介绍了抽样调查中误差的有效预防。

【延伸阅读】

阅读材料1：2005年全国1%人口抽样调查方案①

为了摸清2000年以来我国人口数量、构成以及居住等方面的变化情况，研究未来人口状况的发展趋势，为制定经济社会发展规划和有关政策提供客观准确的依据，国务院决定于2005年进行全国1%人口抽样调查。为做好这次调查工作，制定本方案。

一、调查的组织实施

全国1%人口抽样调查工作，在国务院和地方各级人民政府的领导下进行。国务院成立全国1%人口抽样调查领导小组，负责这次调查的领导和组织协调工作。领导小组办公室设在国家统计局，负责落实有关调查工作的具体安排。

县以上地方各级人民政府成立1%人口抽样调查领导小组及其办公室，被抽中的乡、镇和街道办事处，成立1%人口抽样调查办公室，按照全国1%人口抽样调查领导小组及其办公室的统一要求，分别负责本地区1%人口抽样调查的领导和组织实施工作。

各级1%人口抽样调查领导小组对本地区调查数据质量负责，督促本地区1%人口抽样调查办公室对各阶段工作进行质量控制和验收。

这次调查的经费按分级负担的原则，由中央和地方财政共同负担，并列入相应的财政年度预算。

各级1%人口抽样调查领导小组及其办公室，要在保证高质量完成调查任务的前提下，本着厉行节约的原则，合理安排使用调查经费。

二、调查的标准时间、调查对象和内容

1. 这次调查的标准时间为2005年11月1日零时。

2. 这次调查的对象是在被抽中的调查小区内具有中华人民共和国国籍并符合以下条件之一的全部人口：

（1）2005年10月31日晚居住在本调查小区；

（2）　户口在本户，2005年10月31日晚未居住在本户。

中国人民解放军现役军人由军队领导机关统一进行调查。

---

① 赵喜仓、马志强、何娣编著：《市场调查与分析》，江苏大学出版社2007年版，第130~133页（转摘自：全国1%人口抽样调查办公室.2005年全国1%人口抽样调查方案.http：//www.hzsin.gov.cn.）。

3. 这次调查以户为单位进行登记。户分为家庭户和集体户。

以家庭成员关系为主的人口，居住一处共同生活的作为一个家庭户；单身居住独自生活的也作为一个家庭户。

相互之间没有家庭成员关系，集体居住在单位集体宿舍或其他住所共同生活的人口作为集体户。

4.《2005 年全国 1% 人口抽样调查表》（以下简称调查表）分为按户填报的项目和按人填报的项目。

按户填报的项目包括户的基本情况和住房情况。

按人填报的项目包括人的基本情况、迁移流动状况、人口素质情况、就业和社会保障状况、婚姻生育状况等。

2004 年 11 月 1 日零时至 2005 年 10 月 31 日 24 时期间有死亡人口的户，还要填报《死亡人口调查表》。

三、抽样方法、区域划分和地址编码

1. 这次调查的全国样本量共约 1300 多万人。各省、自治区、直辖市的样本量按其人口规模由全国 1% 人口抽样调查办公室确定。最终样本单位为调查小区。

抽样采用三阶段、分层、整群、概率比例的方法。

第一阶段抽取乡级样本单位，由全国 1% 人口抽样调查办公室组织省级 1% 人口抽样调查办公室实施。

第二阶段抽取村级样本单位，由省级 1% 人口抽样调查办公室组织实施。

第三阶段抽取调查小区，由省级 1% 人口抽样调查办公室组织实施。

2. 这次调查的区域划分按以下原则进行：

县级 1% 人口抽样调查办公室负责明确被抽中的乡级单位的边界，组织绘制标明村级单位边界的乡级调查地图。

乡级 1% 人口抽样调查办公室负责划分被抽中的村级单位内的调查小区，并绘制标明调查小区边界的村级调查地图。

调查员在调查指导员的指导下负责摸清调查小区内的人口居住情况，并绘制本调查小区地图。

3. 这次调查的县级行政区域地址代码根据《中华人民共和国行政区划代码》（GB/T2260）的规定编制。被抽中的乡级及以下地区的代码由省级 1% 人口抽样调查办公室根据国家统计局的有关规定编制。

四、调查指导员和调查员的选调和培训

1. 这次调查每个调查小区至少配备一名调查员，平均每两个调查小区配备一名

调查指导员。

2. 调查指导员和调查员的选调工作由县级1%人口抽样调查领导小组负责。调查指导员和调查员从机关、企事业单位和基层组织人员中选调，或从社会上临时招聘。地方各级人民政府要高度重视调查指导员和调查员的选调和招聘工作，确保选调和招聘人员的质量。

3. 这次调查的培训工作分级进行。全国1%人口抽样调查办公室负责对省级1%人口抽样调查办公室的业务骨干进行培训；省级1%人口抽样调查办公室负责对地市级和县级1%人口抽样调查办公室的业务骨干进行培训；县级1%人口抽样调查办公室负责培训调查指导员和调查员。

各级培训工作必须严格按照本方案和各项工作实施细则的规定进行，确保培训质量。

五、调查的宣传、试点和物资准备

1. 各级1%人口抽样调查领导小组要组织本地区宣传部门和新闻媒体做好这次调查的宣传工作，动员群众积极配合参与调查。

2. 全国1%人口抽样调查办公室负责组织这次调查的国家级试点。省级1%人口抽样调查办公室负责组织本地区的试点。

3. 这次调查所需的物资由各级1%人口抽样调查办公室根据所承担的工作任务负责准备，具体要求由全国1%人口抽样调查办公室提出。

六、调查摸底、现场登记和复查

1. 调查登记以前，调查员和调查指导员要对调查小区的人口状况进行摸底工作，明确调查登记的范围、绘制调查小区地图、编制调查小区户主姓名底册。

2. 这次调查的现场登记工作时间为2005年11月1日至10日。登记采用调查员入户查点询问、现场填报的方式进行。调查员应当按照调查表中的项目逐户逐人询问，逐项填写，做到不重不漏、准确无误。

积极参加2005年全国1%人口抽样调查登记，如实申报调查项目，是公民应尽的义务。调查登记时，各户申报人应当根据调查员的询问如实回答调查内容，不得谎报、瞒报、拒报调查项目。

各级政府工作人员，要动员和支持群众如实申报调查项目，不得授意、指使、强迫群众不如实申报；不得伪造、篡改调查表；不得对如实申报调查项目的群众打击报复。

各级1%人口抽样调查办公室工作人员和调查指导员、调查员，对各户申报的情况，必须保守秘密，严格限定于人口调查的目的，不得向任何单位和个人提供或者泄露。严禁公开个人和家庭的登记资料。

3. 现场登记结束后，调查指导员组织调查员按照规定的方法进行全面复查，发现差错，经核实后，予以改正。

复查工作在 2005 年 11 月 15 日以前完成。

七、事后质量抽查

1. 复查工作完成后进行调查的事后质量抽查。全国 1% 人口抽样调查办公室负责事后质量抽查样本的抽取，省级 1% 人口抽样调查办公室负责事后质量抽查工作的组织实施。

2. 事后质量抽查工作在 2005 年 11 月 25 日以前完成。事后质量抽查数据于 2005 年 11 月 30 日前报全国 1% 人口抽样调查办公室。

3. 事后质量抽查结果只作为评价全国 1% 人口抽样调查数据质量的依据。

八、调查数据的处理、发布和管理

1. 现场登记复查工作结束后，由调查员对调查表进行非专项编码，县级 1% 人口抽样调查办公室负责组织调查表的专项编码（包括地址、民族、行业和职业编码）。专项编码前应对编码人员进行严格的培训。编码工作在 2005 年 11 月 30 日以前完成。

2. 全国 1% 人口抽样调查办公室负责制定这次调查的数据处理总体方案。

3. 数据汇总分为两步进行。第一步，对主要数据进行汇总，2006 年 1 月 15 日以前完成；第二步，对全部数据进行汇总，2006 年 6 月底以前完成。

4. 全国和省级 1% 人口抽样调查办公室负责对调查数据质量进行分析评估，2006 年 2 月 10 日以前分别发布国家和各省、自治区、直辖市的主要调查数据公报。

5. 现场登记、复查工作结束后，调查表以调查小区为单位分别装入包装袋。调查表在运送过程中，必须妥善包装，专人护送，保证完整无损。运送单位和接收单位要按规定的程序办理交接手续。数据录入工作完成以后，调查表由省级 1% 人口抽样调查办公室妥善保管。

6. 调查表仅供数据汇总使用，不得作为行政管理、表彰和处罚的依据。

7. 这次调查的磁介质原始数据由全国和省级 1% 人口抽样调查办公室负责管理。

九、工作总结

调查工作全部结束后，各级 1% 人口抽样调查办公室要对这次调查工作进行全面的总结，并报同级人民政府和上级调查领导小组。县以上各级 1% 人口抽样调查办公室要对这次调查的组织实施、项目设置、调查方法等技术业务问题进行总结，并报上一级1%人口抽样调查办公室。

全国1%人口抽样调查办公室根据本方案制定这次调查的各项工作实施细则和有关技术文件。

本方案由全国1%人口抽样调查办公室负责解释。

阅读材料2：美国盖洛普民意测验机构的抽样设计

盖洛普机构采用一个由调查地区构成的全国性概率抽样样本，派员进行入户调查，盖洛普抽样过程包括抽取调查地区，从调查地区中抽取家庭和个人，以及取得居住在美国（50个州和哥伦比亚特区）的所有成年人（18岁和18岁以上者）的抽样估计量，其中包括生活在军事基地的军人和暂时在一些机构中的人，例如囚犯或者住院病人等。

盖洛普抽样按照地理位置、都市化程度和社区规模进行分层，以多阶段概率抽样方式，分阶段抽取地区样区，在城市以街区为单位，在乡村以乡（或者同等大小面积的地区）为单位，抽取入户调查点在进行全国性调查时，大约需要300个这样的调查点。

盖洛普抽样首先根据1980年人口普查资料，按照地区的人口规模和都市化程度进行分层，将全国各地区划分为以下7类：①中心城市人口在100万人和100万人以上；②中心城市人口在25万~100万人之间；③中心城市人口在5万~25万人之间；④人口规模低于以上三组，但其地理位量处在（人口普查局确认的）都市化地区；⑤城市和乡镇（人口密集地区和人口普查标识地区）的人口数为2500~49999人之间；⑥乡镇和村庄（人口密集地点和人口普查标识地点）的人口数在2500人以下；⑦其他地区。

接下来，根据城市规模和都市化程度，盖洛普抽样又把全国划分为若干地理区域：新英格兰地区，大西洋中部地区，中东部地区，中西部地区，东南部地区，山区和太平洋沿海地区。经过这样的以社区规模、都市化程度和地理区域的逐次分层之后，全国被划分为人口规模相等的若干地区，并且将这些地区按照各自的地理位置呈螺旋状的带状排列。这样，便可根据与人口规模等比例的原则，从这一带状分布的地区中抽出调查地区。

盖洛普抽样的第二阶段，将抽中的调查地区进一步分成数个分区。然后仍然按照各分区的人口规模，等比例地抽取分区样本。倘若缺少分区的人口资料，而且各分区的地理面积差异又不大时，亦可采取等概率方式抽取分区样本。

在进行入户调查时，若能取得分区中各街道的有关资料，则应按照与住宅数目等比例的抽样概率，抽取街道或街区样本，在那些缺少有关统计资料的分区中，可按照等概率的原则抽取街区或街道。

在每一个由街区或街段构成的调查点上，都要根据该地区的地图，随机地确定出抽样的起点，调查员将从这一点开始，顺着一条事先定好的访问路线，挨家挨户地进行调查直到面访的男性和女性的被调查者人数达到任务规定的数额时，这次入户调查方告结束。

调查一般在周末或者周末的晚上进行，因为这时候成年人大多喜欢待在家里。正适合进行入户调查。

盖洛普抽样是一种以人们“出行规律”进行加权的抽样设计，它考虑人们外出的情况，具有比回访方式更高的效率。有些人由于种种原因，平时很少待在家里，采用这一方法有助于减少由于缺少这类样本而引起的抽样误差。

盖洛普抽样依据人口普查局最新公布的各地区人口结构抽样数据，定期地校正各地区抽样前分层的人口结构，使之与人口普查局的最新资料一致。例如，根据人口普查局的抽样数据，对样本中的受教育程度、年龄、性别等人口结构进行一些小的调整。

从一个完整的盖洛普抽样的样本框中抽出的每一组调查点，都可以提供一个独立的，具有充分代表性的全国性样本、能够取得每一个独立子样的总体参数估计量和通过样本资料计算出估计量的标准误差，是盖洛普抽样设计的突出特点。采用这一类穿插样本，可以进行任何特定的研究。

计算出由抽样资料取得的比率数据的估计量标准误差，有助于确定“典型的”盖洛普抽样误差置信区间。经过对大量估计量的数量分析，在 95% 的置信水平下，由 1500 个全国性标准样本资料得出的估计量的置信区间，大约为 ±3%。比率数据的抽样误差界限（例如，对于某一观点或态度的比率，反映为 90% 对 10% 或 80% 对 20%），一般可以比置信区间稍小一些。然而，当估计量是由部分样本资料取得时（例如，仅仅从男子样本中取得的数据），抽样误差界限略大于置信间才是合理的。

必须指出，抽样误差置信区间是一个存在于抽样过程的随机变量，抽样设计效率要取决于分层技术、加权技术、调查登记和数据处理过程中的种种随机因素。此外，抽样误差置信区间并没有考虑非抽样误差和其他一些可能的偏误因素。因此，当我们试图减少偏误时，仅仅依靠置信区间是不够的，它不能反映调查研究过程中导致偏误的全部根源。

【思考与练习】

一、简答题

1. 综合起来看，抽样误差产生的原因有哪几种？

2. 控制抽样误差的思路有哪些？

3. 从电话簿的号码中对某类企业进行抽样调查会产生什么性质的抽样误差？为什么？

4. 某种洗涤用品既可以是儿童消费，也可以是青年妇女消费。如果只在青年妇女中进行样本的抽取，会产生什么性质的误差？为什么？在实际工作中应该如何克服误差？

5. 某市政府决定针对该市的公务服务设施调查市民的意见，被调查者将是一个2000名居民组成的群体。采用什么抽样方法才能使调查有代表性？

二、计算题

1. 某公司新推出一种营养型豆奶，为做好促销工作随机地选取顾客作为样本，并问他们是否喜欢此豆奶。如果要使置信度为95%，抽样误差不超过0.05，则在下列情况下，你建议样本的容量为多大？

（1）假如初步估计，约有70%的顾客喜欢此豆奶。

（2）假如没有任何资料可以用来估计大约有多少比率的顾客会喜欢此种豆奶。

2. 某企业需要进行中间商调查，发现中间商的营业额平均为3000万元/年，标准差为200万元/年。如果要求有99%的置信度，调查的允许误差为50万元/年，请问应该抽取多少户中间商做样本进行调查才合适？

【项目化实训】

讨论课Ⅳ：量表应用及抽样方案设计

任务布置时间：第九周　　　**讨论课时间：**第十周

目的：通过本次讨论课，使学生掌握各种量表的使用，理解测量的含义、各种量表的特点和使用场合，掌握评价量表、李克特量表、语意差别量表等的应用，讨论并确定最终的问卷。认识抽样在市场研究中的必要性，掌握抽样的技术和方法，讨论确定抽样的方案。

要求：

本次讨论课前学生要完成以下作业：

1. 结合上次问卷设计讨论，练习各种量表的使用，进一步完善问卷设计，上课时带上经过修改的问卷多份进行课堂讨论。

2. 各组结合调研项目，初步确定抽样的方法和样本容量。在抽样方案中要明确：（1）调研总体；（2）样本单位；（3）抽样框；（4）抽样方法；（5）样本量；

（6）抽样实施计划等。在讨论课前 2 天各组网上提交抽样方案初稿。

讨论的主要内容：

1. 在老师的指导下，各组主要针对问卷中量表的使用进行讨论，进一步修改问卷。

2. 讨论抽样方法和抽样技术，确定抽样方案。

本次课后一周内提交——问卷终稿和项目抽样方案（要求宋体小四号字，1.25 倍行距，A4 纸排版）。

第七章　调研项目实施

【本章学习内容】

- 市场研究员需要具备哪些素质
- 访问员需要具备哪些素质
- 如何对访问员进行基础培训
- 如何对市场研究项目进行质量控制和预算控制

［引导案例］

60岁门卫操纵广州楼市？①

调研环节的细小过失，往往汇集成完全背离现实的错误结论，所谓“失之毫厘，谬以千里。”

广州大厦做接待传达的陆先生或许永远也不知道，自己间接炒高了2004年广州商品房的空置率。在天河区东瑞商住楼做接待工作的陆先生最近有件高兴事：只要回答出楼里面的入住比例，就可以获得100元钱。2004年12月24日，陆先生又获得了这个好差事，在填问卷的时候，陆先生因为怀疑“入住比例”可能和纳税有关，就把原本70%的入住比例写成了45%。

一个月以后，广州一份都市报刊出消息：“据权威数据调查公司统计资料显示：本季度广州商住楼空置率为26%，比上季度上升3.4个百分点，与去年同期相比……”专家还发表了评论：“出现目前的情况是国家宏观调控政策在起作用，根据国际通行的惯例……”

市场研究的项目实施，主要任务是组织访问员深入实际，按照研究计划的要求和安排，系统搜集调查资料，并在这个过程中对人员、质量、进度和预算进行全面有效的管理。

① 摘自《数据恐慌下我们还有什么可以相信》，载于《中国财富》2005年3月。

第一节 市场研究人员的素质要求与培训

市场研究既是一项高度智力性的工作，又是一项繁杂、辛苦的工作。所有各项工作最终均是由具体的人员承担与完成的。市场研究人员本身的素质和条件，将直接决定市场研究活动的成败优劣。为此，市场研究人员应具备一定的素质和条件，并能时常得到专业化的培训。

专业市场研究公司的岗位分工往往非常细致，常常设置公司研究总监、项目经理、研究员、研究助理、现场数据经理、督导员、访问员、录入员、质检员等各种专门角色。从工作性质来看，在一个项目的研究团队中，三种角色是必不可少的：研究员、访问员、访问督导。其中，研究员主要负责根据调研目的，设计研究方案、编制问卷、进行数据分析并撰写报告；访问员负责现场数据收集；督导负责访问员的培训、指导，以提高数据收集的质量。

一、研究员的基本素质要求与培训

一名优秀的市场研究员，是在调研项目实践的不断积累中成长起来的。在市场研究公司中，往往需要经过研究助理、项目经理等多个角色的实践，才能成为一名胜任的研究员。

（一）研究员的基本素质要求

一名合格的市场研究人员应是勤学好问、有思想、有知识并具有创造性的。必须善于倾听，善于思考，善于提出问题、分析问题和解决问题。具体来看，市场研究人员应具备以下两方面的基本素质。

1. 职业道德素质

职业道德素质是决定研究人员成长方向的关键性因素。对于市场研究人员来说，良好的职业道德素质意味着：

（1）良好的职业道德。是指督导在现场中必须遵守行业规范和公司的章程。具体来讲，良好的职业道德表现为：

- 必须有职业感和工作使命感。在操作项目时，能够全身心地投入，并且站在客户利益的角度来发现问题、解决问题。
- 必须具备基本的是非标准。在具体实施中，必须遵循科学的原则来判断问题和解决问题，而不是以个人的喜好、外界的干扰来评判。

• 坚决替客户保守商业机密。不向被访者、访问员、其他客户或他人（包括家人）泄露客户的商业机密。

• 对被访者的个人的资料保密。不利用任何被访者资料进行一切与项目无关的活动。

保守公司的机密。在未经公司允许的情况下，不得向任何第三方提供公司的一切情况和资料。

（2）工作认真细致。研究的目的是为决策提供真实可靠的依据，在工作中稍有疏忽，就会给整个工作造成难以弥补的损失，故严谨、认真、细致是研究人员应该具备的素质，在研究中，调查人员应具有敏感性、警惕性、坚韧性，不放过任何有价值的资料，也不混入虚假的资料，对有疑点的资料，应不辞劳苦，反复核对、不允许有半点虚假和马虎。

（3）具有创新精神。市场研究活动不是简单的对某些问题和情况的搜集、记录和整理，而是一项具有较强探索性的工作。调查人员面对的是一系列错综复杂、瞬息万变的市场问题，需要随时对市场中出现的新情况、新问题进行研究，研究人员应通过详细的研究，在获得大量初级和次级资料的基础上，经过认真的思考和深入的分析，提出具有创造性的建议。这些都要求研究人员应具备开拓、创新意识，善于解决问题和创造性地运用研究技术。

企业决策者常常要面对海量的数据，而这当中，他们能够记住的，是那些视角独特、简单、有创意以及有价值的数据。过去，市场研究公司的发展主要依赖于统计技术以及数学模型等来说服客户，而这些新的方法和技术曾一度让企业对于数据的应用望而却步，因此市场研究公司未来不仅仅要在研究上创新，也需要在成果展现上创新。市场研究人员要把自己当成一个有创意的人，用更有创意的指标、方法和呈现形式去反映企业要解决的问题。

2. 业务素质

市场研究是一项涉及面广、综合程度高的工作，需要研究人员有广博的知识、广泛的兴趣。市场研究人员应是专家中的杂家、专才中的通才。作为专家型的市场研究人员，需要具有多方面的知识，包括市场研究理论与方法、市场营销学、消费者行为学、统计学、社会学、计算机信息处理等基本知识，这样才能充分了解研究对象的心理及行为特征，灵活运用各种研究方法，圆满完成研究任务。

除具备基本的理论知识外，研究人员还要有较强的业务能力。业务能力包括以下几个方面：

（1）具有利用各种情报资料的能力。包括积极主动地参加各种会议，善于从会议中掘取与研究有关的信息；能阅读各种报纸、杂志、年鉴等资料。高级研究人员还应具有一定的翻译能力，以使及时掌握国内外市场现状和发展动向。

（2）具有对研究环境较强的适应能力。研究人员要能够迅速适应环境。特别是在面谈研究中，一般是采取对话形式，就更要求研究人员思维敏捷，具有善于发现问题和解决问题的能力。对于一些不能或不宜当场记录的情况，还要求研究人员有较强的记忆能力，进行事后追记。

（3）具有能够分析、鉴别、综合信息资料的能力。即要能够识别各种资料的真伪，鉴别各种信息对本项研究的价值，综合各种信息资料，加工整理成对决策有一定价值的咨询意见。

（4）具有较强的语言和文字表达能力。研究报告在内容上要做到有观点、有创意、有深度和有说服力，这就要求研究人员具备一定的写作能力。

（二）市场研究员的培训

1. 培训的基本内容

对市场研究员的培训，应根据研究目的和受训人员的具体情况来确定具体内容。通常来讲，培训市场研究人员应包括以下三方面内容。

（1）性格修养方面的培养。即对研究人员在热情、坦率、谦虚、礼貌等方面进行培训。

（2）市场研究业务方面的训练。不仅要培训市场研究原理、统计学、市场学、心理学等知识，还要加强问卷设计、提问技巧、信息处理技术、分析技术及报告写作技巧等技能方面的训练。

（3）有关制度法规的教育。制度法规也应列入培训的内容。研究人员必须遵守研究机构内部的各种制度以及与研究业务相关的各项外部法规，如承诺为被调查者保密的规定，这是研究得以顺利进行的保证。

2. 培训的方法

（1）集中讲授方法。就是请有关专家、研究方案的设计者，对研究课题的意义、目的、要求、内容、方法及研究工作的具体安排等进行讲解，在必要的情况下，还可讲授一些研究基本知识，介绍一些背景材料等。采用这种培训方法时，应注意突出重点、针对性强、讲求实效。

（2）以会代训方法。即由主管市场研究的部门召集会议。有两种形式的会议：一是开研讨会，主要就需要研究的主题进行研究，从拟定研究题目到研究的设计，资料的搜集、整理和分析、研究的组织等各项内容逐一研究确定。二是开经验交流会。在会上可以互相介绍各自的研究经验、先进的研究方法和手段以及成功的研究案例等，以集思广益、博采众长、共同提高。采取以会代训方法，一般要求参加者要具备一定的知识水平和业务水平。

（3）以老带新方法。即由有一定理论和实践经验的人员，对新接触研究工作的人员进行传、帮、带，使新手能尽快熟悉研究业务，得到锻炼和提高。

二、访问员的基本素质要求和管理

访问员主要负责各种类型研究项目的资料收集工作，以搜集原始资料为职责，对被访者进行访问。资料收集是市场研究中最基础、最关键的环节，访问员的工作质量是保证研究项目成功的关键。

（一）访问员的基本素质要求

1. 工作态度

（1）诚实。访问员必须具有诚实的品格，必须实事求是、值得信赖，不弄虚作假，不马马虎虎，要严谨细致、一丝不苟。这是保证市场信息真实、可靠、精确、全面的必要条件，也是对访问员最重要的品格要求。

（2）严守时间。一个市场研究项目涉及到各环节，时间要求相当严格，因此访问员必须养成严守时间的习惯。

（3）遵守保密要求。由于市场研究的特殊性，访问员会接触到客户很多机密性的资料，访问员需要保证所有的资料不会丢失或通过自己的谈话等方式泄露。通常，市场研究公司对访问员的保密要求包括：对参与项目所涉及的客户品牌等任何工作内容、方法及项目内容都不得向外透露；访问记录及附带资料不得私下抄录、复印或向他人透露。

2. 应变能力

访问员一般要求能在复杂多变的社会环境里，独自一人解决随时可能遇到的各种意外问题，这样才能保证整个项目的高效率、按计划完成。为此，在面试访问员的过程中，可增加一些有关应变能力方面的测试题，对他们的应变能力进行认真考察。

3. 语言能力

国外市场调研公司通常规定在访问中，必须由访问员一个问题一个问题地进行口头询问并作好记录，而不允许由被访者自己填写问卷。因此，一个优秀的访问员必须具有清晰的口齿、流利的语言，以及简明扼要的口头表达能力。此外，在一些普通话普及率不太高的地区，特别是一些农村偏远地区，或是当被访者中含有老年人时，访问员还需要能够使用方言进行访问。

4. 礼仪

由于访问员通常必须走家串户地进行入户调研，因此，一个诚实、整洁、良好的外表，往往不仅会影响到被调研者的合作态度，甚至会影响到访问员能否入户成功。特别是在一些社会治安较差的地区，这一点尤为突出。因此，良好的礼仪修养，也是选拔访问员时所必须予以重视的。

5. 身体和心理素质

市场研究是一种十分艰苦的工作，特别是实地研究，有时要长途跋涉、顶风冒雨、连续作战，在生活上和工作上都会遇到各种困难，对体力有一定的要求。在心理方面，要求研究人员有高度的热情和良好的个性。在选择访问员时，尤应注意其性格是否合适。访问员的性格最好属于外向型，善于交际，谈吐适度，谨慎机敏。当然这也并不是绝对的。

（二）访问员的培训内容

对访问员的培训，通常分为基础培训和项目培训。

1. 基础培训

基础培训主要是对访问员进行例行、常规的培训，主要包括以下几个方面。

（1）访问前必须携带的物品，包括问卷、样本计划、身份证或访问介绍信、纸、笔、赠品、示卡、文件夹等。

（2）如何按照样本计划选择被访者，如何选择恰当的访问时间、访问地点。

（3）访问的技巧，如何得到被访问者愉快的合作，如何与陌生人开始交谈。

（4）如何处理访问中发生的特殊情况。

2. 项目培训

项目培训是针对每个特定的研究项目对访问员进行的培训。内容包括以下几项：

（1）特定研究项目的内容和研究目的。

（2）特定研究项目的问卷结构、问卷内容。

（3）特定研究项目的研究时间、研究步骤及注意事项。

（三）访问员的培训方法

1. 集中讲授

主要培训新参加研究的访问员，对其进行系统的培训，讲授市场研究基本理论和知识，市场研究的经验和方法，介绍相关的背景资料。

2. 个别指导

由在实际工作中具有丰富经验的工作人员对访问员进行指导。担任指导的人员要结合实际研究任务，对访问员在市场研究、搜集整理资料等方面进行指导。同时，对访问的技巧与艺术给予指导。

3. 模拟培训

模拟法是一种由受训人员参加并具有一定真实感的培训方法。角色扮演是一种模拟方法，是由受训人员和有经验的研究人员分别担任不同的角色，模拟各种难以处置的市场问题，培训受训人员。案例也是一种模拟培训的方法。案例分析可以就某个企业的实例论证，也可模拟某个案例，进行分析，用以培养受训者处置各种情况的能力。

4. 加强激励

对于完成任务好、工作突出的访问员应给予奖励，以激励他们的工作积极性和工作热情。对于不能胜任的访问员，应及时予以更换。很多市场研究公司对访问员实行分级管理，以访问员每次工作的表现作为评分依据，当积分达到某一标准时便自动晋升一级。同时，根据其级别的不同对同一工作给予差额报酬。即使每个访问员完成的问卷数量完全一样，其报酬也会因其级别的不同而不同，这样一来，就能大大增强访问员的长期行为意识与自律意识，并能起到留住优秀访问员的效果。

三、督导员的基本素质要求

督导员是对访问员进行培训和管理，并且负责问卷的回收与检查工作的人员。往往由富有责任感和实地经验的访问员担任。督导员主要有如下职责：培训和管理访问员；检查访问问卷是否有漏答、错误、作弊等现象；根据研究时间安排，及时检查访问进度，抽查问卷的真实性；编辑整理所有的情报资料；评价访问员的工作业绩，对于不能胜任的，及时提出撤换的建议。

督导员应当熟悉研究的具体步骤，并善于带领和培训访问员，掌握各种研究知识，为成为高级研究人员做好准备。在培训方面，也需要对督导员要进行更为严格的全面训练。

督导的能力关系到一个项目是否顺利、高效地实施。一个好的督导除了具有逻辑思维、口齿清楚、耐心细致、能克服困难、认真负责等基本素质外，还应具备以下能力。

1. 管理能力

在市场数据收集过程中，各种各样的干扰因素都会影响数据采集的进程和质量，为了获取满意的采集结果，科学、有效的管理控制就显得尤为重要。一个督导管理能力的强弱基本上决定了一个项目能否按时及成功完成，所以管理能力是督导首要的基本素质。在现场实施过程中，督导的管理能力主要表现在以下几个方面：

（1）对访问员的管理：在项目执行过程中，督导必须管理好所有参加项目的访问员的数据收集工作，保证数据采集的有效性和准确性。保证访问员按时、按量完成有效的数据采集工作；保证访问员能够严格按照项目要求进行数据采集；保证访问员的工作质量，即访问员完成的问卷、访谈必须是无误的、完整的和严格按照工序操作的。

（2）项目执行信息的管理：这一能力是指能够把项目执行过程中产生的各种信息系统有序地收集、整理和归档，并且及时地向与项目有关的人员和客户递交。首先能够全过程地、动态地记录现场实施过程中产生的反映现场实际情况的所有信息，能够及时整合片面性的信息并予以分析，发现实施中存在的问题；能够把客户需要的现场信息全面、简洁和及时地按工作程序递交。

（3）意外事件的处理：要求督导能够迅速、有力地排除和克服现场可能出现的意外情况。

2. 沟通能力

在现场实施过程中，督导会和各种与项目有关的人员产生工作上的联系，如与研究部、数据处理部的同事交换信息，向执行现场实施的访问员了解访问中的各种情况，与委托项目的客户发生联系，还会与被访问者进行交往。在这样多方向的联系和信息交换过程中，督导必须具备很强的人际交往和沟通能力。

具备这种能力能够提高督导的工作效率，是减少项目中可能出现的失误和人为扯皮的关键。例如，在项目执行过程中，与其他部门员工保持良好的沟通，能够使项目执行更为高效，出现的问题及时地被解决；与访问员保持良好的沟通，能够缩短与访问员的距离。了解访问员在访问中出现的问题和困难，与客户保持良好的沟通，能够使其知晓项目难度，访问中可能会出现的意外问题、执行人员工作的努力程度和专业水准，使客户获得安全感；与被访问者间的有效沟通，可以大大降低现场工作的难度，特别是约请被访者参加的座谈会，良好的沟通不仅可以找到合适的被访者，还可以增加被访者的到会率。

3. 团队协作能力

一个项目的完成涉及各个部门的通力合作，因此，督导的团队合作能力也是影响其工作成效的一个极为重要的因素。督导的团队协作能力主要表现为：

（1）必须学会倾听他人诉说，诸如研究部的项目说明、访问员对项目问题的陈述、各种相关人员的建议等。

（2）必须学会站在他人的角度来看待问题和思考问题，比如，在项目执行过程中，应该学会站在客户角度来看待项目的进程，这样就会理解执行时间紧迫的原因，从而积极推动项目的进程。

（3）必须学会知道别人需要什么，包括，了解研究人员需要什么，什么是数据处理人员需要的产品、什么是客户想知道的信息，等等。

第二节　访问员基础培训

一、实地访问流程

严格按照规范流程进行访问作业，是保证数据收集质量的重要前提。以入户访问为例，实地访问往往经过以下几个步骤（见图 7－1）。

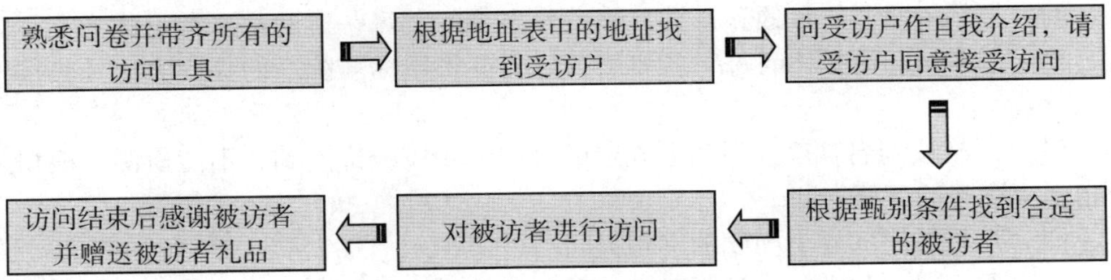

图 7－1　实地访问流程图

二、理解问卷及其结构

1. 确认问卷的填写方式

对于结构比较复杂的问卷，访问大多通过由访问员问、被访者答、访问员作记录的形式来完成，只有少部分问题由被访者自己填写。一般来说，只有特别简单、被访者不会产生疑问、歧义，同时不需要出示卡片等辅助工具的问卷，才可以交给被访者自己填写。

2. 识别问卷的结构

封面部分：主要用来记录问卷的一些基本资料，主要作用是便于问卷归档、复核、查询。通常包括问卷编号、项目类型、访问员保证和被访者资料（被访者的姓名、地址及电话）等内容。

甄别部分：主要用来判断受访者是否真正符合项目的要求。甄别部分的主要作用是剔除不符合项目访问要求的被访者，找出合格的被访者。问卷中只有在这一部分才会有终止访问。在问卷设计中，甄别题的编号通常用“S”字母开头。因此甄别问卷中的题也叫做“S 题”。

主体问卷部分：询问被访者一些项目中设计的主要问题。在问卷设计中，甄别题的编号通常用“Q”字母开头，因此主问卷中的题也叫做“Q 题”。

背景资料部分：用来记录被访者的一些背景资料。根据调研需要，背景资料部分通常包括被访者的职业、年龄、个人及家庭收入情况。部分被访者会对这些问题比较敏感，特别是关于收入的问题，因此在问背景资料前一定要向被访者做好解释。例如：“下面我想问您几个关于您和您家庭的问题，仅供资料分析用，请您不要介意。”

三、采用标准统一的提问方法

问卷都是依照调研目的和科学方法设计出来的，每一道题都有特定的意义。因此，要求每名访问员在访问每一名被访者时，都采用标准统一的提问方法。具体要求如下：

（1）严格按问卷顺序，问卷上规定回答的问题应全部问到，不能遗漏，根据逻辑指示应跳问的不要多问。

（2）严格按照问卷上问题的字句提问。

（3）提问时对问卷上的问题不能加入访问员的个人意见和解释。

（4）提问时问卷中需要强调的词句要重读。

（5）对问卷中过渡结构的提示语句，应读出，使被访者有承上启下的自然感觉。

（6）提问中语气平和、中速，使被访者有充分的时间理解并回答问题，不应让被访者有压迫感，应根据被访者的反应调整访问速度。

四、采用标准的出示卡片方法

在访问中，常常把问卷上给予被访者提示的选择答案放大写在卡片上，从而避免被访者看到问卷内容。

在访问过程中，看到问卷上有“出示卡片”的提示后，首先找到并出示与题目相对应的卡片，同时并且提醒被访者看卡片（“请您看这张卡片”）；接下来依次读出问卷上的题目和卡片上的内容。读的时候注意每个答案间的停顿。

五、掌握各种具体题型的提问、追问及记录方法

1. 如何辨认题目类型

因为每一种题目均有其标准的提问方法，因此在进行提问前应首先确定题目的

类型。

问卷中的题目总体包括两大类，即封闭题和开放题。

（1）封闭题：通常是已经将答案列出，请被访者进行选择或确认。

在封闭题里，按照被访者可以给出答案的个数分为单选题及复选题，在每一题的后面均会在括号内标出“单选”或“复选”字样。

在单选题或复选题内，按照给出答案的穷尽程度分为全封闭题及半封闭题，在半封闭题中，通常在答案中会出现“其他（请注明）”的字样，而在全封闭题中则没有此字样。

（2）开放题：通常是由被访者自己给出答案，由访问员进行记录，在所提问题后面没有供选择的答案。

2. 开放题的追问

开放题通常至少需要经过三次提问：第一次原话读出题目，第二、第三次按问卷提示继续提问两次。

以产品使用态度测试为例，对“喜欢”方面的标准追问方法如下：

（提问） 您觉得××（品牌名）都有哪些方面是您喜欢的呢？

（第一次追问） 您觉得还有哪些方面是您喜欢的呢？即使是很小的方面，也请您告诉我。您的意见越详细，对我们的帮助就越大。

（第二次追问） 还有呢？

经过提问后，被访者给出清晰的、特定的、不会引起歧义的答案，不需进行追问。而如果被访者给出的答案是笼统的、容易引起歧义的，则需要进一步追问。以产品使用态度调研为例，常用的追问方向包括：

- 通过什么方式？
- 您指的……是什么意思？
- 您为什么喜欢/不喜欢？
- 您是怎么注意到的？
- 您是在哪注意到的？

下面是一个模糊答案清单及进一步追问的例子：

沐浴液模糊答案：

不喜欢方面	追问方向
1. 感觉不好	1. 您是指哪方面感觉不好呢？
2. 滑了点	2. 您说的“滑了点”是指哪方面滑呢？
3. 好肥腻/有点腻/腻过头	3. 您能不能具体说一下腻的感觉？
4. 洗完后不是很舒服	4. 您指的“不舒服”是指哪方面的呢？

5. 与以前用的沐浴液差不多	5. 您指的是哪些方面差不多呢?
6. 太过油	6. 您能具体说明一下吗?
7. 第一次用完皮肤发紧	7. 您以后的感觉是怎么样的呢?
8. 不太干燥	8. 您指“不太干燥”是指哪方面呢?
9. 碱性有点重	9. 您指“碱性有点重”，您用后的感觉是什么呢?
10. 香味不够	11. 您能具体说明一下吗?

喜欢方面	追问方向
1. 皮肤感觉不错	1. 您能具体说明一下吗?
2. 洗完后很舒服	2. 您指的“很舒服”是指哪方面呢?
3. 柔和	3. 您指的“柔和”是指哪方面呢?
4. 香味	4. 您能详细说明一下吗?
5. 有味道	5. 您指的“有味道”是指哪方面的呢?
6. 喜欢味道	6. 您能详细说明一下吗?
7. 好闻	7. 您指的“好闻”是指哪方面的呢?
8. 挺好的	8. 您能仔细说明一下吗?
9. 香味和别的牌子差不多	9. 您能说说您对这种香味的感觉吗?
10. 泡沫好	11. 您能仔细描述一下吗?

六、入户技巧

1. 如何克服心理障碍

（1）认识访问工作的重要性：入户访问就是由访问员采用登门拜访的形式向被访者当面询问问题，因此，入户访问实际上是两个人之间的会谈，访问员与被访者处于平等的关系。访问实际上是给被访者提供了一个表达其需求或不满的机会。

（2）提高访问技巧：熟悉问卷，一定要在正式访问前多读问卷，并与你认识的朋友或家人多做几遍模拟，这样在正式访问时就可将精力主要放在与被访者对话上。

（3）树立自信心：能够熟练应答；做好拒访的思想准备；拒访后调整心态，一旦拒访，不要将情绪带到下一户。

2. 如何敲门及应答

敲门时注意要有礼貌，如有门铃时只需按 1 次，不要反复连续按门铃。被访者在隔门应答时：

* 问：谁啊?（门里面有人问话）

* 答：（对于学生）您好，我是一名学生，正在勤工俭学（做毕业论文、课程

实践)，我们在做一项关于AA产品的市场调研，耽误您几分钟就可以，谢谢您！

若被访者对访问员所说的话表示疑问，访问员应耐心向被访者解释

＊问：你们是哪个部门的？

＊答：我是×××公司的兼职访问员，我们公司是专门做市场研究的，耽误您一会儿时间请教您几个简单的问题，好吗？

＊问：你怎么不去问别人？

＊答：我们的访问对象是根据电脑抽样选取出来的，而您家正好是我们选中的对象。

若被访者以“我现在挺忙的，你待会再来吧”等理由进行婉拒时，访问员应尽量争取访问：“我只占用您几分钟的时间，征求一下您的意见，您的意见对我们很有帮助，希望您能支持一下我们的工作。”在被访者门口，访问员不应问一些使被访者容易拒绝的问题，如：

＊“您现在忙吗？”“是的，我很忙。”

＊“现在我可以进行这一访问吗？”“不，现在不行。”

＊“我可以迟些再来吗？”“对，以后再来。”

3. 入户访问的注意事项

(1) 访问前。注意检查自己的所有证件及访问工具是否齐备，如身份证、学生证、胸卡、介绍信、问卷和提示卡、文件夹、笔及其他访问工具等。应尽量避免进入到被访者家中坐下后再找访问所需用的物品，甚至找不到笔向被访者借笔等情况的发生。

(2) 访问中。当进到被访者家中后，环视周围环境，遵守被访者要求（如换鞋），尽量迅速找到一个能与被访者面对面的位置坐下，准备访问。若被访者家里比较乱，找不到一处可以写字的地方或坐的地方，访问员可礼貌询问“我可以坐在哪里？我需要对您的意见作一下记录。”

当甄别发现受访户不符合条件终止访问时，访问员经必要解释后有礼貌地退出。“对不起，您不太符合我们这次的访问要求，下次有机会我们再合作，好吗？谢谢您的支持。”不要访问非家庭成员（如临时借住的客人或佣人）、曾听过同样访问的人、预先知道访问内容的人、语言不通的人。

当被访者家里环境不利于访问，可有礼貌地向被访者提出调整要求，例如：“您可以把灯打开吗？”“您可以将电视，音响的音量关小一点吗？”

若被访者家里人热心地帮被访者回答问题，访问员应强调“我们现在主要征求她/他的意见，如果您有想法，我们一会儿再谈，好吗？”

若访问进行到一半，被访者家中来客人，访问员应征询被访者意见，是否继续访问：“您看您是否能完成访问，要是不行的话，那您什么时候有空，我再来打扰您，完成这次访问？”

（3）访问后。审阅已完成的问卷是否填写完整，确保无漏问、正确地圈出答案，有无答案前后不一致，是否有需要向被访者澄清的含糊答案，若有的话，向被访者及时确认，在问卷中的相关部分作书面注释。

第三节　市场研究的质量控制

控制的一般含义是指人们为了达到一定的目的，主动地对其活动进行检查和纠正。所谓市场调研质量控制，就是检查和核实所从事的调研活动在质量上是否符合调研要求，指出调查中的缺点和错误，对市场研究过程中可能产生的各种误差及时给予预防和纠正。

人们对市场研究质量控制的认识和实践，经历了一个发展的过程。以往主要是完全依靠质量检查的方式，即对已取得的调研资料进行事后检查，发现有填报不全、计算错误或逻辑不合理等问题，设法加以补救或改正，这种方法对于减少误差可以收到一定的效果，但基本上是事后、被动的，有很大的局限性。现代市场研究质量控制借鉴生产领域的全面质量管理思想，结合市场研究工作的特点，将质量建立在完善的控制体系基础上。

一、市场调研阶段的质量控制

市场调研的质量控制点是影响市场调研质量的关键问题，而市场调研资料的质量误差主要存在于研究方案设计、现场数据收集和后期整理录入三个阶段。因此，对上述三个阶段及其相关因素进行控制，就构成了调研质量的控制点。为了得到准确的市场调研结果，必须针对其各自的特点，采取各种措施，将误差缩小到最低程度。

1. 研究方案设计阶段的质量控制

设计阶段的质量控制是针对如何正确制定市场调研总体方案而展开的，应该注意以下三点：

第一，必须围绕市场调研的任务，从实际出发，在科学理论的指导下设计市场调研总体方案。方案应该详细说明市场调研项目的进程和研究方法，合理选定市场调研方案，使之切合市场调研对象的实际，并使市场调研人员能够明确掌握而不至于产生误解；同时，还要对市场调研人员、经费等组织工作作出周密的计划。

第二，要广泛听取各方面意见，包括调研专家、实际资料收集人员、自动化信息处理人员等，找出方案存在的问题，并提出修改意见。

第三，通过试点对方案进行可行性分析，即在实践的基础上对方案进行验证，为正式开展调研、减少误差提供实践经验。

2. 现场数据收集阶段的质量控制

对访问员的现场数据收集工作进行监督和控制，主要内容包括抽样控制、调查质量控制、检查实地工作有效性、对访问员工作进行评价四个部分。

(1) 抽样控制。样本的代表性直接影响调查结果的有效性。因此，必须保证访问员严格地按照抽样方案去抽取样本，而不是根据是否方便或容易接近来挑选样本。经验表明，访问员经常自觉或不自觉地避开那些他认为是比较困难的或不想抽取的调查对象。入户调查时，如果调查对象不在家，访问员可能会用另一个抽样单元来代替，而不太愿意另选时间再次登门拜访。访问员有时还会弄虚作假，例如，为符合配额要求，将 16 岁的人当做 20 岁的人进行调查。

对于这些问题，可以采用督导控制来检查样本的有效性。此外，使用随机数表，既可以保证各家庭成员都有相同的概率被抽中，又可以防止访问员抽取样本的随意性。

检查入户登记表是进行抽样监督与控制的重要手段。一般的入户登记表包括被调查者编号、地址、姓名、特征（性别、年龄等）、访问情况（是否成功访问、不成功原因、成功问卷编号）、访问时间以及一些主要变量等。通过检查入户登记表中被调查者的特征分布、访问路线、访问时间、敲门次数是否合理，可以判断访问员是否严格地按照抽样方案去抽取样本。此外，通过统计每天的访问量、不在家的人数、拒访人数、每个访问员完成的访问量，以及督导所负责的所有访问员完成的访问量，可以了解并控制抽样情况。及时地监测回答率非常重要，这样，在回答率太低时还可以采取补救办法。研究项目经理则可以根据督导汇报的情况，监督督导在抽样控制方面的工作并及时掌握整体配额、重要人口特征分布（例如性别、年龄、文化程度、收入等）以及对关键变量的回答情况，发现样本问题并及时调整。

(2) 调查质量控制。对访问员的质量控制主要是核查他们是否按要求实施了调查。采用现场督导（如街头拦截访问、电话调查时），可以有效控制调查质量并现场发现问题、解决问题。如果无法进行现场监督，督导应随时与访问员保持联系。有时候，督导亲自做一些访问员的工作，会有助于理解调查实施中的很多问题。对访问员工作的监督与控制应在调查工作实施前就告诉访问员，以督促他们认真诚实地完成工作。

督导每天都应回收并审核当天的问卷和其他表格。主要工作包括检查是否所有该答的问题都回答完毕，问卷是否有明显的逻辑错误、有没有不完全的或令人不满意的回答，以及字迹是否清楚可认等。研究项目经理一方面要监督督导在质量控制方面的工作；另一方面应及时讨论、总结并解决调查实施中存在的问题，如果有必要，还需对访问员进行进一步的培训。

(3) 检查实地工作的有效性。检查实地工作的有效性主要是通过问卷复核。一般来说，对每个访问员要抽查10%～25%的问卷，通过入户或电话等方法进行复核，询问访问员是否真去进行了调查，询问调查的时间、访问员的态度、调查的质量、被调查者的人口特征数据（即背景资料，例如年龄、收入、文化程度等）以及重新询问某些主要问题。然后将这些数据与原问卷进行比较，检查访问员的工作质量。调查实施前就应告诉访问员有复核检查，可能会减少弄虚作假行为，访问员可能会更加认真工作。

(4) 对访问质量进行评价。评价访问员非常重要，这既可以让他们了解自己的工作表现，也可以由此组织优秀的、高质量的访问员队伍。对访问员的评价准则与培训访问员时的要求是密切联系的。评价访问质量的准则，可以包括工作态度、与被调查者的交往、提问、进一步探索四方面。下面以面访为例，介绍评价访问员的准则。

①工作态度。访问员的弄虚作假行为对调查质量危害很大，因此要评价访问员的工作质量，首先是对任何访问、任何问题或任何答案都不能弄虚作假。

②与被调查者的交往。应注意：自我介绍应恰当；在访问期间保持中立态度，对被调查者的见解既不表示同意，也不表示不同意；如果需要中断对某人的调查，要以中立的方式进行，例如，可以说："谢谢您"或"我们的配额在这个范围已经满了，不过还是要谢谢您"；访问结束时应感谢被调查者的合作。

③提问。应注意：提问的准确性，完全按问卷上问题的措辞提问；在访问期间不对被调查者进行诱导；提问敏感性问题的能力；根据问卷上问题的顺序提问，遵照跳答的次序；提问要缓慢而清楚，使得对方能理解题意。

④进一步探索。包括：对开放式问题进一步探索，以获取更多的意见；进一步探索时，应以无偏的方式进行，不要诱导。

在这些准则中，有些属于客观指标（如访问时间、费用、无回答率等）；有些是通过对问卷的观察得出的（如进一步探索技巧、记录情况等）；有些则要求督导直接视察访问过程，或者根据访问员的访问录音、复核结果作出（如有无弄虚作假、对被调查者的态度、提问技巧、进一步探索技巧等）。

3. 数据录入阶段的质量控制

目前常用的数据录入质量控制办法有以下几种。

(1) 人工校对校验法。人工校对检验法是最简单直接的一种校对方法。即把已经录入的原始数据由计算机按照一定的格式打印出来，然后交给用户与原始问卷进行校对。由于这种方法需要耗费大量的时间和人力，因此多用于小批量数据录入和对汇总结果的检验。

（2）复录比较校验法。由两名录入员分别录入，然后用计算机程序对两次录入的数据依次进行比较，再经过人工校验并以改正不一致的数据。这种方法的查错能力很强、可靠性极高，可以有效地保证统计数据录入的准确性，但也使得录入工作量扩大了一倍。人们在实践中创造出对关键数据进行复录的方法，既提高了录入质量，又没有成倍地增加录入时间。此种方法主要应用在大型调查的数据录入中。

（3）预编辑校验法。利用将数据项的范围编制到软件中的方法，把数据的录入与审核结合起来，当数据录入后，计算机立刻将超出范围的数据检查出来。这种方法主要应用在事先知道预期范围的答案项上。

二、经费预算控制

1. 经费预算的内容

实施市场研究的具体步骤、时间不仅要有计划，还需要测算各步骤的调查费用。在进行市场研究项目的经费预算时，一般需要考虑如下几个方面：

（1）总体方案策划费或设计费。

（2）抽样方案设计费（或实验方案设计）。

（3）调查问卷设计费（包括测试费）。

（4）调查问卷印刷费。

（5）调查实施费（包括选拔、培训调查员，试调查，交通费，调查员劳务费，管理督导人员劳务费，礼品或谢金费，复查费等等）。

（6）数据录入费（包括编码、录入、查错等）。

（7）数据统计分析费（包括上机、统计、制表、作图、购买必需品等）。

（8）调研报告撰写费。

（9）资料费、复印费、通信联络等办公费用。

（10）专家咨询费。

（11）劳务费（公关、协作人员劳务费等）。

（12）管理费、税金。

（13）鉴定费、新闻发布会及出版印刷费用等。

在进行预算时，要将可能需要的费用尽可能考虑全面，以免将来出现一些不必要的麻烦而影响调查的进度。例如，预算中没有鉴定费，但是调查结束后需要对成果作出科学鉴定，否则无法发布。在这种情况下，研究团队将面临十分被动的局面。当然，必要的费用也应该认真核算作出一个合理的估计，切不可随意多报乱报。不合实际的预算将不利于调研方案的审批或竞争。因此既要全面细致，又要实事求是。

2. 经费预算的控制

方案设计一旦完成，就考虑经费预算和进度安排，以保证项目在可能的财力、人力和时间限制要求下完成。

在制定预算的过程中，应当作一个较为详细的费用—效益分析，看看项目是否应当完全按所设计的方案进行，或许还要重新考虑该项目是否应当进行。

考虑费用的同时还必须考虑时间。一个调研项目有时需要6个月或者更长的时间才能完成。有可能由于决策的延迟要冒失去最有利时机的风险。例如如果一项考察某新产品的调研方案设计得太长，其他竞争者就有可能用它自己的产品抢占了市场。

因此，费用—效益分析的结果或是得出设计方案在经费预算上是合算的，或是认为不合算而应当中止调研项目。通常情况下一般并不中止调研，而是修改设计方案以减少费用：或者改用较小的样本，或者用邮寄调查代替面访调查等。

三、市场调研制度的质量控制

市场调研制度的质量控制主要包括以下几个方面：

（1）建立每日例会制度，当日事当日毕，当日调研当日研究；每晚举行小组例会，由项目负责人主持。

（2）建立调研沟通与日志制度，每日例会之后形成文字结论（要点），指定专人录入电脑，并以电子邮件群发每人。

（3）建立调研计划制度。每日调研前形成初步计划，任务列表和注意事项，包括调研目的、调研范围、调研重点、调研提纲、访谈目标与考察目的、调研时间、地点与人员。

（4）建立调研工作规范文档制度，提供调研提纲、调研工作具体计划，调研资料清单、调研问题目录、调研日志和例会纪要、阶段性小结和评估报告等文档模板，规范具体格式内容要求。

（5）建立专人负责市场调研工作的质量管理与控制，这种人员简称“督导”，根据市场调研工作质量控制涉及的环节分工情况，一般会划分为项目督导（负责项目执行的管理）、访问员督导（负责访问员资源的管理）、抽样督导（负责抽样的管理）和复核督导（负责复核的管理）。

【本章小结】

与发达国家相比，我国市场研究机构成立的历史普遍比较短，调研公司资质良莠不齐，相关专业人员极度缺乏。在调查执行环节，时有发生操作不专业、甚至主观弄虚作假的现象，导致客户决策失误、甚至对市场调研失去信心。作为经营决策的重要信息支持环节，市场研究的价值要真正得以体现，需要在实施环节进行规范管理、提升市场研究人员的专业素养。这一方面，依赖于市场调查机构强化项目管理、加强培训工作、建立完善的项目质量控制体系，另一方面，也依赖于市场研究人员树立良好的职业道德、提高自身的专业能力。

【延伸阅读】

××市场研究公司项目质量管理体系

一、项目准备会

1. 成立项目小组，由项目经理召开项目准备会，并确定小组人员的项目职责。
2. 项目经理进行项目执行要求讲解、问卷内容培训以及统一实地操作的规范。
3. 针对项目操作过程中可能出现的问题进行讨论，找出最佳解决方案。

二、访问员项目培训

1. 参加项目培训的访问员必须经过基础培训并且考核合格。
2. 由项目经理对参加项目的访问员就该项目进行专业的实地访问培训，经试访合格后方可参加正式的实地访问。

三、访问员质量控制

1. 稳定的访问员队伍：经过严格挑选、培训并经得起考验的访问员队伍，能胜任研究项目的需要；
2. 严格的培训制度：每一名访问员经面试合格后，都必须经过至少三次的基础培训和模拟考试后，方可参加实地访问。另外，在不同项目实地访问前，我们还要对其进行一次专业的项目实地操作培训，经试访合格后，才能正式访问；
3. 合理的访问员管理制度：根据访问员的经验和项目表现评定等级，体现优胜劣汰，充分调动访问员的积极性和诚实性。

四、抽样质量控制

1. 设立专门负责实地抽样的抽样员管理部门。
2. 严格按照科学的实地抽样原则培训抽样员。
3. 对抽样实行督导和项目负责人双重监督。
4. 对抽样结果实行办公室和实地双重复核。

五、健全的督导/客户陪访制度

在试访过程中，对于每一位访问员，都要进行至少一次的督导陪访，及时发现其访问过程中出现的问题，以便于正式访问的改进。同时，邀请客户参加陪访，及时发现在项目开展过程中出现的问题。

六、及时的问卷收发和审核制度

访问员在访问结束后必须在规定时间内上交问卷，经质量控制部门初步审核通过后方可安排下一步访问工作

七、严格的复核

1. 在访问结束后，所有问卷必须经过质量控制部门两次审核，一审主要是对问卷回答/填写情况进行审核，把存在漏答、错答等问题的问卷挑出来，由上级主管部门处理。二审主要是对问卷中的关键性问题和预先设置的逻辑性问题进行仔细审核，把出现问题的问卷挑出来，上交上级主管部门。
2. 复核总量不低于 80%，其中实地复核不低于 20%。
3. 复核时覆盖到每一个访问员（按其成功量的 80%）。如复核到访问员有问题，则必须立即停止其访问工作，并对其完成的问卷进行 100% 的复核。
4. 复核由经培训合格的复核员及 QC 督导进行
5. 项目经理对复核督导的工作进行不低于 10% 的复核。

八、项目总结

1. 项目经理召开项目总结会，项目小组提交小结。
2. 总结项目经验，交流心得。
3. 项目资料归档。
4. 项目实地督导评估访问员，并记入档案。

【思考与练习】

一、简答题

1. 访问员应具备哪些素质？
2. 访问员的基础培训内容有哪些？
3. 市场调研项目的质量控制包括哪些主要方面？

二、调研实务题

1. 市场研究公司的访问员大多是兼职的。主要有两个渠道来源：一是在校大学生，二是待业人员。这两类访问员各自有何优势和不足？针对两种来源的访问员，培训内容各应该有何侧重？管理和激励方法应有何不同？

2. 你身边有从事兼职访问员工作的同学吗？向他们了解对这一工作的感受。

3. 如何才能使访问员诚实地工作？

4. 在合作性学习的小组调研实践中，为保证研究项目的质量，团队成员如何分工更为合理？督导的职责由谁行使？

第八章　数据整理与描述性统计

【本章学习内容】

- 数据整理过程
- 问卷中各类题型的数据编码技巧
- 数据预处理中数据排序的操作过程
- 调查数据的简单频数分析
- 调查数据的交叉列联表分析
- 多选题的编码、录入及交叉表分析

第一节　资料编辑

编辑是对所收集的资料进行筛选，即发现并挤出所搜集的营销研究资料中的“水分”，选用真正有用的资料。编辑通常分实地编辑和办公编辑两步进行。

一、实地编辑

实地编辑是初步编辑，其主要任务是发现资料中非常明显的遗漏和错误，帮助控制和管理实地调查队伍，及时调整调研方向、程序，帮助消除误解以及有关特殊问题的处理。它应在问卷或其他的资料收集形式实施后尽快执行，以便问卷能在资料收集人员解散之前得到校正。因为此时，在这些人和受访者的脑海中对这些调研问题可能还是记忆犹新的。这种初步审核可由现场主管执行。

实地编辑对资料检查的项目主要有以下几项：

（1）完整性。这包括所搜集的资料是否完整和有无遗漏的书页；所有应问及应答的问题是否都已询问或回答等。

（2）清楚性。被调查者送回的问卷、调研员的访问报告或观察记录字迹是否清楚，字体是否易懂。如果发现无法辨认，必须尽快想办法澄清，否则舍弃不用。

（3）内容一致性。即所给的答案是否一致？是否有相互矛盾、前后不一致的地方？如有不一致之处，应设法澄清，或将矛盾的答案舍弃。

(4) 明确性。即答案的意义是否明确？开放题的答案常难以理解，答案中的某些用词如“这个”、“那个”、“他们”，常令人不知所措，如有含糊不清的答案要设法弄清楚。

(5) 单位的统一性。以统一的单位记录答案是非常重要的。例如，如果研究的目的是为了了解每人每星期所读的杂志数量，而答案却表明每月某读者所订阅的杂志数量。答案的基础不一致，在以后的研究工作中，这个结果可能导致不少的迷惑。如果现场发现了这些，可让调查者重新接触并得到正确的回答。

二、办公室编辑

办公室编辑在实地编辑之后，其主要任务是更完整、确切地审核和校正回收上来的全部资料。这一工作要求由那些对调研目的和过程有透彻了解、且具有敏锐洞察力者来进行。为了保证资料的一致性，最好由一个人来处理所有的材料。若出于时间长短的考虑而认为其不可行，可将该工作进行分割。但是，这个分割必须是每名审核员分配若干份问卷，对每一份问卷从头审到尾，而不是分段把关、流水作业。尽管后者可能有提高审核效率的一面，但绝对不利于贯彻一致性原则，因而是不可取的。

在进行办公室编辑时，研究人员首先应对所有回收问卷填写的完整性和数据质量，进行核对和检查。常见需整理的问题如下：

(1) 问卷的某些部分填写不完整或记录字迹不清晰。

(2) 调查对象的回答表明他没弄清楚问题的含义或没有阅读说明，有些问题他不必回答但回答了。

(3) 调查对象的回答差异性不大。

(4) 返回的调查问卷本身丢失几页。

(5) 问卷回收超过了时限。

(6) 问卷填写人不符合调查要求。

(7) 问卷中存在一些逻辑上明显不一致的答案，例如，调查对象说她用电话卡打长途电话，同时又说她没有电话卡。

检查完后，研究人员可进行如下处理：对于样本量比较少而调查对象又比较容易确认的不合格问卷，通常采用退回现场重新调查的方式处理。对于那些无法退回调查现场、缺失值较少且缺失变量不是关键变量的少数问卷，进行填补缺失值的处理。其他情况一般采用的是丢弃不合格问卷的方式来处理。

三、调查问卷审核

实地编辑的工作最后归到追访上，办公室编辑的工作最后归到查出问题如何处理上。尽管在现场作业中有较为严格的管理措施，又经过了负责任的实地编辑，但是集中上来的资料仍不可避免地存在着这样或那样的问题。对于回收上来的问卷，主要存在的问题是：不完全回答、明显的错误答案、由于被访人缺乏兴趣而作的搪塞回答以及对于开放性问题打乱顺序的回答等。办公室编辑的重点就放在这三类问题的查找、区分和处理上。

（1）不完整答卷的对策。不完整的答卷分为三种情况：第一种是大面积的无回答，或相当多的问题无回答，对此应宣布为废卷。第二种是个别问题无回答，应为有效问卷，所遗空白后续工作采取补救措施。第三种是相当多的问卷对同一个问题（群）无回答，仍作为有效问卷。这种“无回答”固然会对整个项目的资料分析工作造成一定的影响，但是反过来也让调研组织者和问卷设计者思考如下问题：为什么相当多的被调查者对这一问题（群）采取了“无回答”的方式？是否这个问题（群）用词让他们无法理解，还是该问题（群）太具敏感性或威胁性使他们不愿意回答，或是根本就无法给此问题（群）找到现成的答案？

（2）明显错误答案的对策。明显的错误答案是指那些前后不一致的答案，或其他答非所问的答案。这种错误到了办公室编辑阶段很少存在，但一旦发现就不好处理。除了能根据全卷的答案内在逻辑联系对某些前后不一致的地方进行修正外，其他情况只好按“不详值”对待。

（3）无兴趣答卷的对策。有些被调查者对问题的回答反映出他显然对所提问题缺乏兴趣。例如有人对连续 20 个 5 点量表都选择了“5”的答案。或者有人不按答案要求，在问卷上随笔一勾，一笔带过了若干个问题。如果这种缺乏兴趣的回答仅属个别问卷，当彻底抛弃；倘若这种答卷有一定的数目，且集中出现在同一个问题（群）上，就应该把这些问卷作为一个相对独立的子样本看待，在资料分析时给予适当注意。对于最后判定按“不详值”处理的答案，审核员要用记号笔明确注明“不详值”字样或其代码。

（4）纠正对开放性问题的打乱顺序的回答。在回答开放性问题时，被访人可能因兴趣浓厚而讲起来滔滔不绝，在答某一个开放性问题时顺口把将要在该问题之后某处才会出现的另一个答案也带了出来。访问员心知这正是我下几步要问的，也就未予制止。而当访问者进行到那个问题时，访问员为了节省时间或免听“我上面已经回答过”这样的话，自然跳过此题不问。于是答卷上留下一片空白。在办公室编辑中，如果发现上述情况，就应该把提前给出的答案照原样抄到它应该出现的地方，填补空白。

四、次级资料的审核

（1）对著述性文献和行业文献的审核。对于这类以文字为主的文献，当从中摘取资料时要注意两点：第一点，弄清楚作者或编纂者的身份和背景，对那些客观性相对较差的文献要持保留态度，应该尽可能引用客观性较强的文献。第二点，注意文献的编写时间，这对记叙历史事件的文献尤为重要。一般地说，文献编写日期离事件发生时间越近，其具体内容就越可靠；然而文献编写时间离事件发生时间越远，就越有可能旁引相关情况，并能较大幅度摆脱当时社会政治影响，站在较高、较新的立场上客观地反映和深入地分析事情的真实情况。

（2）对统计资料的审核。在引用现成的统计资料之前，要注意它们的指标口径和资料分组问题。指标口径是指指标的内涵、外延、计量单位、空间或时间等因素的总和。要搞清楚从各个方面采集到的资料在统计口径上是否一致或吻合，更重要的是这些资料的统计口径是否与本调研项目的口径相一致或吻合。如果不具备这个前提，则需要进行推算和改算。当然，我们在调研设计阶段的内容中就已指出，要尽可能采用国家统计部门统一规定的口径。这样做的目的之一就是尽可能减少使用次级资料时可能遇到的麻烦。

统计分组是审核次级资料时需要注意的另一个问题。如果次级资料的分组与调研设计不一致，就不能直接引用，而需要重新分组。

对于次级资料，可以根据其来源出处再划分成直接整理的资料和多次整理的资料。在审核时应根据资料所注来源出处对之进行区别对待。确认为直接整理的次级资料，可以直接为调研所用；而对于多次整理的次级资料，只能是间接参考，即顺着它的来源去寻求直接整理的次级资料。

第二节 数据编码和录入

一、数据结构简介

回收问卷检查完后，通常利用 SPSS 对原始问卷数据进行处理。SPSS 的全称是 SPSS for Windows。它是在 Windows 系统下运行的社会科学统计软件包 Statistics Package for Social Science 的英文单词的缩写。作为当前国际最流行的三大统计分析软件之一，SPSS for Windows 被广泛运用于宏观与微观经济分析、管理决策制定、管理信息分析以及各种数据处理与分析工作之中，取得了极大的成功。SPSS 在发展过程中出现了许多不同的版本，本书将以 SPSS13.0 版本为例说明如何进行数据的编码和录入。SPSS 数据文件是一种有结构的数据文件，它是由数据的结构和内容两个部分组成。其中数据结构记录类型、取值说明、数据缺失情况等必要信息，数据的内容为待分析的具体数据。为了对原始问卷进行正确的数据编码，我们必须先了解数据结构。

1. 变量名（Name）

在定义 SPSS 数据结构时应首先给出每列变量的变量名。变量的命名规则如下：

（1）变量名的字符个数不多于 8 个。

（2）首字符应为英文字母。一般为字母加数字的形式，下划线、圆点不能为变量名的最后一个字符。

（3）变量名中英文字符不区分大小写，允许汉字作为变量名，汉字总数不超过 4 个。

2. 数据类型（Type）

数据类型是指每个变量取值的类型。SPSS 中有三种基本数据类型，分别为数值型、字符型和日期型，如图 8-1 所示。其中最常用的是数值型，它通常由阿拉伯数字（0~9）和其他特殊符号如美元符号等组成。例如工资、年龄等变量都可以定义为数值数据，数值数据有标准型、科学记数法型、逗号型、圆点型、美元符号型及用户自定义型五种不同的表达方式。字符型数据也是常用数据类型，它是由一个字符串组成，通常我们将问卷中的开放性问题定义为此种类型，如职工号码。

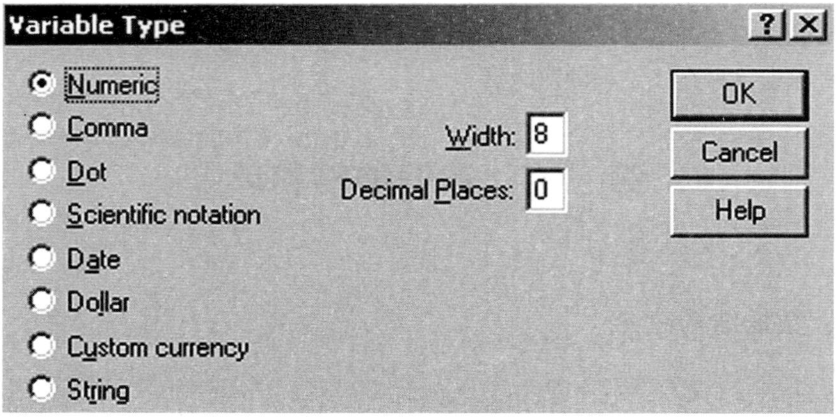

图 8-1 SPSS 中数据类型表

3. **宽度**（Wide）

宽度是变量可显示的最大字符位数（默认为 8 位）

4. **列宽度**（Column）

列宽度是数据编辑窗口中每列字符位数。当“列宽 < 宽度”时，列中数据将显示为若干个“*”，此时及时调整列宽即可。

5. **变量名标签**（Label）

变量名标签是指对变量含义的进一步解释说明，即为题意的缩写。

6. **变量值标签**（Value Labels）

变量值标签是对变量取值含义的解释说明信息，即为题项的数值化。例如：用数值 1 表示男，数值 2 表示女。

7. **缺失数据**（Missing）

缺失数据即是存在明显错误、不合理数据或填漏数据项。例如：年龄 223 岁，或问卷中的跳转项。

8. **度量尺度**（Measure）

统计学依据数据的度量尺度将数据划分为三大类：定距数据（scale）、定序数据（ordinal）及定类型数据（nominal）三大类。定距数据（scale）通常是指诸如身高、体重等的连续型数据，也包括诸如人数等离散型数据。定序数据（ordinal）是指具有大小或高低顺序的数据，如年龄段。定类型数据（nominal）是以数值或字符表示的分类数据，如男、女。

二、结构定义的基本操作

数据编辑窗口有两张卡片 data view 和 variable view。前者用于数据录入，后者则是专门用来完成数据结构定义。

在操作中应注意变量值标签的定义，即在图 8－2 所示的变量值定义窗口中，应

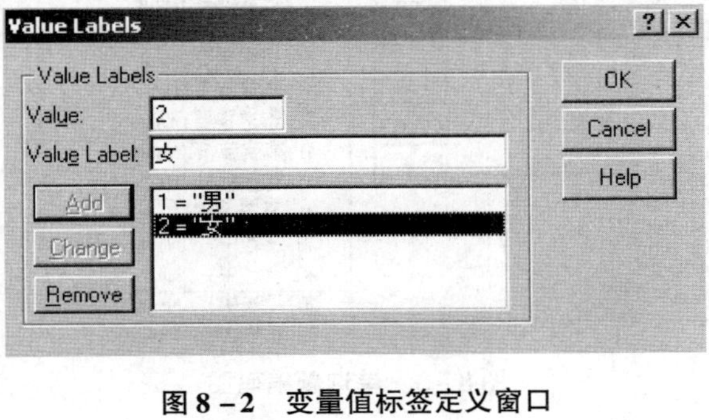

图 8－2　变量值标签定义窗口

在第一行中输入变量值，在第二行中输入相应的值标签。Add 按钮的功能是认可定义的变量值标签，并将其加到窗口下方的文本框中；Change 按钮的作用是认可对某个变量值标签的修改；Remove 按钮是用来删除某个错误或不再用的变量标签。在 SPSS 操作中，这些按钮的功能基本类似。

三、数据编码与录入

编码就是对一个问题的不同回答进行分组和确定数字的过程。大多数问卷中的大多数问题是封闭的，并且已预先编码。这意味着对调查中一组问题的不同数字编码已被确定。全部封闭式问题都是事前编码，在每种答案的左边都有一个数字代码为指定的编码。封闭式问题中编码的难题是对多选题如何编码。它的方法是将每一回答指定为次级变量，用“1”表示受访者选择了该答案，用“0”表示未选择。

在 SPSS 中对原始问卷数据的处理，我们一般采用题型分类的方式建立数据结构文件，即数据编码。在原始问卷中一般有三大类型：单选、多选、开放式问题。对于上述三类题型，本教材以“手机产品消费习惯调查”为例，对其进行相应的数据整理工作，具体操作如下。

1. 单选题录入

本章以“手机消费习惯调查”的问卷（简称问卷 A）和数据为对象，介绍数据录入和分析的各项操作。对于下列问卷 A 中的单选题，我们一般根据题项赋值录入，如图 8－3 所示。题内若列有“其他”选项，则将“其他”项的回答转换为开放式问题录入。

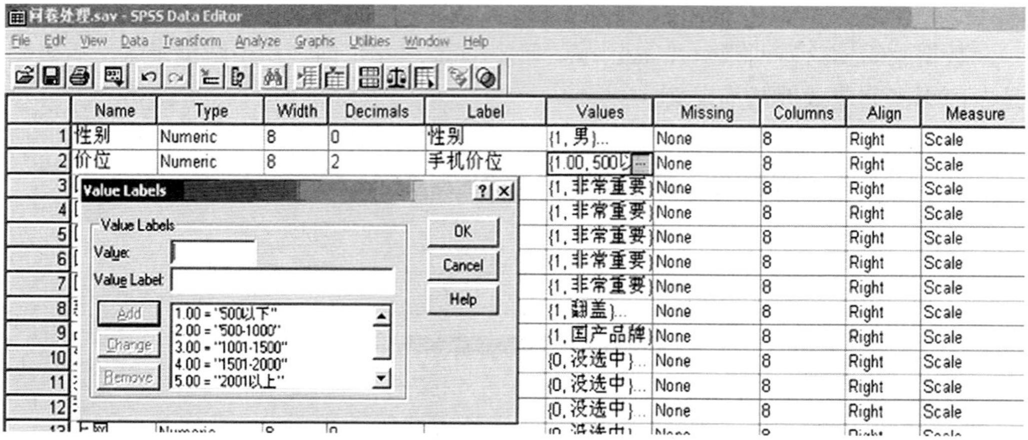

图 8－3 单选题编码图

问卷 A：手机消费习惯调查（节选）

Q1. 您每个月的收入水平是________元？

Q2. 您能接受的手机价位是？

□500 元以下　□500～1000 元　□1001～1500 元　□1501～2000 元

□2001 元以上

Q3. 您喜欢哪种手机款式？

□翻盖　□直板　□滑盖　□旋转

Q4. 您购买手机的主要用途？（可多选）

□发短信　□打电话　□玩游戏　□上网

□其他（请注明）________

Q5. 对您购买手机考虑的因素进行从主到次进行排序（　　）。

□功能　□外形　□价格　□质量

□品牌

Q6. 您现在使用的手机品牌是________________________

Q7. 您为什么使用该品牌的手机________________________

被访者性别：　男□　女□（此信息由访问员填写）

被访者年龄：________

访问时间：　　年　月　日　午

访问地点：________________________

2. 多选题录入

多选题又被称为多重应答，是市场调研中常见的一种数据记录类型。它在本质上属于分类数据，但由于其数据格式较为特殊，分析时也需要计算一些较为特殊的指标，在 SPSS 中需要专门的模块来分析，本节将专门就这一问题进行讲解。由于在 SPSS 中一个变量对每一个观测只能取一个值，而在多选题中每道题都有可能有一个以上的答案，因此多选题不能被直接编码，而必须使用几个变量来进行记录。对于原始问卷中的多选题，我们一般采用下列两种方式来处理。

（1）多选项二分法。多选项二分法是将多选题中的每个答案设为一个 SPSS 变量，每个选项有 0 或 1 两个取值，分别表示选择了该答案和不选择该答案。此类适用于选项比较少的多选题情况。比如在消费者购买手机用途调查中，我们希望了解消费者购买手机的目的，如问卷 A 中的第 4 道问题。这是一个典型的多选题，受访者可以都选择“是”，或者都选择“否”，但回答的实际上是一个大问题。如果要将该问题录入数据库，则格式如图 8－4 所示。

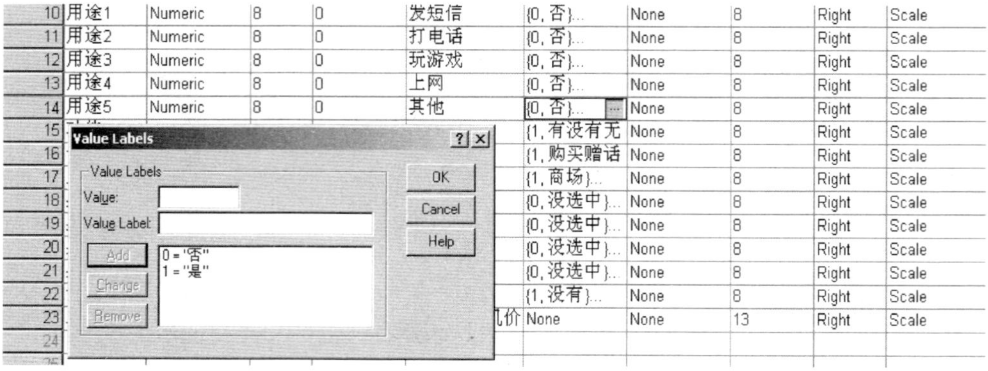

图 8－4　多选题二分法数据编码图

经过数据编码之后的，在 SPSS 软件的 data view 窗口中，数据显示如图 8－5 所示。可见在数据库中为每一个选择项都定义了一个变量，共有 5 个变量，均为二分法赋值，它们各自代表对一个选项的选择结果。

用途1	用途2	用途3	用途4	用途5
0	0	0	1	0
1	1	0	0	0
1	1	0	0	0
0	1	0	0	0
1	1	1	1	0
1	1	0	0	0
1	1	0	0	0
1	1	0	0	0
1	1	0	0	0
1	1	0	0	0
0	1	0	0	0
1	1	0	1	0
0	1	0	0	0

图 8－5　多选项二分法数据录入格式

（2）多选项分类法。除多选项二分法外，多选题另一种常用的记录方法为多选项分类法。多选项分类法中，首先应估计多选项问题最多可能出现的答案个数；然后，为每个答案设置一个 SPSS 变量，变量取值为多选项问题中的可选答案。如问卷 A 中的第 5 道题，对 5 个选项进行排序，可以考虑采用多选项分类法的赋值格式来记录数据，如图 8－6 所示，共设计 5 个变量（因素 1、因素 2……因素 5），均为多分类（均有“功能”、“外形”、“价格”、“质量”和“品牌”5 个可能的取值），每个变量代表受访者的一次选择，记录的是被选中的购买因素的代码。

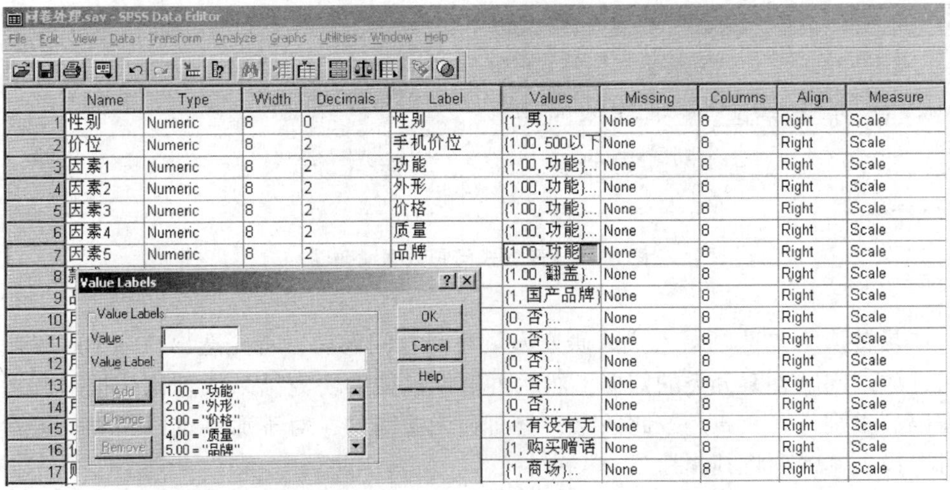

图 8－6　多选题分类法数据编码图

经过数据编码之后的，在 SPSS 软件的 data view 窗口中，数据显示如图 8－7 所示。

因素1	因素2	因素3	因素4	因素5
5	4	2	1	3
3	2	5	4	1
3	4	5	2	1
4	5	3	2	1
5	3	4	1	2
4	3	2	1	5
5	2	1	3	4
5	2	1	3	4
2	4	3	1	5
4	3	2	1	5
4	3	2	1	5

图 8－7　多选项分类法数据录入格式

3. 开放式问题录入

开放式问题与封闭式问题不同，它只能在资料收集好之后，再根据受访者的答复内容来决定类别的指定号码，亦即只适用于事后编码。

对于问卷中的开放式问题，也有两种处理方式，具体如下：

一是直接填写式。根据大意精简后输入，数据类型设为字符型；或者对于月收入、年龄等数字类型的问题，可以将数据类型设为数字型，按照被调查者所填写的内容直接填入。如“手机消费习惯”调查中的第一道问题“关于被调查者的月收入水平”，可以根据被调查者所填入的数据直接录入，具体录入如图 8－8 所示。

图 8－8　开放式问题数据编码图

二是转换为单选题录入式。研究人员在回收问卷后，首先选出 50 ~ 100 份问卷作为开放式问题答案分类的依据，然后再根据以往的研究结果或理论依据对问题进行编码。类别代码应该是彼此独立、全面和无遗漏的，对于那些难以归类的答案选项可以设立其他项将其囊括。

对于开放式问题的事后编码，它所依据的不应该仅仅是答案的文字，更重要的是这些文字所能反映出来的被调查者的思想认识。对开放式问题的回答进行编码需要采用以下四个步骤：

①列出答案。编辑人员列出一份载有每个开放式问题答案的清单。在只有几百名被调查者的调研中，所有的答案都应列出。在大型抽样调查中，只需列出某些样本的回答。这项工作可以作为编辑过程的一部分或单独的一个步骤来完成。

②合并答案。对开放式问题的回答，有些形式上不同的回答，在本质上是一致的，如表 8－1 的前三个答案，因此它们可以适当地合并为一类。完成合并过程后，就得到了如表 8－2 第 1、2 列所示的合并表。要获得这样的表，还必须做出一些主观的判断。例如，答案 4 是属于第一类，还是应单独归为一类？这些决定通常由资深的分析人员作出，常常也听取客户的意见。

③设置编码。这一步骤在获得合并之后进行，对每个合并后的类别都分配一个数字编码。如表 8－2 第三列所示。

④选定编码。

读取每个开放式问题的回答。

找出与该回答相符的合并类别。

确定该类别的数字编码。

在调查表的适当地方，注明每个回答的数字编码

以下将继续以“手机消费习惯调查”数据为例，说明开放式问题的编码问题。

首先，将开放式问题的答案汇总在一起。

表 8－1　开放式问题回答实例

Q07　您为什么使用该品牌的手机？
回答实例： 1　因为该品牌知名度大。 2　因为该品牌买的人多。 3　我的朋友都使用该手机。 4　我周围的人都说该品牌好。 5　该品牌手机价位便宜。 6　该品牌质量好。 7　购买该品牌时，有很多优惠活动。 8　当时该品牌搞促销，价格优惠，还有小礼品赠送。 9　该品牌功能齐全。 10　我喜欢该品牌的造型。 11　该品牌通话质量好，很清晰。 12　我喜欢这个品牌的设计，外形很好看。 13　该品牌的照相功能不错，所以就买了。 14　该款手机具备上网功能。 15　大家都说该手机品牌好，所以就买了。 16　没有想过为什么。 17　不知道，随意买的。 18　好像没有特别的原因。 19　据说该品牌市场占有率高。 20　以前就使用该品牌，对其操作功能比较熟悉。

其次，在表 8－1 回答的基础上，对答案进行分类整理，合并一些相似或相同的答案，并给每类答案编码，最终形成八类不同的答案，见表 8－2。

表 8－2　开放式问题的合并分类和编码

回答类别描述	表 8－1 中的回答	分配的数字编码
品牌好/知名度高/	1，2，15，19	1
手机质量好	6，11	2
手机价格便宜/促销优惠	5，7，8	3
手机外形好	10，12	4
手机功能齐全/看重某个特定功能	9，13，14	5

续表

回答类别描述	表 8－1 中的回答	分配的数字编码
受周围的人影响	3，4	6
以前使用过/使用习惯	20	7
不知道	16，17，18	8

第三，如表 8－3 所示，在问卷适当的地方，根据分配的数字编码给予相应的注明（斜体数字）。在 SPSS 软件中录入时，也录入所分配的数字编码。

表 8－3　对开放式问题的回答选定编码

第 021 份问卷： Q7　您为什么使用该品牌的手机？ 我周围的人都说该品牌好。　　　　6

四、数据合并

数据合并包括横向合并和纵向合并两大类，我们这里仅对数据的纵向合并做简略介绍。

数据的纵向合并是将一个 SPSS 数据文件的内容追加到数据编辑窗口中当前数据的后面，并依据两个数据文件中的变量名进行数据对接。这种合并方式通常是将分别储存在几个 SPSS 数据文件中的数据合并成一份完整的数据，一般有以下两种方式：

（1）如果数据文件在同一数据结构下，我们一般采用“复制＋粘贴”来完成数据的纵向合并。

（2）如果数据文件不在同一数据结构下但具有相同的变量名和数据类型，则按照如下步骤进行操作：打开 SPSS 的数据文件→选择 Data 项下的 Merge File 中的 Add Case→输入一个已存在于磁盘上需合并的文件名→将不同名的同一变量运用 pair 项配对后选入表格→将需要的变量选入新表中，点击 OK 操作结束后，合并完成。

五、数据检查与缺失值处理

数据的清理包括检查数据的一致性和处理缺失值。

数据一致性检查是为了找出超出正常范围、逻辑上不合理或者极端的取值。超出正常值域范围的数据是不能用于分析的，必须进行更正。例如，调查对象在回答有关生活方式认可程度的问题时，备选答案有 1～5，9 表示缺失值，如果数据中出现0，6，7 和8，则应视为超出正常值域范围。数据一致性的检查可以通过最初问卷排查来检查，还可以利用 SPSS 中的数据排序来处理。

缺失值即是存在明显错误，或不合理数据，或漏填的数据项。当此类数据数量超过 10% 时，通常应用以下方式处理缺失值。

（1）中性值替代。中性值替代，是指用某个变量取值的均值来代替缺失值。这样做不会改变其他变量，同时诸如相关分析等统计结果也不会受到太大的影响。但是它不一定能代表调查对象对这个问题的答案，实际答案可能高或者低于此答案。

（2）用估计值代替。即用调查对象对其他问题的回答估计或计算出一个值来代替缺失值。

（3）整列删除。即将有缺失值的样本或问卷排除在外。这种做法很可能导致小样本，丢失大量数据而影响到样本最终的分析结果。

（4）结对删除。在结对删除时，研究人员不是丢弃有缺失值的所有样本，而是分别在每一步的计算中采用有完整答案的问卷。因此，不同分析步骤采用的样本规模也会有所不同。这种方法适用于样本规模很大、缺失值很少，以及变量之间没有高度相关的情况。

采用不同的处理方法可能导致不同的分析结果，所以研究人员在选择处理缺失值方法时必须慎重考虑其利弊。

当问卷所有数据都编码并录入之后，在 SPSS 的 data view 视图中，我们看到如图 8－9 所示的数据录入格式，并将该数据文件命名为“手机消费习惯 . sav”文件加以保存，以方便下次调用与读写。

datanew.sav [数据集1] - SPSS Statistics 数据编辑器

文件(F) 编辑(E) 视图(V) 数据(D) 转换(T) 分析(A) 图形(G) 实用程序(U) 附加内容(O) 窗口(W) 帮助

2：因素4 1.0 可见：26 变

	性别	年龄	月收入	价位	因素1	因素2	因素3	因素4	因素5	款式	品牌	用途1	用途2	用途3	用途4	用途5	功能	促销方式	购买场所
1	1	23	1500	1.00	2.00	4.000	5.00	1.00	3.00	3.00	2	1	1	1	1	0	3	3	1
2	1	24	1400	1.00	4.00	2.000	3.00	1.00	5.00	3.00	3	0	0	1	0	0	3	3	3
3	1	18	2000	1.00	1.00	3.000	4.00	2.00	5.00	2.00	2	0	1	0	0	0	2	2	1
4	2	19	2000	1.00	4.00	5.000	1.00	2.00	3.00	1.00	2	1	1	0	0	0	1	1	1
5	1	21	1400	1.00	1.00	3.000	2.00	4.00	5.00	3.00	3	0	1	0	0	0	2	2	1
6	2	23	1600	1.00	4.00	3.000	5.00	2.00	1.00	4.00	2	1	1	0	0	0	3	2	1
7	2	21	1800	2.00	4.00	3.000	5.00	1.00	2.00	3.00	3	1	1	0	0	0	3	2	1
8	2	21	3000	2.00	5.00	3.000	1.00	2.00	4.00	2.00	3	1	1	0	1	0	1	1	1
9	2	23	1900	2.00	3.00	4.000	2.00	1.00	5.00	3.00	2	1	1	1	1	0	1	2	1
10	1	25	2000	2.00	5.00	2.000	3.00	1.00	4.00	2.00	2	1	1	0	1	0	1	1	1
11	2	18	5000	2.00	3.00	4.000	2.00	1.00	5.00	2.00	2	1	1	0	0	0	1	2	1
12	1	19	4500	2.00	4.00	5.000	3.00	1.00	2.00	3.00	2	1	1	0	0	0	1	2	1
13	1	20	3200	2.00	4.00	5.000	3.00	1.00	2.00	2.00	2	1	1	0	0	0	1	2	1
14	1	20	1500	2.00	3.00	4.000	1.00	2.00	5.00	2.00	2	0	0	0	1	0	3	2	3
15	2	18	5000	2.00	5.00	2.000	4.00	1.00	3.00	3.00	2	0	1	0	0	0	1	1	1
16	2	18	4600	2.00	5.00	3.000	1.00	2.00	4.00	3.00	3	1	1	0	0	0	3	1	1
17	2	17	4500	2.00	3.00	5.000	4.00	1.00	2.00	1.00	2	1	1	1	0	0	3	2	1
18	2	17	3000	2.00	2.00	5.000	1.00	4.00	3.00	3.00	2	1	1	0	0	0	1	2	1
19	2	17	2000	2.00	3.00	4.000	1.00	2.00	5.00	1.00	1	1	1	0	1	0	1	2	1
20	2	20	1800	2.00	4.00	3.000	2.00	1.00	5.00	3.00	2	1	1	0	0	0	2	2	1
21	2	21	1600	2.00	3.00	2.000	4.00	1.00	5.00	1.00	3	1	1	1	1	1	3	2	1
22	2	21	1800	2.00	2.00	3.000	1.00	4.00	5.00	3.00	2	1	1	0	0	0	1	2	1
23	1	21	3000	2.00	2.00	3.000	1.00	5.00	4.00	3.00	2	1	1	0	0	0	1	2	1
24	2	22	1900	2.00	3.00	4.000	2.00	1.00	5.00	2.00	2	1	1	0	0	0	1	2	1

图 8－9 “手机消费习惯”数据文件示图

第三节 数据预处理

在数据文件建立之后，通常还需要对所分析的数据进行必要的预加工处理，这是数据分析过程中不可缺少的一个关键步骤。现只对数据排序、数据分组以及数据拆分这三种常见的处理方式加以介绍。

一、数据排序

数据排序的目的：数据排序是将数据根据需要按照一定的顺序重新排版。它在数据分析过程中有着十分重要的作用。因为数据排序不仅有助于了解数据的取值状况、缺失值数量的多少，还可以快捷地找到数据的极值、发现数据的异常值。

以下仍以前述“手机消费习惯”的数据为对象，介绍数据排序的基本操作步骤。前述问卷 A 中第二道问题是：

Q02. 您能接受的手机价位是？

□500 元以下　□500～1000 元　□1001～1500 元　□1501～2000 元

□2001 元以上

在读入数据后，从主菜单的 Data 开始，依次点击：Data → Sort Cases。机器弹出一个窗口，要求你从左边框中的变量清单中，选取所要排序的变量，用窗口中间的箭头，把选中的变量送入右边的框中，如图 8－10 所示。

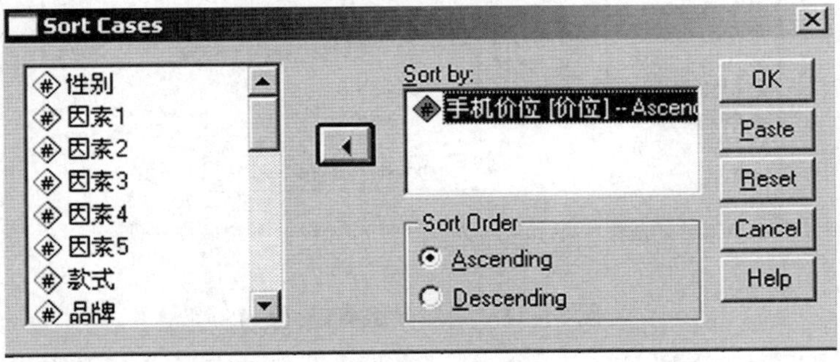

图 8－10　变量值排序表

然后，在窗口的下部，选 Ascending（升序）或 Descending（降序），点击 OK。机器就在 SPSS 的数据窗口中，按照所选中的变量，重新排列。

如果是多重排序，还要一次指定第二、三排序以及相应的排序规则。否则，本步可以略去。

备注：

①数据排序是整行数据排序，而不是针对某列变量排序。

②多重排序中指定排序变量的次序很关键。排序时先指定的变量优先于后指定的变量。多重排序可以在按某个变量值升序（或降序）排序的同时再按其他变量值降序（或升序）排序。

③数据排序后，原有数据的排序顺序必然将被打乱，因此应注意备份原始数据。

二、数据分组

数据分组是对定距型数据进行整理和粗略把握数据分布的重要工具，在数据分组的基础上进行的频数分析，更能够概括和体现数据的分布特征。另外，分组还能够实现数据的离散化处理。SPSS 提供单变量值分组，但首先要确定组距。组距是一个组的上限（组中的最大值）与下限（组中最小值）之差，即组距 =（最大值—最小值）/组数。组距分组有两种基本方式，其组距分组基本操作步骤如下：

（1）Into same variables 分组操作。

• 读入“手机消费习惯 .sav”文件。选择菜单 Transform → Recode → Into same variables，出现如图 8－11 所示窗口。

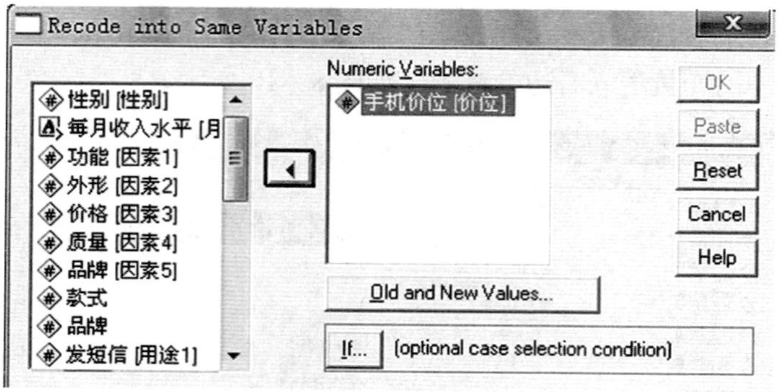

图 8－11　组距分组窗口（一）

• 将分组变量选择到 Numeric Variables 框中，如本例将“手机价位”作为分组变量。

• 在图 8－11 所示界面内，单击 Old and New Values 按钮进行分组区间定义，出现如图 8－12 所示的窗口。

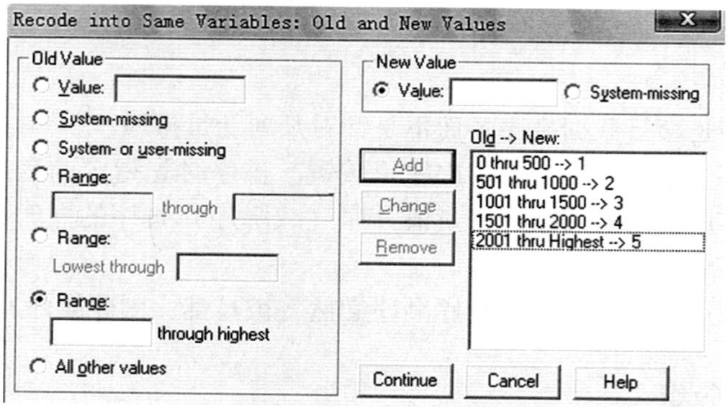

图 8－12　分组区间定义窗口

● 指定分组区间的下限和上限，并在 New Value 框中给出该区间对应的分组值（也可以指定该区间数据在分组后为系统缺失值）。单击 Add 按钮确认分组区间并加到 Old→New 框中。单击 change 和 remove 按钮来修改和删除分组区间，如图 8－12 所示。如本例，手机价位 0～500 元为第 1 组，501～1000 元为第 2 组，1001～1500 元为第 3 组，1501～2000 元为第 4 组，2001 元以上为第 5 组。

（2）Into different variables 分组操作。

● 选择菜单 Transform→Recode→Into different variables，出现如图 8－13 所示窗口。

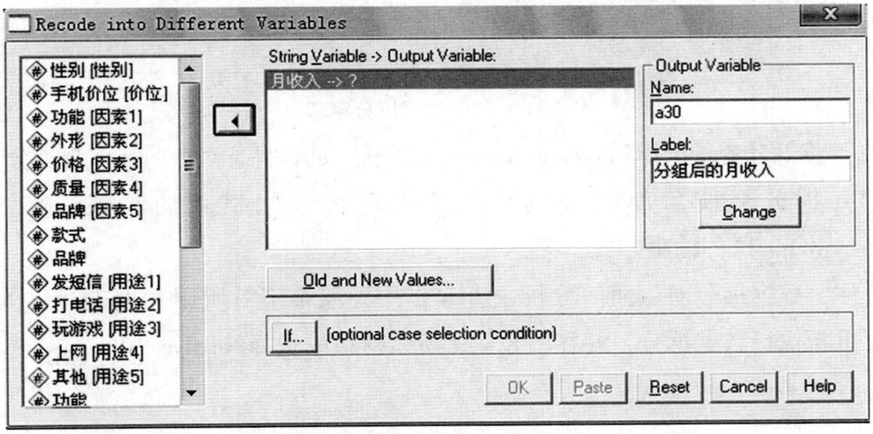

图 8－13　组距分组窗口（二）

● 将分组变量选择到 Numeric variable→output 框中。

● 在 output variable 后输入存放分组结果的变量名，并单击 change 按钮确认。可以再 label 后输入相应的变量名标签。

● 单击 Old and New Values 按钮进行分组区间定义，窗口与图 8－12 类似，按“Into same variables”的第四步操作进行。

三、数据拆分

SPSS 数据拆分不仅是按指定变量进行简单排序，更重要的是根据变量对数进行分组，为以后所进行的分组统计分析提供便利。SPSS 数据拆分的基本操作步骤如下：

（1）选择菜单 date→Split file，出现如图 8－14 所示窗口。

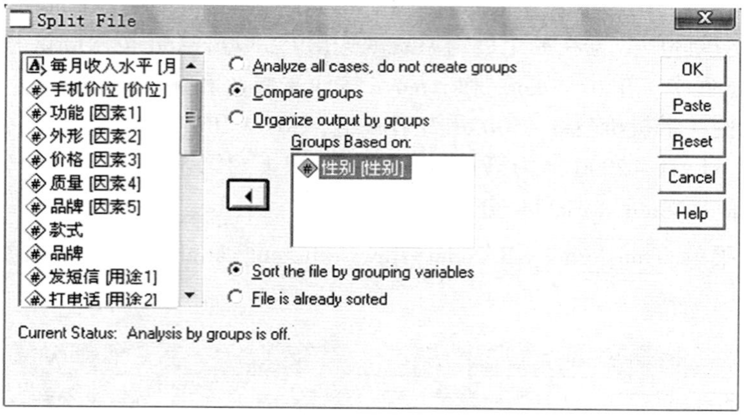

图 8－14　数据拆分窗口

（2）将拆分变量选择到 groups based on 框中，如本例把“性别”作为拆分变量。

（3）拆分会使后面的分组统计产生两种不同格式的结果。通常选用 compare groups 这种输出方式。

备注：数据拆分对后面的分析一直起作用，如希望对所用数据进行整体分析，则需要重新执行数据拆分，并在图 8－14 所示窗口中选择 analyze all cases 项。

第四节　简单频数分析

一旦资料完全量化并且登录进电脑，研究者就可以开始定量分析了。数据定量分析可以分为基础统计分析和高级统计分析，而基础统计分析往往从频数分析开始。通过频数分析能够了解变量取值的状况，把握数据的分布特征，另外还能在一定程度上检验样本是否具有总体代表性，抽样是否存在系统偏差等。

一、SPSS 中的频数分布表

频数分析的第一基本任务是编制频数分布表，所以我们就很有必要先了解一下几个概念。

（1）频数（Frequency）。即变量值落在某个区间（或某个类别）中的次数。

（2）百分比（Percent）。各频数占总样本数的百分比。

（3）有效百分比（Valid Percent）。各频数占总有效样本数（有效样本数 = 总样本数－缺失样本数）的百分比。

（4）累积百分比（Cumulative Percent）。即各百分比逐级累加起来的结果，最终取值为100。

二、频数分析中常用的统计图

在频数分析中，为了能够非常清晰直观地展示变量的取值状况，我们通常采用绘制常见的统计图的办法。

1. **条形图**（Bar Chart）

用宽度相同的条形的高度或长短来表示频数分布变化的图形，适用于定序和定类变量。条形图的纵坐标可以是频数，也可以是百分比。条形图包括单式条形图和复式条形图等形式。

2. **饼图**（Pie Changt）

用圆形及圆内扇形的面积来表示频数百分比变化的图形，以利于研究事物内在的结构组成等问题。饼图中圆内的扇形面积可以表示频数，也可以表示百分比。

3. **直方图**（Histograms）

用矩形的面积来表示频数分析变化的图形，适用于定距变量的分析。可以直方图上附加正态分布曲线，以便于与正态分布比较。

三、频数分析的基本操作

在数据编辑窗口中，从主菜单的 Analyze 开始，依次点击 Analyze → Descriptive Statistices → Frequencies，就可以进入到频数分析模块。这个模块不仅能够分析样本数据的频数、频率，而且可以统计出样本数据的均值、中位数、众数、极大值、极小值、上下四分点、极差、方差、标准差、均值标准差，以及斜度、峰度等数据。此外，还有部分作图功能，如条形图、饼图、直方图等。

在读入数据后，依次点击 Analyze → Descriptive Statistices → Frequencies，此时，机器弹出一个新的窗口（频数分析模块的主窗口），如图8－15所示。

该窗口分左右两框。左框显示的是数据文件中的变量（准确地说，是相应变量的标签），右框存放你想分析的变量。

（1）点击左框中你要分析的变量名（可以选多个，本例选“手机价位”）。

（2）点击两框之间的箭头，你选中的变量就跳到右框中。

（3）选取左框下面的选择 Display Freqeuncy Tables（此亦是系统的默认状态）。

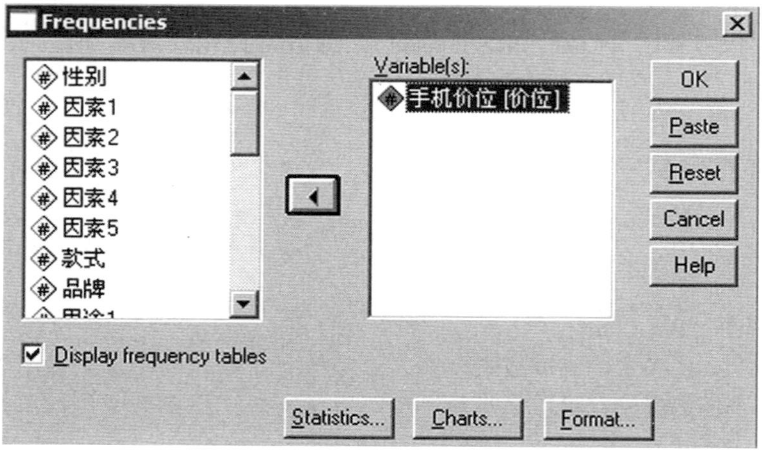

图 8－15　频数分析模块的主窗口

（4）点击该窗口下面的 Statistices 按钮，又弹出一个新窗口，见图 8－16。

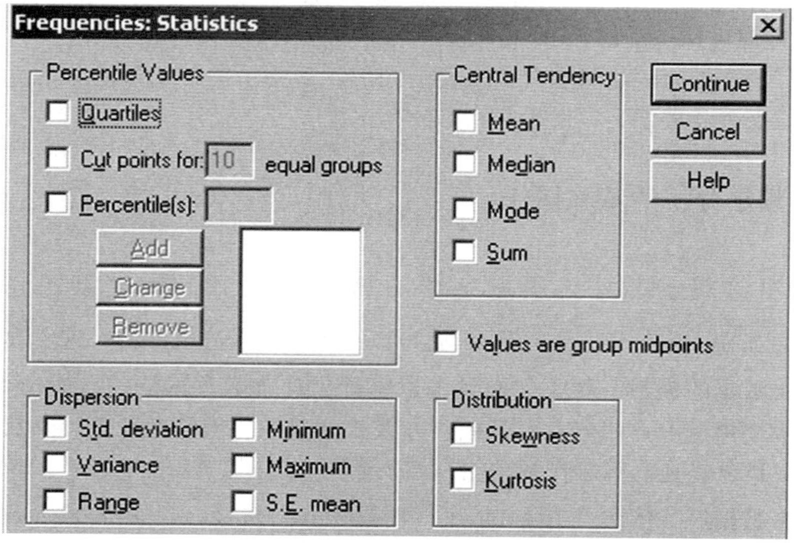

图 8－16　频数分析模块的 Statistics 窗口

这个窗口分为 4 块。左上块为百分点块（ Percentile Values 块）。其中的 Quartiles 选项，是问你是否要计算（输出）四分点（四分位的值）。 Cut Points For 10 Equal Groups 选项，是问你：在把数据从小到大排序后，你是否要把数据分成个数相等的 10 个组？其中的“10”是可以修改的。例如，你选择了此项，并把“10”改为“4”，则系统输出的就是四分点和中位数（Q1、Q2、Q3），也就是 25、50、75 的百分位点。Percentile（s）选项，选中此项后，用户可以（用下面激活的Add键）要求机器输出你规定的多个任何百分点（0 ~ 100 之间）。以上都是复选项，也就是可以同时被选中的项。当然，也可只选其中的部分项。

左下块是差值块（Dispersion块）。所列出的 6 个项目是：Std. Deviation（标准差），Variance（方差），Range（最大值与最小值之差），Minimum（最小值），Maximum（最大值），S. E. Mean（均值标准误差，简称均值标准差），S. E. Mean 是 Std. Error of the Sample Mea 的缩写。

右上块是中心趋势块（Central Tendency块）。所列出的 4 个选项都是复选项。机器将输出你选中项目的计算结果。这 4 个项目是：Mean（均值），Median（中位数），Mode（众数）和Sum（样本数据值的总和，Sum 是 Sum of Samples 的缩写）。

右下块是分布块（Destribution块）。所列出的 2 个选项也是复选项。其中的Skewness表示数据分布的斜度；如果数据是关于均值对称的，则斜度为 0，标准正态分布的斜度就为 0。SPSS 规定：向左偏时（直方图的右尾长时），斜度为正值；反之，向右偏时，斜度为负值。Kurtosis表示数据分布的峰度；SPSS 规定标准正态分布的峰度为 0；当数据的峰度为正时，表明数据直方图的平滑曲线的峰值比标准正态分布 N（0，1）的峰值高；反之，当数据的峰度为负时，数据直方图的平滑曲线的峰值比 N（0，1）的低。在右上块与右下块之间，有一项选择：Values are Group Midpoints，其含义是：如果数据分组了，就用各组的中值代表整个组的值。在选项都完成后，点击Continue，回到图 8 - 15 所示的频数分析模块的主窗口。

（1）在频数分析模块的主窗口中，点击窗口下部Chart按钮，系统又弹出一个新窗口（频数分析模块的“图形”子窗口），见图 8 - 17。此窗口分为上、下两块。

上块为图形类型选择（Chart Type块）。该选择块提供了如下 4 个单选项（单选项是指在所提供的选项中，只能选择一个项目）：

- None：不输出图形。这是系统的默认状态。
- Bar Charts：选择此项，系统输出条形图。
- Pie Charts：选择此项，系统输出饼图。

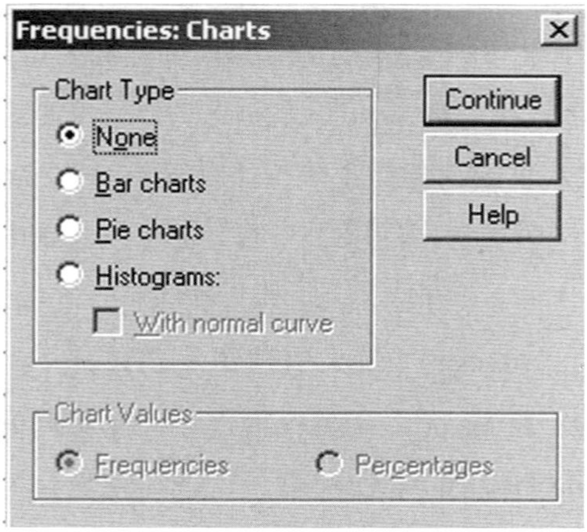

图 8－17　频数分析模块的图形子窗口

• Histongrams：选择此项，系统输出直方图。在选择此项时，Histongrams 下方的 With Normal Curve 选项被激活，若选择此项，则系统输出的直方图中带有正态曲线。

图 8－17 的下块是图的纵轴值选择块（Chart Values 块）。该块要求你选择所输出的图形的纵坐标所表示的值。在该块中可供选择的项目（均为单选项），有

Frequencies：表示所输出的图形的纵坐标是频数。

Percentages：表示所输出的图形的纵坐标是频率。

（2）在频数分析模块的主窗口（图 8－15）中，点击窗口下面的 FORMAT 按钮，系统又弹出一个新窗口（频数模块的格式子窗口），见图 8－18。

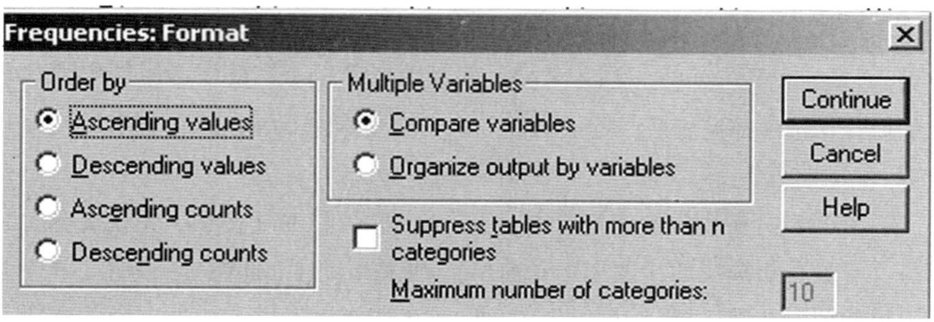

图 8－18　频数模块的格式子窗口

这个窗口分为左右两块。左块是排序块（Order By 块）。它规定了前面的输出表格中数据的排列顺序。图 8－18 窗口的左块中，有 4 个单选项。

Ascending Values：规定输出结果按变量值的升序排列。这是系统的默认状态。

Descending Values：规定输出结果按变量值的降序排列。

Ascending Counts：规定输出结果按变量值的频数的升序排列。

Descending Counts：规定输出结果按变量值的频数的降序排列。

右块是多变量选择块（Multiple Variables）。当面对图 8－15（频数分析模块的主窗口），做第（1）步操作，把多个变量送到右框中一并作统计分析的情况下，需要选择多变量的输出格式。这个块中的两个选项，是单选项。

Compare Variables 选项，要求系统把所有选中的变量的计算结果，放在一个表中显示，以便于相互比较。

Organize Output Varaibles 选项，要求系统为每一个所选中的变量，单独输出一个表格。

图 8－18 右块下面还有一个选项：Suppress tables with more Than 10 Categories 在输出的表格中，在对数据分组时，把组数限制在 10 个（包括 10 个）以内（10 个以上是被禁止的）。其中的组数 10 是系统默认值，用户可以改变这个值。

在完成上述选择后，（也可以接受系统的默认值，不做任何其他的选择），点击 Continue，回到图 8－15（频数分析模块的主窗口）。

（3）在图 8－15（频数分析模块的主窗口）中，点击 OK，系统给出你要的结果。

【频数分析模块示例】

统计“手机产品消费习惯调查”案例数据的基本结构特征。

（1）在调入数据后，按照前面的介绍，点击 Analyze → Descriptive Statistics → Frequencies，进入频数分析模块。

（2）在频数分析模块的主窗口（图 8－15 中），点击 Statistics 按钮。系统弹出频数模块的统计子窗口。

在统计子窗口中，选择 Quartiles（四分点）、Mean（样本均值）、Median（中位数）、Mode（众数）、Sum（样本和）、Std. Deviation（标准差）、S. E. Mean（均值标准差）、Skewness（斜度）、Kurtosis（峰度）。

（3）在点击 Continue 返回频数分析模块的主窗口后，点击 Chart，进入图形子窗口，选择输出直方图（Histograms）和正态曲线（With Normal Curve）。

在点击Continue返回频数分析模块的主窗口后，点击 OK，系统输出计算结果。

图 8－19 是有关均值、均值标准差、中位数、众数、标准差、斜度、斜度标准差、峰度、峰度标准差、全距、最小值、最大值、样本和，以及上下四分点的统计计算结果。图中，上下四分点是以 75 的百分位点和 25 的百分位点的形式出现的，而 50 的百分位点就是中位数。

统计量		
每月收入水平		
N	有效	97
	缺失	0
均值		2864.95
均值的标准误		131.310
中值		2000.00
众数		2000
标准差		1293.255
方差		1672508.591
偏度		.556
偏度的标准误		.245
峰度		－1.323
峰度的标准误		.485
全距		3600
极小值		1400
极大值		5000
百分位数	25	1800.00
	50	2000.00
	75	4500.00

图 8－19　频数分析基本统计结果

图 8－20 是该样本数据集合中不同样本值出现频数、频率和累积频率的统计结果。

手机价位

	Erequency	Percent	Valid Percent	Cumulative Percent
Valid 500 元以下	6	6. 2	6. 2	6. 2
500 ~ 1000 元	18	18. 6	18. 6	24. 7
1001 ~ 1500 元	51	52. 6	52. 6	77. 3
1501 ~ 2000 元	16	16. 5	16. 5	93. 8
2001 元以上	6	6. 2	6. 2	100. 0
Total	97	100. 0	100. 0	

图 8－20　手机价位不同频数分析结果

图 8－21 是该数据集合的直方图，由此可以体验斜度和峰度。

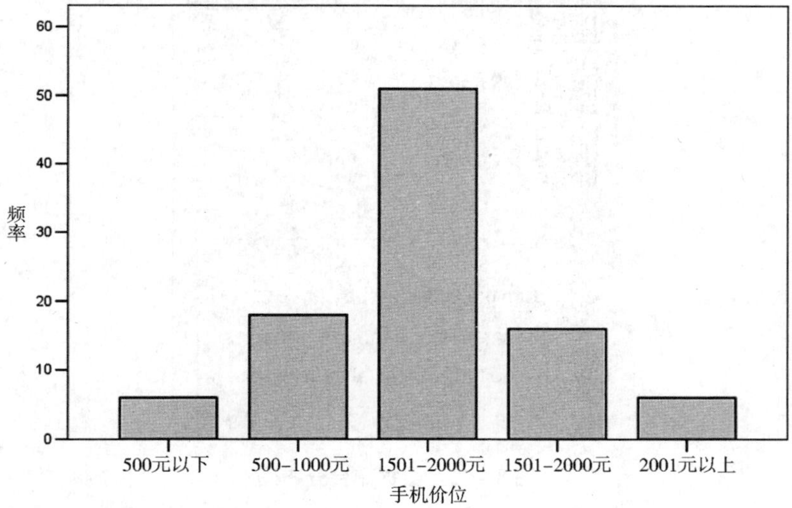

图 8－21　数据集合的直方图

四、累积频数与累积频率：GRAPHS 菜单中的条形图

频数分析模块（Frequencies Process）有一个不足，就是在作条形图时，不能绘制累积频数和累积频率图。为此，介绍 SPSS 基本模块的绘制累积频数和累积频率图的做法。

累积频数与累积频率图绘图简介：

调入数据后：

点击 Graphs → Bar，弹出一个窗口，该窗口分为上下两部分，如图 8－22 所示。

条形图子窗口的上半部有 3 个图形类别的单选项：

A. Simple 单选项，要求系统输出简单条形图。即用简单矩形条来表示数量或者比例。

B. Clustered 单选项，要求系统输出成组的条形图。

C. Stacked，要求输出分段条形图。

图 8－22 的下半部有 3 个关于条形图的横纵坐标的单选项。

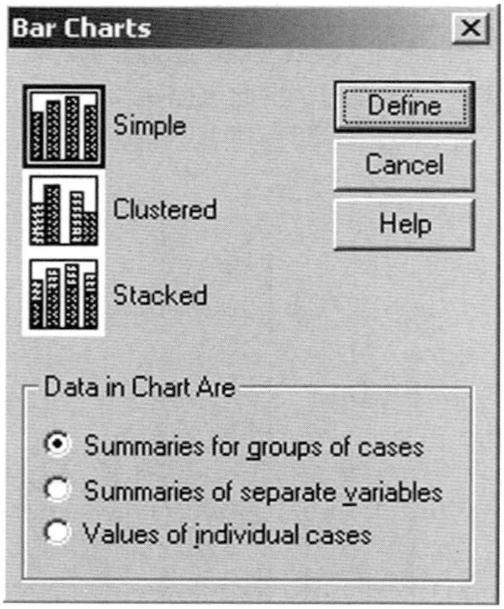

图 8－22 数据集合分布图

a. Summaries for groups of cases，对（横坐标上的）变量（顺序级以上的变量）的每一个不重复的数据（观测值），产生一个简单的条形图（与上半部的 Simple 组合），或产生一个成组的条形图（与上半部的 Clustered 组合），或产生一个分段的条形图（与上半部的 Stacked 组合）。矩形条的高度，一定用来表示观测值出现的（累积）次数或（累积）比例，也就是具有同样观测值的个体的个数或比例。

b. Summaries of separate variables，每一个变量生成一个矩形条。矩形条的高度一定表示相应变量的平均值。必须要有两个以上的变量列于横坐标上。其本质是比较多个变量的平均值。与上半部的 Simple 组合，直接比较一组变量的均值（矩形条的高度表示变量的均值，横坐标表示不同的变量，例如不同的课程成绩）。与上半部的Clustered、Stacked组合，就可以在另外一个分类变量对个体分类的基础上（例如性别的基础上），比较这组变量（例如不同的课程成绩）的均值。与Clustered组合时，表示这组变量的均值的矩形条，是并列的。与Stacked组合时，表示这组变量的均值的矩形条，是上下叠起来的。

c. Value of indiviual case，对每一个个体的一个（或多个）变量的观测值，产生一个（或多个）矩形条。其横坐标一定是不同个体的编号，纵坐标一定是指定变量的观测值。如果按照某个变量对个体分类（例如按照性别分类），则横坐标依然是所有个体，但将注明个体的类别（例如性别）。与上半部的Simple组合，只描述每个个体的一个变量的观察值。与Clustered组合，可以描述每个个体的一组变量的观察值（此时，表示不同变量观察值的矩形条是并列的）。与Stacked组合也可以描述每个个体的一组变量的观察值（不过，此时，表示不同变量观察值的矩形条是上下摞叠起来的）。

在选择Summaries for groups cases后（不论是哪种组合），点击DEFINE，弹出另一个窗口（见图8－23），要求指定横轴上的（分类变量），指定纵坐标表示什么（在如下5个单选项中选取）。

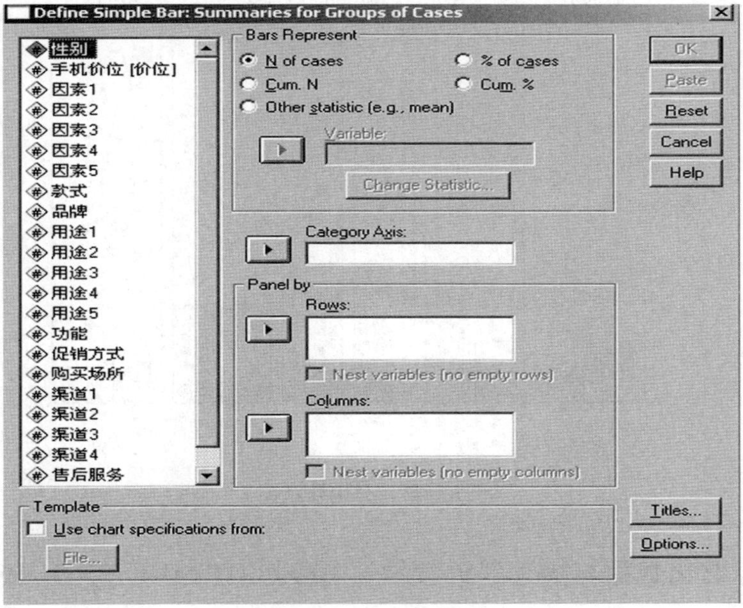

图8－23　柱状分析图

① N of cases：纵坐标表示变量相同数据出现的个数（具有相同观测值的个体个数）。

② % of cases：纵坐标表示变量相同数据出现的频率（具有相同观测值的个体比例）。

③ Cum. n：纵坐标表示变量相同数据出现的累积个数。

④ Cum. %：纵坐标表示变量相同数据出现的累积频率。

⑤ Other Statistic（e. g. ，mean）：其他自定义的统计函数。

选择 Summaries of separate variables 或 Value of individual case 后，点击 Define，将弹出另外的不同窗口，此处不再赘述。

【累积频数或累积频率条形图示例】

读入数据后，点击 Graphs → Bar，系统弹出一个对话窗。接受系统的默认状况（即图 8 – 22 上半部的 Simple 与下半部的 Summaries for groups of cases 的组合），点击 Define 按钮，系统弹出一个新的对话窗。在此窗口中，把“性别”作为分类轴（Category Axis）上的变量，送入分类轴的小框中。进而，按照题目的要求，选择累积频率（% of cases）为纵轴上的量。点击 OK，系统输出结果如图 8 – 24 所示。

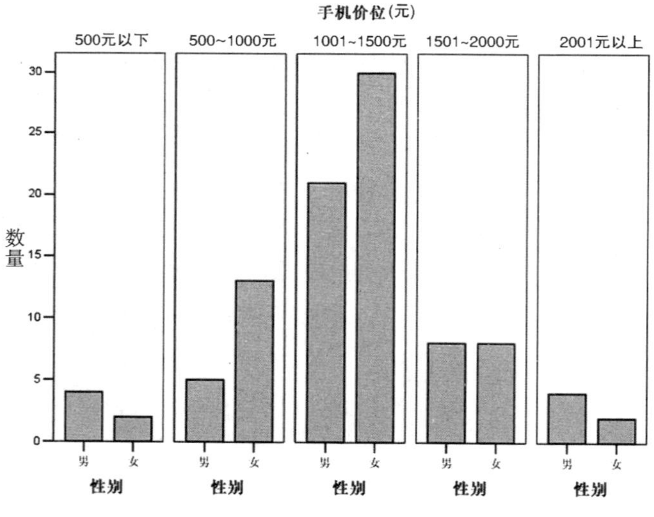

图 8 – 24　分组柱状图

五、标准化数据与描述统计模块（DESCRIPTIVE PROCESS）

本模块能够统计计算的几乎所有的量，如均值、标准差、均值的标准误差、最大值、最小值、分布的峰度、分布的偏度等，都是频数分析模块所具有的。只有一个例外，能够计算标准化数据。所谓“标准化数据”就是把样本数据的所有离差值除以样本标准差。

在读入数据后，点击 Analyze → Descriptive Statistics → Descriptives 。此时系统弹出一个窗口，在该窗口的下端，问你是否要把标准化的值作为变量值保存起来（Save standardized value as varibles）。如果你选择了这一要求，系统将对你选择变量（用箭头把所选的一个或多个变量送入右框中），做标准化处理，并作为新得变量存入“数据编辑器”中。标准化数据的变量名，由机器自动赋予：在原变量名前面加字母 z）。

Descriptive Statistics

	N	Minmum	Maximum	Mean	Std. Deviation
手机价位	97	1	5	2. 98	. 924
Valid N（listwise）	97				

点击右下角的 Option 键，弹出一个 Option 子窗口。由于其选项与频数分析模块中的重复，故此处不再介绍。

点击 OK，数据编辑窗口会出现所选择的标准化值。

六、多选题频数分析

如何对多选题进行分析呢？迄今为止，对多选题的分析仍然以描述为主，对于多选题是不能将其看成是数个独立的单选题来分析的，因为这些变量实际上回答的是一个大问题，这样将问题割裂开来可能会导致不正确的分析结果，而且无法计算一些汇总指标。在多选题分析中最重要的汇总指标有以下两个：

（1）应答人数百分比（Percent of Case）：选择该项的人占总人数的比例，比如200 个受访者中共有 178 人选择了“打电话”作为手机最主要的用途，则“打电话”的应答人数百分比为 178/200 = 89. 0%

（2）应答次数百分比（Percent of Responses）：在作出的所有选择中，选择该项的次数占总次数（总反应数）的比例，比如 200 个受访者对四种手机用途，分别选择了 178、120、134、160 次，则总的应答次数为 178 + 120 + 134 + 160 = 592 人次，而“打电话”的应答次数百分比应为 178/592 = 30. 07%。

SPSS 中相应模块简介

SPSS 软件中为多选择题的分析提供了全面的功能，具体来说有：

（1）Tables模块：即 Custom tables 菜单，它为多选题提供了全面的支持，可以为多选题生成各种复杂的频数表和交叉表，并计算表中各种比例指标。

（2）Optimal Scaling过程：使用非线性典型相关方法（OVERALS）对多选题数据进行最优尺度分析（多重对应分析）。

（3）Multiple Response菜单：专门为多选题数据的描述而设计，用于生成频数表和交叉表。

前两个过程在此不作介绍，本章将主要学习 Multiple Response 菜单的用法。

Custom tables 菜单显然为多选题提供了更为全面的支持，那我们为什么还要使用 Multiple Response 菜单呢？原因在于 Multiple Response 菜单中的过程是属于 SPSS Base 的一部分，而 Custom tables 菜单则是属于 Table 模块的，需要另行购买。SPSS 这样做可以为用户提供高端和低端两种选择。

【多选题频数分析示例】

仍以手机调查为例，在此次市场调查中询问了受访者购买手机的主要用途，可选择项包括“发短信、打电话、玩游戏、上网”，分别采用二分法赋值录入，如果受访者经常使用某项用途，则选择 1，否则选 0。对于手机消费习惯这个问题，请分析：

- 受访人群中购买手机最主要的用途是什么？
- 男、女购买手机的用途有无差异？

本例的解题思路如下：

☆ 多选题数据被录入到“发信息、打电话、玩游戏、上网”四个单独的变量中，如果要按照多选题的方式分析，就必须先将它们定义为一个多选变量集（Multiple Response Sets），这个任务可以用 Define Sets 过程来完成。

☆ 第一个问题实际上是要求作出多选题的频数表，这可以使用 Multiple Response 菜单中的 Frequencies 过程来完成。

☆ 后两个问题是要求做出多选题与其他分类变量的交叉表，这可以使用 Multiple Response 菜单中的 Crosstabs 过程来完成。

下面我们就按此步骤来依次进行。

（一）Define Sets 过程

Define Sets 过程用于将若干个变量定义为多选题变量集，在这样定义后，多选题分析的专用过程可以正确识别数据，并计算各种专用汇总指标。本例题与 Define Sets 过程有关的操作如下：

Analyze→Multiple Response→Define Sets

Variable in Set 框：选入包含在变量集中的四个变量：发短信、打电话、玩游戏、上网。

Dichotomics：Counted Value 框：输入值“1”（二分法赋值中变量值为 1 表示该选项被选中）

Name 框：输入“use”（定义多选题变量集的名称为 use）。

Lable 框：输入“手机用途”（为变量集给出中文标签“手机用途”）。

Add

Close

相应的操作界面如下：

【主对话框】（见图 8－25）

（1） Sets Definition 框：列出文件中所有的数值型变量，它们都可用于多选题变量集。

（2） Variables in Sets 框：选入需要加入同一个多选题变量集的变量列表，这些变量必须为多分类，并按照相同的方式来编码（如都用 1 代表选中）。

（3） Variables Are Coded As 单选框组：选择变量集中变量的编码方式。

☆　Dichotomics：变量为多重二分法编码方式，每个变量代表多选题的一个选项，结果都为二分类，均使用某个数值表示选中，相应的数值在右侧框中输入。

☆　Categories：变量为多重分类法编码方式，每个变量代表受访者的一次选择，变量为多重分类，此时需要设定取值范围，在该范围内的记录值将纳入分析。

（4） Name 框：键入多选题变量集的名称。

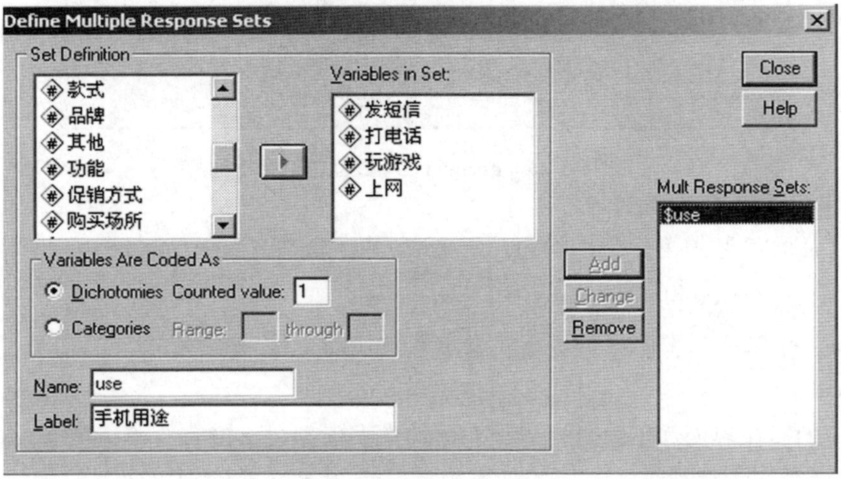

图 8－25　多选题定义对话框

（5）Label 框：为相应的多选题变量集定义一个名称标签。

（6）Mult Response Sets 框：已定义好的变量集列表最多可同时定义 20 个，右侧的三个按钮用于添加、移除和修改变量集的定义。

当单击 Close 后，响应的多选题变量集（多选题变量集前均带有 $ 标记）就定义完成了。此时就可以使用该变量进行分析了。

需要指出的是，和 Tables 模块中不同，Define Sets 过程中的多选题变量集定义信息不能在 SPSS 数据文件中保存，当关闭数据文件后相应信息就被丢失，如果希望再次使用，则必须重新加以定义。

（二）Frequencies 过程

这里的 Frequencies 过程的功能非常简单，就是为多选题变量集生成频数表，其主对话框参见图 8－26。

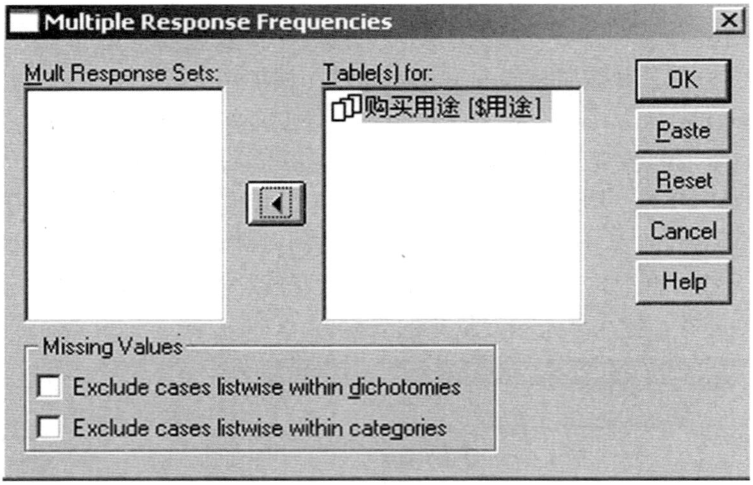

图 8－26 Frequencies 过程主对话框

1. 操作与界面说明

为了回答例题的第一个小问题，所采取的操作如下：

Analyze → Multiple Response → Frequencies

Table for 框：$ 用途（为多选题变量集“用途”生成频数表）。

OK

相应的操作界面如下，这个界面非常简单，无须过多解释，下方的 Missing Values 复选框组用于选择对缺失值的处理方式，两个复选框分别对应了两种编码（多重二分法、多重分类法）的对应方式，不能交错使用。

2. **结果解释**

结果输入如图 8－27 所示。

Case Summary

	Cases					
	Valid		Missing		Total	
	N	Percent	N	Percent	N	Percent
$用途[a]	97	100.0%	0	.0%	97	100.0%

注：[a]Dichotomy group tabulated at value 1.

$用途 Frequencies

		Pesponses		Percent of Cases
		N	Percent	
购买用途[a]	发短信	77	36.5%	79.4%
	打电话	82	38.9%	84.5%
	玩游戏	19	9.0%	19.6%
	上网	33	15.6%	34.0%
Total		211	100.0%	217.5%

注：[a]Dichotomy group tabulated at value 1.

图 8－27　多选题分析结果

图 8－27 给出的信息为：在 97 个有效的观测中，各种用途一共被选择了 211 次，其中“发短信”被选择了 77 次，“打电话”82 次，这两者为最主要的用途。

右侧的两个百分比是多选题比较重要的输出：Pct of Responses 计算的是选择次数占总选择次数的比例，比如这 97 位受访者一共进行了 211 次选择，其中有 77 人选择了“发短信”，该选择次数所占的比例为 77/211＝36.5%；Pct of Case 计算的则是所有受访者中选择相应用途者占总人数的比例，例如有 77 人选择了“发短信”，它们占总人数的 77/97＝79.4%。

第五节　交叉频数分析

一、交叉频数分析的目的

交叉频数分析的主要目的在于掌握多变量的联合分布特征，进而分析变量之间的相互影响和关系。例如：若需进一步掌握不同特征的消费者（如男性、女性）对调查问题的态度，并希望分析消费者特征和所调查问题之间是否存在一定关联性，对此，简单频数分析就显得力不从心，而交叉分组下的交叉频数分析却游刃有余。

交叉频数分析下的第一个基本任务即是编制交叉列联表，通过此表来把握多变量的联合分布特征。举例如表 8－4 所示。

表 8－4　　二维交叉列联表举例

性别＊售后服务 Crosstabulation

			售后服务					Total
			没有	不高	一般	较高	很高	
性别	男	Count	4	1	21	10	6	42
		Expected Count	2.2	.9	17.8	14.3	6.9	42.0
		% within 性别	9.5%	2.4%	50.0%	23.8%	14.3%	100.0%
		% within 售后服务	80.0%	50.0%	51.2%	30.3%	37.5%	43.3%
		% or Total	4.1%	1.0%	21.6%	10.3%	6.2%	43.3%
	女	Count	1	1	20	23	10	55
		Expected Count	2.8	1.1	23.2	18.7	9.1	55.0
		% within 性别	1.8%	1.8%	36.4%	41.8%	18.2%	100.0%
		% within 售后服务	20.0%	50.0%	48.8%	89.7%	62.5%	58.7%
		% or Total	1.0%	1.0%	20.6%	23.7%	10.3%	56.7%
Total		Count	5	2	41	33	16	97
		Expected Count	5.0	2.0	41.0	33.0	16.0	97.0
		% within 性别	5.2%	2.1%	42.3%	34.0%	16.5%	100.0%
		% within 售后服务	100.0%	100.0%	100.0%	100.0%	100.0%	100.0%
		% or Total	5.2%	2.1%	42.3%	34.0%	16.5%	100.0%

性别变量称为行变量，售后服务要求为列变量。一行的百分比总和和列百分比总和为 100%。由此表我们可以看出，在全部受访者中，对售后服务要求为“一般”的占 42.3%，“较高”的占 34.0%，“很高”的占 16.0%，从总体上看，男士和女士对手机售后服务的要求都很高。另外，从列变量来看，在对售后服务要求“很高”这种情况下，男士占了 37.5%，女士占了 62.5%，从总体上看，女士比男士对手机售后服务有更高的要求。

交叉频数分析的第二项任务是分析列联表中行变量和列变量之间是否有联系、联系的紧密程度如何，此时就必须进行交叉列联表的卡方检验。

在卡方检验中，我们预设零假设为行变量和列变量独立。零假设一般认为两种不同对象之间没有差异，而备择假设认为二者之间存在显著差异。在 P 值检验中，P≤

0.05 则拒绝零假设，即不同对象之间存在显著差异；$P > 0.05$ 则接受零假设，即不同对象之间不存在显著差异。此中列联表不应有期望频数小于 1 或不应有大量期望频数小于 5 的单元格，若有 20% 以上的单元格中期望频数小于 5 就不宜用此方法。

卡方检验中，由于原始数据不一定能满足检验条件，所以 pearson 卡方检验修正就显得尤为重要。对于期望频数偏小的单元格大量存在的情况，一般采用似然比卡方（Likelihood Ration）予以检验；对于定序型变量的线性相关性的验证，一般采用线性相关卡方（Mantel haenszel）来做；而在连续性校正时，主要运用 Fisher 检验小样本数据。此外。对于两定类变量的 P 值检验，采用 Nominal 框中列出的方法；两定序变量，运用 Ordinal 中列出的方法；定类——定距变量，则采用 Nominal By Interval 框中列出的方法检验。

二、交叉频数分析（Crosstabs）的基本操作步骤

以消费者购买手机的主要影响因素为例，要分析“性别”对购买手机款式的影响，问卷中的题项为：

Q3. 您喜欢哪种款式？

翻盖□　　　直板□　　　滑盖□　　　旋转□

被访者性别：　　男□　　　女□

具体操作如下：

（1）菜单选项 Analyze → Descriptive Statistics → Crosstabs，出现如图 8－28 所示。

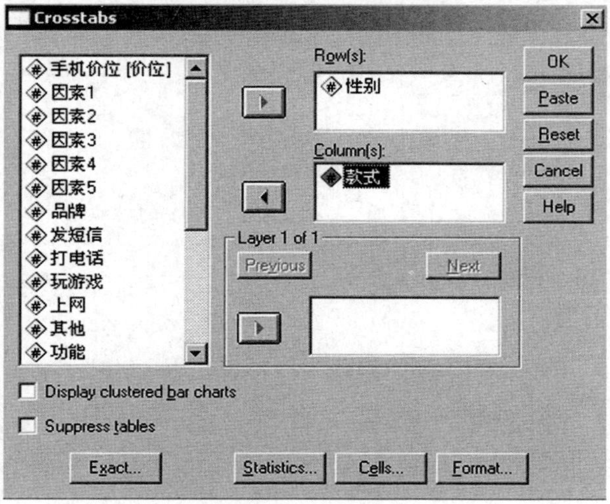

图 8－28　交叉分组下频数分析窗口

（2）将行变量选择到 Row 框中，将列变量选择到 Columns 框中。如果进行二维列联表分析，则将行变量选择到 Rows 框中，将列变量选择到 Columns 框中。如果 Row 和 Column 框中有多个变量名，SPSS 会将行列变量一一配对后产生多张二维列联表。如果进行三维或多维列联表分析，则将其他变量作为控制变量选到 layer 框中。多控制变量间可以是同层次的，也可以是逐层叠加的，可通过 Previous 或 Next 按钮确定控制变量间的层次关系。

（3）选择 Display Clustered Bar Charts 选项，指定绘制各变量交叉分组下频数分布柱形图。Suppress tables 表示不输出列联表，仅在分析行列变量间关系时可选择该选项。

（4）单击 Cell 按钮指定列联表单元格中的输出内容，窗口如图 8－29 所示。SPSS 默认列联表单元格中只输出观测频数（Observed）。为便于分析，通常还应指定输出 Percentages 框中的行百分比（Row）、列百分比（Column）、总百分比（Total）。Counts 框中的 Expected 表示输出期望频率；Residuals 框中的各个选项表示在各个单元格中输出剩余。其中，Unstandardized 为非标准化剩余，定义为观测频数——期望频数；Standardized 为标准剩余，又称 Pearson 剩余。

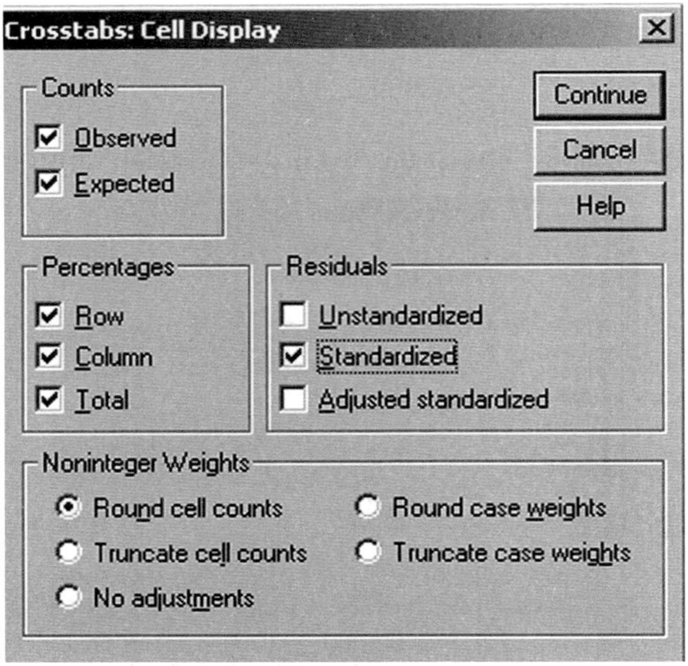

图 8－29　指定列联表单元格输出内容窗口

（5）单击图 8.30 中的 Format 按钮指定列联表的输出排列顺序。Ascending 表示行变量取值的升序排列，是 SPSS 的默认项；Descending 表示行变量取值的降序排列。

（6）单击 Statistics 按钮指定用哪种方法分析行变量和列变量间的关系，其中 chi – square 为卡方检验。单击 Statistics 按钮指定用 chi – square 卡方检验方法分析行变量和列变量间的关系窗口如图 8 – 30 所示。

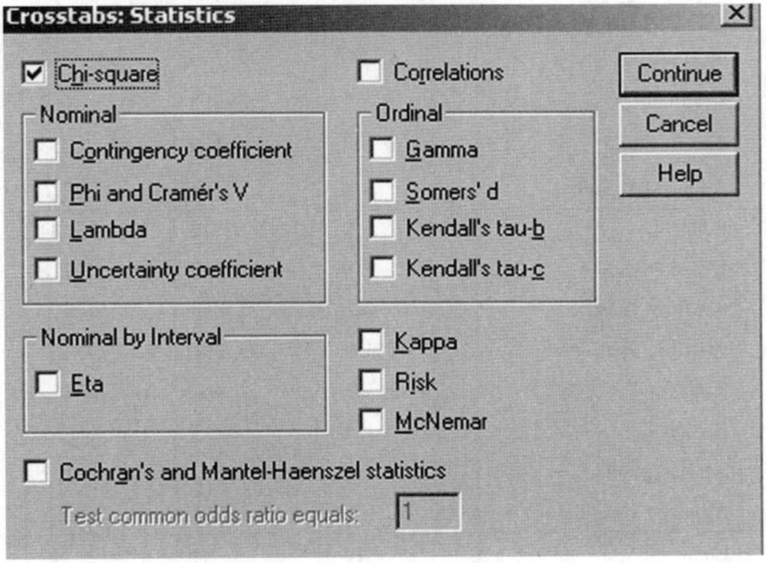

图 8 – 30　行列变量关系检验窗口

（7）其分析结果如表 8 – 5、表 8 – 6、表 8 – 7、图 8 – 31 所示。

表 8 – 5　　交叉列联表分析的样本综述表

Case Processing Summary

	Cases					
	Valid		Missing		Total	
	N	Percent	N	Percent	N	Percent
性别 * 款式	97	100.0%	0	.0%	97	100.0%

表 8-6　　　　性别和手机需求款式二维交叉列联表

性别 * 款式 Crosstabulation

			款式			Total
			翻盖	直板	滑盖	
性别	男	Count	5	22	15	42
		Expected Count	6. 1	14. 7	21. 2	42. 0
		% within 性别	11. 9%	52. 4%	35. 7%	100. 0%
		% within 款式	35. 7%	64. 7%	30. 6%	43. 3%
		of Total	5. 2%	22. 7%	15. 5%	43. 3%
		Residual	-1. 1	7. 3	-6. 2	
		Std. Residual	-4	1. 9	-1. 3	
		Adjusted Residual	-6	3. 1	-2. 5	
	女	Count	9	12	34	55
		Expected Count	7. 9	19. 3	27. 8	55. 0
		% within 性别	16. 4%	21. 8%	61. 8%	100. 0%
		% within 款式	64. 3%	35. 3%	69. 4%	56. 7%
		% of Total	9. 3%	12. 4%	35. 1%	56. 7%
		Residual	1. 1	-7. 3		6. 2
		Std. Residual	. 4	-1. 7	1. 2	
		Adjusted Residual	. 6	-3. 1	2. 5	
Total		Count	14	34	49	97
		Expected Count	14. 0	34. 0	49. 0	97. 0
		% within 性别	14. 4%	35. 1%	50. 5%	100. 0%
		% within 款式	100. 0%	100. 0%	100. 0%	100. 0%
		of Total	14. 4%	35. 1	50. 5%	100. 0%

表 8-7　　　　卡方检验结果表

	Value	df	Asymp. Sig. (2-sided)
Pearson Chi-Square	9. 887[a]	2	. 007
Likelihood Ration	9. 961	2	. 007
Linear-Linear			
Association	2. 126	1	. 145
N of Valid Cases	97		

注：[a]0 cells (. 0%) have expected count less than 5. The minimum expected count is 6. 06

由上述表格分析可知，输入问卷97份，有效问卷97份，问卷的有效率为100%。

在所调查97个样本中，其中男士42名，女士55名，它们各自占样本的43.3%和56.7%。从手机需求款式来看，男士对翻盖、直板、滑盖的需求人数分别是5、22、15，分别占总数的5.2%、22.7%、15.5%；女士对翻盖、直板、滑盖的需求人数分别是9、12、34，分别占总数的9.3%、12.4%、35.1%。由此可以看出，男士对直板手机的需求最高，达到22.7%；女士则偏爱滑盖，占到35.1%，其次是直板，12.4%。总体来看，滑盖手机最受欢迎，总比例达到50.5%；其次为直板手机，总比例达到35.1%。

因此，不难发现，性别和手机需求款式之间是存在关联性的。在随后的卡方检验中，由于 $P=0.007<0.05$，所以拒绝原假设，即不同性别消费者对手机的需求款式存在显著差异。

三、多选题交叉频数分析过程总结

实际上，多选题的 Crosstabs 过程和普通的 Crosstabs 过程没有本质的区别，而且还只具有描述功能，没有统计推断能力，但是它加入了对多选题变量集的支持，可以像使用普通命令一样地使用变量集。

1. 操作与界面说明

在引例中，我们为了回答男、女对购买手机用途有无差异这一问题所采取的操作如下：

Analyze Multiple Response crosstabs	
Row 框：Sex	行变量 sex
选中 Sex：Define Ranges ：	
Minimum 框：键入 1	
Maximum 框：键入 2	sex 的取值范围是 1 ~ 2
Continue	
Column 框： $ 用途	列变量为多选题变量集“用途”

相应的操作界面如下：

【主对话框】（如图 8 - 31 所示）

它和普通的 Crosstabs 过程的主对话框比较接近，只是下方多了 Define Ranges 钮，用于为响应的变量设置取值范围，左下方的 Mult Response Sets 框则会列出已定义好的，可供分析中使用的多选题变量集。

【Options主对话框】（如图 8－32 所示）

用于定义相应的输出选项。

（1） Cell Percentages 复选框组：用于选择在输出的交叉表中显示变量的行百分比、列百分比和总百分比。

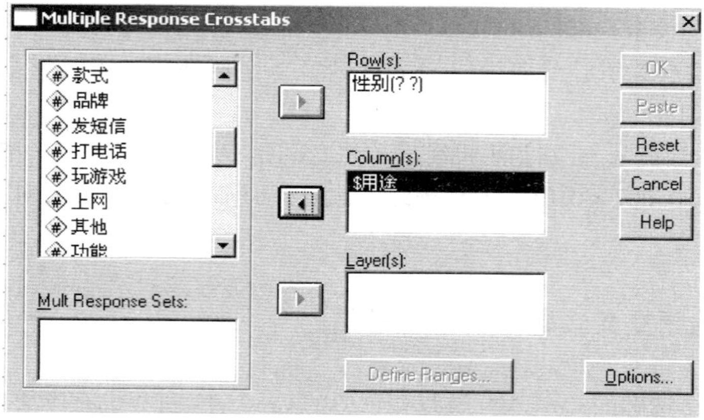

图 8－31 Crosstabs 过程主对话框

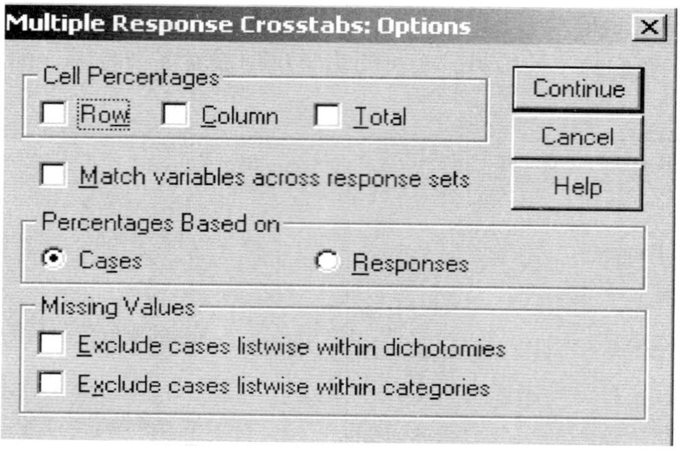

图 8－32 Options 主对话框

（2） ☐ Match variables across response sets ：当在一次分析中同时分析两个多

选题数据集时，可以要求将它们配对输出，即第一个变量集中的第一个变量和第二个变量集中的第一个变量配对，第二、第三依次类推，此时百分比将只能基于反应数计算。

（3）Pecentages Based on 单选框组：选择交叉表中是基于观测（受访者）还是基于反应数计算百分比。

（4）Missing Values 复选框组：选择分析中对缺失值的处理方式。

2. **结果解释**

输出结果如图 8－33 所示。

Multiple Response

Case Summary

	Cases					
	Valid		Missing		Total	
	N	Percent	N	Percent	N	Percent
性别＊＄用途	97	100.0%	0	.0%	97	100.0%

性别＊＄用途 Crosstabulation

			购买用途				Total
			发短信	打电话	玩游戏	上网	
性别	男	Count	29	29	9	19	42
		% within ＄用途	37.7%	35.4%	47.4%	57.6%	
	女	Count	48	53	10	14	55
		% within ＄用途	62.3%	64.6%	52.6%	42.4%	
Total		Count	77	82	19	33	97

图 8－33　多选题交叉列联表分析结果

交叉表中分性别给出了对各种手机用途的选择情况，可见男、女对手机的用途还存在较大的差异，女士购买手机用于发短信、打电话和玩游戏的比例均高于男士，而男士购买手机上网的比例要高于女士。

需要特别指出的是，以上数据只是原始数据库中非常小的一部分，主要是用来示范多选题的分析方法，其结果并不具有代表性。

【本章小结】

资料收集起来以后，市场研究的重点应该转向资料的整理与分析。资料的整理过程包括编辑——检查和修正搜集到的资料；编码——给每个问题的答案配上数字或符号，为列表和统计分析作准备；列表——把相似的数据放到一起。对资料的整理和基础分析，是市场研究工作的重要内容，它是深入分析和得出正确结论的基础。

回收问卷检查完后，通常利用 SPSS 对原始问卷数据进行处理。SPSS 数据文件是一种有结构的数据文件，它是由数据的结构和内容两个部分组成。其中数据结构记录类型、取值说明、数据缺失情况等必要信息，数据的内容为待分析的具体数据。

编码就是对一个问题的不同回答进行分组和确定数字的过程。大多数问卷中的大多数问题是封闭式的，并且已预先编码。这意味着对调查中一组问题的不同数字编码已被确定。全部封闭式问题都是事前编码，在每种答案的左边都有一个数字代码为指定的编码。封闭式问题中编码的难题是对多选题如何编码，分为多重二分法和多重分类法两种编码方式。

一旦资料完全量化并且登录进电脑，研究者就可以开始定量分析了。描述性分析是将原始数据转换成一种可以让其易于理解和解释的形式。基础统计分析往往从频数分析开始。通过频数分析能够了解变量取值的状况，把握数据的分布特征，在一定程度上检验样本是否具有总体代表性，抽样是否存在系统偏差等。交叉频数分析的主要目的在于掌握多变量的联合分布特征，进而分析变量之间的相会影响和关系。在解释资料的分析结果时，必须注意理解归纳和演绎的推理方法，并保证结论的客观性。

【延伸阅读】

某市消费者空调购买行为调查数据①

某家电经销商为了了解消费者空调购买行为，从某市城镇居民家庭中抽取了1000户进行了问卷调查，并从市统计局搜集了有关的数据。资料整理如下。

1. 近10年城镇居民可支配收入，空调拥有量等数据资料。

可支配收入（元/人）	1592	1783	2168	2817	3886	4705	5052	5209	5435	5818
消费性支出（元）	1294	1446	1732	2194	3138	3886	4098	4137	4482	4800
耐用品支出（元）	88	105	128	168	245	269	332	350	394	486
空调拥有量（台/百户）	108.1	110.8	114.2	117.1	119.5	121.0	122.8	125.1	128.1	132.32

2. 去年年末不同收入家庭空调拥有量（台/百户）。

① 龚曙明编著：《市场调查与预测》，清华大学出版社、北京交通大学出版社2005年版，第181～182页。

	最低收入	低收入	中等偏下	中等收入	中等偏上	高收入	最高收入
拥有量	88.46	116.35	119.32	123.32	140.12	145.32	151.32

3. 调查的1000户居民家庭中，计划近三年内购买空调的户数分别53户、89户、58户（1000户中现有空调的有868户）。

4. 计划购买空调的200户家庭中，关注空调服务、质量、促销、价格、其他要素的分别为28、144、4、20、4户。

5. 买空调的200户，准备购买单冷机的23户，冷暖机的170户，到时再决定的7户；准备购买窗式机的39户；柜机的43户，壁挂机的118户。

6. 计划购买空调的200户，空调信息来源的渠道分别为报纸刊物90户，电视87户，销售现场8户，朋友同事告知6户，销售人员促销3户，户外广告4户，网络广告2户。

7. 计划购买空调的200户，考虑购买空调地点分别为：专卖店77户；大型电器商场94户，综合性商场82户，家电连锁店56，厂家直销店48户（有同时选择多个地点的情形）。

8. 计划购买空调的200户，考虑购买时间选择分别为夏季86户，冬季60户，厂家促销期42户，春季和秋季12户。

9. 计划购买空调的200户；空调功率选择分别为：1匹以下7户，1匹41户，1.5匹48户，2匹35户，2.5匹12户，3匹以上的23户，到时视情况而定的34户。

10. 计划购买空调的200户，空调价位选择分别为2000元以下的12户，2000~3000元的56户，3000~4000元的45户，4000~5000元的36户，5000元以上的30户，到购买时再定的21户。

11. 居民家庭对空调降价的态度分布为：非常欢迎的82户，无所谓的106户，不欢迎的5户。

12. 居民家庭对绿色环保空调的看法：符合空调发展方向的252户，符合消费需求的312户；空调的必须要求127户，厂家炒作112户，不知道的197户。

13. 居民家庭对变频空调的看法：符合空调发展方向的169户，符合消费需求的294户；空调的必须要求140户，厂家炒作99户，不知道的298户。

14. 居民家庭对静音空调的看法：符合空调发展方向的239户，符合消费需求的391户；空调的必须要求210户，厂家炒作52户，不知道的108户。

15. 居民家庭认为厂家宣传推广对购买决策很有影响的170户，有影响的280户，一般的235户，无影响的15户。

请对以上调查数据整理情况进行分析：①你认为上述调查数据加工处理有何特

点，有哪些缺陷？实际工作中，应怎样弥补这些缺陷？②根据这些数据，你认为可制作哪些形式的统计表和统计图？③若再次作同类调查，你能设计出更为完善的调查问卷和数据整理方案吗？

【思考与练习】

1. 以下是关于某市居民住房情况调查的数据分析结果，请结合所学的知识，分析和解释下列交叉表。如果希望推断出总体中不同学历水平的居民对住房的满意度是否存在差异，你认为还应该做哪方面的分析？

文化程度 * 住房满意 Crosstabulation

			住房满意		Total
			满意	不满意	
文化程度	初中及以下	Count	307	498	805
		% within 文化程度	38.1%	61.9%	100.0%
	高中（中专）	Count	456	802	1258
		% wihtin 文化程度	36.2%	63.8%	100.0%
	大学（专、本科）	Count	356	540	896
		% within 文化程度	39.7%	60.3%	100.0%
	研究生及以上	Count	9	25	34
		% within 文化程度	26.5%	73.5%	100.0%
Total		Count	1128	1865	2993
		% within 文化程度	37.7%	62.3%	100.0%

2. 请阅读以下案例，试帮助新毕业的大学生玛丽·史密斯解决她所面临的数据分析问题。

玛丽·史密斯于1994年10月大学毕业。一毕业，她就受雇于某国家银行做营销调研助理工作。这并不是她所想的位置，但她想在大银行里工作，并且她以为如果干得好，她在一两年后会被提升至营销主管的位置上。

玛丽开始工作了，营销调研部正在进行一项遍及全国的有关所有银行顾客规模的电话调查。调查的目标包括：①确定为什么人们选择特定的银行；②判定有多少人使用不止一家银行，原因是什么；③调查他们现在对那个银行的服务是否满意；④提出建议改善银行服务；⑤比较各种银行顾客的基本情况。

玛丽被分派负责数据分析，因为她刚刚从大学毕业。她被告之国家银行使用SPSS软件来做数据分析。共有5000名被访问者的回答被存入计算机，余下的工作是使用 SPSS 软件进行系统分析。当然，还须有人来解释结论。玛丽的职责便是做分析并解释结论。

问卷设计员们制作了调查中使用的变量表示方法（格式）的一览表。代码清单见表 1。

表 1 调查变量表示方法

变量	所用的回答格式
年龄	实际年龄数
收入	与 10000 美元相比的增加量
性别	男性，女性
婚姻状况	独身，已婚，其他
对服务的满意度	10 分制，从“差”到“极好”
服务中 10 种可能的改进	5 分制，对每种改进均从“不赞同”到“赞同”
目前使用的银行	被访问者写下的银行名
提供的各种服务	对 15 种不同服务说“是”或“不”
邮寄广告	回想上周是否收到来自美国国家银行的广告

（1）玛丽会运用 SPSS 执行怎样对清单上所列变量进行分析呢？对每一个变量，分别阐述分析方法的类型及其他方面，并指出为什么这样分析是合适的。

（2）举出关于每个变量分析可能出现的结果的例子，它应该怎样解释呢？

【项目化实训】

讨论课Ⅴ：数据的整理与分析

任务布置时间：第十二周　　　**讨论课时间：**第十四周

目的：通过本次讨论课，使学生深入理解调研资料的整理和初步分析方法，练习统计推断和多元统计分析方法的应用，练习运用 SPSS 软件进行数据分析和图表制作。

要求：

本次讨论课前学生要完成以下作业：

1. 各组利用自己设计的问卷，采用人员访问法收集不少于 50 份的有效问卷，并进行资料的整理和数据分析。例如，能设计频数分布表、直方图、饼形图分析单向资料分布的态势及其结构，能设计简单的双向、三向交叉列表对资料进行初步分析；以及采用统计推断及相应的多元统计分析方法，对数据资料进行深度分析。

2. 针对小组数据整理和分析情况向老师简要汇报，提前两天在网上提交 500 字左右的“研究进度说明”一份，本次课后一周小组完成全面的数据分析报告。

讨论的主要内容：

在老师的指导下，针对资料整理、问卷编码与录入、数据分析和图表制作中遇到的问题进行讨论。主要包括：

1. 问卷的整理和编码。

2. 运用 SPSS 软件进行数据录入，考虑单选题、多选题录入时变量的设置、变量赋值、缺失值的处理、测量的类型等细节。

3. 运用 SPSS 软件进行数据分析，考虑单选题的描述性统计分析、多选题的分析，以及交叉列表中双变量卡方检验的操作方法，并考虑如何对分析结果进行解释。

4. 考虑量表题如何录入和分析。

5. 考虑对开放式问题如何编码、录入和分析。

第九章 数据的深度分析

【本章学习内容】

- 假设检验
- 方差分析
- 因子分析
- 相关分析
- 回归分析

对市场研究过程中收集到的数据，仅仅进行简单的数据统计往往还不够，还需要利用统计学知识进行深度分析。比如，针对甲、乙两种饮料的口味，利用李克特5级量表，分别抽取两个样本对消费者进行调查，发现甲饮料的平均得分为3.8分，乙饮料的平均得分为3.5分。能否得出结论：甲饮料的口味比乙饮料的口味更受欢迎呢？还不能。因为，要得出这个结论，还要综合考察两个样本的容量、甲乙两种饮料得分的方差等因素，这就要用到统计学上的假设检验知识。再比如，人们对提高利润水平很感兴趣，但如何才能提高利润水平呢？这就需要找出影响利润水平的相关因素及其数量关系。这就要用到统计学上的相关分析和回归分析等知识。本章学习对数据进行深度分析的一些常用方法，如假设检验、方差分析、因子分析、相关分析、回归分析等。

第一节 假设检验

一、基本思想

假设检验，即首先对总体状态（参数或者分布）进行猜想（给出一个假设），然后通过分析样本特征检验猜想（假设）是否正确。只要样本对总体有代表性，这种检验就有其合理性。比如，由于对《市场研究》课程的难易程度不了解，学生在上该课程之前假设（猜想）这门课可能很简单，应当有95%以上的学生可以通过该课程。考试结果出来后，为了检验上述假设的正确性，随机抽取了50名同学的成绩，发现竟有超过20%的学生没有通过。这在一定程度上可以证明，之前的假设可能是错误的。这里，由于需要检验的总体规模很大，不宜用普查的方式进行检验，因而只从总体中抽取了一个有代表性的样本，通过分析样本的特征，来推断总体是否具有某种性质。在市场研究实践中，这种通过样本推断总体的方法得到普遍应用。

二、两类错误

在检验过程中，我们可能犯两类错误：一是以真为假。比如在《市场研究》成绩抽样中，我们恰好抽中了很多成绩排名靠后的学生，导致未通过率偏高，而实际上全体同学的通过率的确达到了95%以上。这样，我们根据样本否定原假设显然是错误的，把本来正确的假设否定了。二是以假为真。如果全体同学的通过率的确不到80%，但由于样本代表性不强，抽出的样本中有95%的同学通过了考试，我们根据样本接受了原假设，则显然把本来不正确的原假设当成真的了。

不论是以真为假，还是以假为真，均导致检验结果歪曲客观事实，得出关于总体特征的错误结论。在假设检验过程中，我们要将犯两种错误的概率降到最小。常见的做法是把犯“以真为假”错误的概率降到5%或者1%之下。即只要没有充足的证据证伪所给出的假设，则认为它是真的。要求越“苛刻”，即把犯这一错误的概率设定得越小，则所检验的假设遭到拒绝的可能性越小。

三、原假设与备择假设

在假设检验中，有两种假设形式同时出现：原假设（又称零假设）和备择假设。所谓原假设，就是对相等、相同或者没有变化等状态的描述；备择假设是对不等、不同或者发生变化等状态的描述。原假设与备择假设是对立的。

在假设检验中，我们只要对原假设进行检验，从而得出拒绝或者不能拒绝原假设的结论。如果拒绝了原假设，则接受备择假设，如果不能拒绝原假设，就认为备择假设是不成立的。在对原假设进行检验时，其基本做法是：假定原假设是正确的，然后以原假设给出的假设条件为已知条件，根据统计学知识，利用样本数据计算相应的统计量（不同的检验对象应用不同的统计量），并与标准的临界值相比较，从而决定是否拒绝原假设。如果计算的统计量大于临界值，则拒绝原假设，如果小于临界值，则不拒绝原假设。

注意：在实际的检验过程中，我们只检验原假设。由于原假设与备择假设是对立的，因此对原假设的检验结果（拒绝或者不能拒绝）直接决定了对备择假设的态度（不能拒绝或者拒绝）。

四、假设检验示例

【例 9-1】 假设一个大型跨国公司的应收账款平均回收期一直以来都是 60 天，标准差为 20 天。随着公司业务规模的不断扩大，应收账款不断增加，公司希望加强对应收账款的管理。决策层首先关心的一个问题是，公司目前应收账款的平均回收期限是否发生了变化，这直接关系到公司下一步的决策。为了解决这一问题，公司财务部门随机抽取了 30 个应收账款的样本，数据见表 9-1。那么，根据这些样本数据来推断，公司的应收账款平均回收期限 μ 是否发生了变化呢？

表 9-1　　应收账款抽样数据

样本号	1	2	3	4	5	6	7	8	9	10
回收期	78	35	29	49	82	93	77	43	76	59
样本号	11	12	13	14	15	16	17	18	19	20
回收期	90	102	38	68	111	74	28	40	58	57
样本号	21	22	23	24	25	26	27	28	29	30
回收期	76	86	37	85	55	59	71	92	48	85

这一问题实质上是希望确定公司全部应收账款的平均回收期限是否为 60 天。按照假设检验的思路，可以首先假设公司应收账款平均回收期限是 60 天，然后从总体中抽取一个代表性的样本，根据样本数据来检验所给出的假设是否正确。根据本例，检验过程如下：

（1）先给出原假设与备择假设。

原假设：$\mu=60$

备择假设：$\mu\neq60$

其中，μ 为总体均值。在本例中，抽取样本的目的即检验总体均值是否仍为 60 天。显然，直接检验原假设即可，原假设成立，则应收账款平均回收期限仍为 60 天，否则便不是。

（2）根据统计学知识，计算统计量。

$$z_1=\frac{\bar{x}-\mu_0}{\sigma}$$

其中，$\bar{x}$ 为样本均值；μ_0 为原假设给出的待检验值；σ 为总体标准差。该统计量服从标准正态分布。

经计算，$z_1=0.302$。

（3）判断。

如果限定犯“以真为假”错误的概率不高于5%（通常称显著性水平为5%），则相应的置信水平为95%，对应的z变量的两个端值为±1.96。由于$-1.96 < z_1 < 1.96$，因而接受原假设，即认为应收账款的平均回收期限仍为60天。

如果限定犯“以真为假”错误的概率不高于1%（通常称显著性水平为1%），则相应的置信水平为99%，对应的z变量的两个端值为±2.58。由于$-2.58 < z_1 < 2.58$，因而接受原假设，即认为应收账款的平均回收期限仍为60天。

由于（-1.96，1.96）（5%概率下的置信区间）⊂（-2.58，2.58）（1%概率下的置信区间），因此，在检验原假设时，所限定的显著性水平越低，拒绝原假设的可能性越小。

五、两类均值检验的SPSS实现

假设检验包含很多内容，我们主要讨论正态总体均值的检验。均值检验中所用到的统计量为z统计量或t统计量，分别称为z检验和t检验。当总体方差已知或者为大样本检验时，用z检验；当总体方差未知且为小样本检验时，用t检验。在大样本情况下，z检验与t检验的结果几乎没有差别。需要说明，在市场研究实践中，大多数情况下总体方差是未知的，因此主要使用t检验。因而，在SPSS中，也仅提供了均值的t检验操作模块。正态总体均值检验包括单总体均值检验和两总体均值检验，下面我们分别介绍两种检验的SPSS实现过程。

1. **单正态总体均值检验**

在【例9-1】中，假设总体方差是未知的，则该题目的SPSS实现过程如下：

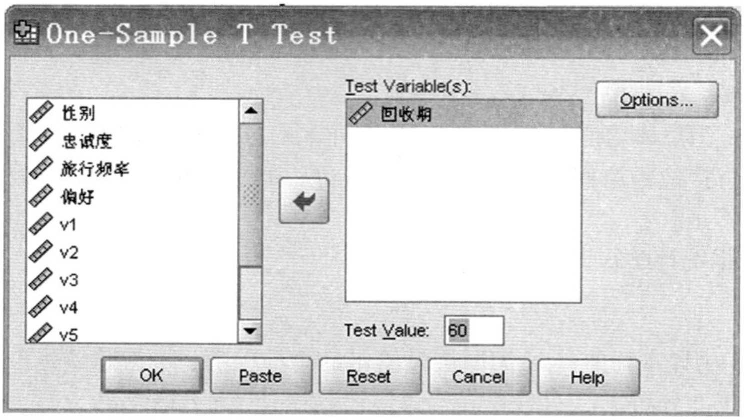

图9-1 单样本T检验对话框

依次点击 Analyze – Compare Means – One Sample T Test，出现图 9 – 1。

把变量“回收期”点入右上角的 Test Variable(s) 框（选定待检验的变量），在右下角的 Test Value 框中输入 60（即原假设给出的待检验值）。点击 Options... ，出现图 9 – 2。Confidence Interval 框要求确定输出什么水平下的置信区间，默认为 95% 的置信水平。可以根据需要改成 90%、99% 等。本例保留默认值。

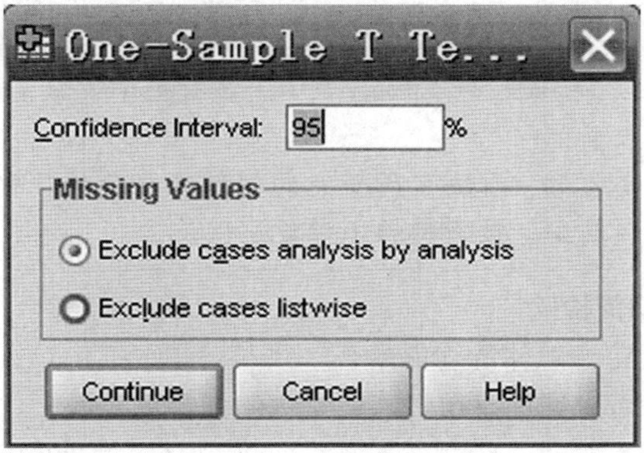

图 9 – 2　options 对话框

点击 OK，输出结果见表 9 – 2。

表 9 – 2　　单样本 T 检验结果

	Test Value = 60					
	t	df	Sig. (2 – tailed)	Mean Difference	95% Confidence Interval of the Difference Lower	Upper
回收期	1.462	29	.155	6.03333	–2.4076	14.4743

在表 9 – 2 中，“t”表示 t 统计量，“df”表示自由度，“Sig.”表示显著性水平，“Mean Difference”表示变量“回收期”的均值与原假设给出的待检验值之差，“95% Confidence Interval of the Difference”表示均值差异（Mean difference）在 95% 置信水平下的置信区间。

是否应当拒绝原假设的主要判断依据是显著性水平：如果 Sig. <0.05，则拒绝原假设；如果 Sig. >0.05，不拒绝原假设。在本例中，Sig. =0.155 >0.05，因此不能拒绝原假设，即认为该公司应收账款的平均回收期仍为 60 天。

因此，把 Sig.（一般情况下称 P 值）与给定的显著性水平进行比较，如果 Sig. 大于给定的显著性水平，则不能拒绝原假设，如果小于给定的显著性水平，则拒绝原假设。（1 - Sig.）可以看做：如果原假设给出的总体均值是正确的，则样本均值可以涵盖总体均值的概率。显然，Sig. 值越小，样本均值涵盖总体均值的概率越大。因此，我们这里给出 SPSS 做假设检验时决定是否拒绝原假设的一个通用标准。

调研快照 9 - 1

SPSS 做假设检验时决定是否拒绝原假设的通用标准

◇ Sig. 越小，越倾向于拒绝原假设。通常把它与特定的小常数，比如 0.1、0.05、0.01 进行比较。如果 Sig. 小于上述特定小常数，则拒绝原假设，反之则不能拒绝原假设。

◇ 取哪一个小常数，取决于所研究的问题及检验的严格程度。要求越高，则所取的小常数应该越小。最常用的小常数是 0.05。

2. 双正态总体均值检验

即检验两个独立正态总体的均值是否一致。

【例 9 - 2】 消费者忠诚度是市场营销学中的一个重要概念。消费者忠诚度越高，则消费者流失的可能性越小，维护成本越低。区分高忠诚度客户与低忠诚度客户并进行差别营销是营销者的一个重要营销方法。有一家以学生为目标客户的耐克专卖店，希望分析男生与女生对耐克品牌的忠诚度是否存在显著差异，为此共调研了 44 位同学，调研数据见表 9 - 3。其中“性别”变量中，1 表示女生，2 表示男生。忠诚度用 7 点量表测量（分值越高，忠诚度越高）。

表 9 - 3　　消费者种程度调研数据

性别	2	1	1	2	2	2	1	1	2	1	2	2	1	2	2	2	1	1	1	1	2	2
忠诚度	6	5	6	2	3	3	2	5	5	5	5	4	1	2	6	2	3	2	5	2	5	2
性别	1	2	2	2	1	1	2	2	2	1	1	1	1	2	2	2	1	1	1	1	1	1
忠诚度	6	1	5	7	6	3	5	2	3	2	6	3	4	4	2	4	5	6	4	7	5	3

分析： 欲比较男女生对耐克品牌的忠诚度，实质上就是比较男女生在“忠诚度”这一变量上的平均得分是否一致。如果一致，则忠诚度没有区别，如果不一致，则忠诚度存在差异。因而，这一问题转化成了检验两个正态总体——男生总体和女生总体——的均值是否一致的均值检验问题。

在 SPSS 中，顺次点击 Analyze - Compare Means - Independent - Samples T Test，出现图 9 - 3。

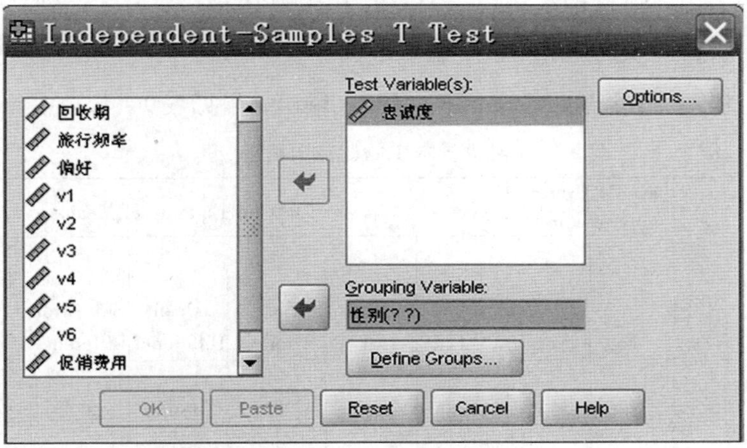

图 9 - 3　独立样本 T 检验对话框

把"忠诚度"变量送入Test Variable(s)框，把"性别"变量送入Grouping Variable（分组）框。性别后面的（??）是需要说明性别变量的取值范围。点击Define Groups...，出现图 9 - 4。

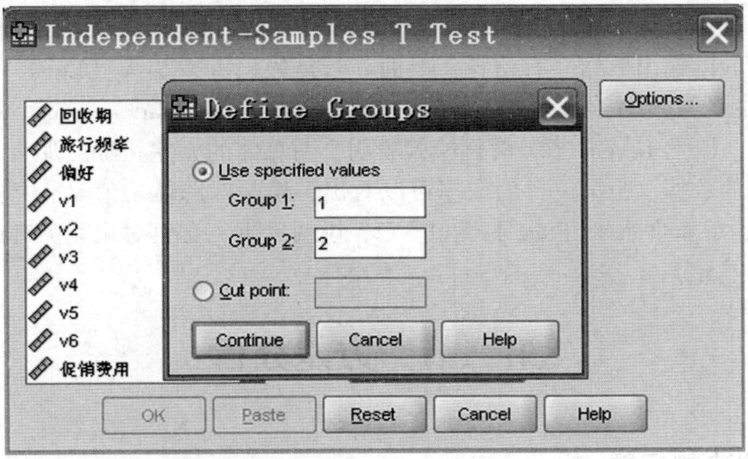

图 9 - 4　"定义组别"（define groups）对话框

分别在两个空白框中输入 1 和 2（性别变量的两个取值）。注意，这里"性别"变量是一个离散变量且恰巧只有两个取值，如果一个离散变量有多个取值，比如"职务"变量有如下几个取值：①学校领导；②学院领导；③系领导；④专业负责人；⑤普通教师。我们想要比较学院领导与系领导是否有某种区别，则在此处的两个空格内应当分别填写 2、3。有时，某个分类变量是连续变量，比如"工资"，现在要检验工资高于5000的被访者与工资低于5000的被访者有无区别，则应该点击 Cut point （断点）项，并在方格中输入5000。

完成上述输入后，点击 Continue 、 OK ，输出结果见表9－4。

表9－4　　　　独立样本T检验输出结果

	even's Test for ality of Varian		t-test for Equality of Means						
								95% Confidence Interval of the Difference	
	F	Sig.	t	df	Sig. 2-tailed	Mean Difference	Std. Error Difference	Lower	Upper
忠诚度 Equal variances	.014	.905	.902	42	.372	.45963	.50930	.56819	1.48744
Equal variances assumed			.903	41.719	.372	.45963	.50904	.56786	1.48712

在读取表9－4时，首先要考察“Levene's Test for Equality of Variance”（方差齐性的Levene检验）一栏。该栏是检验两个总体的方差是否相等，之所以进行这种检验，是因为方差相等与不相等两种情况下均值检验的方法有所不同。该检验的原假设是两个总体的方差相等，从检验结果来看，显著性水平（Sig.）为0.905，说明不能拒绝原假设，即可以认为两总体方差相等。

均值检验的输出数据共有两行，上面一行是假设方差相等（Equal variances assumed）时的计算结果，下面一行是假设方差不等（Equal variances not assumed）时的计算结果。既然Levene方差齐性检验表明，两总体的方差相等，那么，我们应该读取第一行的数据。由第一行的数据可以看出，检验两总体均值是否相等的 t 统计量为0.902，显著性水平（Sig.）为0.372，说明男生、女生对耐克品牌的忠诚度并不存在显著差异。

第二节　方差分析

一、解决的问题

利用 z 统计量或 t 统计量进行的均值检验主要用于单正态总体均值检验，或者两个正态总体之间的均值比较。当涉及3个以上正态总体之间的均值比较时，就应当用方差分析方法。比如，比较4个车间的人均产量是否有差异，5组不同工作性质的消费者对于诺基亚手机的满意度是否相同，等等。

因此，方差分析是一种特殊的均值检验，在均值检验方面，它与 z 检验或 t 检验的主要区别在于适用条件不同。

二、基本思想

方差分析是通过对组内方差与组间方差的比较解决该类问题的，其中：

组内方差 $=\dfrac{\sum_{i=1}^{j} i\text{ 组方差}}{n-j}$，其中 j 为组数，分子为各组方差之和，即各组分别计算方差然后加总。分母为自由度。

组间方差 $=\dfrac{\sum_{i=1}^{j}(i\text{ 组均值}-\text{全部样本均值})^2\times i\text{ 组观察值数}}{j-1}$，其中 n 为观察值总数。

根据组间方差与组内方差计算 F 统计量如下：

$$f=\frac{\text{组间方差}}{\text{组内方差}}$$

组间方差测量了各组均值与全部观察值均值之间的差异。假设各组均值差异很小，则各组均值与全部观察值均值之间的差异也很小，于是组间方差很小，这体现在 f 统计量较小；反之，若各组均值之间差异较大，则组间方差较大，这体现在 f 统计量较大。因此，f 统计量的大小就反映了各组均值之间的差异大小：f 统计量大，则各组均值差异大；f 统计量小，则各组均值差异小。于是，我们可以根据 f 统计量来判断各组均值是否有显著差异。在人工计算时，可以通过 f 值与查表得到的 F 统计量临界值相比较。在 SPSS 中，则用显著性水平来判断。

三、SPSS 实现

【例 9－3】 在一项测量旅行频率对国外旅行偏好的影响的实验中，测得数据如表 9－5。

表 9－5　　旅行频率与旅行偏好实验数据

旅行频率	1	1	1	1	1	1	1	1	1	1	2	2	2	2	2
偏好	2	3	4	4	2	6	7	6	5	7	4	5	5	3	3
旅行频率	2	2	2	2	2	3	3	3	3	3	3	3	3	3	3
偏好	3	4	5	4	5	8	9	8	7	7	6	6	6	7	8

其中，“旅行频率”中的 1、2、3 分别表示轻度、中度、重度，偏好用 9 点量表，1 = 不偏好，9 = 强烈偏好。要研究的问题是，不同旅行频率的游客对国外旅行

的偏好是否有显著差异?

显然，要得到上述问题的答案，只要对不同旅行频率组别的偏好平均值进行比较即可。由于“旅行频率”变量有三个取值，即需要比较三种不同旅行频率的游客之间是否存在旅行偏好上的差别，因此不能使用假设检验中的 z 检验或 t 检验，而应该使用方差分析方法。

在该例题中，原假设为三组均值均相等，备择假设为至少有两组均值不等。利用 SPSS 处理如下：依次点击 Analyze – Compare Means – One – way ANOVA，打开单因素方差分析对话框（如图 9 –5），把“偏好”变量点入 Dependent List 框，把“旅行频率”变量点入 Factor 框。为了了解各组均值之间的两两比较情况，点开 Post Iloc... 对话框（如图 9 –6），该对话框提供了假设方差相等（Equal Vanriances Assumed）与假设方差不等（Equal Variances Not Assumed）两种情况下对各组均值进行两两检验的方法。我们在两种情况下分别选择常用的 LSD 项及 Temhane's T2 项。

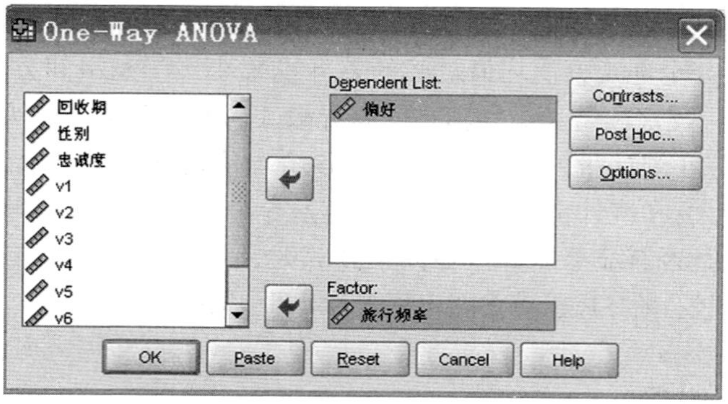

图 9 –5 单因素方差分析对话框

点击 Contrasts... ，出现图 9 – 7。此框用以说明均值检验的方式及检验对象。Polynomiel 项用以说明是用线性方式还是非线性方式进行均值检验。点击后 Decree 被激活，下拉箭头中有 6 项选择：线性（Linear）、二次方（Quadratic）、三次方（Cubic）、四次方（4th）、五次方（5th）。最常用的选择是 Linear，这也是默认值。Coefficients 项用以指定对哪些组的均值进行两两检验。比如，如果需要比较 3 组均值，则（1，–1，0）这样一个组合表示对第一组与第二组的均值进行比较，（0，1，–1）则表示对第二组与第三组的均值进行比较，凡是系数为 0 的组不参与比较。组合（1，–1，0）可以这样输入：在 Coefficients 后输入 1，点 Add，再输入 –1，点 Add，再输入 0，点 Add，则完成了一个比较任务。可以根据需要添加多组比较任务，并通过上面的Previous和Next对各组合进行查看和修改。需要说明的是，只要在Post Hoc...（见图9－5右侧第2个框）对话框中选择了相应的选项，则SPSS会自动输出各组均值的两两比较。因此，举例中Post Hoc...（见图9－5右侧第2个框）对话框不做设置。

然后点击Continue、OK，结果分别如表9－6、表9－7。

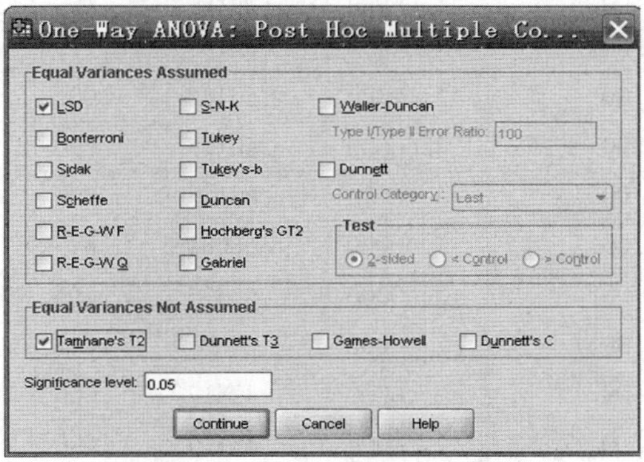

图9－6 Post Hoc对话框

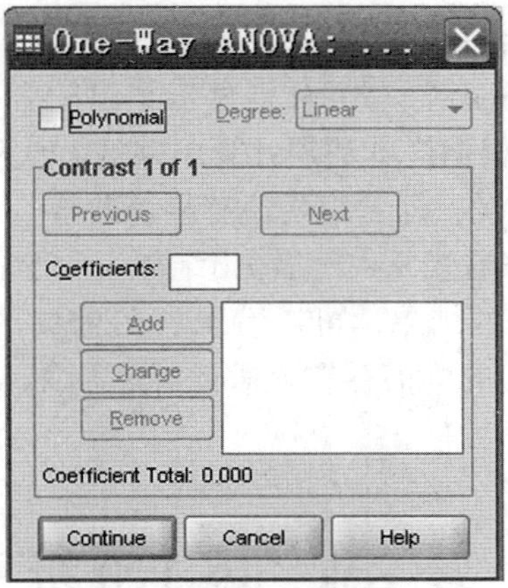

图9－7 contrasts对话框

表9－6 单因素方差分析输出结果

	Sum of Sguares	df	Mean Square	F	Sig.
Between Groups	55.400	2	27.700	15.294	.000
Within Groups	48.900	27	1.811		
Total	104.300	29			

表 9 –7　　　　均值的两两比较结果

Dependent Variable：偏好

	(I) 旅行频率	(J) 旅行频率	Mean Difference (I – J)	Std. Error	Sig.	95% Confidence Interval Lower Bound	Upper Bound
LSD	1. 00	2. 00	. 50000	. 60185	. 413	. 7349	1. 7349
		3. 00	–2. 60000*	. 60185	. 000	3. 8349	–1. 3651
	2. 00	1. 00	–. 50000	. 60185	. 413	1. 7349	. 7349
		3. 00	–3. 10000*	. 60185	. 000	4. 3349	–1. 8651
	3. 00	1. 00	2. 60000*	. 60185	. 000	1. 3651	3. 8349
		2. 00	3. 10000*	. 60185	. 000	1. 8651	4. 3349
Tamhane	1. 00	2. 00	. 50000	. 66081	. 845	1. 3155	2. 3155
		3. 00	–2. 60000*	. 68313	. 006	4. 4524	–. 7476
	2. 00	1. 00	–. 50000	. 66081	. 845	1. 3155	1. 3155
		3. 00	–3. 10000*	. 42817	. 000	4. 2296	–1. 9704
	3. 00	1. 00	2. 60000*	. 68313	. 006	. 7476	4. 4524
		2. 00	3. 10000*	. 42817	. 000	1. 9704	4. 2296

注：* The mean difference is significant at the. 05 level.

表 9 –6 中，“Mean Square” 一栏分别显示了组间方差（Between Groups）和组内方差（Within Groups），根据样本数据计算出来的 f 值为 15. 294。由于显著性水平 Sig. <0. 05，因此拒绝原假设，即各组均值有显著差异。

在上述检验结果下，来看表 9 –7 的输出结果。由于各级均值不相等，因此我们应该读取 “Tamhane” 部分的结果。可以看出，在 95% 的置信水平下，第一组与第三组、第二组与第三组之间的均值存在显著差异，而第一、第二组均值则不存在显著差异。

第三节　因子分析

一、解决的问题

在营销调研中，通过李克特量表进行的调研通常会得到很多变量，而许多变量之间可能存在很高的相关性。变量过多可能使问题复杂化，难以发现问题的本质。

把相关的变量进行合并、简化，用数量更少的公共因子变量替代原始变量，这就是因子分析的基本思想。

【例 9－4】① 牙膏是常用的生活用品。不论是生产企业，还是牙膏营销机构，均希望了解消费者购买牙膏的主要利益诉求点，即消费者为什么要购买和使用牙膏，使用牙膏的主要目的是什么。通过了解这个问题，生产企业可以根据消费者的需求改进产品，营销机构也可以根据消费者的偏好制定营销策略。某企业为了研究消费者购买牙膏时追求的主要利益，用 7 级量表询问消费者对以下陈述的认同程度（1 表示非常不同意，7 表示非常同意）。

v1：购买预防蛀牙的牙膏是重要的。

v2：我喜欢使牙齿亮泽的牙膏。

v3：牙膏应当保护牙龈。

v4：我喜欢使用口气清新的牙膏。

v5：预防坏牙不是牙膏提供的一项重要功效。

v6：购买牙膏时最注重的是富有魅力的牙齿。

通过对 30 人的访问，得到的数据如表 9－8。

表 9－8

编号	v1	v2	v3	v4	v5	v6	编号	v1	v2	v3	v4	v5	v6
1	7	3	6	4	2	4	13	7	2	6	4	1	3
2	1	3	2	4	5	4	14	4	6	4	5	3	6
3	6	2	7	4	1	3	15	1	3	2	2	6	4
4	4	5	4	6	2	5	16	6	4	6	3	3	4
5	1	2	2	3	6	2	17	5	3	6	3	3	4
6	6	3	6	4	2	4	18	7	3	7	4	1	4
7	5	3	6	3	4	3	19	2	4	3	3	6	3
8	6	4	7	4	1	4	20	3	5	3	6	4	6
9	3	4	2	3	6	3	21	1	3	2	3	5	3
10	2	6	2	6	7	6	22	5	4	5	4	2	4
11	6	4	7	3	2	3	23	2	2	1	5	4	4
12	2	3	1	4	5	4	24	4	6	4	6	4	7

① 本例题来自：小卡尔·迈克丹尼尔、罗杰·盖兹著，范秀成等译：《市场调研精要》，电子工业出版社 2006 年版。

续表

编号	v1	v2	v3	v4	v5	v6	编号	v1	v2	v3	v4	v5	v6
25	6	5	4	2	1	4	28	3	7	2	6	4	3
26	3	5	4	6	4	7	29	4	6	3	7	2	7
27	4	4	7	2	2	5	30	2	3	2	4	7	2

得到的数据存在如下现实问题：一是变量太多，难以找出明确的规律；二是各变量之间可能有交叉重复，即，虽然表述有所不同，但其本质可能具有相似性。比如变量 v1 与变量 v5 均是测量预防蛀牙问题的，变量 v2 与变量 v6 则与追求牙齿的美观有关。在这种情况下，就有运用因子分析进行数据简化的可能。

二、什么变量适合进行因子分析

变量之间如果有较强相关性，则宜进行因子分析；如果相关性很弱甚至没有相关性，则不宜进行因子分析。统计上，有两个指标可以判断是否适合进行因子分析：Barlett 球体检验（Bartlett's test of sphericity）和 KMO 值（Kaiser - Meyer - Olkin measure of sampling adequacy）。这两个值可以在 SPSS 软件中计算和输出。

KMO 取值 0 ~ 1 之间，其值越接近 1，因子分析的效果越好。实际分析中，KMO 统计量在 0.7 以上时，效果比较好；当 KMO 统计量在 0.5 以下时，不适合应用因子分析法。Barlett 球体检验的原假设是各变量之间完全不相关，因此如果在一定置信度水平上不能拒绝原假设，则不适合做因子分析，反之则适合做因子分析。

三、SPSS 实现

对【例 9 -4】进行 SPSS 因子分析。在 SPSS 软件中，分别点击 Analyze - Data Reduction - Factor，出现图 9 - 8 对话框。把 6 个变量全部选入 Variables: 框。下面的 Selection Variable 用以指定某个类别的数据。比如，针对牙膏利益诉求的调查共访问了 4 类消费者群体，分别是：①农民；②公务员；③企业职员；④学生。现在要对农民的利益诉求进行因子分析，则需要把表示消费者类别的变量送入 Selection Variable 框，相应的 Value... 被激活，点开后在对话框中输入数字 1 即可。点开 Descriptives... 项，出现图 9 -9 对话框，用于指定需要输出的统计量和相关系数矩阵。勾选 KMO and Bartlett's test of sphericity 项（用以检验是否适合因子分析）。点开 Rotation... 项，出现图 9 - 10 对话框，勾选 Varimax 项。

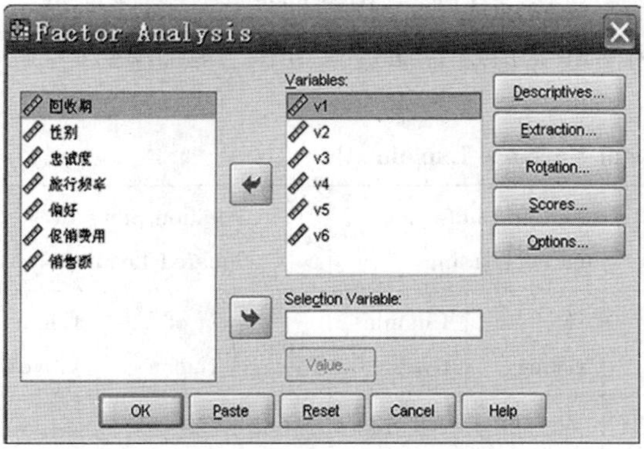

图 9－8　因子分析对话框

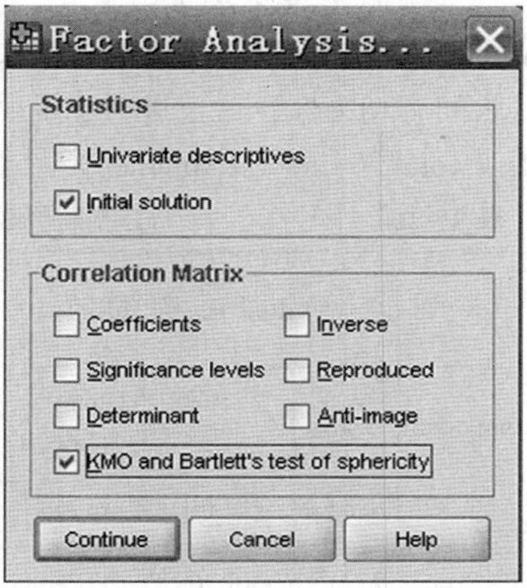

图 9－9　"Descriptives" 对话框

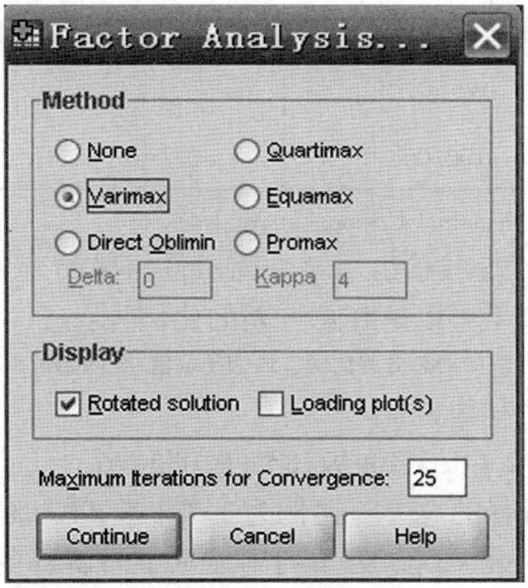

图 9－10　"Rotation" 对话框

KMO 和 Bartlett 球形检验结果见表 9－9。

表 9－9　　KMO 检验与 Bartlett 球形检验结果

Kaiser-Meyer-Olkin Measure of Sampling Adequacy		.660
Bartlett's Test of Sphericity	Approx. Chi-Square	111.314
	df	15
	Sig.	.000

本例输出结果表明，KMO 统计量为 0.66，大于 0.5，因此适合做因子分析。Barlett 球体检验中，在很高的置信水平上（超过 99%）拒绝原假设，因此认为各变量之间有相关性，这也进一步说明本例中的变量适合做因子分析。输出的方差解释表（Total Variance Explained）见表 9－10。

表 9－10　　方差解释表（Total Variance Explained）

	Initial Eigenvalues			Extraction Sums of Squared Loadings			Potation Sums of Squared Loadings		
Component	Total	% of Variance	Cumulative%	Total	% of Variance	Cumulative%	Total	% of Variance	Cumulative%
1	2. 731	45. 520	45. 520	2. 731	45. 520	45. 520	2. 688	44. 802	44. 802
2	2. 218	36. 969	82. 488	2. 218	36. 969	82. 488	2. 261	37. 687	82. 488
3	. 422	7. 360	89. 848						
4	. 341	5. 688	95. 536						
5	. 183	3. 044	98. 580						
6	. 085	1. 420	100. 00						

注：Extraction Method：Principal Component Analysis.

在方差解释表中，SPSS 共给出了 6 个因子，与原始变量的数目相同。6 个因子值由大到小排列，每个因子可以解释总方差的比例为：

某因子可以解释的总方差比例＝该因子取值/全部因子之和×100%

本例中，所有因子之和为：

2. 731＋2. 218＋0. 442＋0. 341＋0. 183＋0. 085＝6

因此，第 1 个因子解释的总方差比例为 2. 731/6×100%＝45. 52%，其余依次类推，具体数据见表 9－10 第 3 列。第 4 列则显示了所解释的累计方差比例。可以看出，前两个因子解释了总方差的 82. 488%，即这两个因子解释了总信息的 82. 488%。因此，我们可以直接取前两个因子即可以较为准确地反映 6 个变量的信息。同时，在实践中，因子值是否大于 1 也是判定该因子是否保留的重要标准：大于 1 的保留，小于 1 的则舍弃。

表 9-11 因子载荷

Component Matrix[a]

	Component	
	1	2
v1	.928	.253
v2	-.301	.795
v3	.936	.131
v4	-.342	.789
v5	-.869	-.351
v6	-.177	.871

Extraction Method Principal Component Analysis.
a. 2 components extracted

(a) 旋转前

Rotated Component Matrix[a]

	Component	
	1	2
v1	.962	-.027
v2	-.057	.848
v3	.934	.146
v4	-.098	.854
v5	-.933	-.084
v6	-.083	.885

Extraction Method：Principal Component Analysis.
Potation Method：Varimax with Kaiser Normalization.
a. Rotation converged in 3 iterations.

(b) 旋转后

因子实际上是各原始变量的一个线性组合，根据表 9.10（a）可得：

因子 1 = 0.928 × v1 − 0.301 × v2 + 0.936 × v3 − 0.342 × v4 − 0.869 × v5 − 0.177 × v6

因子 2 = 0.253 × v1 + 0.795 × v2 + 0.131 × v3 + 0.789 × v4 − 0.351 × v5 + 0.871 × v6

各变量前面的系数称为该因子在该变量上的因子载荷，比如因子 1 在变量 v1 上的因子载荷为 0.928。因子载荷值越大，说明该因子包含的该变量的信息量越大，反之则越小。可以看出，因子 1 在变量 v1、v3、v5 上的因子载荷较大，因子 2 在变量 v2、v4、v6 上的因子载荷较大。因此，因子 1 主要包含了变量 v1、v3、v5 的信息，因子 2 主要包含了变量 v2、v4、v6 的信息。在做因子分析时，我们希望各因子载荷向 0、1 分化，即绝对值较小的因子载荷尽量趋近于 0，绝对值较大的因子载荷则尽量趋向于 1 或者 -1。因为只有这样，我们才能较为准确地判定各因子对哪些原始变量具有代表性。进行因子旋转（Rotation）是使因子载荷向 0、1 分化的一种方法。

因子旋转有多种方法，具体如图 9-10。各种旋转方法的含义如下：

Varimax：方差最大正交旋转；

Quartimax：四次方最大正交旋转；

Equamax：平方最大正交旋转；

Direct Oblimin：斜交旋转；

Promax：在方差最大正交旋转的基础上进行斜交旋转。

在实际应用中，方差最大正交旋转是最常用的旋转方法。在本例中，通过方差最大正交旋转，最大的两个因子值有所变化，所解释的总方差比例也有所变化，但两个因子解释的累计方差比例并没有改变（见表 9－10 最后 3 列）。旋转前后的两个因子在各变量上的载荷分别见表9－11（a）、9－11（b）。可以看出，旋转后，各因子载荷值明显向 0、1 分化，旋转后的因子 1 主要包含了变量 v1、v3、v5 的信息，旋转后的因子 2 主要包含了变量 v2、v4、v6 的信息。

可以根据原始变量的含义确定因子所代表的实际意义。在本例中，因子 1 与 v1、v3、v5 三个变量高度相关，而 v1 代表预防蛀牙、v3 代表保护牙龈、v5 代表预防坏牙，因此因子 1 可称为保健利益因子。因子 2 与 v2、v4、v6 高度相关，而 v2 代表牙齿亮泽、v4 代表口气清新、v6 代表富有魅力，因此因子 2 可称为社交利益因子。因此，经过因子分析可以得出结论：消费者想从牙膏消费中获得的利益主要有两个方面：即保健利益和社交利益。由于因子 1 所解释的总体方差比例高于因子 2 所解释的总体方差比例，因此总体来说，消费者对保健利益的重视程度高于社交利益。

得出上述结论之后，牙膏生产企业就可以考虑什么样的新产品可以更好地满足消费者的保健需求和社交需求，而牙膏营销机构则可以通过突出牙膏的这两种功能吸引消费者购买。

第四节 相关分析

一、相关的概念

如果两个变量表现出某种联合变化的趋势，则这两个变量是相关的。变量相关有线性相关和非线性相关之分，在直角坐标系中用图形表现出来，如果两变量的变动趋势近似一条直线，则变量间是线性相关，如果近似一条曲线，如指数函数、对数函数等，则表明变量之间是非线性相关。在市场研究中，更多的是研究变量之间的线性相关关系，因此我们的讨论限于线性相关。在线性相关中，如果两个变量呈同方向变动，即一个变量的增大或减小伴随着另外一个变量相应增大或减小，则这两个变量之间正相关；如果两个变量呈反方向变动，即一个变量的增大或减小伴随着另外一个变量相应减小或增大，则这两个变量呈负相关。正相关的例子如：广告支出的提高引起销售额提高，培训费用增加导致生产效率提高，销售增长率的提高伴随着坏账率的提高。

二、相关系数

相关系数是用以反映变量之间相关性强度的统计量，其值介于 -1 与 1 之间。相关系数的绝对值越大，说明两个变量之间的相关性越强；相关系数的绝对值越小，说明两个变量之间的相关性越弱。根据数据测量类型的不同，应该计算不同的相关系数。

1. 皮尔逊相关系数

皮尔逊相关系数（Pearson Correlation）又叫积矩相关系数，或者简单相关系数，适用于测量定量数据之间的相关程度。对于变量 X 和 Y，皮尔逊相关系数的计算公式如下：

$$r=\frac{\mathrm{COV}(X,Y)}{S_X S_Y}=\frac{\sum_{i=1}^{n}(X_i-\overline{X})(Y_i-\overline{Y})}{\sqrt{\sum_{i=1}^{n}(X_i-\overline{X})^2\sum_{i=1}^{n}(Y_i-\overline{Y})^2}}$$

其中，r 表示简单相关系数，COV（X，Y）表示 X 与 Y 的协方差，S_X、S_Y 分别为 X 和 Y 的标准差，$\overline{X}$、$\overline{Y}$ 分别为 X 和 Y 的均值，n 为样本容量。$|r|$越大，说明 X 与 Y 的相关程度越高。

2. Spearman 等级相关

皮尔逊相关系数适用于衡量定量数据之间的相关关系，但不适用于定序数据，测量定序数据之间的相关程度应该用 Spearman 等级相关系数（又称秩相关系数）。定序数据是对定量数据进行由小到大或者由大到小的排列而形成的序次（排名）数据，当定量数据本身难以准确测量而只能估计一个大体的位次时就会用到定序数据。

对于配对样本观察值 x_i 和 y_i，$i=1, 2, \cdots, n$，Spearman 等级相关系数计算如下：

$$\theta=1-\frac{6\sum_{i=1}^{n}d_i^{\,2}}{n(n^2-1)}$$

其中，$d_i=R_{x_i}-R_{y_i}$，R_{x_i} 表示 x_i 的序次，R_{y_i} 表示 y_i 的序次。如果有两个相同的序次，要加起来除以 2，有 k 个相同序次则要加起来除以 k。

一个等价的公式是：

$$\theta=\frac{\sum_{i=1}^{n}(R_{x_i}-\overline{R}_x)(R_{y_i}-\overline{R}_y)}{\sqrt{\sum_{i=1}^{n}(R_{x_i}-\overline{R}_x)^2(R_{y_i}-\overline{R}_y)^2}}$$

从形式上看，它与简单相关系数很相似，不过这里是用数据的序次而不是数据本身进行计算罢了。

三、用 SPSS 做相关分析

（一）皮尔逊相关系数计算

【例 9－5】 某公司欲研究促销对销售额的影响，经过测算获得数据（见表 9－12），问：促销对销售额是否有影响？

表 9－12 单位：万元

促销费用	95	92	103	115	77	79	105	94	85	101	106	120	118	75	99
销售额	98	94	110	125	82	84	112	99	93	107	114	132	129	79	105

欲解决上述问题，实质上就是判定促销费用与销售额之间是否具有相关关系。在 SPSS 中，分别点击 Analyze－Correlate－Bivariate，出现图 9－11。

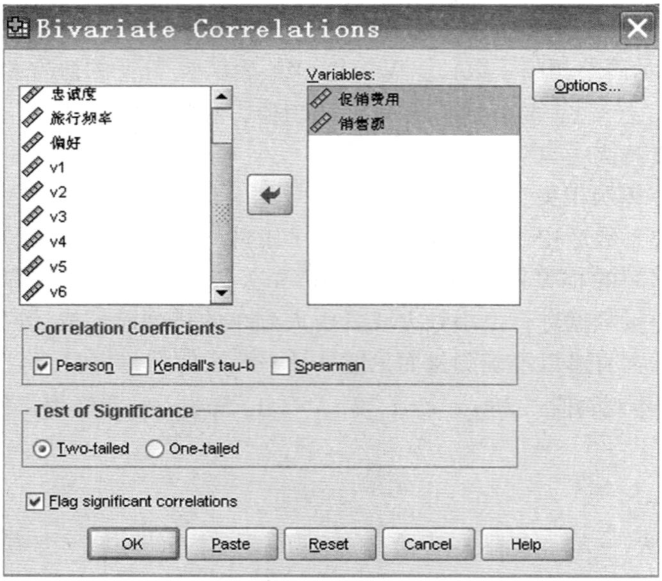

图 9－11 相关分析对话框

Variables 用于指定需要做相关分析的变量，把“促销费用”、“销售额”两个变量送入 Variables 框，Correlation Cofficients 用于指定计算什么样的相关系数，可以复选，本例选 Pearson。Test of Significance 用于检验相关系数的显著性，

Flag significant correlations表示用星号（＊）把具有显著性的相关系数标注出来。点击OK，输出结果见表9－13。可见，两个变量之间的相关系数为0.994，接近于1，说明两个变量之间高度相关。显著性检验则表明，两个变量之间的相关系数在很高的置信水平上（超过99%）显著，这进一步确认，“促销费用”与“销售额”两个变量具有显著的相关性。由于两个变量之间高度正相关，即促销费用增加时，销售额也会增加，因此，促销对于提高销售额有明显的正面促进作用。

表9－13　　　　相关分析输出结果

		促销费用	销售额
促销费用	Pearson Correlation	1	.994**
	Sig.（2－tailed）		.000
	N	15	15
销售额	Pearson Correlation	.994**	1
	Sig.（2－tailed）	.000	
	N	15	15

注：** Correlation is significant at the 0.01 level（2－tailed）.

（二）Spearman等级相关系数计算

【例9－6】一家广告代理商想了解产品质量等级与其市场份额等级是否相关。该代理商通过对某行业同类产品使用者的小规模实验性研究，获得该行业12家公司的质量等级。这些公司的市场份额数据通过估计得到，由于代理商认为这些数据不是十分精确，他们便根据相对市场份额对这12家公司进行分级。无论质量等级还是市场份额等级，较小的数字意味着较高的等级。相关数据见表9－14。

表9－14

公司	质量等级	市场份额等级
A	4	3
B	6	7
C	9	5
D	7	6
E	1	2
F	3	4
G	11	12
H	5	9

续表

公司	质量等级	市场份额等级
I	8	8
J	12	10
K	10	11
L	2	1

由于本例中的数据是定序数据，因此应该计算 Spearman 相关系数。在 SPSS 中的点击过程与【例 9－5】相同，但在“Corelation Coefficients”（相关系数）勾选“Spearman”而不是“Pearson”，输出结果见表 9－15。

表 9－15　　Spearman 相关分析输出结果（Correlations）

			质量等级	市场份额等级
Spearman's rho	质量等级	Correlation Coefficient	1.000	.846（**）
		Sig.（2－tailed）	.	.001
		N	12	12
	市场份额等级	Correlation Coefficient	.846（**）	1.000
		Sig.（2－tailed）	.001	.
		N	12	12

注：** Correlation is significant at the 0.01 level（2－tailed）.

可以看出，两个变量之间的相关系数为 0.846。显著性检验表明，两变量在很高的置信水平上（超过 99%）显著相关。因此，质量等级与市场份额等级之间存在显著的正相关。

第五节　回归分析

一、解决的问题

相关分析揭示了变量之间可能存在一定的相关关系，这种相关分析不太关注变量之间的因果关系，各个变量往往处于“对等”的地位，同时，相关系数是一个标准化的抽象数据，在帮助理解商业现象方面有一定的局限性。相比之下，回归分析可以较好地弥补相关分析的不足，它重在揭示变量之间的因果关系及其数量特征。在回归分析中，如果变量 X 是变量 Y 变化的原因，Y 是 X 变化的结果，则称 X 为自变量或解释变量，Y 为因变量或被解释变量。回归分析可以在统计意义上确定：①X是否可以用来解释 Y 的变化；②如果 X 的确可以用来解释 Y 的变化，那么可以在多大程度上解释 Y 的变化；③X 与 Y 之间的数量关系，即 X 变化一个单位，Y 变化几个单位？

二、表现形式

根据解释变量的个数，回归分析分为二元回归分析与多元回归分析。如果解释变量只有一个，则为二元回归；如果解释变量多于一个，则为多元回归。

二元回归的形式如下：

$$Y_i = \beta_0 + \beta_1 X_i + \mu_i$$

多元回归的形式如下：

$$Y_i = \beta_0 + \beta_1 X_{1i} + \beta_2 X_{2i} + \cdots + \beta_s X_{si} + \mu_i$$

其中，β_0 是待估计参数，表示截距项，反映除 X_j（$j=1$，2，…，s）以外其他能够解释 Y 变化的系统因素的影响；β_j 是待估计参数，它说明当 X_j 变化 1 个单位时，Y 变化 β_j 个单位；μ_i 表示随机因素的影响。

三、SPSS 实现

【例 9－7】 企业对促销费用与销售额之间的关系很感兴趣。企业当然希望促销能够提高销售额。如果促销费用与销售额之间没有关系，则表明促销是无效的。另外，促销费用每多投入 1 万元，会导致销售额相应增加多少？如果销售额增加太少，比如少于 1 万元，则促销费用的投入也是无效的。某企业为了了解促销费用与销售额之间的关系，在其不同的分店进行了实验，测算不同促销费用之下的销售额，取得的相关数据如表 9－12。问促销费用增加 1 万元时，销售额平均增加多少万元？

顺次点击 Analyze－Regression－Linear，出现图 9－12 对话框。

把“销售额”变量送入 Dependent （因变量）框，把“促销费用”变量送入 ndependents(s) （自变量）框。自变量可以不止一个，如果只有一个自变量，则是一元回归，如果有两个以上自变量，则为多元回归。可以构建不同的自变量回归模型，并用 Prevlous 和 Next 对不同模型进行切换。Methoc 用于指定回归方法，分别是：

Enter：强行进入法，所选择的自变量全部进入回归方程。这是默认方式；

Stepwise：逐步回归法；

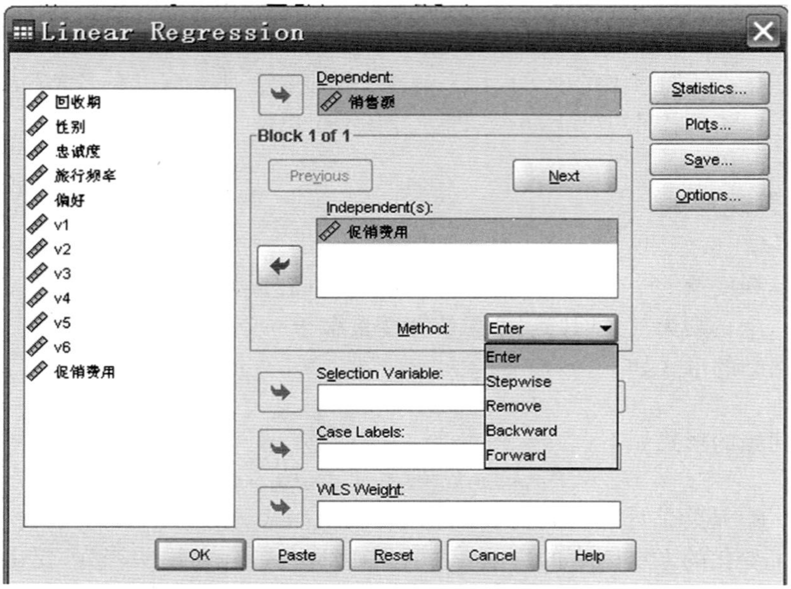

图 9－12　回归分析对话框

Remove：消去法；

Backward：向后剔除法；

Forward：向前选择法。

各种方法的具体含义可以参考相关书籍。Selectlon Vorlable 用于指定符合什么条件的数据可以进行回归，Case Labels 用于选择标注每条记录的变量。WLS Weight 用于指定加权回归中的权重变量。本例中，除因变量与自变量之外，其他均取默认值或不做设置。

点击 OK ，输出结果如表 9－16 及表 9－17。

表 9－16　　拟合效果检验（ANOVA）[b]

Model		Sum of Squares	df	Mean Square	F	Sig.
1	Regression	3800. 593	1	3800. 593	991. 981	. 000[a]
	Residual	49. 807	13	3. 831		
	Total	3850. 400	14			

注：[a]Predictors：（Constant），促销费用；

[b]Dependent Variable：销售额。

表 9－17　　　　　　　　　　　　　　拟合系数[a]

Model	Unstandardized Coefficients			Standardized Coefficients		
	B	Std. Error	Beta	t	Sig.	
1	(Constant)	－7.927	3.596		－2.204	.046
	促销费用	1.149	.036	.994	31.496	.000

注：[a]Dependent Variable：销售额。

表 9－16 输出的 F 统计量用以衡量整个回归方程的回归效果，F 值越大，说明自变量对因变量的解释能力越强。本例中，F 统计量在很高的置信水平上（超过 99%）具有显著性，说明整个回归方程的回归效果很好，自变量能够很好地解释因变量。表 9－17 第二列输出了具体的回归系数。可以看出，变量“促销费用”的回归系数为 1.149，对该回归系数的 t 检验值为 31.496，在很高的置信水平上（超过 99%）显著，因此该回归系数十分显著。这一系数表明，促销费用每增加 1 万元，将导致销售额相应增加 1.149 万元。根据这一结果，企业是否需要增加促销费用需要仔细决策，因为增加的销售额中还包含成本因素。

【本章小结】

本章介绍的数据深度分析方法包括假设检验、方差分析、因子分析、相关分析、回归分析等。

在对两个正态总体的均值进行比较时，用假设检验，包括单正态总体假设检验和双正态总体假设检验。但当涉及三个及以上正态总体的均值比较时，就要用到方差分析。

在市场研究实践中，经常使用李克特量表收集数据。而李克特量表中的变量之间常常存在很强的相关性，因子分析方法可以从众多的相关变量中提取共同的因子，用较少的、含义清晰的变量代表原来的变量。这对于发现问题实质十分有用。

相关分析可以识别哪些变量之间存在联动现象，从而可以通过观察或者控制一个变量的变动，来预测另外一个变量的变动情况，或者得到预期的结果。相比之下，回归分析可以更加准确地描述变量之间的数量关系。

在利用 SPSS 进行数据的深度分析时，输出结果中的显著性水平（Sig.）成为判断是否存在差异的重要判别标准。显著性水平越小，存在差异的可能性越大。通达把它与特定的小常数（如 0.01、0.05、0.1）进行比较，如果显著性水平小于特定的小常数，则存在显著差异；如果显著性水平大于特定的小常数，则不存在显著差异。

【思考与练习】

1. 某快餐店通过改善流程、增加服务窗口等方式，强化服务质量，减少顾客的等待时间，其目标是让顾客的平均等待时间不超过 5 分钟。现随机抽取了 18 位顾客，发现其等待时间如表 1（时间单位：分钟）。

表 1

顾客编号	1	2	3	4	5	6	7	8	9
等待时间	1.5	3.8	6.5	9.1	4.6	8.1	2.4	2.6	3.7
顾客编号	10	11	12	13	14	15	16	17	18
等待时间	5.2	6.4	4.9	6.8	1.5	3.7	5.2	7.1	6.2

问题：该快餐店是否实现了其服务目标？

2. 某公司聘用了大量销售员。公司关心的一个问题是：高学历的销售员与低学历的销售员相比，其销售业绩是否有明显不同？这直接关系到公司未来的人才招聘政策。因此，公司随机抽取了 50 位销售员，并将其分成高学历（大学本科及以上）、中等学历（高中及以上，本科以下）、低学历（高中以下）三大类，分别记录其年销售额（单位：万元）如表 2。其中，学历变量中，1 = 高学历，2 = 中等学历，3 = 低学历。

表 2

学历	销售额	学历	销售额
1	32.5	2	59.4
1	48.2	2	97.2
1	98.7	2	43.2
1	84.2	2	31.7
1	102.6	3	66.4
1	62.1	3	66.9
1	24.3	3	45.1
1	57.9	3	31.4
1	54.7	3	21.1
1	69.8	3	28.9
1	94.6	3	33.1
1	95.7	3	68.4

续表

学历	销售额	学历	销售额
1	56.8	3	79.2
2	69.6	3	34.2
2	57.9	3	36.8
2	64.1	3	24.1
2	31.7	3	29.4
2	35.6	3	41.6
2	28.4	3	42.7
2	41.3	3	47.1
2	84.3	3	44.3
2	34.6	3	61.3
2	38.7	3	47.7
2	29.3	3	46.5
2	47.9	3	44.4

要求：

（1）利用假设检验方法，确定如下各类别销售员人均销售额是否存在显著差异：①高学历销售员与中等学历销售员；②高学历销售员与低学历销售员；③中等学历销售员与低学历销售员。

（2）利用方差分析法，确定三类销售员的人均销售额是否存在显著差异。

3. 编制一个李克特5级量表，用以测量某商场服务人员的服务态度，并对调研数据进行因子分析。

4. 对某行业的企业进行抽样调研，分别记录其销售额与净利润如表3。

表3　　单位：万元

企业编号	销售额	净利润
1	30 854	2 613
2	9 214	547
3	12 365	1 546
4	5 213	612
5	18 687	934
6	54 336	3 287

续表

企业编号	销售额	净利润
7	41 321	2 154
8	9. 965	358
9	81 732	4 219
10	3 002	－5. 8
11	54 137	2 117
12	39 870	3 325

问题：

（1）销售额与净利润是否相关？

（2）销售额增加 1 万元，净利润平均增加多少万元？

第十章　研究报告

【本章学习内容】

- 市场研究报告的类型
- 市场研究报告的基本结构
- 市场研究报告的写作技巧
- 撰写市场研究报告的注意事项
- 口头报告

第一节　研究报告的类型和结构

市场研究报告是市场调查研究成果的一种表现形式。它是通过文字、图表等形式将调查的结果表现出来，以使人们对所调查的市场现象或问题有一个全面系统的了解和认识。

一、市场研究报告的类型

由于市场调查的内容极为广泛，不同的调查所要解决的问题不同，因而，作为调查结果表现形式的调查报告也具有不同的类型，下面我们根据调研的内容进行分类。

（一）综合报告

综合报告是提供给用户的最基本的报告。此类报告的目的是反映整个调研活动的全貌，详尽说明调查结果及其发现。主要包括下述内容：调研概况、样本结构、基本结果、对不同层次调查对象的分析、主要项目间的关联性分析、主要发现等。

（二）专题报告

专题报告是针对某个问题或侧面而撰写的报告。例如针对住房消费问题、私人轿车问题，都可以分别写出专题调查报告。

（三）研究性报告

研究性报告实际上也可以看成是某种类型的专题报告，但是学术性较强，需要进行更深入的分析研究。

（四）技术报告

技术报告是对调查中许多技术性问题进行的说明，如对抽样方法、调查方法、误差计算等问题的说明，以反映调查结果的客观性和可靠性。

二、市场调查报告的基本结构

报告的结构不是固定不变的，不同的调查项目、不同的调研者或调查公司、不同的用户以及调查项目自身性质不同的调查报告，都可能会有不同的结构和风格。尽管研究报告没有统一的格式，但对大多数报告来讲都有一些共同的组成部分，见表 10－1。下面就每一部分进行详细的讨论。

表 10－1　　书面报告的组成部分

前文（front matter）
1. 标题页（title page）
2. 授权信（letter of authorization）
3. 提交信（letter of transmittal）
4. 目录（table of contents）
5. 图表目录（list of illustrations）
6. 摘要（summary）
主体部分（body）
1. 引言（introduction）
2. 研究目的与研究假设（research objectives and hypothesises）
3. 研究方法（methodolgy）
4. 研究结果（results）
5. 研究的局限性（limitations）
6. 结论与建议（conclusions and recommendations）
结尾（end matter）
1. 附录（appendix）

（一）前文

1. 标题页

标题页见图 10－1 所示（包括的内容有报告的题目、报告的提供对象、报告的撰写者和发布的日期）。对企业内部调研，报告的提供对象是企业某高层负责人或董事会，报告撰写者是内设调研机构。

对于社会调研服务，报告的提供对象是调研项目的委托方，报告的撰写者是提供调研服务的调研咨询公司。在后一种情况下，有时还需要写明双方的地址和人员职务。

A 市东城区购物中心开发计划市场研究报告 提交给 A 市东城区城市规划建设有限公司 委托单位：A 市东城区城市规划建设有限公司 联系人：李××总经理 报告单位：智盈市场咨询公司 报告日期：2008 年 8 月 8 日

图 10－1　研究报告标题页示例

2. 授权信

授权信是由调研项目执行部门的上级给该执行部门的信，表示批准这一项目，授权给某人对项目负责，并指明可用于项目开展的资源情况。

3. 提交信

提交信是以调研报告撰写者个人名义向报告提供对象个人写的一封信，表示前者将报告提交给后者的意思。在此信中，撰写者向报告提供对象汇报调研的情况和一般成果，其所用口气是个人对个人，在较为正规的调研报告中，都应该安排提交信。

4. 目录

目录可帮助找出调研报告中的信息位置。目录中要引出报告中的章、节及其他关键的题头和相应的页码。报告的阅读者如果只对报告的某个部分感兴趣，他们可以根据目录来找到需要的那部分材料。

5. 图表目录

如果报告包含表格和图形，则需要在目录表中包含一份图表目录，目的是为了帮助读者很快找到对一些信息的形象解释。

6. 摘要

调查分析结果摘要是以很小的篇幅，简要介绍本次研究活动所得出的结论。

在前文部分给出调查分析结果摘要有三方面的好处：

（1）摘要中很简要地说明了本次调查和分析工作的成果和结论，这正适合企业的有关经营主管或决策者的要求，摘要不一定有深入查询有关调查分析项目中所包含错综复杂细节的可能性和必要性的现实，他们往往只需要了解市场调查分析活动的结果，从而在经营决策中采取相应的措施。因此，对他们来说，调查分析摘要部分简洁明了地给予他们最关心的信息即可。

（2）对于企业的其他经营人员，这部分内容有促使他们也使用该报告的可能性，虽然整个报告与其关系不大，但其中的一部分却可能并非如此，对于摘要中感兴趣的问题和认为与自身工作有关的问题，他们便会根据摘要指引去详细阅读相应的正文部分，从而充分发挥市场调查分析报告的作用，避免那种传统的只限于企业上层或某一个部门使用的局限。

（3）企业所进行的市场调查分析是大量的，以往的调查分析对以后的研究常常起到重要的作用，它本身常常成为某一正式市场调查开始之前的文献探索或问题分析的重要材料，面对大量需要阅读的文献时，简单明了的结果摘要则会使这一工作变得迅速、有效。

摘要是调研报告的重要部分，必须写好。许多高层管理人士通常只阅读报告的摘要。可见摘要很可能是调研者影响决策者的唯一机会。

摘要的撰写应该是在报告正文完成之后。摘要是摘取报告的核心而成。它的长度以不超过2页为好，因此作者要仔细斟酌哪些东西是足够重要的，需要在摘要中写明。摘要不是报告正文各章节的等比例浓缩。它要写成一篇短文，既要概括调研成果的主要内容，也得简明，重点突出，要使用精练、准确的语言加以概括。摘要中不必有具体的材料证明。另外，在摘要的最后，一般还需以极精练的语言提出对企业的主要建议，它是对报告主体部分中建议的提炼。

（二）主体部分

研究报告的主体部分所占的篇幅最大、内容也最多，因此，在结构上必须进行精心的安排。调查分析报告书的主体部分，一般来讲，主体部分内容可分为以下六个部分。

1. 引言

引言又称导语，是市场研究报告正文的前置部分，要写得简明扼要，精练概括。一般应交待出调查的目的、时间、地点、对象与范围、方法等与调查者自身相关的情况，也可概括市场研究报告的基本观点或结论，以便使读者对全文内容、意义等获得初步了解。然后用一过渡句承上启下，引出主体部分。这部分文字务求精要，切忌啰嗦繁杂；视具体情况，有时亦可省略这一部分，以使行文更趋简洁。

例如：一份题为《关于2008年家用吸尘器市场的调查》的市场研究报告，其引言部分如下："××市精益调查策划事务所受××电器公司委托，于2008年3~4月在国内部分省市进行了一次家用吸尘器市场调查。现将调查研究情况汇报如下："用简要文字交待出了调查的主体身份，调查的时间、对象和范围等要素，并用一过渡句开启下文，写得合乎规范。

2. 研究目的与研究假设

描述了引言之后，就要讨论并给出研究课题的特定目的。任何在研究中要检验的假设应当在报告的这一部分正式提出。

3. 研究方法

进行市场调查和分析，总要选择一定的方法，这必须在市场研究报告的主体部分中予以说明，即列出在调查和分析过程中所使用的方法以及做出这种选择的理由。此外，还有必要交代使用这些方法存在的缺陷，并且用统计调查进一步交代最后结果的置信度。一般来说，这部分的内容主要有：

（1）选择何种调查方法，是问卷法、量表法、测验法、观察法还是文献法，或是多者的结合。

（2）如何确定样本，是概率抽样，还是非概率抽样，为什么？需要多少样本？如是概率抽样，则是使用简单随机抽样，还是分层随机抽样，整群随机抽样或多阶段抽样？为什么选择这种抽样方法？具体抽样如何实施的？过程如何？

（3）抽样评估，即抽取的样本是否符合最初的研究要求和抽样需要，样本的代表性如何？

（4）如使用问卷法，具体采用何种方式收集问卷资料，是使用调查员入户访问，还是邮寄调查或电话调查等。另外还包括在使用这些方法中的一些具体情况，如调查员的回访率、电话询问的资料、信件的回收率等。

（5）问卷资料汇总、整理、分析的具体工作进度及采用的方法，使用这些方法的理由。表10－2对这一部分包含的内容作了一个总结。

表10－2　研究方法检查清单

——使用什么类型的研究设计？为什么？
——使用什么数据收集方法（原始、二手资料、调查、观察方法等）？
——使用何种数据收集工具（电话、个人访问等）？为什么？
——研究目标总体的定义（地域、年龄、性别等）是什么？
——研究什么样本？企业、消费者还是消费家庭？
——使用概率还是非概率抽样，为什么？样本实际上是如何得到的？样本大小？
——在产生样本构成时遇到何种困难？是如何解决的？
——是否对问卷进行了试答？结果如何？

4. 研究结果

这部分的内容主要是就调查所得的资料说明，本书主要是指对问卷资料围绕研究主题的统计分析说明，也就是围绕研究主题的对相关市场要素的描述、解释和预测。

这里的具体分析说明以问卷资料为对象，却又不仅仅局限于问卷资料，它应充分使用在市场研究过程中得到的信息，包括事先分析的资料和其他调查方式获得的资料，但分析说明的线索却是清晰的，即围绕整个市场研究的主题展开。

研究结果在正文中占较大篇幅。这部分报告应按某种逻辑顺序提出紧扣调研目的一系列项目发现，报告脉络主要是针对这一部分而言。发现结果可以以叙述形式表述，以使得项目更为可信，但不可过分吹嘘。在讨论中可以配合一些总括性的表格和图像，这样可以避免枯燥无味的、不易建立起总括印象的大块文字叙述，然而详细和深入分析的图表宜放到附录中。

5. 研究的局限性

在我们进行研究的过程中，完美无缺的调研是难以做到的。所以，需要指出调研报告的局限性，诸如作业过程中的无回答误差和抽样程序存在的问题等。讨论调研报告局限性是为正确地评价调研成果提供现实的基础。在报告中，将成果加以绝对化，不承认它的局限性和应用前提，是不科学的态度。当然，也没有必要过分强调它的局限性。

6. 结论与建议

这部分是对以上分析的进一步总结，并根据调查分析的结论对有关部门提出建议，提出具体的有针对性的措施。

前一部分在具体分析过程中已不断得到一些结论，但那些都是分散的，本部分就是将这些分散的结论结合起来做综合的说明，而建议的提出也应该是有条理、有系统的，避免东一句、西一句的不易把握的情况出现。

建议的内容必须紧密结合本次市场研究的主题。如果研究主题是广告，则建议的内容就是制作怎样的广告文案、选择何种广告媒体等。

（三）附录部分

附录是对报告书主体部分的补充，是用来附加说明本次调查分析的一些相关问题的。附录可多可少、可长可短，完全依据情况的需要。不过，一般附录中总包括以下的一项或几项：

如使用问卷法调查，要给出问卷副本，其他的如访谈提纲、量表等。

- 调查对象的名单或名称表。
- 文献调查所使用的参考资料的索引，即一些资料的出处。

- 某种特殊调查方法和分析方法的介绍。
- 认为有价值却又无法在正文中反映的调查资料。

第二节 研究报告的撰写技巧和注意事项

撰写市场研究报告是市场研究的最后一步，也是十分重要的一步。调查数据经过统计分析之后，只是为我们得出有关结论提供了基本依据和素材，要将整个调查研究的成果用文字形式表现出来，则需要撰写调查报告。调查报告是调查结果的集中表现，能否撰写出一份高质量的调查报告，是决定调查本身成败与否的重要环节。市场调查报告的写作技巧主要包括表达、表格和图形表现等方面的技巧。

一、市场调查报告的写作技巧

（一）表达技巧

表达技巧主要包括叙述、说明、议论、语言运用四个方面的技巧。

1. 叙述的技巧

对市场研究过程的叙述，主要用于开头部分，叙述事情的来龙去脉，表明研究的目的和根据，调查的过程和结果。此外，在主体部分还要叙述调查得来的情况。

市场研究报告常用的叙述技巧有：概括叙述、按时间顺序叙述、叙述主体的省略。

（1）概括叙述。叙述有概括叙述和详细叙述之分。市场研究报告主要用概括叙述，将调查过程和情况概略地陈述，不需要对事件的细枝末节详加铺垫。这是一种“浓缩型”的快节奏叙述，要求文字简洁，一带而过，给人以整体、全面的认识，以适合市场研究报告快速及时反映市场变化的需要。

（2）按时间顺序叙述。交代调查的目的、对象、经过时，往往用按时间顺序叙述的方法，次序井然，前后连贯。如开头部分叙述事情的前因后果，主体部分叙述市场的历史及现状。

（3）叙述主体的省略。市场研究报告的叙述主体是写报告的单位在叙述中，用“我们”第一人称。为行文简便，叙述主体一般在开头部分中出现后，在后面的各部分即可省略，并不会因此而令人误解。

2. 说明技巧

市场研究报告常用的说明技巧有数字说明、分类说明、对比说明、举例说明。

（1）数字说明。市场运作离不开数字，反映市场发展变化情况的市场研究报告，要运用大量数据，以增强研究报告的精确性和可信度。

（2）分类说明。市场调查中所获材料杂乱无章，根据主旨表达的需要，可将材料按一定标准分为几类，分别说明。例如，将调查来的基本情况，按问题性质归纳成几类，或按不同层次分为几类，每类前冠以小标题，予以简要表述。

（3）对比说明。市场研究报告中有关情况、数字说明往往采用对比形式，以便全面深入地反映市场变化情况。对比要清楚事物的可比性，在同标准的前提下，作切合实际的比较。

（4）举例说明。为说明市场发展变化情况，举出具体、典型的事例，这也是常用的方法。市场调查中，会遇到大量事例，应从中选取有代表性的例子。

3. 议论技巧

市场研究报告常用的议论技巧有归纳论证和局部论证。

（1）归纳论证。市场研究报告是在占有大量材料之后，作分析研究，得出结论，从而形成论证过程。这一过程，主要运用议论方式，所得结论是从具体事实中归纳出来的。

（2）局部论证。市场研究报告不同于议论文，不可能形成全篇论证，只是在情况分析、对未来预测中作局部论证。如对市场情况从几个方面作分析，每一方面形成一个论证过程，用数据、情况等作论据去证明其结论，形成局部论证。

4. 语言运用的技巧

语言运用的技巧包括用词方面和句式方面的技巧。

（1）用词方面。市场研究报告中数词用得较多，因为市场调查离不开数字，很多问题要用数字说明。可以说，数词在市场研究报告中以其特有的优势，越来越显示出其重要作用。

市场研究报告中介词用得也很多，主要用于交代调查目的、对象、根据等方面，如用“为、对、根据、从、在”等介词。

此外，还要多用专业词，以反映市场发展变化，如“商品流通”、“经营机制”、“市场竞争”等词。为使语言表达准确，撰写者还需熟悉与营销有关的专业术语。

（2）句式方面。市场研究报告多用陈述句，陈述调查过程、调查到的市场情况，表示肯定或否定判断。祈使句多用在提议部分，表示某种期望，但提议并非皆用祈使句，也可用陈述句。

（二）表格的表现法

表格作为描述性统计方法，广泛应用于市场研究报告中，起到清楚、形象、直观和吸引人的作用。表格是报告中很生动的一部分，应当受到特别的重视。

制表一般应注意以下几点。

（1）表的标题要简明、扼要，每张表都要有号码和标题。标题一般包含时间、地点、内容。有时也可酌情省略。

（2）项目的顺序可适当排列，一般应将最显著的放在前面。如果强调的是时间，则按时间排列；如果强调的是大小，就按大小排列。当然也可以是按其他的顺序排列。

（3）线条尽量少用，斜线、竖线、数之间的横线均可省去，以空白来分隔各项数据。

（4）注明各种数据的单位。只有一种单位的表，可在标题中统一注明。

（5）层次不宜过多，变量较多时，可酌情列数表。

（6）分组要适当，不可过细，以免冗繁，而且小格中的频数太少也难以说明问题；也不可过粗，以免有掩盖差别的可能。

（7）小数点、个位数、十位数等应上下对齐。一般应有合计。

（8）给出必要的说明和标注。

（9）说明数据的来源，如果表中的数据是二手数据，一般应注明来源。

（三）图形的表现法

图形也广泛应用于市场研究报告中，它以其形象、直观、富有美感和吸引人的作用受到了特别的重视。一般说来，只要有可能，就应尽量用图形来帮助理解报告的内容。市场调查中最常用的图形有直方图或条形图、饼形图、轮廓图或形象图、散点图、折线图等。

1. 直方图

直方图可以是水平的或垂直的；其长度可以是绝对数，也可以是相对数；根据直观明了的目的，图中项目的排列可以按照问答题中的顺序，也可以按照大小的顺序；直方图可以只表达一个变量的频数或百分比，也可以表达两个变量关系的交叉表的数据结果；直方图适用于单选问题，也可用于多选问题，图 10－2 就是一个直方图的例子。

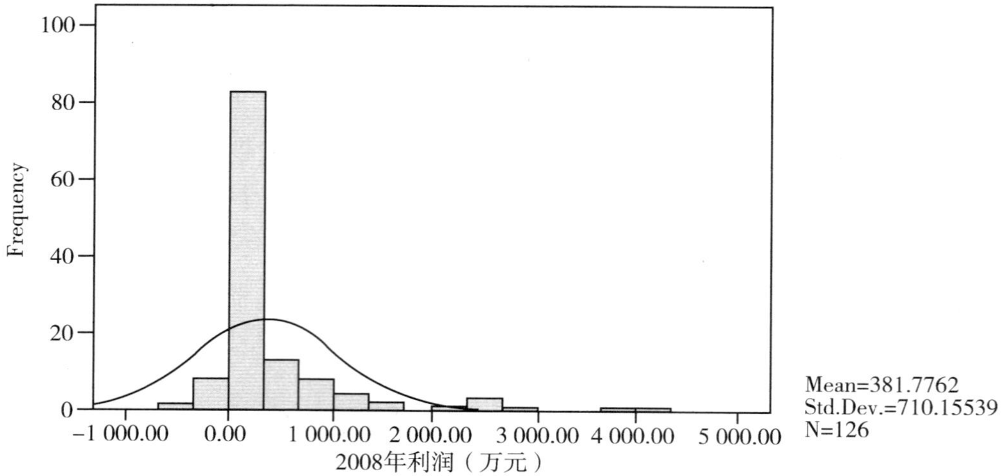

图 10－2　直方图

2. 饼形图

饼形图只适用于单选问题，整张圆饼总计 100%，每一部分的面积就表示了某个变量对应取值的百分数。饼形图可以是平面的，也可以是立体的，不过要尽可能将三维效果减至最小，使饼形尽可能呈现圆形；一般情况下不能将圆饼切成太多的部分，将每一部分的说明尽可能直接地记在饼形图内，见图 10－3。

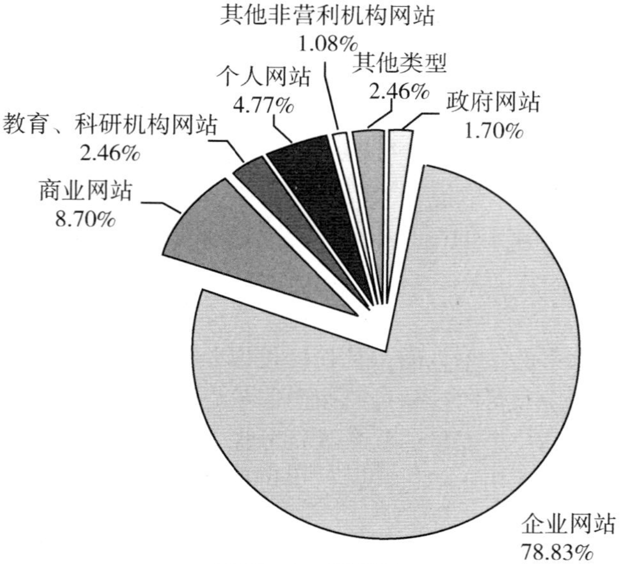

图 10－3　饼状图

3. 柱状图

柱状图或称条形图，常常用于比较几个子样本在一些项目中的平均得分，或一些实体在各个方面的形象平均得分。当需要比较几个群体相对多个项目的满意程度、同意程度、喜爱程度或其他评价时，用一般的直方图或态度对比图就不那么直观了。这时用柱状图可以比较两个或多个组某指标的大小，该指标可以是连续性变量，等级变量或分类变量，可以获得最大限度的简洁性和可比性。见图 10－4。

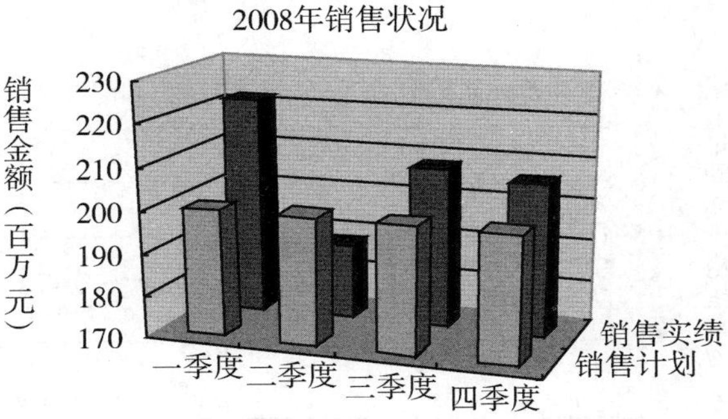

图 10－4　柱状图

4. 散点图

在探索两个数值型变量或定距变量之间的关系时，常使用散点图（也叫定位图），散点图也常常结合回归直线或回归曲线给出。在散点图中，如果结合点的大小和形状，在一张平面图上实际可以反映 4 个甚至 5 个变量之间的关系，见图 10－5。

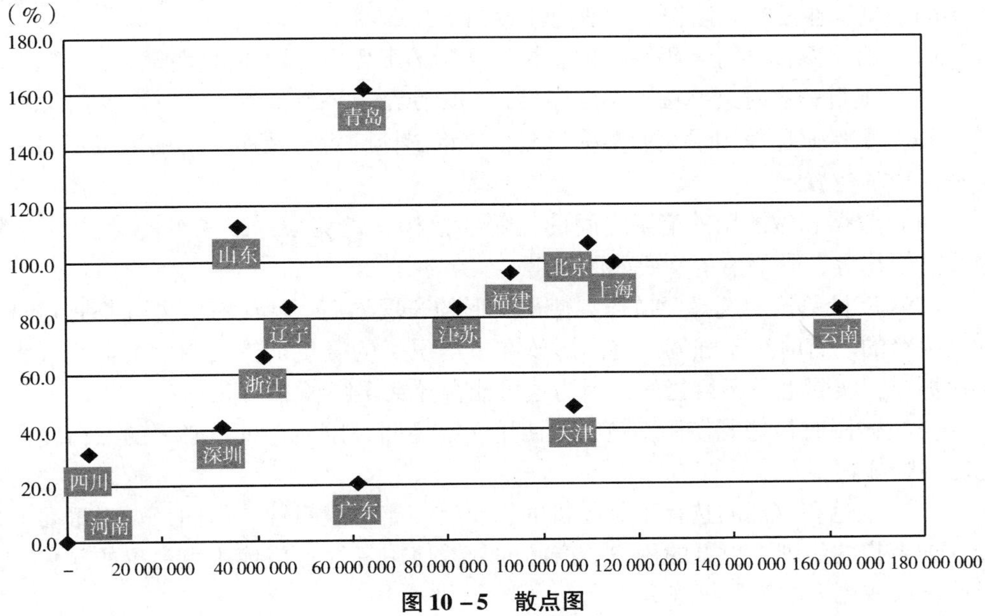

图 10－5　散点图

5. **折线图**

折线图是用一条条连续的直线段把散点连接起来的图形，这种图形可以表现一个变量随另一个变量变化的趋势。如果一个图中同时有几条这样的线，我们还可以进行几种状态的横向比较。当图中出现几条线时，每条线应该用不同的颜色表示。见图 10－6。

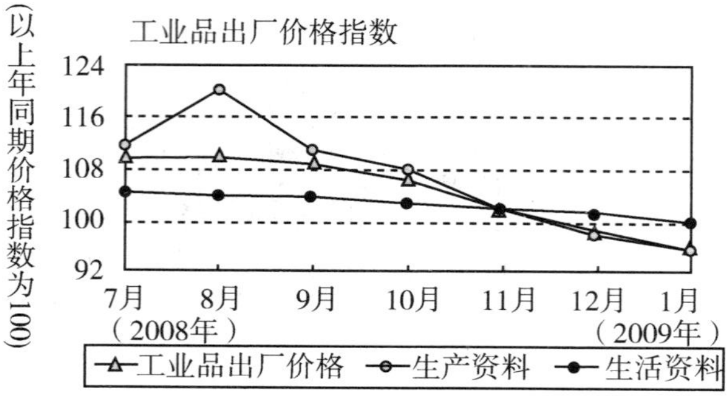

图 10－6　折线图

6. **制图要领和注意点**

一般来说，只要有可能，就应尽量采用图形来帮助理解调查的结果。一张精心设计的图形有可能抵得上或胜过千字的说明。要使统计图能够有效直观地表现尽可能多的信息，在设计和制作上一般应注意如下几点：

（1）每张图都要有号码和标题，标示在图的下方，标题要简明扼要。

（2）项目较多时最好按大小顺序排列，以使结果一目了然。

（3）尽量避免使用附加的图标说明，应将图标的意义及所表示的数量尽可能标记在对应的位置上。

（4）数据和做图用的笔墨之间的比例要恰当，避免太少或太多的标注、斜线、竖线、横线等，既要清楚又要简明。

（5）度量单位的选择要适当，使得图形的表现均衡，使所有的差异都是可视的和可解释的。有时过于强调地将图形放在事情发生的度量范围之内，就像是放大的照片那样，实际上是不恰当的，因为这可能会导致误解。

（6）做图时最好既使用颜色，又使用文字说明，以便在进行必要的黑白复印时仍能清晰如初。

（7）颜色和纹理的选择不是随机的，要有一定的逻辑性。例如，真正重要的部分（如客户的品牌、忠诚的用户、产品的频繁使用者等）应该用更突出的颜色、更粗的线条或更大的符号等来表示。

（8）图形的安排要符合人们的阅读习惯。例如，西方人阅读的图形应符合从左到右的顺序；阿拉伯人是从右到左；中国人和日本人可能更习惯从上到下；等等。

二、撰写市场研究报告的注意事项

撰写一份好的市场研究报告不是件容易的事，研究报告本身不仅显示着调查的质量，也反映了作者本身的知识水平和文字素养。在撰写研究报告时，应注意以下事项。

（一）报告应有针对性

针对性是研究报告的灵魂，主要包括两方面内容：一方面，撰写研究报告必须明确调查的目的，撰写报告时必须做到目的明确，有的放矢，围绕主题展开论述；另一方面，研究报告必须明确阅读对象。在书写报告之前以及书写报告过程中，研究人员始终要提醒自己“是否偏离了调研的目标？”“是否始终面对报告的读者？”只有这样，才能够保证写出的报告有的放矢。

报告应当是为特定的读者而撰写的，他可能是领导、管理部门的决策者，也可能是一般的用户。如果既不明确解决什么问题，又不明确读者对象，针对性不强，这样撰写出来的调查报告就是盲目的和毫无意义的。例如，针对市场研究人员而写的调查报告，可以篇幅长些，突出一些技术性细节，有助于其判明市场调查结果的科学性，以决定其对报告有关资料的取舍及应用程度；针对企业决策者而写的调查报告则要简明扼要，突出结论和重点，并注意运用图表加以表现，调查过程和细节可以略写。

好的研究报告，不仅要考虑这些读者的技术水平、对调查项目的兴趣，还应当考虑他们可能在什么环境下阅读报告，以及他们会如何使用这个报告。有时候，撰写的报告必须适应有几种不同技术水平和对项目有不同兴趣的读者，为此，可将报告分成几个不同的部分，或干脆完全针对不同的对象分别地撰写研究报告。

（二）报告应有可读性

研究报告虽作为一种应用性文体，也应重视其可读性。首先是观点鲜明，突出；其次是内容的组织安排有序，报告中的材料要组织得有逻辑性，使读者能够很容易弄懂报告各部分内容的内在联系；再次是行文流畅，通俗易懂，一般而言，使用简短、直接、清楚的句子把事情说清楚，比用“正确的”但含糊难懂的词语来表达要好得多；最后是要力求简明扼要，删除一切不必要的词句。

（三）报告语气要客观

首先，研究报告的突出特点是用事实说话，应以客观的态度来撰写报告。在文体上，最好用第三人称或非人称代词，如“作者发现……”、“笔者认为……”、“据发现……”、“资料表明……”等语句。行文时，应以向读者报告的语气撰写，不要表现出力图说服读者同意某种观点或看法。读者关心的是调查的结果和发现，而不是你个人的主观看法。

其次，报告应当准确地给出项目的研究方法、调研结果的结论；不应略去或故意隐藏所知事实。如果调查实施中出现严重问题（如回收率过低），研究者应有勇气承认，同时不能随便报道结果，以免误导读者。即便是成功的调查，在调查报告中也不应只选择那些对自己有利的结果作出报道，其他则避而不提。

最后，调研人员在任何时候都不应被外界因素所迷惑而忘记他们中立的角色。无论是介绍调研方法，还是做出调研结论和建议，或指出问题，都要体现客观性。要做到不歪曲调研事实，不迎合他人意志。写报告的原则是：有什么，就写什么。

（四）报告应该图文并茂

在研究报告中，适当地插入图、表、画片及其他可视性较强的表现形式来强调重要信息是必要的。直观可视的图表对帮助报告撰写者和读者之间进行交流是很有好处的，也可以增强报告的明了程度和效果。经验证明，图表、画片的数量不应过多，否则，会起到适得其反的作用。要记住，并不是谁都喜欢看图表、画片。一般地，图表、画片应与相关的文字内容放在一起，这样将方便读者进行图文交互阅读。

（五）报告中的引用资料要详细注释

这一点是大多数人常忽视的问题之一。通过注释，指出资料的来源，以供读者查证，同时也是对他人研究成果的尊重。注释应详细准确，如被引用资料的作者姓名、书刊名称、所属页码、出版单位和时间等都应予以列明。

（六）研究报告应便于呈送

研究报告的可呈送性主要是指报告外观的视觉效果。报告的外观是报告的外部包装，它不仅体现报告本身的专业水平，而且它还是调研机构企业形象的反映。所以，应该细心选择设计报告中所用字体的类型、大小、颜色、字间距等，文章的编排要大方、美观，有助于阅读。另外，报告应该使用质地好的纸张打印、装订，封面应选择专门的封面用纸。总之，报告的外观要制作得足够专业，要达到一种令人即便不读也会爱不释手的水平。

研究报告的外观是十分重要的。干净整齐、组织得好的有专业味道的报告一定比那些匆匆忙忙赶出来的外观不像样的报告更可信、更有价值。撰写者一定要清楚，不像样的外观或一点小失误和遗漏都会严重地影响阅读者的信任感。

第三节 口头报告

在很多情况下，需要将调查报告的结果向管理决策层或委托方做口头报告。口头报告可以帮助管理部门或委托方理解书面调查报告的内容并接纳书面报告。同时，可以针对委托人提出的问题及时作出解答。口头报告对于有关人士迅速掌握和理解报告内容具有重要的作用。

一、口头报告的前期准备

（一）汇报提纲

应该向每位听众提供一份汇报提纲，该提纲应能简要介绍报告的主要部分及重大的研究成果。它不仅包含统计图表，还应留下足够的空白处供听众作笔记或作简要评论。

（二）可视化材料

国内目前流行的方式是应用软件 PowerPoint 来作为可视化的提供媒介。该软件运用各种格式制作幻灯片，然后通过手提电脑或任何多媒体平台将它投射到屏幕上。口头汇报时应该在很大程度上通过可视化媒介来展示研究成果。在关键部分应尽可能地运用图、表等演示。在用图表时，应该通过色彩选择提高人们对感兴趣部分的注意力。摘要、结论和建议也应尽可能地可视化，如图 10－7a、图 10－7b 所示。

移动电话市场调查报告

一、移动电话市场的总体情况
1. 基本情况
2. 消费者分布
3. 购买年份
4. 市场占有情况
5. 品牌影响力
二、移动电话消费群的特征分析
三、移动电话消费群的媒体接触习惯
…………

图 10－7a　PowerPoint 演示文稿

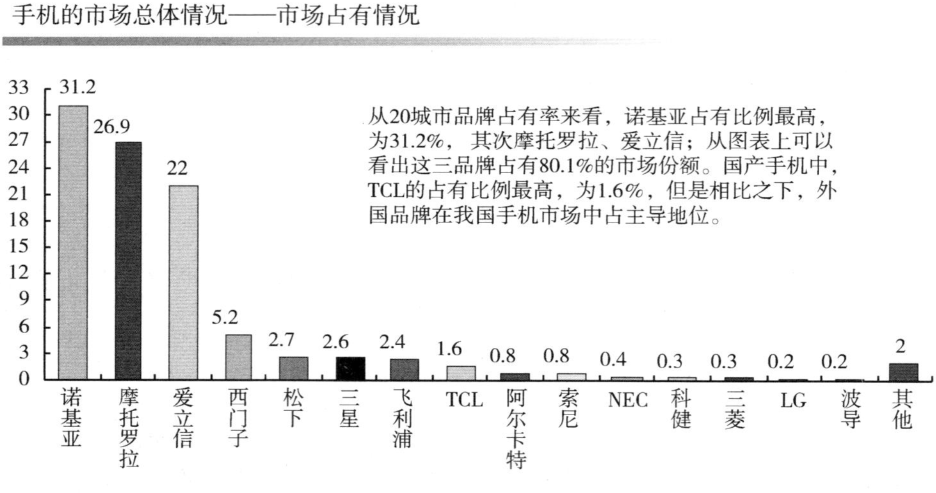

图 10－7b　PowerPoint 演示文稿

（三）摘要

应向每位听众提供一份摘要的复印件。这个方法将使每位参加者预先了解主要内容，而让他们在参与会议时避免埋头记大量的笔记。

（四）最终报告的复印件

这个报告是研究成果的书面证明。由于在口头报告中许多细节都被省略掉了，因此，在口头汇报的尾声阶段，应该让感兴趣的人得到一份最终报告。

二、口头报告成功的基本要素

口头报告能否发挥其效果，还取决于许多因素，如是否进行了充分的准备，是否进行了充分的练习，是否进行了成功的演讲。具体可归纳如下：

(1) 按照书面调查报告的格式准备好详细的演讲提纲。采用口头报告方式并不意味着可以随心所欲、信口开河。它同样需要有一份经过精心准备的提纲，包括报告的基本框架和内容。当然，其内容和风格要与听众的情况相吻合。这就首先要了解听众的状况：他们的专业技术水平怎样，他们理解该项目的困难是什么，兴趣是什么，能认识多少等。

(2) 尽量借助图表来增加效果。一张图表胜似千言万语。在作口头报告时。要善于采用图表来辅助和支持演讲，注意的要点有：①使制作的图表显得十分重要和有权威性；②绝对保证图表都是清晰易懂的；③图表要有选择性，不要有太多的图表，一张图表上也不要有太多的内容，以免使听众望而却步；④可用不同的图表颜色来与听众沟通；⑤图表可借助黑板、幻灯、录像和计算机等可视物加以表现，选择何种物品可根据听众多少和会场设施而定，但都要保证坐在室内最后面的听众看清。

(3) 进行充分的练习。真正掌握演讲资料是减少紧张的有效途径，演讲中最紧张的时刻常发生在报告开始时，为减少心理障碍，尤其要注意练习报告的开头部分。

(4) 作报告时要充满自信。有些人常在演讲开始时和过程中，对其所讲的话道歉，这实际上是不明智的和不自信的表现。一方面，暗示了你没有努力准备演讲；另一方面，无谓的道歉浪费了宝贵的时间。

(5) 要使听众易听、易懂。由于听比讲更难集中注意力，故要求语言简洁明了，通俗易懂。要有趣味性和说服力。如果有一个十分复杂的问题需要说明，可先作一简要、概括的介绍，并运用声音、眼神和手势等变化来加深听众的印象。

(6) 要与听众保持目光接触。演讲时要尽量看着听众，不要低头看看讲稿或四目张望，与听众保持目光接触有助于判断他们对演讲的态度和对内容的理解程度。

(7) 回答问题的时机把握。在报告过程中最好不要回答问题（有关演讲清晰性问题除外），避免出现演讲思路被打断，使听众游离报告主题或造成时间不够等现象。在报告开始前可告之听众，演讲者会在报告后回答问题并进行个别交流，注意不要忘记这一承诺。

(8) 在规定的时间内结束报告。口头报告常有一定的时间限制，在有限的时间内作完报告是最基本的要求。滔滔不绝的演讲不仅浪费了听众时间，也影响了报告的效果。

（9）口头报告结束后，还要请用户或有关人士仔细阅读书面报告。

【本章小结】

研究报告的撰写和演示是市场研究过程的重要组成部分。研究报告是市场调研的最终成果，也是项目研究的历史纪录，是整个项目质量的最重要的衡量标准。典型的研究报告的基本结构包括前文、主体、结尾三部分，每一部分又可分为几个子部分，各部分都有具体的不同目标。研究结论建立在调研结果的基础上，而建议则以结论为基础。

一份好的市场研究报告写作的基本标准包括：完整性、明确性、简洁性与准确性等。报告中应该恰当地运用表格和图形来加强正文。口头报告在现今愈来愈重要，口头汇报前应作以下四种材料准备工作：提纲、可视化材料、摘要与最终报告的复印件。进行口头汇报也和书面报告的原则一样，要针对报告提供对象，确定其内容和形式。

【延伸阅读】

台湾地区电动机车消费者调查①（节选）

一、研究动机

由于台湾地区消费者收入日益提高，汽机车在台湾地区大众日常生活中所扮演的角色已由奢侈品转变为必需品，而机车由于比汽车更为轻巧方便，没有塞车、停车位难寻的困扰，价格又为一般人所能负担，因此成为最普通的代步工具。然而，随着汽机车数量的大幅增长，所造成的空气污染、噪音污染问题日趋严重，能源耗费问题也不容忽视。

而国际环保意识的提高，促使了全球汽机车厂商投入各种低污染车辆的研发，其中，又以电力为最广为采纳的低污染能源；另一方面，台湾地区有关单位鉴于空气污染日益严重，尤其以机车排放的废气及产生的噪音是造成环境污染的头号杀手，也希望能发展出新的机车车种，既无空气污染、噪音公害方面的问题，且能使用非燃油性能源，以分散能源、提高能源使用效率。于是，可降低环境污染并减少不必要资源浪费的电动机车就在环境保护、资源善加利用的形势下应运而生。

台湾地区最早从事电动机车研发者为康阳实业（安达），早在 1981 年创办人郭秋雄便苦心钻研电动机车的制造，1989 年开始外销丹麦、日本等国，并陆续通过意

---

① 中华征信所著：《市场调查手册》，中信出版社 2003 年版，第 199～220 页。

大利、瑞士、荷兰等多国认证。而政府为鼓励台湾地区能够有更多的厂商投入电动机车的研发行列，除于1991年施行3年内免自制率的优惠，不同于对机车自制率需达90%的限制，且电动机车可以获得3%的货物税减免；此外，台湾地区“经济部”能源委员会并委托工研院机械所进行“电动机车可行性研究”，引进世界各国已发展成熟的技术，针对台湾地区市场需求作本土化设计，以便能在性能、市场规模与成本间选取一个最合适点。

为使电动机车能符合台湾地区消费大众的需求，通过消费者问卷调查的形式，在全省3个主要城市（台北市、台中市及高雄市）进行访问调查，以了解电动机车可能使用者的需求与问题症结，并可作为未来研究发展电动机车时的有效参考。

二、调查方法

本次调查采用人员定点访问式，访问台北市、台中市及高雄市内18岁以上、60岁以下的机车使用者。以1994年6月台北市、台中市及高雄市等3地区18～60岁人群作为抽样总体，并依抽样地区、性别、年龄等3个变量进行分层比例抽样，分配各组样本数。

调查访问时间为1994年6月13～14日及6月20～21日，共4天的时间，实际完成384份有效样本，在95%置信度下，误差为±5.00%。

三、调查内容与问卷

由于此次访问调查的目的在于了解电动机车使用者的一般机车使用状况、未来电动机车应改善的方向及可能接受的程度。然而为了使各研发单位设计出的电动机车能更满足消费大众的需求，本调查特在台北市规划1/2的受访者实际试骑电动机车，再询问其购买电动机车的意愿。而此次“电动机车消费者调查”的调查内容规划如下。

（一）机车使用状况分析

1. 骑车经验分析
2. 驾驶速度分析
3. 每日行驶里程数分析
4. 每日行驶时间分析
5. 骑机车的主要用途分析
6. 搭载情况分析
7. 骑乘机车的交通状况分析
8. 换车频率分析
9. 机车使用满意度分析

10. 现有机车使用情况分析

(二) 动机车需求分析

1. 理想的电动机车外型分析
2. 充电方式分析
3. 公共设施的配合分析
4. 愿意购买价格分析
5. 购买可能性分析
6. 要购买的原因分析
7. 不想购买的原因分析
8. 购买时机分析

(三) 电动机车需求分析（试骑后）

1. 购买可能性分析
2. 欲购买的原因分析
3. 不想购买的原因分析
4. 购买时机分析

依据所规划的调查内容，设计了调查问卷。

四、调查发现

根据1994年台湾地区机车累计台数及全台湾人口统计，机车持有密度为0.48辆/人，而如此广大的机车人口，究竟对电动机车有何看法与需求？有关此次调查一般机车使用状况与电动机车需求状况部分节录如下。

(一) 消费者一般机车使用状况

1. 在驾驶速度方面

由本调查发现，绝大部分（89.5%）的受访者骑车速度在每小时30~70公里，其中以每小时30~50公里者最多，占52.3%；其次为每小时50~70公里，占37.2%。至于速度在每小时30公里以下及70公里以上者，则仅分别占4.2%及6.3%。

2. 在机车的主要用途方面

一般而言，大部分（68.0%）的受访者多用于上下班（课）；其次有15.6%为配合公司业务使用；用来购物逛街及休闲旅游者，则各占12.0%及2.9%；另有1.6%用于其他用途。

3. 认为现有机车应改进之处

在讨论到现有机车应该改进的地方，多数受访者立刻想到的就是污染方面的问题，如降低排气污染（占26.0%）、减少噪音公害（占20.6%）二者即占了

46.6%。另外，常被受访者提到应改进的地方还有：防止振动设计（7.8%），增加防风雨日晒功能（8.2%），让引擎容易激活（8.7%）及容易刹车（10.0%）。

（二）消费者对电动机车的需求状况

1. 在充电方式方面

大多数（54.9%）受访者认为在自己家里充电最方便；有23.7%的受访者则赞成到特定充电站（加油站）充电；此外，赞成至特定场所换电池、设公共充电插座则各占7.0%。

2. 在价格方面

大部分（73.8%）受访者可接受的电动机车最高价格在35 000新台币以下。希望能在25 000新台币以下者占22.7%，希望为25 000～29 999新台币者占30.5%，30 000～34 999新台币者占20.6%。至于最高价格在35 000～39 999新台币及40 000新台币以上者，各占9.9%及6.5%。主要市场类别对价格的接受程度如表1。

表1 主要市场类别对电动机车最高价格的可接受程度表 单位：%

市场类别	25 000新台币以下	25 000～29 999新台币	30 000～34 999新台币	35 000～39 999新台币	40 000新台币以上
上班族	21.19	27.97	24.58	11.86	5.93
学生	36.54	25.00	19.23	5.77	3.85
家庭妇女	34.09	43.18	4.55	6.82	4.55

资料来源：中华征信所。

3. 购买电动机车的可能性

在经过简短的电动机车说明后，42.4%的受访者表示会购买电动机车，23.4%则表示不会购买，另外，不一定会买者占28.1%，不知道会不会购买者则占6.0%。而在试骑过电动机车后，有过半数（53.3%）的受访者会想购买电动机车，而不想购买者占15.2%，另外，表示不一定会买的比例占28.3%。由此得知，试骑电动机车者较没试骑者的购买意愿高。主要市场类别对于试骑前与试骑后的购买意愿如表2所示。

表2 主要市场类别对试骑前与试骑后的购买意愿表 单位：%

市场类别	试骑前				试骑后			
	会	不会	不一定	不知道	会	不会	不一定	不知道
上班族	37.29	22.03	33.05	7.63	59.26	7.41	33.33	0.00
学生	36.54	30.77	25.00	7.69	57.14	14.29	21.4	37.14
家庭妇女	40.91	22.73	27.27	9.09	50.00	25.00	12.50	12.50

资料来源：中华征信所。

4. **欲购买电动机车的原因**

除了绝对不购买电动机车的受访者外，我们再探询可能有机会购买电动机车的受访者，结果发现：不论试骑与否，受访者愿购买电动机车的原因差不多，均着眼于环保观点；在试骑后，电动机车起步平稳、驾控容易的优点更为受访者所认知，提升了受访者的购买意愿。主要市场类别试骑前与试骑后的主要购买动机摘录如表3。

表3　主要市场类别试骑前与试骑后主要购买动机摘录　单位：%

市场类别	试骑前				试骑后			
	不会污染空气	噪音公害降低	电价比油价便宜	起步平稳驾控容易	不会污染空气	噪音公害降低	电价比油价便宜	起步平稳驾控容易
上班族	39.02	28.66	12.20	11.59	33.85	32.31	12.31	21.54
学生	41.94	29.03	11.29	9.68	26.47	29.41	14.71	29.41
家庭主妇	43.55	22.58	12.90	11.29	35.29	35.29	11.76	17.65

资料来源：中华征信所。

5. **不想购买电动机车的原因**

针对不想购买电动机车的受访者，我们再深入探讨其不想购买的原因，结果发现：试骑后导致受访者不想购买电动机车的理由明显与试骑前不同：试骑前不欲购买的原因主要是考虑充电问题，而试骑后则主要因为其性能（速度）未能充分满足受访者。如表4、表5所示。

表4　试骑前不愿购买的原因　单位：%

市场类别	一次充电距离太短	充电麻烦	马力不足	电池易老化	全车重量太重	最高速度太慢	加速性能不足
上班族	11.36	27.27	9.09	6.82	9.09	6.82	4.55
学生	22.22	15.56	15.56	11.11	2.22	13.33	11.11
家庭主妇	17.39	21.74	13.04	4.35	4.35	13.04	4.35

资料来源：中华征信所。

表5　试骑后不愿购买的原因　单位：%

市场类别	一次充电距离太短	充电麻烦	马力不足	电池易老化	全车重量太重	最高速度太慢	加速性能不足
上班族	0.00	0.00	25.00	0.00	0.00	25.00	25.00
学生	0.00	0.00	33.33	0.00	0.00	33.33	33.33
家庭主妇	16.67	16.67	0.00	16.67	16.67	33.33	0.00

资料来源：中华征信所。

6. 当电动机车符合要求时，何时购买

如果电动机车将来改善其缺点，在试骑前，有近5成（49.8%）的受访者考虑在3年内购买，其中可能会在1年内购买者，占27.1%，而1~3年内可能购买者占22.7%，至于3年、5年以上才考虑购买者约占1成左右。另外近3成（28.1%）的受访者表示何时购买尚难以决定，仅有2.6%的受访者表示绝不购买。而在试骑后，有7成以上（72.9%）的受访者考虑在3年内购买，较试骑前高出23.1%。其中可能会在1年内购买者占35.9%，而1~3年内可能购买者占37.0%，至于3年、5年以上才考虑购买者约占一成左右，另外有一成左右的受访者表示何时购买尚难以决定，仅1.1%受访者表示绝不购买。主要市场类别在试骑前与试骑后的预期购买年期如表6所示。

表6　　主要市场类别试骑前与试骑后的预期购买年期表　　单位：%

市场类别	试骑前				试骑后			
	1年内	1~3年	3~5年	5年以上	1年内	1~3年	3~5年	5年以上
上班族	25.42	20.34	9.32	4.24	40.74	33.33	22.2	20.00
学生	28.85	19.23	5.77	3.85	28.57	42.86	7.14	0.00
家庭主妇	9.09	27.27	11.36	2.27	12.50	50.00	12.50	0.00

资料来源：中华征信所。

五、策略分析

（一）目标市场与未来发展潜力

由于台湾地区机车市场主要消费群为一般上班族和学生，因此，在往后电动机车推出，主要的购买族群势必仍为上班族和学生，用来作为上下班（课）的交通工具。

上班族和学生之外，家庭主妇利用机车逛街购物的比例也不低，而家庭主妇族群对环境污染防治重视的程度不低于上班族人士，而且如果能在百货公司及超级市场或菜市场周围设置投币式充电站，对购物者来说提供了相当大的便利性。而且就费用来说，骑乘电动机车也比较合算。

消费能力逐渐受市场所重视的银发族也是电动机车的潜在消费群，电动机车的平稳、无噪音及无污染可提供年龄层较大的族群，作为短程的交通工具。

（二）市场采购特性

在采购特性方面，可从采购动机及考虑因素来进行分析。

从调查中可以发现在被问及考虑购买电动机车的原因当中，学生族对电动机车的驾控特性重视的程度比较高，而且在购买原因的比例分配上也比较平均。但在采

购动机上，无论是上班族、学生或家庭妇女都是以环保意识为主要出发点，所以加强环保意识的宣传，会强化购买意愿。

如果就购买考虑因素而言，电动机车在技术上所面临的速度慢与加速性能不足的“瓶颈”，将是消费者决定是否购买的主要原因。但也有七成以上的消费者表示，若电动机车能改善其缺点，将会考虑在3年内购买。因此，电动机车若能克服速度与加速方面的问题，市场前景将颇为看好。

六、调查结论

综观全球环保意识及能源危机抬头，尽管电动机车面临着技术“瓶颈”及消费者使用习惯问题，但从长期趋势来看，电动机车的发展前景看好。台湾地区机车使用者以学生及上班族占大多数，所以时速的要求比较高，而且台湾地区人口密度高，加油站的设置还算便利，所以如果电动机车的充电便利性不如一般机车至加油站补充来得强的话，势必会遭遇推行上的困难。

在关键零组件方面，电池要克服的是体积与重量的问题，如果能达到轻薄短小以减轻车身的重量，且一次充电时间能够缩短以节省时间，是提升电动机车便利性的关键。而马达要达到爬坡力强、易控速及降低成本。

由于电动机车就交通工具上并不具有唯一性，而在便利性方面又不及一般机车来得强，所以若要在一般机车已迈入成熟期的阶段推出，势必要从降低成本及改变消费者习惯，以克服电动机车的不便着手：

（1）加强环保意识及能源危机的宣传。

（2）政府提供优惠措施，免征收燃料税及减半货物税。

（3）为维护青少年骑车安全及配合降低空气污染，鼓励政府立法规定未成年者只可骑乘电动机车。

（4）鼓励政府依照欧美制定电动机车比例，以减少机车污染。

（5）发展投币式充电器，可以拟设在学校附近或便利商店四周。

（6）放宽政府补助厂商资格限制。

【思考与练习】

一、简答题

1. 研究报告的基本格式是什么？
2. 营销调研报告的作用有哪些？
3. 口头报告需要注意的问题？
4. 在老师的指导下，通过亲自参与一项市场营销调研活动，按照营销调研报告的结构要求撰写一篇营销调研报告。

二、案例分析题

风清逸日用品化工厂生产三种不同的洗发用品：柔顺、去屑和护发。这三种产品在过去10年的销售额见下表所示。请你用不同的图形将下表中的数据表示出来，从而使这些数据以图形出现时比以表格出现时更加直观、清晰。

三种洗发用品销售额 单位：万元

销售额 年份 产品	1999	2000	2001	2002	2003	2004	2005	2006	2007	2008
柔顺	205	226	280	296	320	360	390	450	490	530
去屑	224	250	290	301	320	345	355	375	380	390
护发	226	229	260	280	290	298	301	320	280	290

【项目化实训】

调研报告的口头汇报

任务安排时间：第十五周 **汇报课时间：**第十六周

目的：通过本次汇报课，锻炼学生的报告撰写和口头表达能力，展示各组一学期来的调研成果，促进学生之间的相互学习，进一步提高学习效果。

要求：

本次展示课前学生要完成以下作业：

1. 各组于本次展示课前2天网上提交调研报告初稿。

2. 小组成员分工协作，共同完成调研报告和口头汇报的PPT文件；汇报时小组推选一名陈述员，其他组员作为答辩成员接受答辩组（一般由老师和其他小组组长组成）的询问。

展示课的主要内容：

各组展示自己的调研过程和调研成果，完成答辩，评审团对各组的综合表现进行评价。

展示课后提交：

（1）PPT文件。

（2）调研报告终稿，要求报告中附“小组成员分工情况表”。

参考文献

1. ［英］保罗海格、尼克海格、卡洛尔—安摩根著，林岱译，市场调查宝典——行动纲要，上海交通大学出版社，2005：第 1 页。

2. ［美］菲利普·科特勒著，梅汝和等译，营销管理——分析、计划、执行和控制（第 9 版），上海人民出版社，PRENTICEHALL 培科，1999：第 101 页、241 页、224 页。

3. ［美］William G. Zikmund 著，吕晓娣、史锐译，营销调研精要（第 2 版），清华大学出版社，2004：第 4－5 页、15 页、58－59 页。

4. ［美］威廉·D·皮诺特、E. J. 麦卡锡著，黄建军等译，营销精要，北京大学出版社，科文（香港）出版有限公司，2002：第 164 页。

5. 蒋萍编，市场调查，世纪出版集团上海人民出版社，2007：第 9－16、138－160 页。

6. 陈启杰编，市场调研与预测（第二版），上海财经大学出版社，2004：第 48－56 页。

7. 杨凤荣编，市场调查方法与实务，科学出版社，2007：第 23－26、106－107 页。

8. 周三多、陈传明、鲁明泓编著，管理学——原理与方法（第四版），复旦大学出版社，2003 年 11 月。

9. ［美］阿尔文·C·伯恩斯、罗纳德·F·布什著，梅清豪等译，营销调研，中国人民大学出版社，2001：第 37、196－197、278、285、299－300、511 页。

10. ［美］唐纳德·R·库珀帕梅拉·S·辛德勒著，商业研究方法（第 7 版）（工商管理经典译丛），中国人民大学出版社，2006：第 65 页。

11. 屈援编，市场调研，经济科学出版社，2007：第 42－44 页。

12. ［美］小卡尔·迈克丹尼尔著，当代市场调研（第四版），机械工业出版社，2005：第 72、485 页。

13. 詹姆斯·L·伯罗著，市场营销教师用书（第 3 版），电子工业出版社，2009：第 31－32 页。

14. 黄合水著，广告调研方法，厦门大学出版社，2006：第 185、210－212 页。

15. 胡介埙编著，市场营销调研．东北财经大学出版社，2008：第 47 – 48 页。

16. ［美］纳雷希·K·马尔霍特拉著，涂平译，市场营销研究应用导向（第 3 版），电子工业出版社，2002：第 109 – 110 页。

17. 北京环亚市场研究社，http：//www. pamri. com/，2009 – 8 – 25。

18. 态度 8 调查网，http：//www. taidu8. com，2009 – 8 – 20。

19. 李奇云编著，广告市场调研，四川大学出版社，2004：第 43 – 46、48 – 51、60 – 63 页。

20. 黄静等，神秘顾客制度如何设计，销售与市场，2007（2）下旬。

21. ［英］托尼·普罗克特著，吴冠之等译，营销调研精要（第 3 版），机械工业出版社，2004：第 147 – 148 页。

22. ［英］保罗海格、尼克海格、卡洛尔—安摩根著，林岱译，市场调查宝典——行动纲要，上海交通大学出版社，2005：第 131 – 139 页。

23. 态度 8 调查网 http：//www. taidu8. com，2009 – 8 – 18。

24. ［美］菲利普·科特勒、加里·阿姆斯特朗等著，何志毅等译，市场营销原理（亚洲版），机械工业出版社，2008：第 99 页。

25. ［英］伊恩·布雷著，胡零、刘智勇译，市场调查宝典——问卷设计，上海交通大学出版社，2005：第 42 页。

26. 龚曙明编著，市场调查与预测，清华大学出版社，北京交通大学出版社，2005：第 76 – 80 页。

27. ［美］巴比，社会研究方法，四川人民出版社，1987。

28. ［美］肯尼斯·D·贝利，现代社会研究方法，上海人民出版社，1986。

29. 袁方编，社会研究方法教程，北京大学出版社，1997。

30. 风笑天著，现代社会调查方法，华中理工大学出版社，1996。

31. ［美］巴比著，邱泽奇译，社会研究方法，华夏出版社，2005：第 116 – 171 页。

32. 吴增基、吴鹏森、苏振芳编，现代社会调查方法，上海人民出版社，1998：第 72 页。

33. ［美］Uma Sekaran 著，祝道松、林家五译，企业研究方法，清华大学出版社，2005。

34. 冯丽云编，现代市场调查与预测，经济管理出版社，2003：第 154 页。

35. Kelly E. Fish，James H. Barnes，and Benjamin F. Banainan，Convenienceor Calamity：*Pharmaceutical Study Expores the Effects of Sample Frame Error on Research Results*，*Journal of Health Care Marketing*（*Spring* 1994），45 – 49。

36. ［美］P. M. 奇兹诺尔，乔慧存、李新民译，营销调研，机械工业出版社，

1998：第198－200页。

37. 龚曙明编著，市场调查与预测，清华大学出版社，2005：第119－120页。

38. 韦箐编，营销调查，清华大学出版社，2000：第119－120页。

39. 张自利编著，市场调查完全手册，中国统计出版社，2003：第134－135页。

40. 张明立编，市场调查与预测，哈尔滨工业大学出版社，2003：第124页。

41. 田志龙、韩睿编，营销调研基础，高等教育出版社，2007：第76页。

42. 彭代武、陈涛生编，市场调查商情预测经营决策，经济管理出版社，1996：第136页。

43. 张凌峰、郑辉、田渊，如何保证市场研究的执行质量，市场研究，2005年8月。

44. 刘星编，市场调研应用与实践，重庆大学出版社，2007。

45. 卫海英编，SPSS10.0 for Windows 在经济管理中的应用，中国统计出版社，2000。

46. 马庆国著，管理统计，科学出版社，2002。

47. 曾振华、李翔、胡国华、丁亚银编著，市场调查——基本方法与应用，暨南大学出版社，2006。

48. 陆军、周安柱、梅清豪编著，市场调研，电子工业出版社，2003。

49. ［美］Paul Hague、Nick Hague、Carol－Ann Morgan 著，林岱译，市场调查宝典——行动纲要，上海交通大学出版社，2005。

50. 景奉杰编，市场营销调研，高等教育出版社，2005。

51. ［美］纳雷希·K·马尔霍特拉著，涂平译，市场营销研究：应用导向，电子工业出版社，2006。

52. ［英］托尼·普罗克特著，吴冠之等译，营销调研精要，机械工业出版社，2004。

53. ［美］威廉·G·齐克芒德著，吕晓娣、史锐译，营销调研精要（第二版），清华大学出版社，2004。

54. ［美］小卡尔·迈克丹尼尔著，范秀成译，市场调研精要，电子工业出版社，2006。